中国大历史

卷八

清

任德山 毛双民 编著

世界图书出版公司

广州·上海·西安·北京

图书在版编目（CIP）数据

中国大历史. 卷八，清 / 任德山，毛双民编著. --
广州：世界图书出版广东有限公司，2020.3（2022.5重印）
ISBN 978-7-5192-7353-8

Ⅰ. ①中… Ⅱ. ①任… ②毛… Ⅲ. ①中国历史－清
代－通俗读物 Ⅳ. ①K209

中国版本图书馆CIP数据核字(2020)第036044号

书　　名	中国大历史
	ZHONGGUO DA LISHI
编 著 者	任德山　毛双民
责任编辑	梁少玲　卢雁君
装帧设计	李腾月
出版发行	世界图书出版有限公司　世界图书出版广东有限公司
地　　址	广州市海珠区新港西路大江冲25号
邮　　编	510300
电　　话	（020）84452179
网　　址	http://www.gdst.com.cn/
邮　　箱	wpc_gdst@163.com
经　　销	新华书店
印　　刷	鑫艺佳利（天津）印刷有限公司
开　　本	710 mm×1 020 mm　1/16
印　　张	171.75
字　　数	2 748千字
版　　次	2020年3月第1版　2022年5月第2次印刷
国际书号	ISBN 978-7-5192-7353-8
定　　价	398.00元（全八册）

前　言

在人类古文明中，中华文明是唯一的从未中断过的文明。在悠久的岁月中，中华民族共同开发了祖国的河山，创造了波澜壮阔的历史和独具风采的文化。历史承载着文化，文化辉映着历史，这是我们必须极为珍惜的宝贵财富。

历史不仅记录了过去，更重要的是深刻影响着现在和未来。今天生活在祖国土地上的人们就是中华民族先民的后裔，是同一种文明按照自身的规律演进、发展、延绵、繁盛，以至于今。中华文明自始即具有本土性、多元性，展现出独特的风采。

中华民族具有巨大的凝聚力和包容性，其演变不是多元文明互相灭绝，而是互相整合。在长期的生息往来中，民族融合、文化交流，共同创造了灿烂的文明。中华文明还具有善于吸收域外异质文明的特点，对外来文化的消化和吸收，促进了中华文明的发展。

现在学习中国优秀传统文化蔚然成风，季羡林先生在生命的最后时光里为我们题写了"学习中国史，提倡大国学"这一寓意深刻的题词。国学是会通之学、根本之学，只有回到中华民族通史的丰厚土地上，我们才能真正理解和学好国学的百花万术。科学教育需要以通识为基础，方能有广阔的见识，有更大的发展。而通识总是在历史的坐标上才能对准真人真事，给我们以智慧的启迪。历史的辉煌鼓舞着我们要时刻焕发生机与自信，历史上的困难则提醒着我们永远要自强不息，安不忘危。

当人们溯历史的长河而上，通览各种知识和文化的产生、嬗变，体会文明的进程时，不仅会对创造了这些文明的先人们充满了温情与敬意，还会激发起自我创新文明的热情。

好的大历史要使人们对中华民族的历史有更为真实、全面的了解。中国史籍极为丰富，史学发达，近百年来更有长足进步。本部大历史运用了迄今为止中国史学公认成果，就是要保证历史的真实性。不仅所有的记录都出自正史，而且凡是可考的文物和历史人物都配有精美的图片以作诠释，细节的真实让读者读史时如亲临其境。

好的通史还要让人能一览上下五千年的全貌。本部大历史有民族的繁衍、文明的起源、帝国的更迭，历史事件与人物的成就；从政治、经济、文化到社会生活，做一全景式的展开，犹如一幅由远及近的画卷。中国文明曾经有光照世界的荣耀，也曾经历过苦难；有过科技创新和知识大量释出，走向"全球化"的开放，也曾闭关锁国、故步自封。这一切都给我们以警示。

本部大历史尽量做到叙事博洽和浅显，把中国历史的巨大图卷细心描绘，以使读者阅读时兴趣盎然。编著者像一个认真而充满爱心的讲解员，把读者带到历史大厦里边，深情地告诉大家："这就是我们不能忘记的过去，这里面有我们不可不知的遗产。"

任德山

普及中国历史，传承优秀文化

——学习季羡林先生为《中国大历史》题词感言

2009 年初，我受李克先生之托，到 301 医院请季羡林先生为即将出版的八卷本《中国大历史》题词，98 岁高龄的季老欣然命笔："普及中国史，提倡大国学。"这应该是季老百年生命历程中为出版物的最后题词，也是他始终关注历史文化知识普及、晚年再三强调的重要学术主张。季老认为，我们的"国学"应该是长期以来由多民族共同创造的涵盖广博、内容丰富的文化学术，而绝非乾嘉时期学者心目中以"汉学""宋学"为中心的"儒学"的代名词。也就是说，今天我们所要振兴的"国学"，绝非昔日"尊孔读经"的代名词或翻版，而是还中华民族历史的全貌，真正继承和发扬由生活在神州大地上的各民族共同创造的传统学术文化。因此，在八卷本《中国大历史》正式出版之后，我曾经写过一篇短文刊登在《光明日报》上，提出："季老再次重申应提倡'大国学'，值得引起出版、学术、教育界的关注。"

听八卷本《中国大历史》的策划者李克先生介绍，此书出版发行近三年来，多次重印，累计销售了 20 万册，受到了广大读者的欢迎。在书籍品种快速增长而总印数几乎停滞不前的情况下，这是十分可喜的。但是李克先生和他的团队并不满足于此，又邀请一些著名的历史学家对此书提出审改意见，认真地进行修订，使其精益求精，日臻完善，于是有了今天的《中国大历史》。

最近，《中共中央关于深化文化体制改革，推动社会主义文化大发展大繁荣若干重大问题的决定》强调要"建设优秀传统文化传承体系",指出:"优秀传统文化凝聚着中华民族自强不息的精神追求和历久弥新的精神财富,是发展社会主义先进文化的深厚基础,是建设中华民族共有精神家园的重要支撑。"中华大地是五十六个兄弟民族的共同家园,中国历史是各民族共生、共存、共发展的历史,中国传统文化是各民族共同创造的辉煌灿烂的多元一体文化,是共同拥有的精神财富——这就是"大国学"的基石。所以季老强调"'国学'就是中国的学问,传统文化就是国学","现在对传统文化的理解歧义很大。按我的观点,国学应该是'大国学'的范围,不是狭义的国学","国内各地域文化和五十六个民族的文化,就都包括在'国学'的范围之内"。今天,我们要建设优秀文化传承体系,就应该全面认识祖国传统文化,汲取历史的经验教训,跳出狭隘的"儒家""国学"的旧框架,以海涵神州的宽广胸怀,用放眼世界的远大眼光,努力探寻文化传承的规律。

要全面、正确地认识我们的传统文化,就必须普及准确的中国历史文化知识。而传播、普及文化知识的任务,主要靠学校、家庭和大众传媒来承担,其中历史文化精品读物担负重任,不可或缺。因此,注重史料的真实、严谨,注重新资料的开掘运用,注重立足现实、温故知新,注重文字通畅、图文并茂,达到学术性、可读性、现实性的统一,就成为这本《中国大历史》努力追求的目标。效果如何,有待广大读者来评判,而努力本身,则是值得我们肯定和鼓励的。

*本文作者系中华书局编审,中国敦煌吐鲁番学会副会长兼秘书长,浙江大学、中国人民大学国学院兼职教授,敦煌研究院兼职研究员。

春凤中国之
提倡大同世

宁志林
中正

本书特点

◎ 以权威严谨的学术成果为基础，强调生动的历史细节，将历史娓娓道来。从中华民族源起直至清朝结束，将一部五千年历史化作现代、生动的表述，让尘封的历史重新焕发神采。鲜活的历史化作了真实的故事，潜伏其中的规律与真相昭然若揭。摆脱枯燥抽象的术语，赋予历史以激动人心的魅力。

◎ 立足现实重读历史，揭示民族兴衰荣辱中的智慧与经验。历史对于读者最大的功能在于鉴古知今。预知未来是最大的智慧，而这种大智慧就寓于历史之中。西方史学家说："历史是现在与过去之间永无止境的问答交流。"我们从来没有像今天这样感到世界在迅速缩小，未来充满挑战，要瞻望未来，历史的智慧就越来越重要。本书力求总结出具有时代性的历史观和历史智慧，"以供社会之需"。

◎ 这是一部百科全书式的中国大历史，完全不同于过去通史单一的朝代更迭的政经内容。本书全面系统地讲述了中华民族创造的政治文明、经济成就、礼乐文明、军事智慧，以及汉字、中医药、艺术、四大发明等科技文明。阅读本书，犹如参观最新展陈、最全内容和最详实讲解的中国历史博物馆。

◎ 这是一部具有审美情趣的《中国大历史》。大史学家夏曾佑先生说："历史必资图画。"本书独创的图史体系，搜集了超过五千幅古代珍品书画作品和文物照片，让丰富的人物图、文物图、军事图和图片说明组成了一部前所未有的图说中国史，使读者读起来赏心悦目，余味无穷。

目　录

清朝武力强盛，在明帝国基础上，开拓了广大的疆域，在征服汉族前后，也征服了其他许多民族……我们有大好河山的祖国和兄弟众多的民族大家庭。在这一点上，清朝统治集团客观上是起了积极作用的。

——范文澜

清朝文明历程

清 朝（1616年—1911年）

清朝是中国历史上继元朝之后第二个由少数民族入主中原并实现大一统的政权的朝代，也是中国历史上最后一个帝制王朝。清朝初期，在统一过程中通过剃发易服和文字狱来抑制广大汉族人民，尤其是上层人士的民族精神，以保持其统治地位。但政局稳定后，出现了中国历史上又一个繁荣时期，即康乾盛世。清朝统治者对内民族分治，对外闭关锁国，轻视外国的先进思想和技术。这些政策对于维护清朝的疆域扩张和社会稳定有一定的作用，但是它导致了清朝此起彼伏的民族问题和末期的国家极度贫弱。进入19世纪以后，清朝的衰落导致了列强的入侵。清政府被迫与西方资本主义国家签订了一系列不平等条约。1911年，辛亥革命爆发后，各省纷纷宣布独立。1912年，宣统帝溥仪退位，清朝至此结束。

●顺治帝登极诏书

1644年，崇祯帝在景山自缢，明朝灭亡。清兵入关，顺治帝从盛京迁都至北京，告天祭地，颁诏全国，开始了清王朝以北京为都城对全国长达二百多年的统治。

1636年，皇太极将国号"大金"改为"大清"。

1635年，皇太极改族名女真为满洲。

1619年，后金取得萨尔浒之战的胜利。从此明朝对后金之战略态势由主动变为被动。

●康熙帝出巡图

1683年，施琅率军再攻台湾。郑氏风声鹤唳，无力再战，与清议和。

1673年，康熙帝下令撤藩，引起三藩反叛。

1689年，中俄《尼布楚条约》签订，划定了中俄东部边界线。

1722年，康熙帝卒，皇四子雍正王胤禛继位，是为雍正皇帝。

1727年，清朝设置驻藏大臣。

清朝

| | 1550 | 1600 | 1650 | 1700 | 1750 |

1588年，努尔哈赤基本统一女真各部。

1616年，努尔哈赤称汗，国号大金，定都赫图阿拉。

●努尔哈赤朝服画像

1645年，清军挥师南下，南明弘光小朝廷土崩瓦解，江南各地几乎望风披靡。

1655年，土尔扈特部首领书库尔岱青遣使奉表入贡。

1662年，郑成功收复台湾。

●郑成功弈棋听军情图

1681年，清兵攻陷昆明，长达八年的"三藩之乱"宣告平息。

1696年，康熙帝亲征噶尔丹。噶尔丹西走昭莫多，为费扬古等击败。

1715年，拉藏汗立达赖喇嘛。

●万国来朝图

1758年，南疆人民的拥护下，清军于粉碎了大和卓木的叛乱，重新统一了疆域地区。从清廷加强对天山南的统治。

1706年，清廷封拉藏汗为"翊法恭顺汗"。

冰嬉图。冰嬉图是一幅表现冰嬉场面的宫廷绘画。满清入主中原后，将他们民族的传统体育活动冰嬉也带入内地，其内容丰富多彩，呈一代之盛。当皇家每年冬天都要从各地挑选上千名"善走冰"的能手入宫训练，于冬至"三九"在太液池上表演。

●亲藩习射图。满族是一个擅长骑射、以狩猎为生的民族。在传统的生产活动中，箭是狩猎的主要工具，出色的猎手通常会受到人们极高的赞扬和尊敬，因此清朝统治者对骑射非常重视。图为康熙年间贵族学习射箭的场面。

1885年，中法战争结束，双方在军事上互有胜负。但是由于清朝统治者的腐朽昏庸，在法国政府的强迫下签订了丧权辱国的不平等条约，所以当时人称："法国不胜而胜，中国不败而败。"

1840年，第一次鸦片战争爆发。西方侵略者开始用武力打开中国的大门。

1898年，戊戌变法遭到了以慈禧太后为首的守旧派的强烈反对。慈禧太后等发动政变，光绪被囚，维新派的康有为、梁启超逃亡国外，戊戌六君子遇害，历时一百零三天的变法遭到失败。

●《钦定四库全书》封面

1782年，《四库全书》编成，分经、史、子、集四部。

1839年，林则徐在虎门销烟。

●虎门海战图

●慈禧太后油画像

1851年，太平天国运动爆发。

1861年，辛酉政变，慈禧太后开始登上了中国政治舞台。

1856年，第二次鸦片战争爆发。

1?1年，土尔扈?都回归祖国。

1820年，清朝人口达38310万。

1911年，武昌起义爆发，敲响了清王朝封建统治的丧钟。

清朝

| 1800 | 1850 | 1900 | 1950 |

1912年，宣统帝退位，在中国延续了两千多年的封建帝制正式结束。

1793年，英使马戛尔尼来华。

1826年，贺长龄、魏源共编的《皇朝经世文编》成书。这是从清代人的著作中选辑的一部"经世文"类书，探讨各种实际政治、经济问题。

1864年，清军攻陷天京，太平天国起义运动失败。

1908年，光绪帝和慈禧太后先后驾崩，宣统皇帝溥仪继位。

1900年，八国联军攻陷北京。《辛丑条约》签订。义和团运动失败。

●马戛尔尼进献的火枪

1842年，中英《南京条约》签订，中国社会开始沦为半殖民地半封建社会。

1894年，中日甲午战争爆发。清政府最终战败，次年在日本马关签订了割地赔款的中日《马关条约》。

●签订《南京条约》的双方代表合影

1816年，英使阿美士德第二次来华请求通商，再一次无功而返。

●李鸿章与伊藤博文会面图

清 朝

入主中原　闭关锁国　帝国黄昏

　　清朝的统治者为满族爱新觉罗氏。从 1616 年清太祖努尔哈赤建国，1636 年改国号为清，再到 1644 年清世祖顺治皇帝入关，定都北京，到 18 世纪后期，清王朝一直是当时亚洲东部最强大的封建国家。康熙、雍正和乾隆时期，清帝国达到鼎盛之至。但到清中后期，朝政日益腐败，加上鸦片战争以后西方列强的入侵，清封建统治逐渐衰落，中国一步步沦为半殖民地半封建社会。1911 年辛亥革命爆发，1912 年末代皇帝溥仪退位，清朝共历经十二帝，295 年。

　　清朝的建立者是满族，所以整个清朝无论政治、军事还是文化，各方面都有满汉交融的特点。清朝的中央政权机构多仿效明制，但又有自己的特点，改内三院（内国史院、内秘书院、内弘文院）为内阁，作为中央最高行政机关，内阁又设大学士满、汉各二人，协办大学士满、汉各一人，学士满六人、汉四人。中央的执行机关是六部，清代内阁名义上是最高行政机关，但并不是真正的权力中心。议政王大臣会议和后来的军机处才是真正的最高权力机关。雍正皇帝时军机处的设立，进一步加强了君主专制制度，君主专制主义中央集权制度获得了进一步的发展。同时清政府设置理藩院加强对蒙古、藏、维吾尔等少数民族的政策支持，在加强和巩固我国的多民族统一上起了一定的积极作用。

　　清朝的军制充满了满族特色，主要分为八旗和绿营二种。八旗又分为满洲八旗、蒙古八旗、汉军八旗。旗设都统（固山额真），由中央八旗都统衙门掌握，地方督抚无权征调。绿营兵则是指清军入关后收编的明朝降军和各省改编的队伍，用绿色军旗，故称绿旗兵或绿营兵。

　　尽管清初统治者曾经实行严酷的文字狱统治，但是清朝的文化还是得到了相当程度的发展。最大散文流派为桐城派，主要代表人物有方苞、刘大魁、姚鼐等人。康熙、雍正时，曾经组织编撰了《古今图书集成》10000卷。内容涉及历象、方舆、明伦、博物、理学、经济等方方面面，是继《永乐大典》之后的又一部大型类书。乾隆皇帝继位以后更是编修了浩瀚巨著《四库全书》。清代小说的盛行，是文学方面最有成就的一个门类，诞生了蒲松龄的《聊斋志异》、吴敬梓的《儒林外史》和曹雪芹的《红楼梦》这样的优秀作品。清代的戏剧在明代的基础上有了长足的发展，形成京剧这一国粹。

　　清军初入主中原之时，前后延续了四十年的战乱曾经使得社会生产遭到严重的破坏。为了巩固其封建统治，清统治者停止圈地、实行"更名地"，奖励垦荒、整顿赋役制度和"摊丁入亩"。到了康熙时，全国政治形势逐步稳定，为进一步推行垦荒政策创造了有利的条件。康熙五十一年（1712年）宣布"盛世滋生人丁，永不加赋"。这些措施使得封建统治的秩序和税收达到了稳定，人口迅速增加。

　　但是到了清代后期，土地的高度集中、封建地主阶级对农民的剥削加强，土地兼并严重，封建政府对农民进行的赋役剥削也越来越重。尤其是慈禧太后当权之后，帝国主义掀起了瓜分中国的狂潮，人民生活更加困苦。清朝是我国封建社会的末世，也是我国从封建社会转变为半殖民地半封建社会的动荡时期。这一时期出现了西学东渐、新旧交替的特点。西方的科学技术和资产阶级思想学说，不断地被介绍到中国来，对中国的科学技术、思想教育等都有不同程度的影响。这个时期西方列强正式完成了工业革命，在中国也出现了一些不甘落后的科学家、进步的思想家与文学家。但在半殖民地半封建社会里，进步政治思想、科技文化都受到了中外反动势力的压制，无法得到充分的发展。清政府的腐朽和愚昧逐渐将自己引向了穷途末路。

弘历观画图轴

直隶长城险要关口形势图卷：入主中原

黛玉葬花：文学与艺术

圆明园万方安和图：帝国主义侵略加剧

土尔扈特风情：维护统一

清朝世系：

清太祖努尔哈赤 >> 清太宗皇太极 >> 清世祖顺治帝福临 >> 清圣祖康熙帝玄烨 >>
清世宗雍正帝胤禛 >> 清高宗乾隆帝弘历 >> 清仁宗嘉庆帝颙琰 >> 清宣宗道光帝旻宁 >>
清文宗咸丰帝奕詝 >> 清穆宗同治帝载淳 >> 清德宗光绪帝载湉 >> 清宣统帝溥仪

清朝大事一览表

时 间	事 件
1588年	努尔哈赤基本统一女真各部。
1619年	萨尔浒之战。
1635年	皇太极改族名女真为满洲。
1639年—1642年	皇太极发动对锦州、松山一线的进攻，明、清双方各投入十多万大军，战争历时三年，是明清决战的关键一役。
1644年	顺治帝从盛京迁都至北京，告天祭地，颁诏全国，开始了清王朝以北京为都城对全国长达二百多年的统治。
1644年—1650年	多尔衮摄政。
1645年	清军挥师南下，南明弘光小朝廷土崩瓦解，江南各地几乎望风披靡。
1673年—1681年	"三藩"手握重兵，割据一方，威胁朝廷的统治，康熙帝于1673年下令撤藩，引起三藩反叛。1681年，清兵攻陷昆明，长达八年的"三藩之乱"遂告平息。
1665年—1683年	1665年，康熙帝派施琅、周全斌进攻台湾，无功而回。三藩之乱被平定后，康熙帝力排众议，作出收服台湾的决策。郑经死，其子郑克塽袭位。郑氏风声鹤唳，无力再战，与清议和。
1690年—1697年	康熙三次亲率大军出征，取得了乌兰布通、昭莫多等战役的重大胜利，加强了对西北蒙古诸部的管辖。
1709—年1744年	圆明园的修建前后历时35年，这座巨大的皇家园林集中了我国南北造园艺术和中西合璧建筑的精华，是一本活的造园艺术的百科全书，堪称万园之园。圆明园除风景宜人外，收藏和陈列也十分丰富，宝物不计其数，几乎每一座殿堂都有许多珍贵的文物和精美的器具，价值无法估量。
1758年	在南疆人民的支持下，清军终于粉碎了大小和卓的叛乱，重新统一了新疆地区。从此清廷加强了对天山南北的统治。
1771年	土尔扈特部东归。
1787年—1788年	天地会曾多次举行武装反抗斗争，台湾的林爽文起义就是其中之一。
1839年	林则徐到广州后，只用了34天，就收缴鸦片1188127公斤。他派人在虎门海滩挖出长宽各15丈的2个大池，经过23天，收缴的鸦片才被销毁。虎门销烟的正义行动，取得了广大人民的支持。1839年是禁烟史上最重要的一年，也是林则徐被历史所铭记的最辉煌的岁月。
1840年—1842年	鸦片战争和《南京条约》的签订标志着西方侵略者正式用武力打开了中国的大门，中国社会逐步沦为半殖民地半封建的社会。第一次鸦片战争前，鸦片的吸食主要在东南沿海城市。鸦片战争以后，随着新的通商口岸城市的开放，鸦片已经开始逐渐蔓延到大清腹地。

时　间	事　件
1851年—1864年	太平天国是清朝后期的一次由农民起义创建的政权，天京陷落后结束，历时14年。这次起义利用西方宗教发动，在中外势力的联合镇压下遭到失败。
1856年—1860年	鸦片战争后，西方资本主义列强相继侵入中国。但是他们不满足于已经取得的特权和利益，蓄意加紧侵犯中国主权，进行经济掠夺。英法联军控制北京城后，一路烧杀抢掠，在圆明园大肆抢掠珍贵文物和金银珠宝，并将园内建筑付之一炬。第二次鸦片战争结束后，中国再次丧失了大量主权和领土，向半殖民地道路又迈进了一步。
19世纪60至90年代	两次鸦片战争后，清政府统治阶级在如何对待内忧外患上分裂为"洋务派"与"顽固派"，洋务派主张利用西方先进生产技术强兵富国，维护清朝的封建统治。他们在全国各地掀起了"师夷长技以自强"的改良运动，史称"洋务运动"。
1894年—1895年	中日战争结束后，日本迫使战败的清政府在日本的马关签订了割地赔款的中日《马关条约》。条约要求中国割让台湾、澎湖列岛和辽东半岛给日本。甲午战争使日本成了"暴发户"。
1898年	"戊戌变法"又名"百日维新"，是以康有为为首的改良主义者通过光绪皇帝所进行的资产阶级政治改革。这次运动遭到了以慈禧太后为首的守旧派的强烈反对，慈禧太后等发动政变，光绪帝被囚，维新派的康有为、梁启超逃亡国外，戊戌六君子遇害，历时一百零三天的变法失败。
19世纪末20世纪初	义和团是在义和拳的基础上发展而来的，以"扶清灭洋"为口号，是反对一切外来事物和洋务派改革的民间团体。后被慈禧太后利用作为宫廷斗争的工具，遭到了中外反动势力的联合绞杀，并引发八国联军入侵，最后以失败而告终。
1905年—1911年	清政府被迫接受立宪，以挽救大清王朝，期间派五大臣出洋考察宪政。他们回国后，拟定并颁布了《钦定宪法大纲》，成立了新内阁。但这一切并没能挽救大清于倾颓。
1911年	革命党人于1911年10月10日发动了具有划时代意义的武昌起义。起义的胜利，敲响了清王朝封建统治的丧钟。革命军攻克总督府，占领武昌，并在全国燃起燎原烈火，沉重打击了清政府。武昌起义创建了湖北军政府，成为共和政权的雏形。

后金崛起，逐鹿山海关

明末，在山海关外休养生息的女真族，诞生了一位中国历史上著名的少数民族首领努尔哈赤。在他的领导下，女真族完成了统一。在他的两个儿子皇太极和多尔衮的经营下，清朝完成了入主中原的伟业，中国历史上最后一个封建王朝拉开了波澜壮阔的序幕。

历史细读

　　满族信奉萨满教，若三十无子，则要请萨满求子。妇女怀孕时有诸多禁忌，不准坐锅台、窗台、磨台，不准参加他人婚礼，不准侍奉神祖等。孩子出生前，要请萨满向佛托妈妈祷告。孩子出生时，炕上要铺草，孩子生下来叫"落草"。如生男孩，则悬弧（树条做成弓形，中间插一羽毛作箭）于门左；如生女孩，则挂红布于门右。

努尔哈赤开创新时代

少年磨难

　　明朝万历二年（1574年），盘踞于辽东的女真首领之一、建州右卫都指挥史王杲（又名阿古，满语名阿突罕）率军大举侵扰沈阳、辽阳，明朝辽东总兵李成梁督军进剿，攻破了王杲屯寨，斩首一千余级，王杲败走。此时一个被俘虏的女真族少年，亲眼目睹了王杲的溃败，当即跪在李成梁的马前，痛哭流涕，用汉语请赐一死。李成梁见他聪明伶俐，不仅赦免了他，而且把他留在帐下做了书童，专门服侍自己。这个少年，就是后来开创女真又一新时代的努尔哈赤。

　　原来王杲正是努尔哈赤的外祖父。他的这次反叛最终导致在万历三年（1575年）自己被俘并被裂尸于北京。而说起女真与明廷的关系，则要追溯女真族源远流长的历史。

　　女真族就是满族的前身。三千多年前他们被称为肃慎（也叫息慎）。尧舜时代，肃慎与中原地区就开始交往，并且进献弓矢。周朝初期，肃慎人还经常来朝拜周天子、进贡物品。从汉到晋称挹娄，南北朝时期称勿吉，并且在北魏时分为了七个部落，即粟末、伯咄、安车骨、拂涅、号室、黑水、白山，总称为勿吉。隋唐时期称为靺鞨，七部之中，数黑水、粟末最为强大，其中粟末靺鞨一度建立了"渤海国"。此后归附辽国，改名为女真（后来因为避辽皇帝耶律宗真的名讳，改为女直），世代居住在混同江（即松花江）流域，长白山下。其中居住在松花江南岸者，加入了辽代的户籍，被称为熟女真（即旧满洲）；而居住于北岸者，因为没加入辽代户籍被叫作生女真（即新满洲）。北宋政和五年（1115年），生女真的完颜阿骨打建立了金国，并相继灭亡了辽和北宋，统一了包括黄河流域在内的广大北方地区，并与南宋对峙。这是女真族的第一次崛起。

南宋端平元年（1234 年），宋朝联合蒙古兴兵灭了金国。蒙古入主中原后，金人分散于东北的松花江两岸，只剩下建州、海西、野人三个部落，后来又按照地域分为建州、长白、东海、扈伦四大部。明初永乐年间（1403 年—1424 年），为了加强对东北的统治，仿照唐代羁縻州的制度，在女真部落分别建立了卫所。其中建州卫管辖的境内有五个满洲部落、三个长白山部落。后来从建州卫中析出了建州左卫，首领为猛哥帖木儿，他便是努尔哈赤的祖先。那时建州左卫与明朝保持着良好的关系，他们用马匹、人参、貂皮、松子等土特产换取内地的服饰、粮谷、铁锅，以及耕牛、农具等。帖木儿的长子充善有三个儿子，其中最小的名叫锡宝齐篇古，他的儿子名叫福满，福满的四儿子名叫觉昌安，继承了祖宗的事业，住在赫图阿拉，其他五个儿子则各自建筑城堡，分布在赫图阿拉周围，

萨满神案

萨满教是一种原始多神教，信奉者定期向神灵供奉各种祭祀品，并围绕神案跳古老的祭祀舞以愉悦神灵，使其保佑活着的人。

六兄弟相距近的四五里，远的二十多里，总称为宁古塔贝勒（满语称六为宁古，称个为塔，贝勒意为大官、高官，女真用以称各部强有力的酋长）。觉昌安就是努尔哈赤的祖父，为了凝聚部族力量，他与建州右卫的首领王杲家族通婚，让四子塔克世迎娶了王杲的女儿喜塔喇氏额穆齐，二人很快生下了长子努尔哈赤。幼年的努尔哈赤备受父母宠爱。然而到了他十岁的时候，母亲喜塔喇氏突然去世，从根本上改变了努尔哈赤的生活。继母纳喇氏主持家事之后，努尔哈赤兄弟受尽了冷遇。更为糟糕的是，原本对努尔哈赤宠溺有加的父亲，在受到妻子的挑唆和影响之后，也开始对努尔哈赤兄弟冷淡起来。这些变故使得努尔哈赤在十来岁的少年时代就不得不开始用自己的双手谋生。他常常翻山越岭，出入于莽莽林海，挖人参、采松子、捡榛子、拾蘑菇，然后把这些山货带到集市上换钱，用以维持自己的生活。

那时努尔哈赤常去生意兴隆的抚顺马市，除了进行贸易以外，更令他感兴趣的是通过贸易同汉人广泛接触和交往。聪明好学的努尔哈赤从小就胸怀大志，在与汉人的交往中他广采博收，学习知识，开阔视野，也增加了自己的才能。强烈的求知欲望驱使努尔哈赤通过结识的汉人读了不少汉文书籍，他最喜欢的是《三国演义》和《水浒传》。

十五岁的时候，努尔哈赤离开父亲，带着十岁的弟弟舒尔哈齐离家出走，投奔到外祖父王杲那里。王杲是个汉化较深的女真族人，他凭借着自己的智

奇楞人

奇楞人是野人女真之一，男女衣服皆以鹿皮、鱼皮制作，此图反映的就是当时人的服饰风俗。野人女真的发展落后于建州女真和海西女真，在 1615 年被努尔哈赤所吞并。

慧和才干在动乱的年代发迹，成为建州女真中的著名首领。明朝中期后，他自以为力量雄厚，便无视朝廷边将的政令，常常扰边作乱，于是发生了本文开头努尔哈赤被俘那一幕。

努尔哈赤成为李成梁麾下一员之后，接触汉人的机会更多了，对汉文化有了进一步的了解。又由于经常参战的实践，使他的军事才能得以提高和发挥，他对自己谋略的自信心也越来越增强了。其实身为帖木儿之后的努尔哈赤八岁就开始练习骑射，跟随李成梁时十六七岁，已是弓马娴熟。而每逢征战，他总是勇猛冲杀。李成梁对他非常赏识，让他做了自己的随从和侍卫，二人情如父子。李成梁带他去北京朝觐，繁华的街市、辉煌的宫殿使他眼界大开，这一切都孕育了他创立功业的勃勃雄心。然而努尔哈赤对李成梁的恭顺和效忠，仅仅是出于感激，当时慑于李成梁的武力，不敢轻举妄动。其实私下里他早已另有打算，只待有朝一日时机成熟就采取行动。在李成梁帐下生活了三年左右，努尔哈赤借回家完婚之机离开了李成梁，回到了阔别已久的故乡。

称雄白山黑水

王杲的死不仅让女真人内部之间的争夺更加激烈，还直接导致了努尔哈赤的父亲和祖父死于战争。王杲死后，他的儿子阿台发誓要为父报仇，阿台的妻子是努尔哈赤伯父礼敦的女儿，与努尔哈赤家族有着很深的渊源。当时建州女真有两个坚固城寨，除了王杲和阿台所在的古埒城外，还有一个是沙济城，城主是阿亥。阿台凭借着古埒城易守难攻的地理优势，依山筑城，设置堑壕，并屡犯明边，纵兵抢掠。这激怒了明朝总兵李成梁，他决意发兵攻

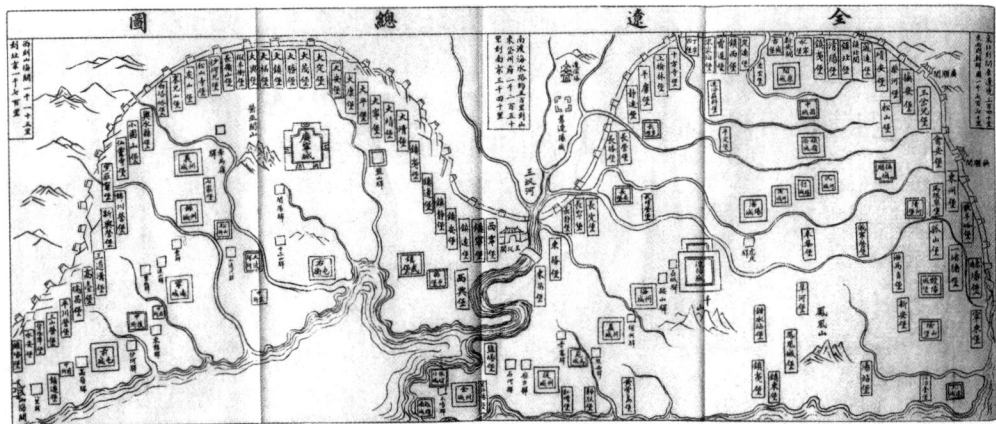

明代全辽总图
明代的辽东长城及上面连绵不断的堡垒，使得明朝的对外防御异常森严，无论女真人还是蒙古人都被阻挡在长城的外面。

取古埒城，欲将阿台一部置于死地。

这时候，图伦城的城主尼堪外兰成为明朝攻伐阿台的重要棋子。尼堪外兰虽然兵马不多，却野心勃勃，总想吞并周围的部族称霸一方，但他知道以自己的实力是不可能做到的，于是极力讨好明朝边吏，并挑拨阿台、阿亥与明朝的关系。他向李成梁许诺，愿意为明朝征服古埒和沙济两城做向导。

李成梁兵分两路，一路直逼沙济城，一路在他的亲自率领下直指古埒城。努尔哈赤的祖父觉昌安、父亲塔克世虽然长久以来和明朝有着良好的关系，但是听说古埒城被围，觉昌安和儿子塔克世还是一同前去救援阿台。当他们来到古埒城时，明军已经开始攻城，形势十分危急。看到这种情形，觉昌安让塔克世在城外等着，自己则先行进城打探。塔克世等待良久，却不见父亲的消息，他焦急难耐，于是也进入了城内。古埒城虽然壁垒坚固，却抵挡不住明军凶猛的攻势，觉昌安父子全都被困在了城里。

不过古埒城也不是那么容易被攻破，久攻不下令李成梁大为恼火。这时尼堪外兰又使出了一条毒计，他放话给城中官兵说，杀死阿台归降的人可以成为新的古埒城城主。在这场骗局之中，阿台的手下自然有人听信了谎言，杀死阿台，献城投降。岂料进城之后，李成梁的军队大肆杀戮，两千多人死于明军刀下，而觉昌安父子也在混乱中被杀。

这个消息令努尔哈赤悲痛欲绝。他来到辽东都司质问李成梁，他的祖父和父亲一向忠顺于朝廷，为什么要被杀死。面对愤怒的努尔哈赤，李成梁一再解释他的祖父和父亲是死于"误杀"，并派人找出觉昌安和塔克世的遗体交

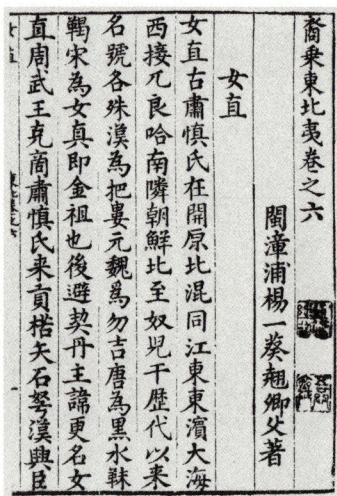

《裔乘·女直》书影

《裔乘》是专门记载少数民族历史的著作，其"东北夷"部分记载了明代以前女真族的发展历程，但是为了避辽兴宗耶律宗真的名讳，书中一般称女真为女直。

女真骑马武士雕刻

这一砖雕武士身披甲胄，扬鞭策马，形象反映了当时女真族的尚武精神。

给努尔哈赤带回安葬，接着朝廷又赐他敕书三十道、战马三十匹，承袭其父建州左卫指挥使之职。努尔哈赤表面上接受了明廷的安抚，因为他深知自己还没有反抗明廷的能力，只能暂时做个恭顺的指挥使。但这些都是权宜之计，杀祖父杀父的不共戴天之仇岂能忘记，复仇的种子已经深深扎根在努尔哈赤的心里。

既然暂时没有实力去找明廷的人报仇，努尔哈赤决定先从出卖同族的尼堪外兰入手。他带着祖父和父亲遗留下来的十三副遗甲和不足百人的部众，开始攻打尼堪外兰居住的图伦城。尼堪外兰是个外强中干的家伙，听说努尔哈赤率兵打来，他没有率众防御抵挡，反而抱头鼠窜，只身带着老婆孩子狼狈出逃到浑河部的嘉班。努尔哈赤未费一兵一卒就攻下了图伦城。

万历十四年（1586年），努尔哈赤再次发兵进攻。尼堪外兰依旧闻风出逃，这次他没有选择去浑河部，而是逃到了抚顺关寻求明朝边吏的保护。但在明廷看来，尼堪外兰不过是一枚棋子而已，他非但没有得到庇护，边吏还暗中将消息通知了努尔哈赤。最后尼堪外兰被努尔哈赤的人砍死在边台之下。尼堪外兰的死，了却了努尔哈赤的一桩心愿。但是这远远不足以偿还觉昌安父子的血债，而除掉尼堪外兰对努尔哈赤来说也不过是小试牛刀而已。

当时女真部族之间和部族内部为了争雄称霸，常常互相攻伐、互相残杀，要想在辽东的土地上建立自己的势力，除了对付外部的敌人，还要提防宗族戚友。努尔哈赤承袭建州卫都指挥使并得到三十道敕书，引得建州很多人不服气，看着羽翼一天天丰满起来的努尔哈赤，就连同宗一些爱新觉罗氏的人也想除掉他。但冷静而聪明的努尔哈赤都能妥善处理。

此后的两年，努尔哈赤步步为营，逐渐打败了很多部族，并且于万历十五年（1587年）在呼兰哈达山下建费阿拉城称王。为了显示自己的尊严，他制定出一套初具规模的礼仪。随着努尔哈赤的壮大，费阿拉城遂成为建州女真政治、经济和军事的中心，也是努尔哈赤统一女真过程中的基地。万历十六年（1588年），除长白山诸部以外，努尔哈赤已经基本上统一了建州女真各部。又过了三年，他终于攻取了长白山讷殷、珠舍里

历史细读

　　女真文字是我国五十七种古文字之一，是唯一诞生在黑龙江省哈尔滨地区的一种文字。1119 年发明，1138 年颁布。金皇统五年（1145 年）成为金统治区的官方文字，使用区域在淮河以北的广大地区。女真文字沿用至清初，因满文字创制而停止使用。

和鸭绿江三部，以十三副遗甲起兵的努尔哈赤将整个建州女真统一在了他的麾下。

　　强大起来的建州女真对于栖息地更靠北的海西女真来说，是一个日渐强大的威胁。海西女真居住在开原以东和松花江中游一带，主要有叶赫、哈达、辉发和乌拉四个部落（又叫扈伦四部）。其中叶赫和哈达两部势力较强，他们与经济发达的汉族城市开原邻近，并且地理条件非常优越，控制着贡道。努尔哈赤在统一建州女真的斗争中节节胜利，被他们视为心腹大患。于是在万历二十一年（1593 年）六月，叶赫部率先向努尔哈赤发难，他们纠合海西其他三部对建州进行试探性的进攻，结果以失败告终。但叶赫部却并不善罢甘休，同年九月，叶赫部的贝勒布斋、纳林布禄再次纠合海西女真的哈达、乌拉、辉发三部和长白山珠舍里、讷殷二部以及蒙古的科尔沁、锡伯、卦勒察三部，气势汹汹地兵分三路向建州进攻。

　　努尔哈赤听说以后，立刻对手下兵员进行了部署。第二天一大早，努尔哈赤先率诸将祭拜了天神、鼓舞了士气，然后带着大队人马踏上征途。这时探子来报，从一个投诚的叶赫人口中得知，九部联军总共有三万人之众。努尔哈赤听后，见众将面面相觑，无一不露出惊惧之色。于是他鼓励众人说："九部联军号称三万，但不过是些乌合之众罢了。我们虽然不如他们人多，但上下一条心，又立险扼要，设精兵埋伏，做了充足的准备，足能以一当十。擒贼先擒王，只要先杀死他们的头目，下属的军队自然会不战自败。"听了努尔哈赤的这番话，将士们顿时信心倍增。努尔哈赤下令让兵士们去掉手上和脖子上的护套，轻装上阵。努尔哈赤分析了敌人的形势后，首先率众登上古勒山。因为此山易守难攻，努尔哈赤的军队居高临下，在地理上夺了先声。九部联军的大众齐集山下开始发动进攻，努尔哈赤身先士卒，率军从山上冲了下来。他一路砍杀，连斩叶赫部九名士卒，这极大地鼓舞了战士们的士气，

《钦定满洲源流考》书影
此书由阿桂、和珅等人编撰，是关于满族先世及其他东北民族的史籍，汇集了中国历代史籍中与满族先世有关的记录，但多有讹误与回护之处。

一个个奋勇杀敌。布斋见自己的九部联军竟然众不敌寡，气急败坏，亲自骑着马向古勒山上冲来。不料战马被山上的木墩撞倒，布斋被掀倒在地，努尔哈赤手下的一个士兵趁机一个箭步冲上来，一刀结束了他的性命。九部联军见此情形，顿时军心大乱，杀敌的士气顿时泄到了底，都开始向山下仓皇逃窜。努尔哈赤率兵乘胜追击，直至哈达境内。以叶赫为首的九部联军遭到彻底的失败。古勒山之役是努尔哈赤征战过程中的重要一役，也是女真各部统一战争史上的转折点。这一仗，努尔哈赤不仅俘获了乌拉首领布占泰和大批兵士，斩敌四千余人，缴获马匹三千、盔甲近千副，更重要的是改变了建州女真与海西女真的力量对比。此前，努尔哈赤是个既被海西女真轻视、又为他们嫉妒的"常胡之子"，而这以后则"军威大震，远迩慑服"。这一年努尔哈赤三十五岁，古勒山大捷（史称"癸巳之战"）奠定了他一生事业的基础。

而另一方面，海西女真四部受到了重创。其中哈达部几年前本来已经出现内讧，内部消耗很大，癸巳年（1593年）参加九部联军失败后，更是一蹶不振。而海西女真中原本势力就最为弱小的辉发部，本来指望能够借九部之力有所收获，谁知反受其累，在癸巳战败后的第三年，又受到努尔哈赤一击，元气大伤，从此难以复苏。作为九部联军中挑头的叶赫部和乌拉部，本是海西女真中实力最为雄厚的，但也就此各自走上了下坡路。其中叶赫部首领布斋在战争中阵亡，纳林布禄忧郁成疾；乌拉部的首领布占泰在癸巳之战中虽然保全了性命，却被俘到建州做了努尔哈赤的阶下囚，直到万历二十四年（1596年）才被送回乌拉部。在这种情况下，海西四部是无力与建州努尔哈赤抗衡的。为了保持政局的稳定，以利力量的积蓄，万历二十五年（1597年）春，海西四部与努尔哈赤结成婚盟。"叶赫、哈达、乌拉、辉发同遣使告上曰：'吾等不道，兵败名辱。自今以后，愿复缔前好，重以婚媾。'"努尔哈赤亦表赞同。

历史细读

　　清朝将产于东北地区的珍珠称为东珠，也叫北珠。清朝统治者把东珠看作珍宝，用以镶嵌在表示权力和尊荣的冠服饰物上。东珠晶莹透彻、圆润巨大，更显王者尊贵，因此王公贵族纷纷缀饰以示尊贵。

　　除了战争之外，联姻也是一种重要的政治手段。这次会盟，共达成三项婚约。一是叶赫部首领布扬古（纳林布禄之侄）提出，愿将自己十四岁的妹妹许配给努尔哈赤；二是叶赫部的金台什（纳林布禄之弟）还将自己的女儿许配给了努尔哈赤的次子代善。最后一项是努尔哈赤主动提出的，即将自己的侄女、也就是舒尔哈齐之女额石泰，许配给乌拉部的首领布占泰。虽然三项婚盟看起来很美妙，但表面的和平暗藏不住汹涌的暗流，努尔哈赤仍然向海西四部发出警告："汝等应此盟言则已。不然，吾待三年，果不相好，必统兵伐之。"

　　会盟之后，代善与额石泰的婚约很快付诸实现，唯独努尔哈赤本人的婚事却遥遥无期，日后构成了著名的"叶赫老女"问题。其实除去这次会盟的婚约以外，努尔哈赤一生之中娶妻十四人，大都集中在他事业发展的两个高峰阶段。第一个阶段，约从万历十一年（1583年）努尔哈赤起兵到万历十六年（1588年）基本统一建州女真各部；第二阶段，约从万历二十五年（1597年）海西女真四部与努尔哈赤联姻结盟到万历四十四年（1616年）后金的建立。这也可以看出努尔哈赤婚姻中浓厚的政治色彩，联姻这一重要的政治手段在其统一女真的大业之中起到了举足轻重的作用。

　　在万历十一年（1583年）到万历十六年（1588年）统一建州女真各部的过程中，努尔哈赤共纳妾六人，其中有五人都是和不同的部落间政治联姻的结果。其中庶妃钮祜禄氏、兆佳氏、伊尔根觉罗氏，是努尔哈赤吞并了建州女真的栋鄂部、苏克素护河部以后所纳之妾。同时为了扩大自己的势力，除了处理建州女真内部的关系，努尔哈赤还必须平衡外部的力量。

　　明末的女真各部中，除建州外，就属海西哈达部和叶赫部的力量最为强大。哈达部的首领万汗，是女真各部中明朝的一个主要支持者，也是明廷重要的扶植对象。万历十年（1582年），万汗死后，留有长子扈尔干、季子孟格布禄及外妇所生之子康古陆。群龙无首的哈达部在五年之后不可避免地发生了内讧，康古陆联合孟格布禄，向扈尔干之子歹商发起了进攻。叶赫部处

月令图之雪庭堆狮
《十二月令图》为雍正、乾隆年间的画院高手所绘。农历十二月又称之为冰月、严月，是古人以狩猎所获禽兽祭祀先祖的日子。图中人们有的闲立，有的取暖，儿童们有的滑冰，有的堆雪狮，有的放爆竹，玩得兴高采烈，展现了满洲人的生活风俗。

于哈达部之北，其首领纳林布禄因父亲杨吉砮、伯父清佳砮在万历三年（1575年）被明朝总兵李成梁杀害，自己又被迫接受哈达部的约束，也卷入了这场内讧，试图给自己增加政治筹码。纳林布禄以自己的姑母为孟格布禄之母为由，与孟格布禄结成联盟一同进攻歹商，目的是想通过战争将自己的势力范围向南推进，又报李成梁杀父之仇。纳林布禄的意图被明廷察觉。为了阻止纳林布禄南进，巩固哈达部歹商在女真各部中的地位，明廷出面让歹商与建州努尔哈赤联姻。这桩婚姻正是努尔哈赤求之不得的，因为在努尔哈赤庞大的统一计划中，无论是毗邻的哈达部还是地处北关的叶赫部，都将是他未来的蚕食对象。与哈达结成秦晋之好，无疑对他日后的扩张是极为有利的。因此这件婚事得到双方的支持，很快得以实施。万历十六年（1588年）四月的一天，歹商的妹妹阿敏格格来到建州，成为努尔哈赤的妃子，即哈达那拉氏。而不久之后，努尔哈赤与叶赫部又达成了另一项婚约。

在努尔哈赤起兵之初，就曾经去过叶赫部。叶赫部首领杨吉砮（即纳林布禄之父）非常欣赏努尔哈赤，认为他是非常之人，就说自己的小女儿长大了可以许配给他。努尔哈赤当时势力还较弱，如果能够与叶赫部联姻，对扩大自己的声名和威望都有极大的好处，就回答说："既然愿意结为姻盟，可以将您的大女儿许配给我，何必非要等到小女儿长大呢？"杨吉砮说："我并不是珍惜大女儿，而是因为小女儿仪容端庄，举止不凡，和你才相配。"以当时的情况来看，一方面杨吉砮的小女儿确实年龄尚幼小，另一方面两个部落结盟的时机也不成熟。于是这桩婚事便拖至万历十六年（1588年）才得以完成。这一年春天，明廷因纳林布禄介入哈达部内讧，发兵攻打叶赫部。纳林布禄抵抗不过，开城投降，与哈达部同时受敕，向明廷纳贡。

纳林布禄虽然已经归顺明廷，但是与归顺有年的哈达部相比，在明廷的地位显然要低一等。正是这种不平等的待遇和纳林布禄向南扩张的欲望，使他不可能安于现状。与附近友好的邻部联合，以图东山再起，对他来说是个非常好的选择。这一形势，促成了叶赫那拉氏与努尔哈赤的婚姻。哈达部动乱平息后不久，在万历十六年（1588年）的九月，纳林布禄亲自将自己的妹妹孟古姐姐送到建州与努尔哈赤完婚。当时孟古姐姐年仅十四岁。四年之后，她生了儿子皇太极，万历三十一年（1603年）九月，年仅二十九岁的孟古姐

历史细读

　　用人殉葬和作为祭品的制度，在我国古代社会中延续了很长时间，甚至清朝前期仍保留有这种制度。努尔哈赤死时，用他最宠爱的妃子殉葬。这种野蛮的制度和习俗，直到康熙年间才被禁止。

姐就离开了人世，崇德元年（1636年）上尊谥为"孝慈武皇后"，康熙年间改谥为"孝慈高皇后"。叶赫、建州两部的这次联姻，对巩固双方的力量都有一定的作用。而与这两个不同部族间的联姻，也反映了努尔哈赤政治势力的变化。

在上述与海西四部的会盟之后，叶赫部布扬古虽然没有履行婚约将自己的妹妹送到建州，但是此后努尔哈赤又纳妃六人，分别是万历二十九年（1601年）所娶的大妃阿巴亥、三十年（1602年）所娶的庶妃觉罗氏、三十八年（1610年）所娶的叶赫那拉氏和西林觉罗氏，以及分别在万历四十年（1612年）和四十三年（1615年）娶的两位蒙古亲王之女。这其中，又以与乌拉部和蒙古部联姻的政治色彩最为浓厚。

自从万历二十四年（1596年），努尔哈赤将布占泰放归本部后，通过不断联姻的手段，使乌拉部一直亲近建州一方。不过联姻带来的和平只是暂时的，到了万历二十九年（1601年），努尔哈赤在将自己的三女儿嫁给哈达部的吴尔古代后，就迅速灭掉了哈达部。乌拉部的布占泰看到尽管哈达部早已与建州结盟，吴尔古代还是努尔哈赤的女婿。哈达部最终依然被吞并，努尔哈赤的野心他自然心知肚明，但他宁肯俯首称臣，也决不甘心拱手交出部族的土地。在自己的实力与努尔哈赤根本无法抗衡的情况下，唯一的办法就是进一步加强婚姻联盟来稳固自己的位置。于是在哈达部被灭后仅三个月，布占泰便将自己兄长满泰之女阿巴亥许配给了努尔哈赤，她后来成为努尔哈赤的大妃乌拉那拉氏。此前布占泰与努尔哈赤的弟弟舒尔哈齐早已两度联姻，一次是万历二十四年（1596年）把自己的妹妹嫁给了舒尔哈齐，另一次是万历二十六年（1598年）他自己迎娶了舒尔哈齐的女儿，但他与努尔哈赤本人尚未结过姻亲。而在万历二十五年（1597年）的五部结盟会上，叶赫部所许诺的姻亲最终爽约，令努尔哈赤自己并未从邻部得到实惠。所以对于布占泰来说，将阿巴亥嫁与努尔哈赤为妻，就成了最为可行的靠拢建州部的办法。

亲藩习射图

满族是一个擅长骑射、以狩猎为生的民族。在传统的生产活动中，箭是狩猎的主要工具，出色的猎手通常受到人们极高的赞扬和尊敬，因此统治者对骑射都非常重视。图为康熙年间的贵族们学习射箭的场面。

而除了在女真内部联姻外，随着努尔哈赤统一事业的发展，他的联姻范围也由女真各部扩大到邻近的蒙古部族中。但与女真各部的联姻有相当大区别的是，努尔哈赤与蒙古的联姻是在一种和平与平等的条件下进行的，既不是在战争的背景下，也不带征服对方的直接动机。这种平等的态度，是由努尔哈赤对蒙古各部采取的有别于对女真各部的政策所决定的。作为北方同样以骑射、雄健强悍著称的民族，蒙古族与女真族有很多相似之处，但是当时蒙古族人多势大，而女真族则相对要单薄许多。尽管万历二十一年（1593年）时，科尔沁蒙古的明安贝勒也曾参加九部联军，并且被努尔哈赤击败，但是当时女真各部的统一尚未完成，努尔哈赤根本没有条件把蒙古各部视为自己的吞并对象。所以努尔哈赤要做的是保持与蒙古各部的友好关系，而不是树立更多的敌人，如此对促进他统一女真是极为有利的。蒙古族骁勇善战，努尔哈赤就曾有过"得一蒙古人胜得十朝鲜人"之说。同时经过多年的动荡，漠南蒙古各部之间已经发生了分化。自从"癸巳之战"后，科尔沁、喀尔喀等蒙古部落开始向辽东靠拢，向努尔哈赤"进驼马，遣使往来不绝"。而努尔哈赤方面，为了集中力量对付主要敌手，采取远交近攻的策略着实是上上策（《李朝实录·宣祖》）。"远交"即是与乌拉部、科尔沁蒙古、喀尔喀蒙古及朝鲜等部交好，"近攻"则是要首先清除他当时的主要敌手叶赫、哈达等部。这样在女真、蒙古双方都发生变动的情况下，科尔沁、喀尔喀与建州之间，维持了近二十年的友好关系。到了万历四十年（1612年），女真各部之间的关系较之以前又有了新的变化，在灭掉哈达、辉发二部的情况下，努尔哈赤与叶赫部之间的矛盾变得突出。而身为建州之婿的乌拉部首领布占泰，却长期动摇在建州、叶赫两部之间，这也令努尔哈赤十分恼怒，努尔哈赤认为有必

历史细读

满洲贵族按血缘远近分为宗室和觉罗。宗室为努尔哈赤及其弟兄的后代，佩戴黄带子；努尔哈赤父系兄弟的后代为觉罗，佩红带子。他们作为满洲贵族最高层，都享有多种政治特权。

要通过进一步强化与西部蒙古部落的关系来加强对于这个不稳定因素的控制。于是在万历四十年（1612年）正月，努尔哈赤以科尔沁蒙古贝勒明安之女"颇有丰姿"为名，派遣使者去提亲迎娶。这次联姻，进一步加强了科尔沁蒙古与建州之间的关系。在联姻一年之后，努尔哈赤便灭掉了乌拉部。至此女真各部中，努尔哈赤的劲敌仅剩叶赫一部了。面对这样的情况，巩固与蒙古各部的关系对努尔哈赤来说无疑是更为突出的问题。于是在与明安联姻后两三年间，建州与科尔沁、喀尔喀蒙古之间又迅速达成几桩婚姻，不仅包括努尔哈赤本人，还有他的四个儿子也都纳娶了蒙古贵族女子。万历四十三年（1615年）努尔哈赤娶了科尔沁郡王孔果儿之女博尔济吉特氏，他的儿子褚英、皇太极、莽古尔泰、德格类则分别娶了蒙古贝勒之女。贯穿清王朝始终的满蒙联姻，就是从此奠定的基础。

至于一度欲嫁努尔哈赤，却最终落空的"叶赫老女"就更富有传奇色彩。由于叶赫、建州两部长期处于对峙的紧张状态中，该女被其父兄一直留在叶赫不准与努尔哈赤完婚。到了万历三十一年（1603年），"老女"之姑已经贵为努尔哈赤大福晋的叶赫那拉氏孟古姐姐病危，临终之时欲见己母，却遭到叶赫部的拒绝。努尔哈赤在指责这种不通人情的做法时，质问布扬古为何迟迟不肯践约将"老女"送至建州完婚。这次事件使得两部之间的关系更趋恶化。在这种情况下，"老女"的去向就更成问题。七八年后，为了争取一直动摇于建州、叶赫间的乌拉部，叶赫部竟然又提出要将"老女"许配给乌拉部首领布占泰，但布占泰出于对努尔哈赤的畏惧没敢同意。

眼看对乌拉部的拉拢没有效果，叶赫部一方面向明廷求援，一方面又将"老女"许配给喀尔喀蒙古贝哈达尔汉贝勒之子莽古尔代。叶赫、蒙古、明廷三方立场各不相同，在"老女"问题上态度也各异。明廷当时的态度是，"姑留此女，毋使太祖及介赛绝望，冀相羁縻"。而叶赫部既要投靠明廷，也就不急着把"老女"送往喀尔喀与莽古尔代。于是这一拖又是几年，直到万历四十三年（1615年）的五月，布扬古才将妹妹送至喀尔喀。此时屡屡被当做

努尔哈赤御用剑
努尔哈赤的这把剑剑身为钢制，鞘为木制，外裹鲨鱼皮。
此剑饰有日月鲤鱼、松鹤延年等吉祥图案，原附带皮签，
上有满汉文合璧书"太祖高皇帝御用剑一把，原在盛京
珍藏"。

明黄漳绒串珠靴
骑射是满族的民族传统，是满族统治者引以
为自豪的资本，是他们征战沙场的制胜法宝。
此高底长筒靴显露了满族纵横马上的遗风，
是康熙帝的御用朝靴。

政治交易筹码的"老女"已经三十三岁，更为不幸的是，她出嫁一年后便病
故了。

叶赫部反复无常的态度，特别是后来明廷的介入，极大地激化了与努尔哈
赤的矛盾。因此这也就成为努尔哈赤向明廷宣战的理由"七大恨"之一"恨"。

婚姻在封建社会作为政治交易和资本是十分常见的事情，并不新鲜，但
是像努尔哈赤这样交错复杂，为了政治的需要，不顾辈分、不序尊卑前后十
多次与各部族联姻的情况，却也罕见。

通过征战与联姻，努尔哈赤逐渐铲除了异己势力，女真族的统一已经指
日可待。当年小小的一支建州女真部族，很快就做到了称雄于白山黑水之间，
努尔哈赤所辖的地域得到极大的扩展，人口也成倍地增加，一个新兴起的国
家已经初具雏形。在这一前所未有的女真族统一大业面前，努尔哈赤和他的
属下都认为，有必要在国家和汗的称谓上进一步提升他的尊严和权威。据
《满文老档》记载，当时的八旗贝勒大臣为此特地举行了联席会议，认为国家
多亏了有汗的英明睿智，才得以安享康泰，否则不知要遭受多少苦难。于是
他们一致提出要为汗敬上尊号。努尔哈赤自然是很高兴地接受了臣下的建议，
于万历四十四年（1616年）的正月初一隆重举行了上尊号仪式。四大贝勒代
善、阿敏、莽古尔泰、皇太极及八旗的贝勒大臣肃立在金銮殿的四隅。努尔
哈赤升座后，八旗的八位大臣从队列中走出向汗跪呈表章。额尔德尼接过表
章并且宣读，歌颂汗的英明睿智与高尚德行，于是为汗上尊号为"天任命的
抚育诸国的英明汗"，《清实录》记为"抚育列国英明皇帝"。努尔哈赤降座，

焚香告天，率诸贝勒大臣行三叩首礼，然后才入座，诸贝勒率各旗行庆贺礼。国号称"金"（史称"后金"），年号为"天命"，以本年为天命元年，后金政权正式诞生了。

万历四十七年（1619年），在建立后金国的第三年，努尔哈赤终于灭掉叶赫部，完成了女真族的统一。

创建八旗制度

女真族是一个以射猎为业的北方少数民族。努尔哈赤统一女真以前，他们都是以氏族或村寨为单位，在狩猎季节集体狩猎，由有名望的人当首领。这种以血缘和地缘为单位的组织形式，称为牛录制，他们的总领就被称为牛录额真。牛录意为大箭。额真，又称厄真，意为主。这种牛录制度就是后来我们所熟知的八旗制的前身。

在统一女真族各部的战争中，努尔哈赤取得节节胜利。随着势力的扩大和人口的增多，需要一种更加行之有效的管理形式，于是努尔哈赤在牛录制的基础上于万历二十九年（1601年）建立黄、白、红、蓝四旗，称为正黄、正白、正红、正蓝，旗皆纯色。到了万历四十三年（1615年），努尔哈赤为了适应女真社会发展的需要，又在原来四旗的基础之上，增编镶黄、镶白、镶红、镶蓝四旗（镶，俗写亦作厢）。除镶红旗镶白边外，镶黄、白、蓝三旗均镶以红边。把后金管辖下的所有人都编在各旗之内，并且规定：每三百人为一牛录，设牛录额真一人；五牛录为一甲喇，设甲喇额真一人；五甲喇为一固山，设固山额真一人。根据史料，当时收编的牛录总共有三百零八个，再加上蒙古牛录七十六个，汉军牛录十六个，共有牛录四百。这便形成了后来的满洲八旗。到了清太宗皇太极时，又建立了蒙古八旗和汉军八旗，旗制与满洲八旗相同。八旗均由皇帝、诸王、贝勒控制，制度严密，等级森严。在崇德元年（1636年），就规定了亲王、郡王、贝勒、贝子、镇国公、辅国公、镇国将军、辅国将军、奉国将军九等爵位，同时旗人都要按照军旗的颜色规定户籍。这种制度一直延续到清朝统治结束都没有改变。

八旗初建之时，是兵民合一的，凡满洲成员皆隶于满洲八旗之下，可以说是全民皆兵。"旗"是一个具有军事、行政和生产等多方面职能的组织。入关以前，八旗的兵丁们都是日常从事生产劳动，战时则随军征战，军械粮草都需要自备。入关以后，原先这种平时为民、战时为兵的情况被八旗常备兵制和兵饷制度所取代，八旗兵从此成了职业兵。到了定鼎北京之后，绝大部分八旗兵丁都屯驻在北京附近，而戍卫京师的八旗则按其方位驻守，称驻京八旗，俗称京旗，实际上就是过去的禁军。同时还有一部分旗兵被派驻到全国各地，驻防在重要城市和军事要地，称为驻防八旗。

正黄旗军旗

镶黄旗军旗

正白旗军旗

镶白旗军旗

正红旗军旗

镶红旗军旗

正蓝旗军旗

镶蓝旗军旗

八旗制度

最初只有黄、白、红、蓝四旗，后来在此基础上发展为八旗。其他四旗除镶红旗为白边外，都镶红边。旗帜原来比较简单，后来在中部饰以云龙纹，边缘饰火焰纹。

盔甲

此图为八旗兵的盔甲，八旗兵丁作战时的军装与他们所在旗的颜色是一致的。

从八旗制度建立伊始，就有自己严格的规定，它在内部兴办宗室觉罗学、官学等，授业八旗子弟。同时对八旗宗室王公及官兵的婚丧也都有严格的规定，比如满汉之间是不允许通婚的，这个禁令直到光绪二十七年（1901年）才被取消。而实际上民间满汉早已通婚。

到了清人入关成为中国真正的统治者之后，东北的满族人口大量涌入北京及其附近地区。而为了安置这些八旗官兵和闲散人口，清政府进行了大规模的圈地运动，将土地授予八旗的官兵们，他们因此获得的土地，称为旗地。这些八旗兵丁所获得的分地，大多数情况下依靠他们本人和家属从事耕种，但后来往往迫于生计将土地典押出去。于是随着清政权的确立和稳固，八旗兵丁的生计反倒是日渐拮据。清王朝虽采取了种种措施，但直至清末，八旗的生计问题非但没有解决，反而更加严重，有些人陷于贫困的境地。

从八旗正式建立到1911年辛亥革命清王朝被推翻，八旗制度总共存在了二百九十六年。它是清王朝统治全国的重要军事支柱，曾经为发展和巩固中国多民族统一的国家、为保卫边疆防止外来侵略等都做出了重要贡献，对满族社会的发展，更起到不可估量的作用。但是随着历史的前进，八旗制度中落后的一面也日益明显，并且严重束缚了满族社会的发展，而他们在征战中的作用也愈来愈小。可以说八旗制度的兴衰与清王朝的命运是紧紧联系在一起的，经历了由盛而衰、由衰而亡的整个历史过程。

萨尔浒之战

后金的建立让明朝感到十分不安，他们眼睁睁地看着努尔哈赤在东北壮大成为自己的威胁，在万历四十七年（1619年）即后金天命四年，明廷决定发兵攻打后金都城赫图阿拉。明朝命杨镐为统帅，率军十二万，号称四十万大军，兵分四路向赫图阿拉发起进攻。而当时努尔哈赤的兵力总共只有六万余人，从数量上来说努尔哈赤处于绝对的劣势。但历史上以少胜多的例子不胜枚举，努尔哈赤不仅是一位杰出的军事家，长期的征战也使他面对敌人时充满自信。他不管明军兵分几路，他只集中优势兵力出击一路，然后各个击破明军。明军西路的总兵是杜松，他骄傲轻敌，并不把努尔哈赤放在眼里。这一年的三月初一，西路军孤军急进，行至萨尔浒（今辽宁抚顺境内），努尔哈赤亲帅八旗军直扑明军在萨尔浒的大营。女真族天生彪悍，加之在马背上成长起来，善于骑射。只见后金的精锐骑兵猛冲入明军之中，顿时将方阵打乱，驱散步兵，左右斯杀开来。战场上尸横遍野，血流成河，而主将杜松矢尽力竭，落马而死，西路军马在这场战斗中全军覆没。

初二明北路军总兵马林率军赶到，见杜松兵败，布成"品"字阵与努尔哈赤对阵。努尔哈赤以不变应万变，六万骑兵并没有随之分作三路迎战，而

历史细读

　　抱见礼是满族早期的一个重要礼俗，不分男女老幼都可使用。抱见礼还在迎接凯旋的将领、接见蒙古各部的首领或归降的汉族将领时使用。由于汉族风俗和伦理观念的影响，抱见礼渐渐被作揖等所取代，但是作为国家礼仪，仍在特定场合下使用。

是集中八旗全力，将其各个击破。到了初三，探子向努尔哈赤报告说，南路的总兵李如柏已经率军迫近，而东路总兵刘綎则会同朝鲜兵攻来，两路军队对后金形成合围之势。刘綎是将门之后，威名极盛，也是四路兵马中人数最众、兵力最强的，所以努尔哈赤只派了一小支军队往南防御李如柏军，主力部队则东出在山谷设伏，全力迎击刘綎的大军。初四后，后金军让投降的汉人装扮成杜松的部属，通报与刘綎说他们的军队已经接近赫图阿拉，约刘綎合攻。为了争夺头功的刘綎，果然很轻易就上当受骗，命令军队火速前进。当刘綎军队经过阿布达里岗（今新宾与恒仁交界山岗）地带时，这里重峦叠嶂，道路狭隘崎岖难行，马不能成列，兵不能成伍，刘綎于是命令兵马排成单列急行。这正中努尔哈赤的下怀，设伏的八旗军很容易就将明军分割成若干段，在首、尾、中部都将其截断，使得明军身陷重围。刘綎毕竟是一员猛将，眼见如此情景，身先士卒奋勇杀敌。即使被一枚流矢击中，左臂受伤，依然无惧无畏继续战斗，接着右臂又受伤，依旧鏖战不已。双方激战了数小时，明军的内外已经完全被后金断绝。后来刘綎的头部被砍了一刀，截去了半颊，仍然左右冲突，手刃十人方才战死。尽管刘綎的军队最终被努尔哈赤击败，但奋战八个小时，他本人被砍掉半个脸，还拼命杀敌，颇为英勇悲壮。实力最为雄厚的西路军队在阿布达里岗覆没后，南路的李如柏军听闻其他三路皆败，剩下自己的一路军马，自然无心恋战，于是急忙撤军，却依旧遭到后金军队的拦截，最后率领败军侥幸逃命。

　　此次战役，以努尔哈赤的大胜而告终。明军损失惨重，仅文武将吏阵亡的就有三百一十余员，兵丁死于这次战役的更是达到了四万五千余人，马、骡亡失二万八千余匹。努尔哈赤的成功在于巧妙地利用明军合围赫图阿拉的时间差，集中绝对优势兵力，将四路大军各个击破。他以静制动、以少胜多、集中兵力、逐个击破的战略战术成为中国军事史上的著名战例。而这一场战役更为重大的意义则在于，它成为了后金与明朝兴衰史上的转折点，从此明

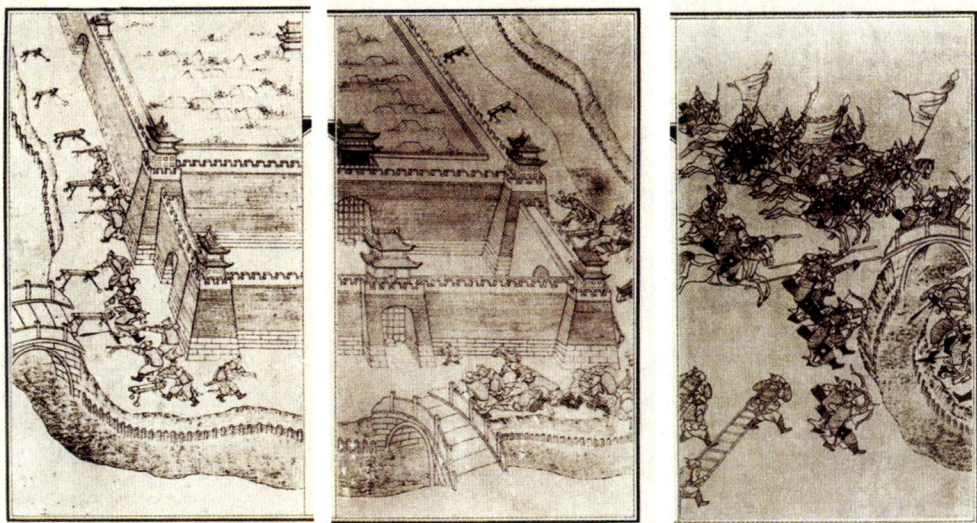

满洲实录·攻克辽阳图
攻克沈阳后，努尔哈赤率军向辽阳进发，凭借着八旗军的坚毅勇猛，很快又攻下了辽阳。

朝由进攻转为防御，后金则由防御转为进攻。

沈辽之役

取得萨尔浒大捷后，努尔哈赤便正式同明朝展开了争夺辽东统治权的斗争。明朝天启元年即后金天命六年（1621年）三月十二，后金军队进攻沈阳，并很快兵临沈阳城下。当时明朝守城的总兵贺世贤是行伍出身，此人只是日夜饮酒，是个有勇无谋的家伙。面对贺世贤，努尔哈赤并没有用强兵攻城，而是派骑兵挑战。贺世贤果然贪功出战，结果中了数十箭，坠马而死。总兵一死，明军立刻群龙无首，八旗军于是乘胜攻城，城里内应，吊桥绳断，拥门而入。沈阳城里被杀的明军和百姓，据说有七八万人之多。攻陷沈阳后，努尔哈赤又亲率八旗大军，乘胜向辽阳进发。当时的八旗军气势旺盛，"旌旗蔽日，弥山亘野"。到了十九日，努尔哈赤的军队已经包围了辽阳。镇守辽阳城的明朝将领是辽东经略袁应泰，他派五员总兵出城五里结阵，与后金军对垒。努尔哈赤身先士卒匹马独进，派四旗兵进击，明军发炮接战。后金军也不甘示弱，火炮齐发，在努尔哈赤的带领下骑兵冲杀对方的阵营，明军顿时阵乱，开始溃散。努尔哈赤督兵乘胜追击，与袁应泰的交锋初次告捷。到二十日，努尔哈赤夜袭辽阳城，督军分别从东门和小西门两面攻城，袁应泰在东门亲自统兵应战。努尔哈赤命属下拼死强攻，明军便发火器还击。但后

历史细读

满族传统居室为口袋房，一般为三间，中间开门，两侧为里屋卧室。卧室内西、南、北三面皆有炕相连，南炕为一家之长者居住，晚辈多居北炕。满族以西为上，西炕多摆置祭器。窗户多为南、西向，多无院墙及东西厢房，仅以木栅或秫秸围之。影壁为满族传统住宅的一部分，正面壁心平面，画以吉祥纹饰，亦有雕刻如意彩绘者。反面壁心多设有佛龛，为供奉土地爷之用，一般置于庭院大门内三米左右处。

金骑兵攻势不减，呼喊着冲向前。明守军依旧布好阵型，排列作三层，施放火器进行抵御。双方在强攻和抵御中僵持不下。但是善于打硬仗的八旗兵从始至终都攻势不减，且愈加凌厉。而明军方面总兵梁仲善、朱万良战死，开始还坚守的部众开始动摇进而大溃，袁应泰也退入城内。

东门之战获胜后，努尔哈赤又指挥军队集中兵力攻打小西门。明军居高临下，从城上放火箭、扔火罐，万矢齐下，奋力抵御。后金军队则冒着战火一次次搭建云梯、列楯车，试图夺桥破门。这场战斗一直从天黑打到天明仍然不见分晓。二十一日，努尔哈赤亲督左右翼兵，向辽阳城发起总攻。夜幕降临，激战一天的明军已经显出疲态，这时小西门的内应在城楼上放火，辽阳城内顿时慌乱，军队崩溃四散。经略袁应泰本来是文士出身，以治水闻名，此刻却偏偏担当武将的职责。这本就不是他的长处，但他也绝非贪生怕死之辈，此时知道辽阳城已经沦陷，于是自缢身亡。辽阳城被后金攻陷。

至此短短九天之内，努尔哈赤凭借他极为出色的军事指挥才能，迅速占领了沈阳和辽阳，占得对明的先机。而金州、复州、海州、盖州也都传檄而下。不久之后，努尔哈赤就将都城由赫图阿拉迁到了辽阳。

沈辽之役是清朝与明朝兴亡史上的转折点。辽阳是明朝辽东首府，沈阳也是辽东的重镇，这两个城市陷入后金之手，标志着明朝在辽东统治的结束和后金在关外汉人地区管制的确立。同萨尔浒战役一样，努尔哈赤虽然在兵力上并不占优势，但是能够巧妙运用集团兵力，攻坚作战。他这种围城打援、里应外合的战术使得沈辽之役成为中国军事史上的著名战例。但沈辽之役的影响与意义，又绝不仅仅在于军事范围。努尔哈赤迁都辽阳之后，仅仅过了三年又将都城迁到了沈阳，从此完全确立了其在关外的统治地位，为后来清军进关、入主中原、统一中国奠定了基础。

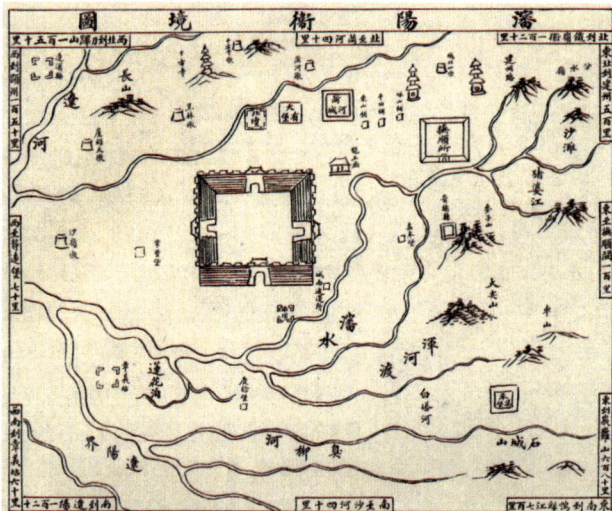

沈阳卫境图
这幅图是明朝洪武年间沈阳建城的
时候制作的，是沈阳最早的地图。

迁都

迁都对每个政权来说都是一件关系重大的事情，它是政治权力的一种标志，同时关系到政权的稳定。建立后金以前，努尔哈赤在统一女真各部的过程中，随着战争的推进和自己势力的扩展，曾经几建都城、宫室，这实际上成为努尔哈赤创建后金政权进程的标志。第一座都城名费阿拉，建于呼兰哈达山下，时间是在起兵不久的万历十五年（1587年）。据《皇清开国方略》载："丁亥春正月，筑城呼兰哈达南冈，尼堪外兰即伏诛。太祖乃于呼兰哈达之南，嘉哈河硕里口两界中平冈筑城三层，建宫室。"费阿拉城分内、外两城，虽然名叫"城"，但当时的女真族各部实际上还处于奴隶社会末期，技术远远落后于汉族地区，物资也比较匮乏，所以修筑的城墙不过是一些石块夹土木夯成的。当时一个去过建州的朝鲜人曾对该城做过一番描述，说这座城没有雉堞、射台、隔台和壕子，外城门是用木板做的，还没有锁钥。门关了以后，用木横张，像是朝鲜将军木之制。城上面设有敌楼，上面盖的是草。内城门和外城一样，但没有门楼……内城的修筑和外城一样但有雉堞与隔台。从东门到南门再到西门，城上设瞭望板屋而没有盖，有楼梯上下。从这些描述来看，城的形制是非常简陋的。这座城虽然原始，在努尔哈赤统一女真各部的过程中，却起过举足轻重的作用。努尔哈赤首次在这里宣布"定国政"，始称"女真国淑勒（即汉语聪睿之意）贝勒"。其内容主要有三方面：一是禁止作乱，即禁止奴隶对家主造反，以维护现存秩序；二是禁止欺诈，即要求奴隶忠于家主；三是严禁盗窃，保护家主的私有财产。
这次定国政，使得女真族各部第一次有了可以依据的法治条
文，从而强化了努尔哈赤对女真族各部的统治秩序，确保并
推进了他统一建州大政方针的贯彻。可以说，这座费阿拉城
的建立，是女真民族从氏族部落时期跨入文明社会一个分界
性标志，同时也是这个民族诞生国家的标志。

在建立费阿拉城后，努尔哈赤用了二十年左右的时间来
完成统一建州女真各部的大业，并且还吞并了海西女真的哈
达部，大大扩展了自己的势力。到了万历三十一年（1603
年），努尔哈赤将都城迁至赫图阿拉。赫图阿拉距费阿拉其实
不过一二十里的距离，原本是努尔哈赤的始祖猛哥帖木儿所
建之城。努尔哈赤将都城迁到赫图阿拉后，对原城进行了改
建。首先是增加了一圈长十里的圆角方形外城。城墙的筑法，
与费阿拉城相同，仍然没有敌楼等形制，用石块夹土木夯成，
依然是比较简陋的。相比在费阿拉城，努尔哈赤在赫图阿拉

努尔哈赤的盔甲
努尔哈赤的盔甲包括头盔与甲
服两部分。这件红闪缎铁叶甲
胄，是乾隆时期依照努尔哈赤
的遗物重新仿制的。

所做的最重大的决策，是在万历四十四年（1616 年）建后金
国并登汗位。

后金国建立以后，努尔哈赤的事业继续处于蒸蒸日上的
状态，疆域也不断向南扩充。随着战争形势的变化，此后都城又几经迁移。
先是于天命三年（1618 年），努尔哈赤正式以对明朝有"七大恨"为由，挥
师南下伐明，并且很快攻占了抚顺诸城。到了天命五年（1620 年），都城迁
到了抚顺附近的萨尔浒。这次都城的迁徙，努尔哈赤有其临时的考虑，很明
显萨尔浒不适合长期做都城，而努尔哈赤也并没有在萨尔浒长期安居的打算。
迁都完全是为了战争的需要，因此都城里面的设置十分简单，但是这城的优
点是可以因地制宜，建成不规则的土石夹筑城墙。随着战争形势的发展，后
金彻底转守为攻，那么女真人就需要继续迁都来进一步巩固和扩大了后金在
这一地区的势力。迁都第二年，努尔哈赤又连续攻克了辽阳和沈阳，将辽河
以东的广大地区全部纳入后金统辖之下。

以如此快的速度攻城略地，也使得迁都的情况更加频繁，因为形势的变
化使得都城必须从根本上适应后金在土地和人口上的膨胀。辽阳和沈阳的取
得使努尔哈赤强烈意识到，萨尔浒作为临时都城已不适应，必须要把都城南
徙到曾经汉人居住的土地上。他提出："辽阳乃天赐我者，可迁居于此耶？抑
仍还本国耶？"令群臣讨论。但是诸位贝勒等却并没有意识到后金正处于一
个重要的发展阶段，以他们的习惯而言，仍然是攻占某个城池之后进行抢掠，
这以后就应携人畜币帛返回故里。努尔哈赤以他的远见卓识，尖锐地驳斥了

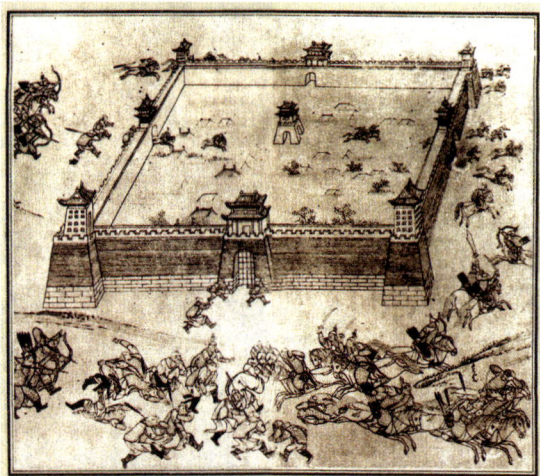

攻克沈阳图
努尔哈赤诱敌轻进，然后重兵包围，城内蒙古降卒借机助后金兵入城，沈阳被攻破。此图描绘的就是后金兵射杀明军的场面。

天祐门
东京城现在早已不复存在。据记载，初建时有八座城门，此拓片为其中之一"天祐门"的门额。

反对者的意见："如果我们撤走了，明军必然收复辽阳，然后严加防御。而从城里逃出去分散在山谷里的老百姓，我们也都会失去。把我们已经征伐来的疆土又还回去，将来必定还要重新征讨。而且这个地方乃是明朝、朝鲜和蒙古三国之中的要地，可以说是天予之地。"由于努尔哈赤的高瞻远瞩以及他无可动摇的权威地位，后金国决定将都城迁至辽阳，并于是年在太子河畔兴建辽阳新城，称为东京。

新建的东京，已经远非赫图阿拉、萨尔浒等前几个都城可比。其城市的布局和建筑都充分说明当时后金向汉族文明学习，以及向汉文化过渡的某些特点。首先，城墙已由原来的石块、夯土夹椽木的土城变成了青砖夹夯土的砖城，城上建有固定的敌楼，城外还开凿了护城河引太子河水；其次，皇宫由朴素简单的青砖瓦房改成了琉璃瓦顶八角殿。寝宫也已脱离了当年政寝不分的格局，建在八角殿西，那里正是全城的最高之处。这种喜爱绿色以及喜住高台的特点，都反映了后金人留恋并试图保持当年居住在费阿拉和赫图阿拉城时生活方式的心理特点；最后一点就是东京城内的人口结构发生了极大

历史细读

清代改冠制，替以礼帽。帽子最高处有顶珠，其材料多以宝石制成。清朝的礼帽，在顶珠下有翎管，质为白玉或翡翠，用以安插翎枝。清翎枝分蓝翎和花翎两种。蓝翎为鹖羽所做，花翎为孔雀羽所做。花翎在清朝是一种辨等威、昭品秩的标志，非一般官员所能戴用。清朝爵位中最为显贵的亲王、郡王、贝勒，按清初的规定是不戴花翎的。但乾隆年间，许多人以兼任内大臣等职务为由乞翎，因此之后亲王、郡王、贝勒开始佩戴三眼花翎。

的变化，原来的都城之中，仅仅是达官贵人和八旗兵丁居住，而在辽阳城，手工业者已经大为增多，同时在城南又新迁入不少商人。辽阳新城迅速出现了不少酒店、店铺，显得相当繁华。

这以后又过了三年，努尔哈赤再次决定迁都。这次是从东京迁至沈阳。如此频繁的迁徙，自然有人是不能理解的，而且辽阳修建得既舒适又繁华。但努尔哈赤一如既往地又一次以他的远见卓识说服了大家。他说服大家，沈阳是一个交通上四通八达的地方。西征大明从辽河渡过，道路好走又近；而要去蒙古，两三天的日程就可以到达；南征朝鲜，从清河可以去。沈阳城外还有浑河与苏克素护河相通，从苏克素护河上运送木料，顺流而下，木材多得用都用不完；而想要出游打猎，山很近，鸟兽又多，况且还可以同时收获河中利益。并且宣称他的决定已经做出了，要迁都谁敢不从呢？迁都沈阳后，又揭开了后金国历史上新的一页。

宁远战败

辽沈的失陷让明朝政府认识到形势的严重性，努尔哈赤就像一只伺机而动的猛虎，随时都可能南下对北京构成最直接的威胁。这种情况下，明朝派出积极主张抗击后金的大学士孙承宗和兵部主事袁崇焕到关外考察军务。

针对当时的形势，袁崇焕提出固守山海关必须先守宁远的建议，要求重新修建宁远城。宁远（今辽宁兴城）地处辽西走廊的中段，依山傍海、地势险要，是由沈阳通往山海关的咽喉要塞。按照袁崇焕的设计，新建的宁远城城墙应该高三丈二、底宽三丈、顶宽两丈四，由此而成为关外防御后金的军事重镇。同时孙承宗又修缮了锦州、松山、杏山、右屯及大小凌河等地的城

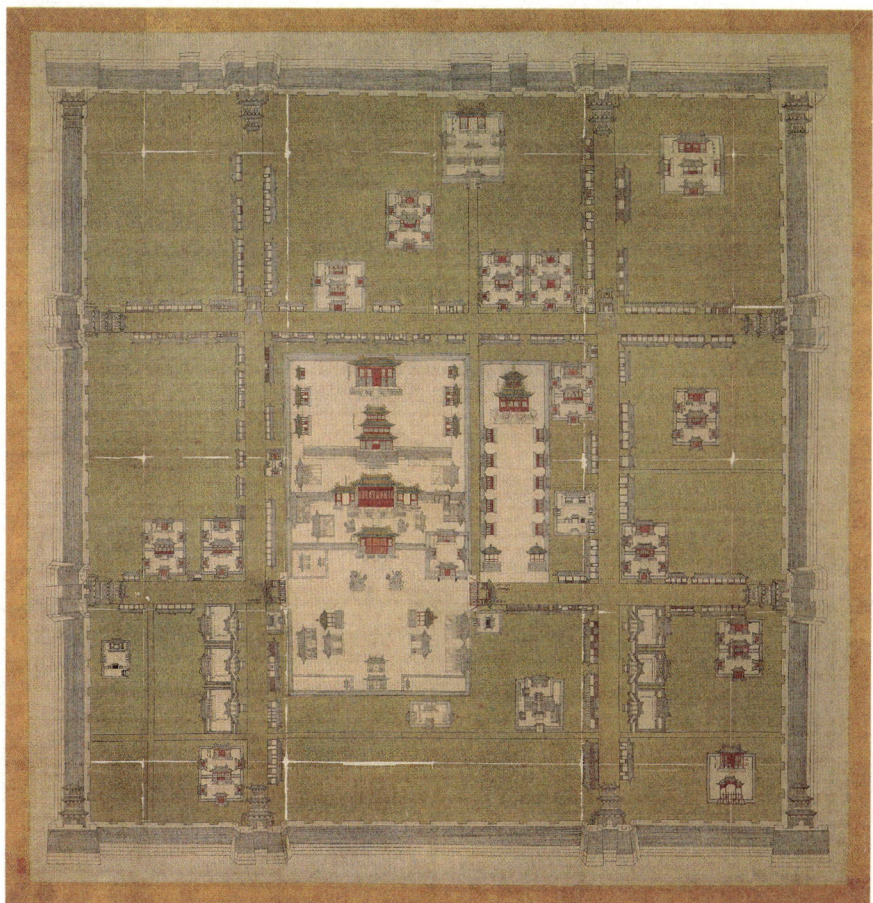

盛京城阙图

此图绘于清朝康熙八年（1669 年），用满文标注了盛京城的建筑，是当时沈阳城的平面图。

池，遣兵分守。如此一条以宁远和锦州为中心的防线迅速建成，辽西的局势重新稳定了下来。

就在袁崇焕和孙承宗在山海关外修建防御体系的同时，努尔哈赤正忙于迁都。当探知孙承宗在辽西严阵以待后，他一直没有贸然进攻。但不久明朝内部党争再起，把持朝政的魏忠贤一直对满腹韬略、守边有方又秉性忠直的孙承宗心怀嫉恨，很快就将其排挤掉了。继任孙承宗的是魏忠贤的同党高第，是个贪生怕死的家伙，对逐渐壮大的后金十分害怕，而且没有半点军事才能，一心想求和，认为关外必不可守，躲在山海关内苟且偷生才是可行之计。因此他不顾袁崇焕等人的强烈反对，把锦州等地的防务全部撤出，将各城的兵力强行调入山海关。孙承宗苦心经营的"宁锦防线"就这样被明朝自己人轻易地破坏了。袁崇焕虽然无力阻止高第，但是他深知宁远、锦州防御的重要性，坚决不肯撤离，说："我在宁远做官，就要在这里死守，决不撤退！"

明军更换主帅、宁远锦州全线撤防的消息让努尔哈赤喜出望外。完成迁都后，他一直都在等待征伐明朝的时机，此时绝对是一个再好不过的机会。于是后金立刻出兵向辽西进发。天命十一年（明天启六年，1626年）正月十四，努尔哈赤亲率十余万八旗大军向辽西杀来。一路上，他们长驱直入，不费吹灰之力就占据了锦州、松山等大小城池，唯独剩下宁远。于是努尔哈赤派人给袁崇焕送去招降信，用高官厚禄引诱他献城投降。此时宁远已经成为一座孤城，想以一击之力抵御努尔哈赤是十分困难的。但袁崇焕断然拒绝了后金的招降，全力准备迎战，誓与宁远共存亡。

当时深陷孤城的袁崇焕，兵马还不到三万。他将城外的所有兵力都调入城内，将武器和兵力集中起来，又把城外的百姓动员进城，将城郊一定范围内的房屋粮食全部烧毁。这样后金的军队在宁远城外一无所获，不会得到任何有用的补给。袁崇焕知道这将会是一场恶战，于是写下血书表示要誓死守住宁远。他安排将士们分别据守，老百姓也带着自备的武器登城防守。

袁崇焕像

袁崇焕曾获广渠门、左安门大捷，解除了京师陷落的危急。但是崇祯帝却听信阉党的传言，中了皇太极的反间之计，而认定袁崇焕背叛明朝，于是将其处死。

袁崇焕誓死不降，努尔哈赤亲自指挥攻打宁远城，战车、骑兵、步兵铺天盖地地向宁远城压来。面对后金的大军，袁崇焕镇定自若，他指挥城上的炮兵待后金士兵冲至城下时才一齐开炮。随着一声声巨响，大举压上的后金士兵成片地倒在血泊之中，专门对付明军火器的栅车也被炸得粉碎。见此情形，努尔哈赤又命令士兵躲在加了厚板遮蔽的战车下靠近城墙，试图凿洞进城。宁远的城墙在袁崇焕的指挥之下本来就修筑得特别厚实坚固，而当时又天寒地冻，使得后金凿城的进度很慢。袁崇焕命令将全城贡献的被褥一卷卷扔下城墙，已经冻透的后金兵不管其中是否有诈，只是你抢我夺。正在这时，明军投下的火把却点燃了裹在被褥中的火药，霎时间城下成为火海一片，不少凿城的后金士兵都被活活烧死。

后金军队整整攻了三天三夜，死伤无数，但宁远城依然固若金汤。更为糟糕的是，努尔哈赤也在战斗中受了伤，最后不得不率军撤回沈阳。

宁远战败给努尔哈赤造成了巨大的心理打击。从起兵以来到建立后金，数十年来，自己可谓是所向披靡，眼见形势一片大好，怎么会在攻打一座孤城的情况下输给一个后生小辈，岂非天数耶！同时多年以来，在辽沈地区长期实行残杀和压迫异族的政策，开始导致后金社会的不景气。这次征战的失败进一步使民心涣散，兵将谈袁色变。蒙古、朝鲜也随之调整了亲附后金的政策，重新与明朝交好。这一切都使努尔哈赤忧郁不安，使得病情逾为加重，不久就含恨去世。

皇太极奠基大清

继承汗位

努尔哈赤死后，由谁来继承汗位？努尔哈赤的几个儿子都各有打算。当时除皇太极外，他众多的兄弟中代善、阿敏、莽古尔泰三位贝勒和阿济格、多尔衮、多铎三兄弟，也都有机会被立为汗。不过多尔衮兄弟年纪尚幼，二贝勒阿敏是皇太极的堂兄，其父舒尔哈齐获罪被圈禁至死，阿敏自己也犯下大过，其实是没有资格、也没有条件争夺汗位继承权的。三贝勒莽古尔泰是皇太极的五兄，虽然勇猛，但生性鲁莽，军力较弱，其生母富察氏曾因过获罪，莽古尔泰竟手刃生母，声名极其恶劣。最有条件的就是大贝勒代善和四贝勒皇太极。代善性格宽柔，深得众心，且军功多、权势大。皇太极则具有雄才大略且战功显赫。努尔哈赤去世前没有指定继承人，而是宣布《汗谕》，实行八和硕贝勒共议推举新汗和废黜大汗的制度。对于《汗谕》的存在，史学界已成定论。所以在当时历史条件下，是按照《汗谕》实行的八和硕贝勒共议推举新汗和废黜大汗的制度。

如前所述，阿敏和莽古尔泰事实上已经退出了竞争，而最具竞争力的大贝勒代善则性格宽柔，今天的史料中也处处极力展现他的宽容和隐忍，从没有提到过他有当大汗的野心。努尔哈赤去世之后，萨哈廉和代善的儿子岳托找到代善，跟他说："四大贝勒，才德冠世，深得先帝之心，众皆悦服，当速继大位。"代善表态："是吾心也。"于是皇太极顺利地继承了王位。皇太极登基虽然是各方面势力的一个平衡，但皇太极在诸兄弟中表现出了卓越才能，也可以说是实至名归。

皇太极即汗位的第二天，为了控制政局和稳定

福陵图

福陵为清太祖努尔哈赤及其后妃的陵墓，位于沈阳东郊，一般称为东陵。福陵始建于天聪三年（1629年），后屡经改建，现占地约19.4万平方米。此图描绘的即是福陵的整体格局以及陵区的景象。

天聪通宝

皇太极即位后，改元天聪，并铸"天聪通宝"，与"天命汗钱"共同流通。上图为满文的"天聪通宝"钱。

人心，亲自带着代善等大小贝勒十四人向天地发誓说："皇太极谨告于皇天后土，今我诸兄弟子侄，以家国人民之重推我为君。敬绍皇考之业，钦承皇考之心。我若不敬愆，遂削夺皇考所予户口，或贬或诛，天地鉴谴，夺其寿算。"这誓词的中心内容是要敬兄长、爱子侄、行正道，不随意、不轻易处罚兄弟子侄。实际上是对以八和硕贝勒为首的诸贝勒权益的保护，以及对于君权的限制。因为当时后金国君并非绝对的个人专制，建立在八旗制度基础上的后金政权是以八旗诸贝勒的集体权威为核心的。这点与明王朝及历史上的各姓封建王朝是有明显区别的。接着，代善、阿敏、莽古尔泰三个大贝勒和阿巴泰、德格类、济尔哈朗、阿济格、多尔衮、多铎、杜度、岳托、硕托、萨哈廉、豪格等诸贝勒也都对天发了誓，中心内容是"忠心事上"。尽管强调臣下尽忠国君的内容与汉族封建王朝对臣下要求相符，但是对于臣子的规范还要靠上天来保证，则明显透露出国君尚不具备至高无上的权力与地位。皇太极接着又向三大贝勒行三拜大礼，声称以后对他们不以臣礼相待，而是以兄礼事之，四人同时面南而坐受朝，共听国政。

事实上这只是皇太极登基之初为了安抚强势刻意采取的低姿态。随着满洲势力的发展和自己地位的巩固，现实需要的是政权的高度集中，于是皇太极开始逐步削减资历权势能与自己相抗衡的三大贝勒的权势。首先创建旗务大臣制度，在八旗之中各设总管旗务的大臣一人，称总管旗务八大臣（又称八固山额真）。总管旗务大臣有权总理本旗的一切事务，并与诸贝勒一起参与议政国事。据史书记载，旗务大臣"出猎行师，议定启奏，各领本旗兵行。凡国中大小事，皆听稽查"。此外每旗还设立了佐管旗务大臣两人（八旗总共十六人），"佐理国政，审断狱讼"。若有出兵驻防的需要时，每旗再增设调遣大臣两人（八旗共十六人），"以时调遣，仍审理词讼"。这些官职的设置意在分散各旗旗主诸王贝勒的权力，削弱他们在本旗中所享有的操纵一切的特权，从而使皇权更加集中；其次废除了四大贝勒按月分值的制度。努尔哈赤在世的时候，在天命六年（1621年）二月，曾经命代善、阿敏、莽古尔泰和

历史细读

和硕满语，意为一方。清初有八和硕贝勒，意思就是八方亦即八部落长之意。清宗室封爵第一级为和硕亲王。清代的皇后之女封固伦公主，嫔妃之女和由中官抚养的宗室之女封和硕公主。宗室中有封爵者之女皆称格格，其中亲王的女儿称为和硕格格。

皇太极四大贝勒按月轮流分值，国中一切机务，均由值月贝勒掌理。皇太极即位以后，最初仍照常实行这种制度。到了天聪三年（1629年），皇太极以"向因值月之故，一切机务辄烦诸兄经理"为由，正式宣布废除这项制度。这个理由表面上是宣称四大贝勒值月处理机务"负担太重"，一切军国政务改由"嗣后可令弟侄辈代之"，实际上分担政务的弟侄辈们当然遇事不敢做主，必然均由皇太极一人处理和裁决。从此就彻底解除了三大贝勒掌理国中机务的权力，大权都集中到皇太极一人之手。

之后皇太极为了巩固自己的大汗权力，又想方设法对付对自己构成潜在威胁的三大贝勒。他首先拿二贝勒阿敏开刀。阿敏曾经说过"此生有何可恋，不如一死"，还对皇太极说"我与诸贝勒议立尔为主，尔即位后使我出居外藩可也"。这说明阿敏不但认为自身没有前途，而且预感到危若朝露。皇太极听到阿敏的这些言论后十分不满。而另一件事更加激化了皇太极与阿敏之间的矛盾。还在天聪元年（1627年）的时候，阿敏受命率军攻打朝鲜。阿敏统军直下平壤，朝鲜国王被迫退避到了江华岛。这时后金内部对于是否继续攻打朝鲜发生了分歧，阿敏主张攻占王京（今韩国首尔），贝勒岳托等则主张同朝鲜国王定盟回师。而皇太极对于阿敏的态度则心怀不满，认为他有野心，想借机留居朝鲜。到了天聪三年（1629年），皇太极亲自率军攻打北京城。因为北京城坚池深，防守严密，再加之袁崇焕拼死抵抗，皇太极没有占到半点便宜，只得退兵，派阿敏驻守永平等四城。阿敏驻守四座孤城，受到明军的四面攻击。不久之后阿敏就率师退回了沈阳。皇太极以此为借口对阿敏进行总清算，他宣布阿敏共十六大罪状，将其幽禁起来，并且把阿敏的家产和属人全都没收。阿敏被幽禁后忧愤而死，终年五十四岁。其实以上种种虽然激化了阿敏同皇太极的矛盾，但说到根本还是汗位的争夺问题。在这场斗争中，皇太极除掉一个心腹之患，使得汗权更加巩固。

除掉阿敏之后，皇太极便将打击目标集中到莽古尔泰身上。莽古尔泰是

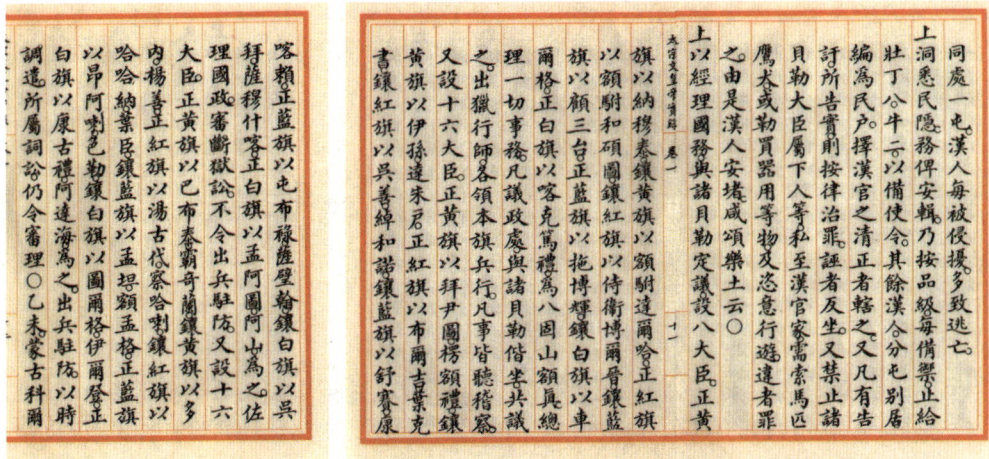

《清太宗文皇帝实录·设八大臣上谕》
皇太极设立八大臣管理八旗事务，极大削弱了三大贝勒的权力，使权力进一步集中在了自己的手中。

皇太极的五兄，也是正蓝旗的旗主贝勒。天聪五年（1631年），后金与明朝在大凌河展开了大战。驻守大凌河城的是著名将领祖大寿，他曾经和袁崇焕一起在宁远城抗击努尔哈赤，为保护风雨飘摇中的明王朝立下了汗马功劳。皇太极此次派莽古尔泰率正蓝旗军从南面攻城，遭到祖大寿炮火的猛轰，死伤惨重。莽古尔泰请求调整兵力，皇太极不允。这令莽古尔泰非常不满，大怒道："为什么偏偏与我为难，难道想借机杀掉我吗！"边说边用所佩刀柄示意。他的胞弟德格类用拳打他，并将他推出帐外。皇太极也大怒道："古人云：'操刀必割，执斧必伐。'你用佩刀，是什么意思？"这次冲突让皇太极与莽古尔泰兄弟二人的矛盾迅速激化。第二年莽古尔泰就突然得重病死去了，年仅四十六岁。接着皇太极借正蓝旗额真等给莽古尔泰上坟为由，命令众人唾其面，先羞辱额真，接着罢免了他。还采取同样的手段对待莽古尔泰的福晋（夫人），命令诸福晋前去，训斥并辱骂她。莽古尔泰的胞弟德格类贝勒更是未能幸免，也连带受罚，后来得了重病不能说话而死。不久皇太极将莽古尔泰的妹妹莽古济、儿子额必伦处死。而根据朝鲜史料记载，除了这些人以外，皇太极还将莽古尔泰的三个儿子也都杀死，正蓝旗官兵千余人也连带被杀。

这以后就剩下了柔懦的代善，但也没逃过皇太极的排挤。天聪五年（1631年），李伯龙奏请改变"朝见不论旗号，惟以年龄为序"的旧例，纠正"朝贺时每有逾越班次，不辨官职大小随意排列者"的现象，"请酌定仪制"时，诸贝勒说："莽古尔泰不当与上并坐。"皇太极因势利导，将李伯龙的奏清代对都察院、通政司、詹事府、大理、太常、太仆、光禄、鸿胪等寺及国子监的堂官，概称京堂，把负责起草文书的称为京卿。清朝中叶以后，对官小任重而另加三品京卿、四品京卿的称京堂。

议及诸贝勒的提议，一并交付了代善，命他与诸贝勒"共议"。在政治舞台上有过教训的代善，马上领会了皇太极的意图，与诸贝勒共议时首先表态说："我等奉上居大位，又与上并列而坐，甚非此心所安！自今以后，上南面居中坐，我与莽古尔泰侍坐于侧，外国蒙古诸贝勒坐于我等之下，方为允协。"在代善的带头下，参与共议的贝勒们也都众口一词地表示同意，于是当下作出决议上报皇太极。这决议正符合皇太极的心意，于是立即照准。天聪六年（1632年）正月初一，在接受众臣朝贺时，按新规定的礼仪，皇太极"始南面独坐"。这标志着后金政权结束了皇太极与三大贝勒共理国政的局面，又代表着皇太极集大权于一身，中央集权制度的建立。而代善与莽古尔泰在两旁"侍坐"。几经打击的代善，被迫处于唯命是从的状态。

至此三大贝勒之名，实际上已经不复存在了。经过上述残酷的骨肉相煎，皇太极终于坐稳了宝座。

清朝的建立

虽然皇太极在争夺皇位的问题上政治手段凶悍，但是在内政方面他倒也励精图治，并且大力改革。在他登基后不到十年的时间里，女真族社会迅速得到了飞跃性的发展，很快便实现了封建化，后金政权也由弱变强，国力雄厚起来。山海关外的大部分土地在连年征战中早已逐步为后金所占有，所以明朝赖以牵制后金的就是蒙古诸部及朝鲜李氏王朝了，但他们也先后为后金所征服。朝鲜李朝方面向皇太极纳贡称臣，而蒙古诸部则更甘为前驱，成了皇太极攻打明朝最得力的帮手，明朝以"西虏制东夷"的政策全面破产了。

皇太极在天聪三年（1629年）十一月发表的《告谕》中，对夺取全国政权的意图已经说得非常明白。《清皇太极实录》记载其内容为："若谓我国编小，不宜称帝，古之辽、金、元，俱自小国，而成帝业，亦曾禁其称帝耶！且尔朱太祖，昔曾为僧，赖天佑之，俾成帝业。岂有一姓受命，永久不移之理乎？天运循环，无往不复。有天子而废为匹夫者，亦有匹夫起而为天子者。

此皆天意，非人之所能为也。上天既已佑我，尔明国乃使我去帝号，天其鉴之矣！"

天聪九年（1635年），多尔衮率军远征蒙古察哈尔部时，得到蒙古的大宝"传国玉玺"。关于这块玉玺，有这样一个传说：据说这颗玺印自汉传至元，元顺帝北逃时，曾将玉玺带在身边。但他死后玉玺就失落了。两百年后，一个牧羊人放牧，见一只羊三天不吃草，却不停地用蹄刨地。牧羊人十分好奇，就挖开此地，发现了宝玺。后来宝玺落到了蒙古林丹汗手中。林丹汗死后，由其子额哲收藏。多尔衮解决了察哈尔归服问题后，苏泰太后及子额哲归顺后金，然后将"传国玉玺"献给了天聪汗皇太极。

得到玉玺的皇太极与后金统治集团欣喜若狂，"喜而不寐"，认为这是天命所归。皇太极在筑坛拜天接受玉玺时，传谕左右曰："此玉玺乃历代帝王所用之宝，天以畀朕，信非偶然也。"于是在八天之后，也就是九月十四，都元帅孔有德祝贺表章便抵达沈阳，请皇太极"登九五之尊，而享天下之福"。总兵官耿仲明也上表盛称："天赐玉玺，可见天心之默佑矣。惟愿正大统，以慰臣民之望。"一时间请皇太极称帝的呼声此起彼伏。十月初一，昂邦章京石廷柱率汉官生员等进贺表："获镇国传世之宝，祯祥已见，历数将归。"

面对众人的拥戴，皇太极故作谦逊地说："诸臣所言诚是，朕亦知上天眷佑，示以瑞兆。但虑朕才德凉薄，恐不能抚民图治，上答天心。自后当益加敬业，以祇承上天之宠命耳。"这虽然是谦逊之词，但其称帝的心意已经昭然若揭了。在接见朝鲜使臣时，皇太极"出所得蒙古察哈尔汗玉玺示之"，也是向友邦传送准备称帝的信息。

十月十三，皇太极下谕："我国原有满洲、哈达、乌拉、叶赫、辉发等名，向者无知之人往往称为诸申（即女真）。夫诸申之号乃席北超墨尔根之裔，实与我国无涉。我国建号满洲，统绪绵远，相传奕世。自今以后，一切人等，止称我国满洲原名，不得仍前妄称。"皇太极本着儒家"正名"的思想，改族名女真为满洲。

十二月二十一，皇太极率诸贝勒大臣诣努尔哈赤陵，大造登基称帝的舆论。他首先宣扬自己继承汗位以来的武功，"自受命以来，征讨诸国，所在克

朝鲜人

明朝曾协助朝鲜抗倭，因此朝鲜派兵援助明朝。又因为惧怕强大的努尔哈赤，而口头与其交好。皇太极时，派阿敏等攻陷朝鲜国平壤，朝鲜国王被迫签署"兄弟之盟"，与明朝断交。此图所绘的是当时的朝鲜人。

清太宗皇太极朝服像

皇太极将权力集中于己手。他南面独坐，而三大贝勒坐于侧位，这标志着后金政权完成了八旗共议制向中央集权制的过渡。

"宽温仁圣皇帝"信牌

信牌是传递公文时官员的一种符牌凭证。此信牌为皇太极时所用，正面印刻满、汉、蒙三种字体的"宽温仁圣皇帝信牌"。

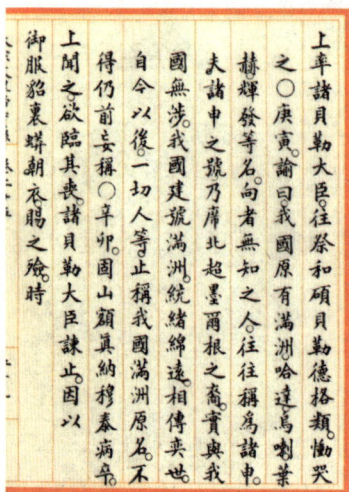

《清太宗文皇帝实录·改称满洲上谕》

清太宗皇太极将其族名"女真"改为"满洲"，标志着通过后金对辽东地区各女真部落的征服，满洲共同体逐步形成。

捷，遐迩大小之邦罔不臣服"。然后又宣称，"历代帝王相传玉玺，久不知其所在，今已为我国得之，共称符瑞，谓得受命之征"。

十二月二十八，诸贝勒再次请皇太极上尊号，皇太极仍坚辞不肯。管礼部贝勒萨哈廉又让希福、刚林、罗硕、祁充格等上奏："臣等屡次陈请，未蒙皇上俯鉴下忧，夙夜悚惶，罔知所措。伏思皇上不受尊号，其咎实在诸贝勒。诸贝勒不能自修其身，殚忠信以事上，展布嘉猷，为久大之图，徒劝皇上早正大号，是以皇上不肯轻受耳。如诸贝勒皆克殚忠荩，彼莽古尔泰、德格类辈，又何以犯上而作乱耶？今诸贝勒宜誓图改行，竭忠辅国，以开太平之基，皇上始受尊号可也。"从这份奏表可以看出，皇太极一再地辞让诸贝勒恭上尊号之请，是出于对诸贝勒的戒心，怀疑他们的忠诚。如今由心腹萨哈廉派人明确向诸贝勒指出皇太极的隐忧，逼令他们宣誓效忠，皇太极随即表态："贝勒萨哈廉开陈及此，实获我心。一则为朕深谋，一则欲喜承皇考开创之业。其应誓与否，尔身任礼部，当自主之。诸贝勒果誓图改行，彼时尊号之受与不受，朕当再思之。"

第二天由贝勒萨哈廉出面，召集诸贝勒传达皇太极的意思："吾等各宜誓图改行，以尉上意。"瓦解了三大贝勒以后，已经无人再敢对皇太极有不满，众贝勒满口答应立刻各自写下誓词，上报给皇太极。皇太极阅后强调："不必书从前并无悖逆事等语，但书自今以后，存心忠信，勉图职业。遇有大政大议，勿谋于闲散官员及微贱小人并其妻妾等。即以此言为誓。"众贝勒于是立即遵照皇太极的意思更改了誓词内容，并焚香对天盟誓："自今以后，若有二心于上……天地谴责，夺其寿算。若能竭力尽忠，当荷皇上洪慈，天地庇佑，寿命延长。"

天聪十年（1636年）四月十一，皇太极祭告天地，"受宽温仁圣皇帝尊号，建国号曰大清，改元为崇德元年"。之后又拟定皇帝仪仗，共用二百七十人。定宫殿名，中宫为清宁宫，东宫为关雎宫，西宫为麟趾宫，次东宫为衍庆宫，次西宫为永福宫。正殿为崇政殿，大门为大清门，大殿为笃恭殿。同时还大赏满洲、蒙古、汉人各级官员。

盛京城阙图之六部衙门

清朝仿效明朝设立六部，明确记载了六部职位的人员和各个职务的称谓。六部的设立，在一定程度上削弱了满洲贵族的权力。大清门之南，御道东侧自南而北为吏、户、礼三部，西侧自南而北为工、刑、兵三部。

皇太极正式称帝，废除了旧有族名"诸申"，改族名为"满洲"，并改国号为"清"，正式建立了清朝。

经过十年经营，皇太极"克兴祖父基业，征服朝鲜，统一蒙古，更获玉玺，远拓边疆"，以建州女真为核心，联合女真各部，建立起满洲这一统一的民族共同体。在此基础上又以满洲贵族为核心，联合汉族、蒙古及其他少数民族上层，建立了一个新的民族政权"大清王朝"。皇太极并未满足于割据东北，而是意在与明朝争夺天下，统治全中国。

皇太极改国号的做法，具有远大的战略意义。首先，女真族曾经在历史上建立的金朝，对汉族的掠夺和压迫是极其残酷的，废去"金"的国号和"女真"族号，就避免了刺激汉族人的历史回忆，对于减少民族抵触情绪大有帮助；其次，按照汉族的传统说法，朱元璋建立的大明王朝，其中的"朱""明"两字，均含有"火"之意。按传统五行相克的说法，"火"正克的是"金"，这在明金争雄之际，显然是对金不利。而如果将"金"改为"清"，因汉字的"清"及"满洲"诸字都带有"水"，如此包含了"水"可以灭"火"之意。在封建社会中，这种五行相生相克的观念是不可疏忽的大问题，皇太极也了解这一点。同时，也进一步说明了皇太极有争夺明朝天下的充分信心和远大抱负。要想进兵中原、统一华夏，就必须化解历史积怨，所以更改族名和国名也是必然的。当然这种说法主要是为了让统治者了解，却是不便公开言明的事情。这一年既是崇德元年，也是明朝的崇祯九年（1636年）。皇太极的年号为崇德，而朱由检的年号为崇祯，可见二者的崇尚不同：前者崇尚德治，即重人事；后者崇尚祯祥，即重天事。

重用汉人

　　恰当处理满汉关系，是皇太极政治上最大的着眼点。皇太极登基数年之间，改变了努尔哈赤晚年很多不当政策，如强令迁民、分田占房、清查粮食、轻薄文士、屠杀汉儒等，使满洲军政事业有了新的发展。

　　满洲是少数民族，当时总人口不过数十万，而汉人在全国则以万万计，仅仅是辽东就以百万计。因此恰当处理满汉关系，是皇太极最重视的大事。努尔哈赤进入辽河平原以后，对汉人一直采取仇视的态度，因此大量迁民，按丁编庄，清查粮食，强占田地，满汉合居，杀戮诸生，这些措施都不断激起辽东汉民的反抗，使得努尔哈赤总是自感处于汉人包围之中。皇太极继位之后，对努尔哈赤的这些失误之策，适时做出调整。他提出"治国之要，莫先安民"，宣布"满汉之人，均属一体"。强调满洲、蒙古、汉人之间的关系"譬诸五味，调剂贵得其宜。若满洲庇护满洲，蒙古庇护蒙古，汉官庇护汉人，是犹咸苦酸辛之不得其和"。于是下令规定：一，汉人壮丁，分屯别居。这一举措改变了过去汉人受满人奴役的悲苦状况；二，汉族降人，编为民户。这是为了改变过去掳获汉民变作满人奴仆的悲剧；三，制定条例，限制特权。重新修订的《离主条例》对满洲贵族的特权做了某些限制；四，对于逃人，放宽惩治。这一举措非但没有使逃人增加，反而因为百姓支持新政策而使逃逸的事情逐渐消失了。

　　满洲占有辽东地区后，要进一步巩固和发展，没有汉官与汉儒的合作与支持是不可能的。先前汉族官员和清朝官员有很大的差别，分隶满洲大臣。所有马匹汉人不得乘，为满洲官乘之。所有牲畜汉人不得用，满洲官强与价而买之。凡官员病故，

察哈尔妇女头饰

1632年，后金征讨林丹汗。林丹汗死后，其妻率其子及大臣等拜见皇太极，察哈尔部彻底归附后金。此图为察哈尔部贵族妇女着盛装时的头饰。

老满文木简

木简是女真人的书写材料之一，此图为写满了老满文的木简。老满文由于自身的不完善，被后人增加了新的字母和拼写形式加以完善，称为新满文或有圈点满文。

"皇帝之宝"及宝文
皇帝之宝为皇权至高无上的体现；此皇帝
之宝为皇太极时期所制，青玉质，交龙钮。
长 12.5 厘米，宽 12.5 厘米，通高 9.5 厘米。
下图印文为满文篆体"皇帝之宝"。

其妻子皆给贝勒家为奴。既为满官所属，汉人虽有腴田不获耕种，终岁勤劬米谷仍不足食，每至鬻仆典衣以自给。因此许多汉官"身在曹营心在汉"，即虽"身在后金"，却"潜通明朝"。皇太极谕告这一措施使得汉官"皆拨出满洲大臣之家，另编为一旗。从此尔等得乘所有之马，得用所畜之牲，妻子得免为奴，择腴地而耕之，米谷得以自给"。对归降的汉族官员，则格外加以"恩养"，不仅盛宴款待他们，分给他们良田土地，又分配马匹，进行赏赐，酌予委任。皇太极笼络汉族大臣范文程就是最好的例子。范文程在太祖努尔哈赤在位时，未受重用，仅给了他一个无关紧要的"章京"小官，不过是当当差而已。而皇太极登基后，却把他安置在自己的身边，直接参与军政大计，进行决策。每逢议事，皇太极总问："范章京（即范文程）知道吗？"他不直呼其名字，而称"范章京"，以示尊敬。每当臣下的奏议有不妥之处时，皇太极便说："何不与范章京商议？"奏事的大臣如果回答"范章京已表示同意"的话，皇太极就不再询问，指示依奏办理。有时范文程病了，皇太极便指示，一些事情须等他病好以后再裁决。不仅如此，除了奏章以外，范文程还为皇太极起草敕书，也都能够做到合乎皇太极的想法。刚开始的时候，事必躬亲的皇太极还过目审阅，后来只要是范文程起草的文书，他不看就批准了，并说："我相信你不会出差错的。"《清史稿·范文程传》称其"左右赞襄，佐命勋最高"。崇德元年（1636 年），范文程任内秘院大学士，是汉人任相之始。此外皇太极还招抚了"三顺王"——孔有德、耿仲明和尚可喜。

皇太极时期处理与汉人关系的这一系列政策，使得满汉民族间在更大范围内杂居共处、互相渗透、互相交流的步伐大大加快了，为满清政权的巩固和扩张做足了准备。

历史细读

总督是清代地方的最高级别长官，总管一省或二三省，位在巡抚之上。清初总督的人数和辖区并不固定，到了乾隆朝才成为定制，全国共总督八。《清史稿·职官志》："总督，从一品。掌厘治军民，综制文武，察举官吏，修饬封疆。"

以和促战

从崇祯十二年（1639年）二月，到崇祯十五年（1642年）四月，皇太极发动了对锦州、松山一线的进攻，明、清双方各投入了十多万大军，战争经历三年，是明清双方的最后关键一役。最后以蓟辽总督洪承畴被俘，明朝十三万大军被歼告终。明军的残部退保宁远，松山、锦州、杏山、塔山四个重镇为清军所占，宁远成为孤城一座，明朝的关宁劲旅不复存在，辽东防守体系正式崩塌。明王朝的衰亡，已经指日可待。

松锦大战之后，皇太极的声威如日中天。面对一片颂扬之声，皇太极却显得极为冷静。就在诸王将帅"争请直取燕京"，素被倚重的智囊及汉官们也倡言"今天意归于皇上，大统攸属。锦州、松山、杏山、塔山，一时俱为我有，明国人心摇动，燕京震骇。惟当因天时，顺人事，大兵前行，炮火继后，直抵燕京而攻破之……倘迁延时日，窃虑天时不可长待，机会不可坐失"的时候，皇太极对众人过分乐观的建议进行了分析和反驳："尔等建议，直取燕京，朕意以为不可。取燕京如伐大树，须先从两旁斫削，则大树自仆。朕今不取关外四城，岂能既克山海？今明国精兵已尽，我兵四周纵略，彼国势日衰，我兵力日强，从此燕京可得矣。"

他认为明朝虽然气数将尽，但是这个近三百年的王朝毕竟树大根深，只有先削弱其枝干才能动摇其根基。所以要从实际出发，对明朝采取战和交相为用的策略，一边派重兵出塞骚扰，一边与明朝议和使臣谈判，提出和谈条件如下：

第一，自兹以后，宿怨尽释，彼此不必复言矣。

第二，若尔国使来，予令面见；予国使往，尔亦令面见。两国有吉凶大事，则当遣使，交相庆吊。

第三，贵国馈兼金万两、白金百万。我国馈人参千斤、貂皮千张。

三镇总图
三镇指宣府、大同和太原，清太宗
皇太极于 1634 年进攻宣府与大同，
给明朝京师以直接的威胁，动摇了
明朝的统治。

第四，若我国满洲、蒙古、汉人及朝鲜人等有逃叛至贵国者，当遣还我国。贵国人有逃叛至我国者亦遣还贵国。

第五，以宁远双树堡中间土岭为贵国界，以塔山为我国界，以连山为适中之地，两国俱于此互市。两国人有乘船捕鱼海中往来者，尔国自宁远双树堡中间土岭沿海至黄城岛以西为界，我国于黄城岛以东为界，若两国有越境妄行者亦俱察出处死。

第六，倘愿和好，则我两人或亲誓天地，或各遣大臣代誓。

皇太极所提出的六项条件，内容并不算苛刻。因为从当时的情况来看，只要清兵出击，攻下宁远和山海关，绝非难事，辽西全为清所有是已成定局的事情。明朝如同意和议内容，对他们来说好处是可以保住宁远，据有山海关。以宁远为界，对清而言，则非上策，对明而言，土地损失则比预料的要少。至于互赠钱物一项，虽然皇太极提出索银百万，但实际上并没有增加明朝的额外负担。因为在处理明廷与蒙古的关系上，仅在崇祯初年，对察哈尔蒙古部新增加的赏银就有八万两，加上旧赏银七十万两，共计约八十万两。再加上宣大、山西、辽东沿边蒙古的赏银，则远远超过了百万两。皇太极提出和议内容之时，察哈尔部已经归附于清，索要一百万两白银，并不超出明朝旧日赏给蒙古白银的总额，而清政权方面也正是以此筹算的。总的来说，议和内容中所说的明朝损失的土地和钱财，其实早已损失了。而清人所获得的土地，只不过是通过和议要得到明朝承认罢了，而所要的钱物比起之前蒙古各部所获之总额尚少。所以对明朝来说，看起来并没有太大的损失，皇太极也满以为肯定能获得明朝的首肯。所以他还表示，不争尊卑。其言外之意就是只要签订和议，清政权可以向明朝称臣。

直隶长城险要关口形势图卷之冷口
从秦朝以来历代都在这里修筑长城，因而这里成了重要的关隘，称为冷口关。冷口关是从辽西进入关内的重要通道。

从天聪元年（1627年）继承汗位以来，皇太极就一直采取主动求和的态度和以战促和的战略。与明朝达成和议的条件，并没有因为军事上屡屡得手而加码，相反在一定程度上还做了让步。皇太极为什么要这么做呢？原因有二：一是后金的实力虽然已经很强，但是与明朝抗衡尚需时日。尤其在初期，后金深陷困境，"汉人、蒙古、朝鲜四境逼处"。发展的前提是生存，要想自保，则莫过于同明朝达成和议；二是后金割据势力扩大之后，虽然向东征服了朝鲜，向北统一黑龙江、乌苏里江流域，向西笼络了蒙古，并且屡屡重创明朝辽西的守军。但明朝皇帝天下共主的地位并没有从根本上动摇，"国势屹然未倾"。所以皇太极力排众议，采取了以和促战的方略，希望尽量争取时间，调整、改革后金社会的各种关系，巩固割据东北的局面。

皇太极登基十多年来，通过各种渠道，极力想与明朝皇帝言和。但是明朝皇帝却一直置之不理。这使皇太极感到，明朝大臣们可能从中作梗，使后金的和议要求不能达于"圣听"，而崇祯帝本人大概也是"轻视民命，乐于构兵"的。崇德初年，皇太极称帝后，下决心再次向辽西及关内进兵，掠夺更多的人口、财物、牲畜，壮大自己的实力。同时进一步征服朝鲜，解除后顾之忧，以便将来与明朝争夺天下。崇德八年（1643年），劳累一生的皇太极病逝于沈阳，庙号太宗，谥为文皇帝。

清朝经过努尔哈赤、皇太极两代的努力，为后来清军入关、定鼎北京、统一全国，奠定了基础，准备了条件。

定鼎北京

　　崇祯十七年（1644年）三月，李自成率领农民起义军攻克北京，建立了大顺政权。驻守在山海关的明朝总兵吴三桂引清兵入关，清廷利用这一时机，与大顺军在山海关附近决战。李自成战败退出北京。五月清军进入北京城，同年九月，顺治帝从盛京迁都至北京，告天祭地，颁诏天下，开始了清王朝以北京为都城对全国长达268年的统治。

历史细读

　　宗人府为古代管理皇室宗族的谱牒、爵禄、赏罚、祭祀等项事务的机构。清代宗人府沿袭明朝的制度，设立于顺治九年（1652年）。长官改称宗令，由亲王或郡王选充。宗令以下设左右宗正、左右宗人、府丞、堂主事等官职。宗人府所属部门，分别职掌收发文件，管理宗室内部诸事，登记黄册、红册，圈禁罪犯及教育宗室子弟等事务。

清军入关

顺治帝即位

　　皇太极死后，由谁来继承皇位成为一个最为紧迫的问题。按照太祖努尔哈赤在《汗谕》中的规定，皇位继承人应该由满洲八旗贵族共同商议决定。此时亲王、郡王共有七人，即礼亲王代善、郑亲王济尔哈朗、睿亲王多尔衮、肃亲王豪格、武英郡王阿济格、豫郡王多铎和颖郡王阿达礼。

　　新的皇位之争主要在正黄、镶黄、镶红、镶蓝四旗支持的皇太极长子豪格和正白、镶白旗及多数诸王贝勒支持的皇太极十四弟多尔衮之间悄悄展开。

　　肃亲王豪格是皇太极的长子，当时三十五岁，正值壮年，具有文韬武略，也立下了赫赫战功。崇德元年（1636年）皇太极即皇帝位后，豪格又被封为和硕肃亲王兼摄户部事。支持豪格的是两黄旗贝勒大臣。因为皇太极生前亲掌正黄、镶黄和正蓝三旗，他们拥戴豪格继位也是顺理成章的事情。同时镶蓝旗的旗主和硕郑亲王济尔哈朗也表示支持豪格。

　　睿亲王多尔衮是努尔哈赤第十四子、皇太极之弟，时年三十二岁，是正白旗的旗主贝勒。多尔衮颇有心计，并且足智多谋、聪明过人。在皇太极的征讨争战中，多尔衮曾多次统军出征，"倡谋出奇，攻城必克，野战必胜"，屡屡立下大功。多尔衮之弟多铎为镶白旗的旗主贝勒，也被封为和硕豫亲王。

　　正、镶两黄旗将领盟誓，宁可死作一处，坚决要立皇子。而正、镶两白旗大臣誓死不立豪格，他们跪劝多尔衮立即即位："汝不即立，莫非畏两黄旗大臣乎？""两黄旗大臣愿立皇子即位者，不过数人尔，我等亲戚咸愿王即大位也！"串联、游说、盟誓、劝进，频繁的争夺活动，导致了双方彻底的对

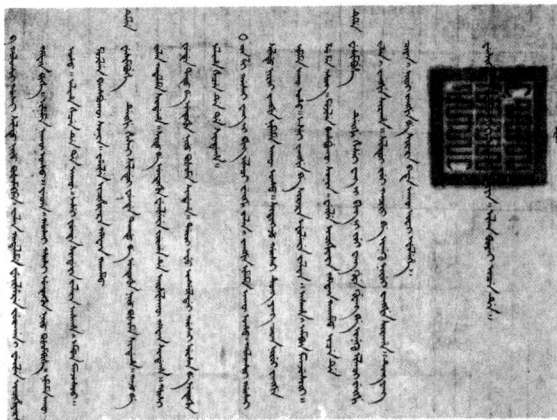

册封豪格为肃亲王的文档与册文

1639 年，礼部办理了册封豪格贝勒为和硕肃亲王的事情。此文档与册文是当时留下的满文记录。

立，两个集团对皇位的争夺已经趋于白热化。

八月十四，皇太极死后的第五天，诸王大会在崇政殿举行，双方终于公开摊牌。这天一早，两黄旗大臣盟誓大清门前，命令本旗的禁军张弓戴甲，环立于宫殿周围。会议开始之前，大臣索尼就提出："先帝有皇子在，必立其一。"会议开始后，年高辈尊的代善首先发言说："豪格是先帝的长子，应当继承大统。"济尔哈朗也表示默许。豪格见此形势，料定皇位必是囊中之物，于是故作姿态起身辞谢说："福小德薄，非所堪当。"说完就离开了崇政殿。

豪格一走，阿济格、多铎乘机劝多尔衮即位。面对锐气方刚又有众人拥戴的多尔衮，代善的态度变得暧昧起来，他模棱两可地说："睿王若允，我国之福，否则当立皇子。"两黄旗大臣见此，佩剑上前说："吾等属食于帝，衣于帝，养育之恩与天同大。若不立帝之子，则宁死从帝于地下而已！"多尔衮眼见两黄旗大臣颇有些破釜沉舟的气势，迟迟未能提出决议。多铎随即自荐即位，但遭到多尔衮的否决。于是多铎又提出以长为尊立代善。一心求得明哲保身的代善当然不愿陷入争位的漩涡，连忙推托说："吾以帝兄，当时朝政，尚不预知，何可参于此议乎？"说完就退场离开了，阿济格也跟着离开。两黄旗大臣怒目相对，多铎则默默无语，会议眼看陷于僵局。

关键时刻，实权人物郑亲王济尔哈朗突然提出一个折中方案，即让庄妃之子、年仅六岁的九阿哥福临继位。福临是皇子，无论多尔衮还是豪格双方都无法对其否决。多尔衮权衡利弊，他深知即使自己强行登基，也只有两白旗支持，两黄旗不服，双方势必要火并，其后果可能是两败俱伤，对刚刚建立稳固统治的满洲政权来说是极为不利的。而推出六岁的福临即位，由他本人和郑亲王济尔哈朗"左右辅政，共管八旗事务"，自己则依旧可以掌握实

崇祯皇帝自缢图

李自成攻破北京后，崇祯皇帝朱由检试图突围而出，但是均不成功，无奈只得在煤山自缢，明王朝宣告灭亡。

权。同时作为皇子的福临也不会让两黄旗大臣有反对的理由，自己可以徐图后利。所以多尔衮首先同意了此项提案。索尼等人反对多尔衮即位所打的幌子就是应该拥立皇子，福临即位两黄旗天子亲兵的地位保持不变，因此他们也不再坚持立豪格。这个颇具戏剧性的提议让剑拔弩张的气氛顿时缓和下来，豪格也不能提出反对意见。

通过这件事情，已经证明皇太极死后大权操在多尔衮之手，豪格等人也颇有实力。但多尔衮自立的条件还不成熟，其阻力主要来自两黄旗原皇太极手下的亲信大臣。在这种情况下，多尔衮不得已，最后议定由年仅六岁的福临即帝位。但显然他虽然暂时放弃了皇位，却绝不会放弃实权的操纵。

此前在争夺皇位的过程中，颖郡王阿达礼和固山贝子硕托都曾表示过支持多尔衮。阿达礼曾对多尔衮说："王（指多尔衮）正大位，我当从王。"硕托也曾派人对多尔衮说："内大臣图尔格及御前侍卫等皆从我谋矣，王可自立。"然后二人和贝勒罗洛宏一起到礼亲王代善家中拉拢代善，代善因为脚病不能下床，二人于是到床边对代善耳语，说众人已定议立睿亲王，并询问代善的心意如何。事后多尔衮和代善当众揭发了这件事，并让阿达礼和硕托当面对质。最后二人以"扰乱国政"之罪被处死，成为了多尔衮笼络人心、安定政局的牺牲品。罗洛宏因不知情免罪。阿达礼是代善的孙子，硕托是代善的次子，代善此举也是大义灭亲。一场充满阴谋、流血、牺牲的皇权之争暂时缓和了下来。

福临即位后，郑亲王济尔哈朗与睿亲王多尔衮摄政，以明年为顺治元年。

大清顺治元年，即明崇祯帝十七年（1644 年），是明亡清兴的关键一年。这一年北京被李自成攻破，崇祯帝自尽，清政权得到了入主中原的最好时机，多尔衮于是奏请南征，率领八旗劲旅攻打山海关。其时山海关的守将是已准备投降农民起义军的明朝辽东总兵吴三桂。

冲冠一怒为红颜

当吴三桂领兵赴京朝见新主李自成，行到永平沙河驿时，恰好遇到从京城逃出来的家人。吴三桂问："家里出什么事了？"家人禀报说府上已经被闯王抄了。吴三桂说："没关系，我到京城后就会归还。"又问："我父亲还好吗？"家人回答说他父亲吴襄也已经被抓起来了。吴三桂仍然不担心，说他返回京城后家产自然就会归还，父亲也自然会被释放。又问："夫人（指陈圆圆）还好吗？"家人告之夫人已经被闯王（一说为刘宗敏）带走。谁知一听说陈圆圆被李自成抢走，血气方刚的吴三桂勃然大怒，厉声叫道："堂堂大丈夫连一个女子都保不住，还有什么面目见人？"随后立即命大军掉头回到山海关，以明朝大臣的身份，向昔日的宿敌多尔衮递去了请降书，希望能够与清军"合兵以抵都门，灭流寇于宫廷，示大义于中国"。这个传说流传得很广，都说吴三桂为了一个苏州名妓陈圆圆，将大明江山出卖给了满清政权。因此后来清朝诗人吴伟业在《圆圆曲》中写下了"冲冠一怒为红颜"的诗句。

陈圆圆像

陈圆圆是明清之际颇具有传奇色彩的人物。她本为苏州名妓，能歌善舞。后被吴三桂纳为妾。有民间传说认为吴三桂降清就是为了陈圆圆。清军攻陷北京后，陈圆圆仍归了吴三桂。

陈圆圆，常州武进（今属江苏常州）人。本姓邢，名沅，字畹芬。因母亲早亡，跟随养母姓氏姓陈。圆圆自幼能歌善舞，长大后色艺冠绝当时，和柳如是、董小宛、李香君等人并称为"秦淮八艳"。崇祯时外戚周奎为了给皇帝寻求美女，于是派田妃的哥哥田畹下江南选美。田畹来到江南就听闻八艳的声名，但此时柳如是和钱谦益、董小宛和冒辟疆等都已经结成了眷侣，田畹于是寻得陈圆圆，将她与杨宛、顾秦等名妓一同带回京城献给崇祯皇帝。但当时内忧外患，战乱频仍，李自成的农民起义军威震朝廷，崇祯帝惶惶不可终日，哪里还有心思贪恋女色。于是陈圆圆又回到田府，被田畹占为己有。当时吴三桂正在北京短暂停留，遍识名公巨卿和文人雅士。不久吴三桂出任辽东总兵，镇守山海关。田畹设盛筵为吴三桂饯行，在宴席上陈圆圆率歌队进厅堂表演。相传吴三桂一见这位绝色佳人，立即神驰心荡，高兴地搂着陈圆圆陪酒。田畹则趁机上前问吴三桂："贼寇来了该怎么办呢？"吴三桂说："如果能够将圆圆赠予，我一定会首先保护君家无恙。"田畹自然赶紧成人之美来交好吴三桂，于是陈圆圆又到了吴府被纳为妾。吴三桂在其督理御营的父亲劝说下，将陈圆圆留在京城府中，以免同行招惹是非，让皇帝知道。

史载吴三桂的部队"胆勇倍奋，士气益鼓"，是早已腐化不堪的明朝廷中最后一支有战斗力的铁骑部队。但不久李自成就攻入北京城，留在北京城内的陈圆圆被"大顺军"像胜利果实一样地掳走。据史料记载，当年闯王李自成率兵攻陷北京后，迅速派遣手下干将刘宗敏在京城四处开展追赃活动，重点追讨明朝宫廷及各级官府的库银和明朝遗臣们手中的金银财宝。为了能尽

钱谦益像

钱谦益降清后又从事反清活动，其反复无常的尴尬状态，反映了明清之际一些文士人生态度的矛盾。此外他娶秦淮八艳之一的柳如是为妻的故事也被人们传为佳话。

快取得追赃的效果，刘宗敏四处抓捕、严刑拷打，那些还留在城内的明朝遗臣们吃尽了苦头。但随之陷入恐怖气氛的不只是这些官宦遗臣，还有普通的市民百姓。京城的富庶和繁华使农民起义军的局限性完全暴露了出来，最终发展到后来似乎已经失控了的状态。在追讨榨完了明朝遗臣权贵的钱财之后，大顺军开始任意捕捉富户、商家和平民百姓，许多店铺和居民经常在光天化日之下遭到上门抢劫。据《流寇志》记载，在刘宗敏的鼓动和纵容下，"大顺军"的公开抢掠很快升级，而且开始出现淫掠民女之类的恶行。刘宗敏本人抢先占据了皇亲田弘遇的豪华府第，并将府第中几十名美貌女子尽数掠去，整天沉醉在花天酒地之中。当刘宗敏得知吴三桂的爱妾陈圆圆还在京城时，根本不顾闯王李自成劝降吴三桂的旨意，居然做了一件色胆包天的事情，到吴府中把陈圆圆掠来，意欲强占。也有一种说法是，李自成本人贪恋陈圆圆的美色，亲自下令刘宗敏去抢夺陈圆圆。但不论是刘宗敏还是李自成，掠抢陈圆圆这件事却成为最广为流传的事件，它不仅为以后文人墨客提供了最富戏剧性的素材，还有可能确实是吴三桂作出"历史性选择"的一个决定性因素。

当还在山海关的吴三桂听到这一消息时，迅速打消了投降李自成的念头，决定站到了清政权一边，引领清军火速入关，与清兵一道进入北京攻破李自成，也救回了陈圆圆。李自成战败后，将吴三桂之父及家中三十八口全部杀死，然后放弃京城出逃。吴三桂抱着杀父夺妻之仇，昼夜追杀农民军到山西。

顺治帝福临定鼎北京后，吴氏进爵平西王，陈圆圆也跟从吴三桂到了云南。吴三桂欲将陈圆圆立为正妃，陈圆圆托故推辞，吴三桂别娶。不想所娶正妃十分凶悍，且嫉妒心极重，对吴三桂的爱姬多加陷害冤杀，陈圆圆遂独居别院。陈圆圆失宠后，对吴三桂渐生背离之心，吴三桂曾阴谋杀害她。陈圆圆得悉后，遂乞削发为尼，从此在五华山华国寺长斋绣佛，改名寂静，字玉庵。后来吴三桂在云南宣布独立，康熙帝出兵云南，康熙二十年（1681年）冬昆明城破。吴三桂死后，陈圆圆亦自沉于寺外莲花池，死后葬于池侧。直至清末，寺中还藏有陈圆圆小影二帧，池畔留有石刻诗。但小说家姚雪垠在《论〈圆圆曲〉》一文中则认定陈圆圆在李自成打进北京时已经不在北京城，早就到了宁远，不久就病死了。

"恸哭六军俱缟素，冲冠一怒为红颜"，吴三桂也许仅仅是为了保护自己的爱妾，就毅然决然地引领清兵火速进入北京。他的立场不仅加速了明王朝的灭亡，也攻破了李自成的"大顺"政权，使闯王李自成的命运发生了不可

吴三桂像

吴三桂统领重兵，他的归属在大清与大顺政权的较量中具有举足轻重的作用。他在得知李自成拘押了自己的父亲和夺取了自己的爱妾后，迅速降清，改变了整个时局。

挽回的转变。同时随着清军的迅速入关，也大大推进了清朝定都北京和大清王朝的建立与崛起。

非常之人多尔衮

吴三桂降清后，使多尔衮得以长驱直入，不久即攻占了北京。当他进入朝阳门时，明朝太监们用明朝皇帝的仪仗、车驾在皇城外迎接，请多尔衮乘辇。多尔衮推辞说："我效法周公辅佐幼主，不该乘辇。"众人说："周公曾经背靠屏风处理朝政，今日王爷也应该乘辇。"多尔衮说："我是为了平定天下而来，不能违背大家的意愿。"于是排列仪仗，乘辇进了武英殿。然后坐上皇帝的宝座，接受朝贺。

八月清顺治皇帝福临与皇太后博尔济吉特氏（孝庄太后）在文武百官的簇拥之下，离开盛京迁往北京。进入北京城后第一项重要的活动就是举行福临的登基大典。登基礼是封建王朝最重要的嘉礼之一，因为皇极殿在战争中已经被焚毁，所以只好因地制宜，将大典改在残存的皇极门（今太和门）举行。多尔衮授意礼部择定十月初一为皇帝举行登基大典的日子。行过祭天礼后，福临回宫登上设在皇极门的宝座，接受百官的朝贺。清王朝在中国近二百七十年之久的统治就此拉开了序幕。

福临虽然做了皇帝，但由于其年龄太过幼小，自然是个傀儡皇帝，实权掌握在摄政王多尔衮的手中。他的母亲孝庄太后聪明绝顶，自念孤儿寡妇，帝位还未稳固，不得不心中有所谋划。多尔衮揭发阿达礼、硕托诸人劝自己自立为君，并将他们正法这件事，令孝庄太后十分感激，于是传出懿旨，让摄政王多尔衮便宜行事，不必避嫌。从此多尔衮可以随意出入禁中，甚至有

时就住宿在大内，外事则统由摄政王主持。

多尔衮虽然当时出于形势考虑，支持福临登上了皇位，但是对自己没能当上皇帝始终耿耿于怀。所以他虽然控制了大清军政大权，毕竟还有缺憾。只是当年与豪格对峙时，退而求其次在诸王大会上倡立福临，如今难以出尔反尔，推翻前议。因此在激烈动荡的戎马生涯之余，他的精神世界便陷入一种自相矛盾、懊悔愁苦与自怨自责的痛苦之中。史载他经常发怔忡之症，有一次说："若以我为君，以今上居储位，我何以有此病症！"而随着他功业的累进，权力的欲望也更加炽烈。经过几年的谋划，多尔衮施尽权术，拉拢亲信，排除异己，虽然不在皇位，皇权却悉尽掌握在他的手中。

多尔衮先是要除掉自己的死对头豪格，诬陷他言辞悖妄，审讯后将其幽禁在宗人府，最后幽禁致死，而豪格的福晋也被日夜留住在多尔衮府中。他还私役内府公匠，大修府第，广征美女，甚至向朝鲜搜求公主，得到后又随意抛弃。

接着要铲除的就是与其同居摄政王之位的济尔哈朗。济尔哈朗从青年时代起就追随努尔哈赤南征北讨，因军功受封为和硕贝勒，是努尔哈赤时期共柄国政的八大和硕贝勒之一，也是皇太极时代四大亲王之一，可谓功勋卓著。鉴于多尔衮的势力，济尔哈朗一开始就很知趣地退避三舍，拱手将权力让出。济尔哈朗召集内三院（国史院、秘书院、弘文院）、六部、都察院、理藩院主官，指示他们，以后凡是各衙门处理的事务，有应该报告辅政王的，或者要作记录的，全先报告睿亲王。档案要写名字时，也先写睿亲王名字。多尔衮不愿意让济尔哈朗参与朝政，济尔哈朗就谨慎谦让，所以才会做出此举。但是因为此前依附过豪格，多尔衮还是不能容忍济尔哈朗和自己共享摄政地位，因此于顺治四年（1647年）罢免了济尔哈朗的职位，第二年又降其为郡王，将其排除在决策层之外。

多尔衮以高超的政治手腕，以自己的两白旗为中坚，笼络了以代善为首的正红旗，安抚了镶红旗，分化了两黄旗，打击了两蓝旗，将大权集于一身。多尔衮命史官按帝王之制为他撰写起居注，并营建规模超逾帝王的府第。大军调度、罚赏黜陟，一出己意。关内关外，只知有睿王爷一人。

而在对待顺治帝福临的问题上，多尔衮则不顾诸臣多次提出给皇帝延师讲学的建议，有意让福临荒于教育，意在将其变成一个无知无学的傻皇帝，

孝庄太后

孝庄太后是清朝历史上一位举足轻重、颇受关注的人物。康熙朝之所以能够形成大清的第一个黄金时代，与她的用心经营是分不开的。

自己好独揽大权。这导致福临十四岁亲政时，仍然不识汉字，诸臣奏章也茫然不解。孝庄太后为了保护儿子，在多尔衮的步步进逼下，只得以柔克刚，不断地隐忍退让、委曲求全。她不断给多尔衮戴高帽、加封号，以使多尔衮不至于废帝自立。顺治元年（1644年）十月，多尔衮被加封为叔父摄政王，并建碑记功。不久又加封皇父摄政王，取消了御前跪拜。此后以"皇父"身份摄政的多尔衮更加毫无忌惮，凡是宫中什物和府库财帛，可以随意挪用。遇元旦或庆贺大礼，多尔衮与皇帝一起，接受文武百官跪拜，最大限度地满足了多尔衮对皇位的渴望。

有一次多尔衮生病了，贝子锡翰等人到多尔衮家中探视病情。多尔衮发牢骚说："我刚刚遭到不能再大的忧愁（指元妃病逝），身体又不舒服。皇上虽然是万民之主，但现在这个情况也应该按照家庭的礼节，到我这来一次。如果说皇上年幼无知，你们可都是皇上身边亲近的大臣啊！"又说："你们不要因为我这番话，就去请皇上到我家中来。"结果不久，福临就来亲自看望多尔衮了。于是多尔衮责备锡翰等人说："你们故意违抗我的命令，擅自请皇上来看我。皇上来了，难道就可以免掉你们的罪过吗？"于是命人把锡翰等抓起来审讯，最后锡翰被降为镇国公。又因为一等精奇尼哈番鳌拜眼看着锡翰等犯罪，却不立即逮捕审问，也将其降为一等阿思哈尼哈番，其他有关人员也分别受到降级和革职的处分。

关于多尔衮与孝庄太后的关系，有人说他们在少年时期就已结缘，他们间是否有私情以及多尔衮选择福临即位的猜测引发了无数版本的传闻。而"太后下嫁"也成为清初四大疑案之一，一直是近百年来清史研究中的一个悬案。

顺治七年（1650年）十二月，多尔衮前往喀喇城围猎时忽然得了一种咯血症，不久就病逝了，死时仅仅三十九岁。福临辍朝震悼，多尔衮被追尊为"诚敬义皇帝"，照帝制丧葬。一方面福临表面上厚葬多尔衮，另一方面却在暗中执行了三件事：一是把多尔衮王府内的印信和档案全都收回宫内；二是收回皇权，凡是重大事情一律报皇帝亲自处理；三是囚禁多尔衮的亲哥哥武英亲王阿济格。而一场更大规模的

多尔衮像

多尔衮征服朝鲜和攻打蒙古察哈尔部的战役使得他名声大振，被皇太极视为得力助手。多尔衮一直秉承皇太极的意旨，对加强中央集权制发挥了重大作用，并逐步稳固了自己的地位。

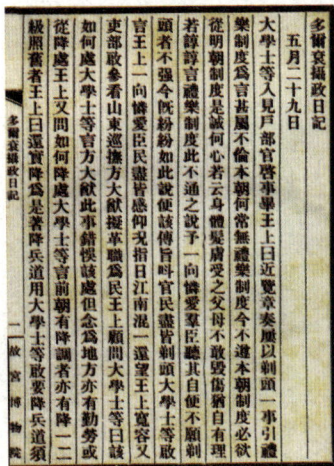

《多尔衮摄政日记》

多尔衮担任摄政王后，其处理朝政的言行都有史官逐日记录。此册原藏于清内阁大库档案，宣统年间流落到宫外。

历史细读

孟森先生曾撰有《太后下嫁考实》一文，对有关"太后下嫁"说的依据，予以一一驳难。他认为张煌言是故明之臣，对清朝怀有敌意，所作诗词难免有诽谤之语。再者，顺治称多尔衮为"皇父摄政王"，寓有古代国君称老臣为"仲父、尚父"之意，此亦不足以为"太后下嫁"之依据。至于所谓"到皇室内院"，不见得专指孝庄太后，疑多尔衮另有乱宫之举。此外，孝庄不愿与皇太极合葬，乃因昭陵已葬有皇太极之孝端皇后，第二皇后不与夫君合葬，这在古代与此后都不乏实例。

宫廷斗争和鲜血淋漓的残杀也因多尔衮之死拉开了帷幕。

顺治八年（1651 年）正月十二，十四岁的福临亲政。多尔衮原来的一帮亲信看到形势渐渐起了变化，有些就投到济尔哈朗的门下。此时原来多尔衮与多铎分别统辖的正白旗与镶白旗已成无头大雁，阿济格又成了阶下囚，济尔哈朗等人认为时机已经成熟，就在这一年的二月上疏福临，指控多尔衮"显有悖逆之心，臣等从前俱畏威吞声，不敢出言，是以此等情形未曾入告。今谨冒死奏闻，伏愿皇上速加乾断"。至此对多尔衮早有不满的顺治帝开始了对他的清算。

在济尔哈朗等人的奏折中，为多尔衮拟了下述主要罪名。

第一，当初福临即位时，诸王曾立下誓言，由多尔衮与济尔哈朗共同摄政。但多尔衮"背誓肆行，妄自尊大"，不仅剥夺了济尔哈朗摄政的权力，还立自己的同母兄弟多铎为"辅政叔王"。

第二，多尔衮虽为人臣，但所用的仪仗、音乐、侍从，与皇帝毫无二致。其王府也形同皇宫，并私用皇帝御用的八补黄袍、大东珠数粒，以及黑貂褂等殉葬。

第三，散布皇太极称帝是违背太祖本意而系夺位的流言。

第四，逼死肃亲王豪格，迎纳豪格之妃。

追黜多尔衮是福临亲政后处理的第一件大事，此举结束了自皇太极逝世以来长达数年之久的皇室内斗，将皇权归还于皇帝，使得清政权得以在入关之初、百废待兴的关键时期实现了稳定，对以后的发展产生了深远的影响。顺治之所以在多尔衮死后对其进行清算，与他对多尔衮的敌视态度直接相关。多尔衮与孝庄太后的暧昧关系，随着福临年龄的增长，使他对多尔衮的怨恨

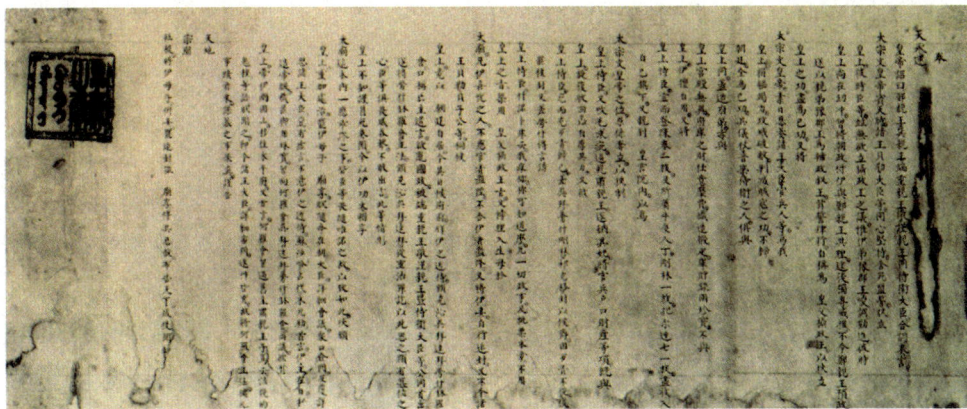

《多尔衮母妻撤出庙享诏》

多尔衮被尊为"义皇帝"一个月后，顺治帝即下诏废其尊号，毁其坟墓，生前跋扈专制、一手遮天的多尔衮瞬间成为了罪人。

与日俱增。多尔衮杀了他的长兄豪格并霸占了其福晋，也在他心中结下隐恨。当然最为重要的还是多尔衮骄横跋扈，独揽朝政，根本不把这个少年皇帝放在眼里。这种不满与怨恨，在多尔衮生前他是不敢发作的；多尔衮死后，在济尔哈朗的协助下终于得以发泄，并且一举铲除了多尔衮的羽翼。因此福临借大臣上奏之机，不顾一个月前曾亲自为多尔衮追封过"义皇帝"的尊称，断然下令将多尔衮"削爵、撤庙享、罢谥号、黜宗室、籍财产入宫"。瞬息之间，清王朝发生了令人瞠目结舌的巨大变化。在清朝开国过程中战功彪炳的功臣多尔衮，专权多年呼风唤雨的皇父摄政王，死后不到两个月就摇身一变成了千古罪人。据载多尔衮的尸体被"挖出来，用棍子打，又用鞭子抽，最后砍掉脑袋，暴尸示众"。而孝庄太后也未加阻止。

直到乾隆帝当上皇帝以后，才给多尔衮平反："定鼎之初，王实统众入关，肃清京辇，檄定中原，前劳未可尽泯"，充分指出了多尔衮在清朝定鼎北京的过程中所起的巨大作用。但指出他"摄政有年，威福自尊"。对于多尔衮有"异志"的说法，乾隆帝说："朕念王果萌异志，兵权在握，何事不可为？乃不于彼时因利乘便，直至身后始以殓服僭用龙衮，证为觊觎，有是理乎？"即为多尔衮辩护说他如果确实觊觎皇位，以其权势来说没有做不到的事情，但却始终还是拥护福临的。于是乾隆帝下令给多尔衮平反，复还睿亲王封号，配享太庙；按亲王陵寝规制，修其茔墓；继子多尔博仍还为睿亲王之后等。

不可否认的是，多尔衮是满族历史上杰出的政治家和军事家，也是中国历史上一位杰出的人物。在清军入关之前，尤其是皇太极死后的非常时期，他能够顾全大局，辅佐幼主福临，挥军入关，为清朝夺得全国的统治做出了

名家评史

清之入关创业，为多尔衮一手所为，清饶天幸，以多尔衮入关成大功……其明达是以听纳正论。然其时能持论者，实无几人，旧人中唯范文程，降臣中唯洪承畴为有见地，而多尔衮皆能虚受其言。固知天聪以前，清国以悍夷自处，绝未有得天下之意识也。崇德改元以后，亦未见若何改观。及此而始自命王者之师，居然大异于蛮夷寇盗。多尔衮于征朝鲜时，在满洲独为温雅得体，固其资质之美，即天之所以启女真生才，非意想所及也。

——孟森

重要的历史贡献。在入关后，他位高权重，精明能干，善于用人，也取得了重大成就。但他同时也犯了不少历史性的错误，如搞圈地、投充、逃人法等。多尔衮是一个充满戏剧性的人物，生前的煊赫、死时的殊荣、死后被定罪、数十年后又得平反，这一切都与当时的社会矛盾紧密相连。正因为多尔衮是一个举足轻重的人物，所以在统治阶级内部矛盾中，他总处于漩涡中心。

剃发易服

吴三桂投降清军后，带领清军进入山海关，和李自成的大军在山海关附近展开了激战。李自成兵力十万，吴三桂五万，本来吴三桂是处于绝对的劣势，但是由于清军的加入，战役以李自成的失败而告终。进入北京城仅仅一个多月的大顺军选择了撤离，撤离前李自成匆忙在北京登基。而后清政权进入北京。李自成推翻了风雨飘摇中的大明王朝，但到头来，成为这个国家新主人的却是来自白山黑水之间的清王朝。

为了稳定政权，新的满清王朝对汉人采取了笼络的政策。其实早在进入北京之前，他们就宣称自己是为中原百姓和士绅"复君父仇"，"必不害汝"。所以在占领北京城后第二天，清政府就贴出了安民告示："天下者非一人之天下，有德者居之；军民非一人之军民，有德者主之。我今居此，为尔朝雪君父之仇，破釜沉舟。逆贼不灭，誓不返辙。"同时宣布对明朝的官吏降服者各以升级任用，明朝朱姓诸王，仍然保留其爵位。对于明臣殉难者，予赠谥世荫，立庙祭祀。而被贬黜的官吏，只要没有贪赃枉法的劣迹，都可以征辟录用，同时大赦天下。这些措施为新政权笼络了不少人心。不过最得民心的，还是他们宣布减免地亩钱粮的政策。

进入北京后不久，清廷还命官民等为明崇祯帝服丧，下令官民服丧三日。所有明诸帝陵，皆设官守护。为了减轻人们的反清情绪，清廷规定礼俗衣冠暂用明制，汉人剃发与否，听从其便。诸如此类的政策，对于一个刚刚在中原建立了自己政权的少数民族而言，对收取汉族的人心起了很好的作用。于是各州县纷纷归顺，清廷没怎么费劲就顺利夺取得大半个中国的江山了。

不过这一切才过去两年就发生了变化。清廷自感明朝已无回天之力，政策开始发生了急遽的变化，开始强制推行一些民族压迫政策。其中主要的有剃发、衣冠、圈地、投充、逃人五种政策。

所谓"剃发"指剃头，汉人都要剃头束辫，从满人习俗；衣冠就是更换明朝的衣冠，从满人服饰；圈地是指"圈田"，把畿辅五百里内汉人的田地圈占给八旗将士。清初大规模的圈田共有三次，共圈占田地约十六万余顷。名义上是圈占明朝皇室、勋戚的庄田，其实这些田地在农民战争时已经分配归农民所有。此外还有许多自耕农的田地亦被圈占；另外"投充法"，是在京城三百里内外的各州县村庄的汉人都被充为奴仆，特别是各色工匠，多被投充；"逃人法"，是指清贵族的奴仆有逃走的，要被鞭打一百，然后归还原主。"邻右九家、甲长、乡约各鞭一百，流徙边远"。隐匿逃人者，也要被治罪。此外在后来的统一战争中，还多次发生屠城的事情。

而在强迫所有汉族男人剃掉鬓角上的头发，脑后梳一长辫服从满人习俗的政策上，清廷的态度最为蛮横，导致了"留发不留头，留头不留发"的说法。各级的地方官令剃头匠们挑着剃头挑子在街上行走，见蓄发者就将其头发剃去。遇到稍有抵抗的，官府就将其杀死，然后把他的头悬在竿子上示众。甚至孔子的后裔以执行孔庙典礼不便，提出蓄发、用先人衣冠的请求也被毫不留情地拒绝了，只因其是圣人的后裔才得以免死，但被革职永不叙用。剃发令结束了中国几千年束发戴冠的习俗。

在江南诸省，这些政策激起了已被平定地区人民的强烈反抗。江阴、嘉定等地民众纷纷举起义旗，但是很快就被镇压了下去，并且遭到了大肆地屠杀，死者达数十万之多。为了维护华夏的礼仪，百姓付出了巨大的流血牺牲。

其实剃发的政策早在努尔哈赤时期就已经开始施行。当年八旗军攻陷沈阳、辽阳之后，占据辽东，进兵辽西，所向披靡，十分顺利。但是努尔哈赤

剃头挑子

满族男子的发式，是剃去颅前的头发，并在脑后留辫子。清兵入关后，强令除和尚、道士外的男子一律剃发梳辫。剃头挑子便应运而生，它是匠人把剃头用具都挑在扁担的两头，走街串巷服务的工具。

绀青漳绒整枝兰花女夹袄
清初女衫以宽博为时尚，衣襟及袖端多镶有较窄的花边。到晚清时期衣身略有收紧，袖口也有所收敛，衣服的长度却明显增加，几欲及膝。在衣领、衣袖等处，通常镶嵌有多道花边，俗称"十八镶"。此夹袄色泽典雅，由漳绒织成的衣料缝制而成。

满族女子服饰
满族妇女一般脚穿旗鞋，身着旗袍，头带旗头。女式旗袍为直立式的宽襟大袖长袍，下摆及小腿，妇女往往在衣襟、领口、袖边等处镶嵌花纹或彩牙儿，俗称"画道儿"或"狗牙儿"。根据季节变化，旗袍还可分为单、夹、棉、皮等几种。

实行了两项有失民心的政策：一是命令这些地区的汉人剃发，二是强令汉人迁移。这一举措引起了镇江（今辽宁丹东境内）等地汉民的强烈反抗，辽东汉民成千上万地遭到屠杀。迁移政策是建州兵每攻破一部，即毁坏当地城池而迁其民。对迁来的部民，编丁入旗，均作安置。努尔哈赤占领广宁后，强迫辽西的汉民迁往辽东，他们扶老携幼，背井离乡，哭声震野。然后在辽海地区实行"按丁授田"，就是把汉民的田地以所谓"无主之田"的名义没收分给八旗官兵。这种做法虽然对移居到辽东地区的广大八旗官兵来说有利，但是原来居住在辽东的众多汉民自耕农却被无情地剥夺了生活的依靠。汉民东迁以后，无亲无友，无房无粮，于是命大户同大家合，小户同小家合，"房合住，粮合吃，田合耕"。但事实上这些迁居的汉民，大多都是耕无田，住无房、寒无衣、食无粮，生活十分悲惨。同时清政府命令清查粮食，申报存粮，按口定量，不许私卖。辽东汉民地区为自给自足的自然经济，房、田、粮是他们最基本的生存手段。努尔哈赤在这三项关系汉民生计的重大问题上，举措轻率，严重失误，造成社会动荡。后来多尔衮率清军入关后，依旧沿袭了努尔哈赤的这一政策，在京师占房、京畿圈地，而在关内强行剃发易服之策更是造成了一场民族大悲剧。

因为汉族自古以来就非常重视衣冠服饰。《孝经》有言："身体发肤，受之父母，不敢毁伤，孝之始也。"所以汉人成年之后就不可剃发，男女都是把头发绾成发髻盘在头顶。而满族的发型则是把前颅头发剃光，后脑头发编成一条长辫垂下。在服饰上，两个民族也有很大的不同，汉服以交领、右衽、无扣等为主要特色，满装的主要特点是立领、对襟、盘扣等。为了表示对被征服的汉人的统治，清朝一律强令汉人改变发式、更换服装，投降的明朝将士也必须剃发易服，作为臣服的标志。最初"剃发令"因引起汉人的不满和反抗，1644年清兵入关后曾经短暂地废除过。但是在1645年清兵进军江南后，汉臣孙之獬因为受到其他汉族大臣的排挤而心怀不满，为泄私愤就向摄政王多尔衮提出重新颁发"剃发令"。多尔衮于是再次下令，规定清军所到之处，无论官民，限十日内尽行剃头，削发垂辫，不从者斩。为了保护世代相承的文物衣冠，汉人进行了此起彼伏的斗争，从而导致了清朝统治者更为残暴的镇压。在1645年发生"嘉定三屠"事件，即与"剃发易服"有关。针对各地汉人此起彼伏的抗争情况，当时的陈名夏曾说过："免剃头复衣冠，天下即可太平。"然而不久他就因为说了这句话而被满门抄斩。"剃发易服"是清初主要的社会矛盾之一，斗争一直持续了几十年，最终以统治者的胜利而告终。

清朝统治者推行"剃发易服"的原因，研究者们一般认为：一是统治者希望通过剃发易服来打击、摧垮广大汉族人民，尤其是上层人士的民族精神；二是要保持满族的统治地位，保持满族不被汉族同化。但后来的历史表明，满族统治者的这种做法完全没有达到他们预期的目的。随着时间的推移，汉人虽然在表面上习惯了满族的发式和服装，但他们却用文化征服了满族统治者。

人民的抗清斗争

不屈江阴城

江阴位于江苏境内长江南岸，明朝时属于南直隶的常州府，"其地北滨大江，东连常熟，西界武进，南界无锡"。顺治二年（1645年）五月，清军挥师南下，南明弘光小朝廷土崩瓦解，江南各地几乎望风披靡。而江阴县城却"倡义御敌"，在八十一天时间内，以一城之力抗击清军先后二十四万人的围攻。虽然最后因寡不敌众城池陷落，死难者达十七万二千多人，但是他们顽强的抵抗也让清军付出了死伤七万五千余人的惨重代价。

江阴城破后，明朝进士方亨被清朝委任为知县，循例颁布剃发令。阴历

多铎入南京图

多铎在多尔衮的大力支持下，兵分三路南下，相继灭亡了明朝残余的弘光、隆武等政权，巩固了大清王朝的统治地位。此图描绘了多铎进入南京后被众人簇拥，威风八面的情景。

六月二十八，市民请愿留发、留衣冠。方亨破口大骂百姓，引得百姓大怒，责骂方亨："你身为进士出身，头戴纱帽，身穿圆领，来做鞑靼知县，难道不知道羞耻吗？"方亨听后羞愧不已，暂停所议。此后方亨又召集诸生百余人及乡绅、百姓会于文庙。众人问："现在江阴已归顺于清，应该没有什么事了吧？"方亨回答说："只剩下剃发了。"众人又问："非得剃吗？"方亨说："这是大清律法，不可违背。"说罢就回县衙了。诸生许用等人聚集不肯离去，在明伦堂共同立誓："头可断，发决不可剃！"恰在此时，常州府发来严令剃发的文书，其中有"留头不留发，留发不留头"之语。方亨叫书吏把文书写成布告张贴到城里，当书吏写到这句话时，把笔扔到地上，义愤填膺地说："就死也罢！"这消息很快在城里传开，立刻激起了百姓的不满。方亨见士民不从，就秘密报告常州府，请求上司派兵"多杀树威"。这封密信却被义民搜获，在初二日拘禁了方亨，杀死了清差，推陈明遇为首，以"大明中兴"为旗号，正式扯起了反清复明的大旗。

江阴百姓起义的消息传开后，常州知府宗灏派兵丁三百人赶来镇压，却被江阴义兵歼灭于秦望山下。在陈明遇的带领下，江阴义兵又多次打退小股

凉帽（左图） 暖帽（右图）
凉帽是清代官吏夏秋两季戴的礼冠，暖帽是冬春两季戴的礼冠。图中凉帽冠顶饰水晶，为五品官所戴。暖帽冠顶饰青金石，为四品官所戴。

清军的进攻。

闰六月二十一，清贝勒博洛命刘良佐率领重兵包围了江阴城。三天以后，刘良佐又作招降书一纸，从东城外射进城内。江阴军民公议后，回书拒绝。见劝降无效，刘良佐便四处捕杀城外义兵，企图断绝城内外的联络和援助。到了七月初一，清军开始攻城。但城中防御严密，清兵箭如雨注，城上的人一手拿锅盖遮挡保护，一手接箭，每天竟能得到箭三四十万支。但是江阴的形势却日益严峻。陈明遇虽忠肝义胆，却深感自己缺乏军事组织才能，于是想起了智勇双全的前典史阎应元，他专门派人连夜出城赶到阎应元的住所请他出山。阎应元说："你们如果能够听从我，我就同意出山。否则不为你们主持。"众人回道："怎么敢不惟命是听？"于是在初九，阎应元带领江阴县祝塘少年六百人，执械入城。入城后他立刻把全城的户口分丁壮老幼详加勘察，挑选年轻力壮的男子组成了民兵，城墙上每个城垛分布十名民兵，按时换班，并安排武举人王公略守卫东门，汪把总守卫南门，陈明遇则守卫西门，阎应元自任守北门。他和陈明遇二人还兼负昼夜巡查四门的责任，对城中的过往行人都要严加盘诘，坚决肃清内奸。在阎应元的领导下，江阴城内很快就做到人尽其才，物尽其用，各方面的工作做得井井有条。

十一日清军开始攻打阎应元镇守的北门，城上矢石齐下，犹如雨注，使得清军不敢接近。主帅刘良佐大怒，命令将士九员先驾云梯强行登城，城上守兵以长枪刺之，将士五死四伤，有的身中三箭，有的被劈去头颅，有的堕下被摔成残废，有的被火箭烧死。刘良佐更为愤怒，传令十营内挑选猛将数员，步军三万，扎云梯十张，来日分十处登城，如有退者立斩。次日清军依旧主攻北门，城外放炮呐喊，三万清军造浮桥十条，一齐渡过外城河，分十

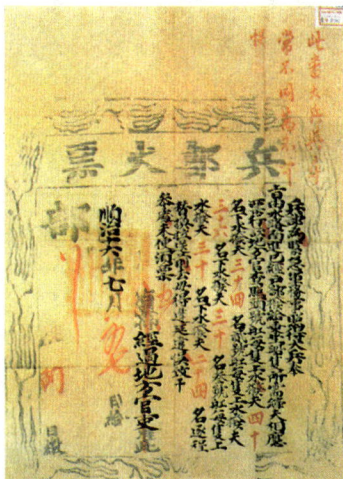

兵部火票

兵部火票是军机处传递重要文书的凭证，也是驿道凭证之一。沿途州县驿递官吏必须星夜兼程，以保证文书能够按时到达目的地。

处登云梯上城。阎应元指挥城上守军用砖石掷下，用长枪拒敌。一时间乱石纷飞，炮火连绵，双方死伤不计其数。一个满族大将自认为勇猛，穿着三层铠甲，腰间悬挂两把大刀，又手执双刀，亲登云梯，跨上城垛后，挥刀乱砍。城上的守军用棺木抵挡他，用枪刺其身，居然无法穿透铠甲。这时有人喊道："刺他的脸！"于是众人纷纷刺其面。一个姓汤的孩子，手持铁钩镰，用力钩断这员大将的喉管，竹匠姚迩割下其头颅，满将的身体则堕落城下。这时许多清军士兵前来抢尸，城上梆鼓齐鸣，砖石小箭立刻如雨急坠，清军又伤亡了千余人。

刘良佐索要满将的头颅，阎应元却不答应。刘良佐于是愿意用银子赎买，命人将银子当面装入银鞘吊入城内。又命军士于城下哀号："还我将军的头颅！"阎应元让人用蒲席包裹着一黄狗头扔出城外，满将的头颅则被悬挂在城头上。刘良佐亲自带人在城下苦苦哀求，阎应元方才命人把头颅扔下。清军把满将的头颅捡了回去后，与身缝合，披麻戴孝三日。

不过阎应元虽然击退了北城的攻击，但他知道不日清兵必有更大规模的攻击。于是积极铸造守城工具，他命人造小弩千张、小箭数万支，分派给守城军士。又用毒药敷在箭头上射人，见血立死。所造之弩长尺余，箭长五寸，百步之外，都可以命中目标。又制造火罐、木铳等。火罐遇人就会烧起来。木铳类似于银鞘，长三尺五寸、广二三寸，木制，中间藏有火药，敌人到来时，扔下去，机关暴发，木壳崩裂，铁菱角飞出，触人即死。阎应元还亲自制造挝弩，用一块铁，边上造几个钩子，后面栓着棉绳，抛出去勾住敌人，拉近以后将其斩杀。又模仿旧制，制造火球、火箭之类，无不精巧绝妙。所以清军虽然人数众多，但却每每望城兴叹。即使是满洲兵将也闻之胆落，每次攻城下来都要为幸免不死而大肆庆祝。

清军攻城不利，又起了劝降之念。刘良佐亲作《劝民歌》，希望江阴守城民投降，阎应元不从。于是清军在城下搭建牛皮帐篷，做好了长期作战的准备。

十五日清兵攻东北城，刘良佐命西南放炮，东北掘城，全都是用山爬攻城，城内以火球、火箭抵抗。清军不敢想要撤退，刘良佐严令禁止。阎应元继续命城内投下砖石，清兵不及闪避，数百人死于城下。这令刘良佐也颇为惶恐，于是搭设三层牛皮帐，守而不攻。帐内有九梁八柱，矢石投在上面，都被反弹起来，不能进入。阎应元下令用人粪掺上桐油，煎滚浇下，牛皮烫

铁炮

攻占南京后，清朝廷强制汉民剃发，改从满俗，引起了许多地方人民的强烈反抗。此外隆武等反清组织也掀起了斗争的小高潮。此为当时抗清军民所使用的铁炮。

穿，浇在清兵身上，肉烂而死。没被烧着的清兵也都惊慌失措地四散而退，城内用挞弩射向逃散的清兵，钩中者即拉入城中斩首。清军手足无措，纷纷逃散。清军误以为守城者杀下，命令发射木铳以御，反伤了自己的兵马步卒无数。

面对此等情形，刘良佐只得无奈地命令移营至邓墓。

在坚守的同时，江阴也不断向四方请求援助。黄蜚、吴之葵领兵至太湖，与清贝勒博洛大军相遇，二人兵败被俘后投降清朝。海寇顾三麻子对阎应元十分仰慕，于是率舟师来援，结果苦战三日后失败，扬帆远去。此外义阳王来援，败于砂山。秀才金矿会集精勇四百余人来援，被刘良佐以铁骑三千截在周庄左右，也都全军俱没。援兵屡败，孤立无援的江阴逐渐沦为孤城。即便如此，刘良佐仍然心有余悸，不敢再行攻城，只用火炮攻击北城，彻夜不息，在炮火的轰击下，城墙塌陷数丈。阎应元命石匠砌墙，石匠害怕不敢去，阎应元言辞恳切，动之以情，石匠深受感动，于是冒死登城修葺城垛，使之牢固如初。

十四日阎应元利用清兵劝降之机，派出百余名壮士，以奉送"降礼"为名，暗携火器进入清兵的营帐，炸死两千余人。

十七日夜，阎应元又挑选勇士千人出南门劫营，或执板斧，或执短刀，或用扁担，突入敌营，伤千余人。等到清军援兵赶到的时候，劫营的士兵已经返回城中。此役之后，刘良佐再次后撤，扎营在十方庵。

十八日刘良佐令十方庵的僧侣向城跪泣，陈说利害，劝江阴军民早降。结果城中百姓皆愿以死报国，要他速去。当晚僧人又来劝降，再次被众人遣走。

十九日刘良佐策马来到城下，劝阎应元道："弘光已北，江南皆下。若足下转祸为福，爵位岂在良佐下，何自苦如此？"阎应元从容答道："江阴士民，三百年来食毛践土，深戴国恩，不忍望风降附。应元是为典史，深知大义所在，绝不服事鞑靼。将军位为侯伯，掌握重兵，进不能恢复中原，退不能保障江左，有何面目见我江东忠义士民乎？"刘良佐听后惭愧不已，又以清廷召谕

历史文献

应元伟躯干，面苍黑，微髭。性严毅，号令明肃，犯法者，鞭笞贯耳，不稍贷。然轻财，赏赐无所吝。伤者手为裹创，死者厚棺敛，酹醊而哭之。与壮士语，必称好兄弟，不呼名。陈明选宽厚呕煦，每巡城，拊循其士卒，相劳苦，或至流涕。故两人皆能得士心，乐为之死。

——《阎典史传》

相示，劝说江阴的士民接受招安。阎应元怒道："有降将军，无降典史。"一声梆响，火箭齐发，刘良佐连跨三四马逸去，叹息道："江阴人没救了！"

这时亲王多铎闻知江阴久攻不下，极为震怒，他先派孔有德"率所部兵协攻"，接着又派贝勒博洛和贝勒尼堪带领满洲兵携红衣大炮前往攻城。贝勒博洛平定松江后，立即率领所部二十万大军来攻打江阴城。博洛登山而望，巡视江阴城防后对手下讲："江阴城为舟形，南首北尾，如果攻其南北，必然无法攻破。只有攻其中间，则自然攻破。"于是他命人绑缚降将黄蜚、吴之葵到城下，命令他们写信劝降。黄蜚道："我在城中没有相识，写了劝降书又有何用？"吴之葵涕泪交横，仰头劝阎应元投降，言辞甚为恳切悲楚。但是二人都被阎应元斥骂道："大臣被缚，当速就死，何必喋喋不休！"吴之葵再拜泣下，黄蜚则默默无语说不出话来。

博洛见阎应元始终不为所动，于是发起总攻。分兵先抄断各镇的救兵，然后以竹笼盛火炮，鼓吹前迎，炮手披红挂彩，博洛限令三日破城。

二十至二十七日，清兵轮番攻城不息。阎应元指挥防御，浴血奋战，终保江阴城池不失。八月初江阴民兵昼夜守御，甚感疲惫，于是开始有人出城投降。清兵在城外四处烧杀抢掠，使得民不聊生，为江阴百姓所仇恨。而那些剃发投降的人，被城上看见后必遭痛骂，即使父子相见、兄弟相逢也如仇敌一般。阎应元眼见城防日益吃紧，于是遍取民间乱发，投城下诱敌。清兵惊喜，报告刘良佐。刘良佐说："还不能相信，去观察一下守城的人剃发了吗？"清兵察探后，才知道是诈降。博洛久攻不下，心中焦急，于是重新劝降，称只要拔去大明中兴的旗号，四门悬挂大清旗号四面，只斩首事者数人，其余一概不论。即使不剃发，也会撤兵。阎应元看出这只是博洛的缓兵之计，回他说："只斩我一人？我没有罪，凭什么杀我！"议不决而止。博洛又称，只要在城墙四面竖起大清旗，也会立刻退兵。阎应元知道必然有诈，仍然不应。前吴军门督军王海防至江上，宰牛杀羊与诸将起誓，称江阴归顺后绝对不许杀掠。他自恃在江阴素有恩信，请缨来劝降，但到了城下招抚，却没有人应和他。此后多尔衮晓谕招安，博洛命人用箭射入城中，声称明朝已经灭亡，何必苦苦抵抗？阎应元命人在书后补上："愿受炮打，宁死不降！"射还给清军。

清廷多次劝降，城内已经开始有人犹豫，但因阎应元镇守在北门誓死固守，众意遂绝。随着围困时间的加长，江阴城内伤亡更加惨重，战斗力也日益减弱。加之城中石灰短缺，不能乘夜修城。粮食供应也成了问题，饭米越来越少，只能靠征集民间的粮米以备缺乏。阎应元下令两日领一次米，不得预先领取。中秋前后，百姓携壶提觞登上城楼，举杯痛饮。诸生许用模仿楚歌，作《五更转曲》，让善歌的人登高传唱，以笙笛箫鼓相和。当夜皓月当空，剑戟无声，黄弩师鼓胡琴在西城之敌楼上，众人歌声悲壮，响彻云霄。清兵争着靠前倾听，或怒骂，或悲叹，甚至还有流泪的。歌中唱道："宜兴人，一把枪。无锡人，团团一股香。靖江人，连忙跪在沙滩上。常州人，献了女儿又献娘。江阴人，打仗八十余日，宁死不投降。"刘良佐则针锋相对，命人作劝降词，让士卒相倚而歌，自己与幕僚在帐中饮酒。不一会儿，城上炮、箭齐发，遂散去。

二十一日博洛令数百人，把二百余座大炮全部搬到花家坝，专打东北城。炮弹入城，穿透洞门十三重，落地深数尺。当天正赶上大雨，雨势甚急，外用牛皮帐护炮装药，城头危如垒卵。城上因敌炮猛烈，守城士兵看见燃火，就躲到围墙后面。炮声过后，再登上城楼。清兵看到这种情况，故意放空炮，并让炮中只放狼烟，烟漫障天，近在咫尺也无法辨别。守城的士兵只听见炮声霹雳，认为清兵还在以炮攻城，不会很快进入，却不想清兵早已潜渡护城河，从烟雾中蜂拥突上，众人来不及防御而崩溃。江阴城终于被攻陷。

当清兵登上城头时，一队队民兵对城列阵。清兵怕有埋伏，僵持了半日居然不敢进攻。到黄昏时，城中鼎沸，民兵阵脚散乱，清兵才敢下城。城被攻破时，阎应元端坐于东城敌楼之上，手执一笔，在城门上题下了以下字句："八十日带发效忠，表太祖十七朝人物。十万人同心死义，留大明三百里江山。"写完就带着千人上马与入城清兵肉搏，杀死清兵无

侯峒曾石刻像拓片

侯峒曾是著名抗清义士，苏州嘉定人。他率领众人与清兵对抗，力守孤城十多天，城破后与两个儿子投池自尽。

黄淳耀石刻像拓片

黄淳耀，明末嘉定人，崇祯年间进士，未授官职，在家潜心研读经籍。他曾与侯峒曾率嘉定士民守城抗击清军，城破后自尽。

数，欲从西门突围却不得。他环顾从者道："为我谢百姓，吾报国事毕矣！"于是自拔短刀，向胸口刺去，投身前湖之中。义民陆正先想把他从水中拉起，却赶上刘良佐遣兵来擒，刘良佐自称与阎应元有旧，要生擒他，于是清兵把他捞起绑住，没有杀他。刘良佐踞坐在明佛殿内，见阎应元被绑来后，一跃而起，两手拍着阎应元的背部而恸哭。阎应元说道："有什么好哭的，事已至此，只有一死。速杀我！"博洛在县署急索阎应元至堂上。阎应元挺立不屈，背向博洛，骂不绝口。一个小卒用枪刺他的小腿，让其下跪，阎应元血流如注，不支倒地，博洛命人把他关到了栖霞庵。当夜寺中僧人不停地听到"速杀我"的声音，到天明时，阎应元终于被害。

阎应元死后，家丁还有十几个人，都因为拒不投降而被杀，陆正先也一同殉难。江阴县衙内，男女大小共四十三人举火自焚。典史陈明遇自己持刀与清兵血战，身负重创，握刀僵立，死时身子倚在墙边，屹立不倒。训导冯厚敦自缢于明伦堂，其妻与姐投井而死。中书戚勋、诸生许用举家自焚而死。诸生许王家，被清军拘押时，清兵劝他："你一介书生，还没有享受到利禄，干吗要殉难？"许王家回答说："君臣之义，难道是根据是否做官来说的吗？你不必再劝降我了。"书生笪某，被清军抓获之后，刑前叹曰："我一介小人，今日得之士大夫之烈，为忠义而死，死之犹生也！"临刑时依然神色不变。

八月二十二，清军攻占江阴之后，开始屠城，百姓或力战到底，或坦然就义，都以先死为幸，妇女则多贞烈，投河而死。当时就连七岁的孩童也都毅然就义，无一人降服。清军屠城两日后"出榜安民"，城内百姓仅剩"大小五十三人"而已。

后有言"有明之季，士林无羞恶之心。居高官、享重名者，以蒙面乞降为得意。而封疆大帅，无不反戈内向。独阎、陈二典史，乃于一城见义。向使守京口如是，则江南不至拱手献人矣"，这话是颇为中肯的，沧海横流方显英雄本色，在江南各地纷纷献城投诚之际，阎应元一个卑微的典史，却能够凭借江阴百姓的支持，面对强敌，临危不惧，坚持了近三个月，击杀清兵数万人，重挫了当时南下所向披靡的清军的锐气，推动了各地的抗清斗争。在城破以后，江阴百姓仍能够拼死巷战，"竟无一人降者"。以阎应元为代表的江阴士民抗击满清政权的英雄事迹、凛凛气节和誓死不屈的精神一直为后人所称道。

悲壮史可法

明朝末年一个风雪交加的冬天，出督京师学政的左光斗，带着几个随从冒雪外出巡行。路经一座古寺的时候，进去暂避风雪。却在寺内的廊柱下，看到一个衣衫单薄的年轻人，居然在严寒之中伏在书桌上睡着了，桌上放着一篇刚刚做好的文章。左光斗悄悄拿起文章阅读，不禁赞叹不已，对这个年轻人十分怜爱，于是解下自己所穿的皮衣，轻轻盖在年轻人的身上。打听之后，左光斗从寺里僧人那里得知，这个青年名叫史可法。

这次偶然的机缘让左光斗和史可法结下了师生之缘。左光斗欣赏史可法的才学，认为他绝非等闲之辈，于是收他做了自己的学生。有一次左光斗十分高兴地对夫人说："我的几个儿子都很平凡，将来继承我志向的，只有这位学生！"

不久之后，左光斗遭到大奸臣魏忠贤的诬陷，被关在暗无天日的锦衣狱内。史可法焦急万分，又听说老师在狱中遭受了酷刑，将不久于人世，于是带着银两，泪流满面地与狱吏商量，终于感动了狱吏，让史可法扮成扫垃圾的人进入狱中。

史可法看见老师由于受了火刑而面孔焦烂，膝下筋骨也脱露出来，不由自主抱着左光斗痛哭起来。左光斗苏醒过来，听出是史可法的声音，强忍着剧痛，用手指拨开眼皮，告诉史可法尽快离开狱中，说着就把套在手上的铁环投向史可法。

后来史可法含泪对人说："吾师肺肝，皆铁石所铸成。"而左光斗的铁石般的意志和精神，日后对于史可法产生了不可估量的影响。

史可法（1602年—1645年），字宪之，号道邻，河南祥符（今开封）人。自幼好学，为左光斗赏识后，应考顺天府试，中第一名秀才。崇祯元年（1628年）四月，中进士后出任西安府推官。他秉公执法、公正廉洁，尤其是在赈灾时能够公平地将赈灾专款分发给受灾的延安百姓，因此在朝廷中赢得了极好的声誉。崇祯五年（1632年），史可法被调入朝中任户部主事。因为深受恩师左光斗的影响，他一直都是为官清正、办事干练，因此声名大著，官至东阁大学士兼兵部尚书。不过史可法是典型的文人出身，军事才能却是相对缺乏的。

李自成推翻明朝统治后，南明弘光政权在南京成立。这是一个由逃到南方的皇族、福王朱由崧做皇帝，在南京建立的政权，历史上把它叫做南明，把朱由崧称为弘光帝。弘光帝朱由崧不过是个迷恋酒色、极端荒唐的人。凤阳总督马士英和一批魏忠贤的余党利用弘光帝的昏庸，操纵了南明政权。

史可法像

清兵入关后，史可法曾主张与清议和，共讨李自成。后因被排挤而誓师淮扬。多铎兵围扬州时，史可法固守城池，城破后壮烈牺牲。史可法壮烈殉国后，遗体不知下落，于是有人用其生前穿过的袍子、帽子、靴子以及用过的笏板等为其做衣冠冢。

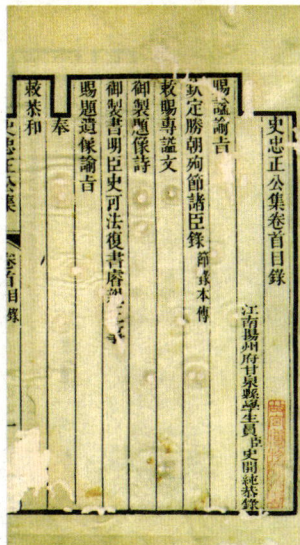

《史忠正公集》书影

史可法壮烈殉国后，其孙将他生前的奏疏、文章和诗歌等整理成集，名为《史忠正公集》，这是全面了解史可法的第一手文献资料。

历史文献

待理犹繁苦抱疴，公余侧枕唤如何。民饥由已嗟艰食，兵悍逢人欲弄戈。抚字无能先布德，催科宁忍复为苛。白云交瘁燕山下，国手谁怜妙剂多？

——史可法《六安署病中感怀》

弘光帝和马士英根本没想抵抗清兵，反倒是在安逸的江南过起荒淫作乐的生活来。

南明政权的兵部尚书史可法，本来不赞成让朱由崧做皇帝，为了避免引起内部冲突，才勉强同意。弘光帝即位以后，史可法主动要求到前方去统率军队。那时长江北岸有四支明军，叫作四镇。四镇的将领都骄横跋扈，他们彼此之间你争我夺，根本不想如何保卫巩固南明小朝廷，而是放纵兵士残杀百姓。史可法在南方将士中具有较高的威信，他到了扬州，那些将领不得不听从他的号令。史可法亲自去找那些将领，劝他们不要自相残杀。接着又把他们分配在扬州周围驻守，自己坐镇扬州指挥。大家就称呼他史督师。首次商讨国策时，史可法提出了明朝臣民不能以"江南片席地，俨然自足"，而是应该"亟召天下名流，以收人心"。历史上南宋的教训使他认识到"必须能战，而后能守"，认为"从来守江南者必战于江北"。史可法于是明确地告诉弘光帝，只有守住江北，才能保住江南。这说明当时史可法主要期望的仅仅是保住南京，像南宋那样划江而治，偏安一隅，却不是收复北方。对于史可法不积极进取的态度，刘宗周和陈子龙等人都非常不满意。可惜刘宗周和陈子龙这些真正的人才，不久后就在党争中被迫辞去了官职。

根据《明史》的记载，史可法身材矮小，"面黑，目烁烁有光"。多尔衮进入北京后不久，搞清楚了南明的形势，知道史可法是唯一一个可虑的人，就派副将唐起龙招抚江南，致书给史可法招降。这封著名的书信由投降清政权的复社成员李雯起草。

从一个封建士大夫的角度而言，史可法在给李雯的回信中，对清政权入关赶走李自成表示了感谢："忽传我大将军吴三桂借兵贵国，破走逆贼。殿下入都，为我先帝后发丧成礼，扫清宫殿，抚辑群黎。且免剃发之令，亦不忘本朝。此举动也，振古铄今。凡为大明臣子，无不长跪地而顶礼加额，岂但如明谕所云，感恩图报而已哉？"这里明确表示，对于吴三桂引清兵入关的行为，他是持肯定态度的。史可法也期望能用"同仇之谊"来感动清廷，幻想联合清兵一起消灭李自成，然后划江而治。从这段文字来看史可法似乎是一个缺乏战略远见的人，不敢轻易决策，但这是因为他担负着保卫一个王朝的责任，存亡之秋，他承担不起轻率决策的后果。

在回答多尔衮让他背叛明朝投降清廷的问题时，史可法的态度非常坚决："可法北望陵庙，无涕可挥，身陷大戮，罪应万死。所以不即从先帝者，实为社稷之故也。传曰：'竭股肱之力，继之以忠贞。'"这一成为流传于后世的千古名篇充分说明了史可法对明朝的忠肝义胆。

然而史可法在南明政权中并没有能够充分发挥出自己的才能，南明小朝廷内部的朋党之争令他力不从心，不久他被排挤出南京到扬州督师。

史可法做了督师后，以身作则，跟兵士同甘共苦，因此很受将士们的爱戴。这年大年夜，史可法把将士都打发去休息，独自留在官府里批阅公文。到了深夜，他感到精神疲劳，就把值班的厨子叫来要做点酒菜。谁知道厨子回报说："遵照您的命令，今天厨房里的肉都分给将士去过节，下酒的菜一点都没有了。"史可法说："那就拿点盐和酱下酒吧。"

福州府图

抗清志士们坚定不移地反抗清朝，1645 年，明朝遗民在福州拥立明太祖九世孙为帝，建立隆武政权。此图为当时的福州府图。

厨子送上了酒，史可法就靠着几案喝起酒来。史可法本来有很大的酒量，但是来到扬州督师后，就把酒戒掉了。这天是为了提提精神，才破例喝酒的。一拿起酒杯，他想到国难当头，又想到朝廷里面只知道勾心斗角，不禁愁肠百转，于是边喝酒边掉热泪，不知不觉多喝了几盅，就带着几分醉意伏在几案上睡着了。第二天清早，扬州的文武官员依照惯例到督师衙门议事，却发现大门还紧闭着。大家不禁奇怪，因为督师平常都是起得很早的。后来有个兵士出来，告诉大家说："督师昨晚喝了酒，还没醒来。"扬州知府任民育说："督师平日操劳过度，昨夜睡得这么好，真是难得的事。大家还是不要去惊动他，让他再好好休息一会儿吧。"他又把打更的人找来，要他重复打四更的鼓（打四更鼓，表示天还没亮）。史可法一觉醒来，天色已经大亮，但侧耳一听却发现打更人还在打四更，禁不住大发雷霆，把兵士叫了进来说："是谁在那里乱打更鼓，违反我的军令。"兵士把任民育吩咐的话说了，史可法才没再说话，赶快接见官员，处理公事。但史可法下决心不再喝酒了。

没多久清军在多铎带领下大举南下。史可法指挥四镇将领抵抗，打了一些胜仗。可是南明政权内部却起了内讧，驻守武昌的明军将领左良玉为了跟

侯方域像

侯方域是复社的领袖，以散文著称。他和方以智、陈贞慧、冒襄并称"江南四公子"。弘光时曾投奔史可法。清军南下以后，他回到老家，后入仕清朝。

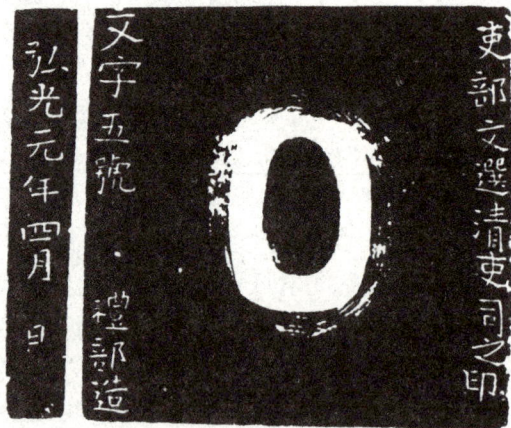

"吏部文选清吏司之印"印文及背款

此印为吏部管理官吏和人才选拔任用的印章。但是弘光朝廷内外交困，一片混乱，能治国安邦的人才寥寥无几。

马士英争权，起兵进攻南京。马士英害怕得要命，急忙将江北四镇军队撤回，对付左良玉，还用弘光帝名义要史可法带兵回南京保护他。

顺治二年（1645年）四月十七，清朝豫亲王多铎的大军逼近扬州，史可法刚刚从南京渡江回到江北，清军进至距离扬州二十里处下营，次日兵临城下。史可法发出紧急檄文，要各镇将领集中到扬州守卫。但是过了几天，竟没有一个将领发兵来救援。史可法这时才明白只有依靠扬州军民，孤军奋战了。

实际上史可法指挥的为数不少的将领，就在这几天里不战而降了。四月十九日，高杰部提督李本深率领总兵杨承祖等向多铎投降，广昌伯刘良佐也率部投降。

而孤军奋战的扬州城里，此时的兵力是相当薄弱的。大军兵临城下，后果不难预料。这时候的史可法内心矛盾纠结，他给妻子的遗嘱中写道："法死矣。前与夫人有定约，当于泉下相候也。"在他死前四天写给妻子的另一封信中，他又说："法早晚必死，不知夫人肯随我去否？如此世界，生亦无益，不如早早决断也。"

信中流露出他对现实世界的深深厌恶。他对时局其实已经看得十分清楚，他知道以目前的形势，他所效忠的南明朝廷必然要走向灭亡。但无论如何，

历史细读

复社是明末文社。明代以八股文取士,读书士人为求取功名,结社成风。张溥联络四方人士,主张"兴复古学,将使异日者务为有用",因此名为"复社"。复社带有浓烈的政治色彩,声势遍及海内。清兵入关前后,复社成员有所分化,多数人成为江南抗清力量的骨干。复社成员后来或被魏忠贤余党迫害致死,或抗清殉难,或入仕清朝,或削发为僧。顺治九年(1652年)为清政府所取缔。

即使史可法明白大势已不可逆转,但他也决没有预备投降,由此他成为中国历史上最著名的爱国英雄之一。

由于扬州城墙高峻,清军的攻城大炮还没有运到,多铎并没有下令立即进攻。他先后五次派人招降史可法,都遭到了严词拒绝。史可法当众将多铎的信投入护城河中。他由一介文臣迅速转变成艰难时期的英雄将领,"从来降将无伸膝之日,逃兵无回颈之时"。史可法将与扬州城共存亡。

但史可法已经无法保住扬州,扬州城的情势可谓十万火急。虽然史可法死志已决,但城中却有不少人害怕。总兵李栖凤和监军高歧凤就带着本部人马,出城向清军投降了。对于部下的变节,史可法说:"此吾死所也,公等何为,如欲富贵,请各自便。"这样,城里本就不强大的守卫力量就更加薄弱了。

史可法把全城的官兵召集起来,勉励他们要齐心协力共同抗御清兵,并且分派了守城的任务。他分析一下形势,认为西门是最重要的防线,就亲自带兵防守西门。将士们见史可法坚定沉着,都很感动,表示一定要和督师一起,誓死抵抗到底。

清军方面,多铎则命令清兵没日没夜地轮番攻城。扬州守军虽然力量单薄,但军民奋勇作战,把清兵的进攻一次次打了回去。不过清兵毕竟人多势众,死了一批,又来了一批,形势越来越危急了。

多铎下了决心,开始用大炮攻城。他探听到西门防守最严,又是史可法亲自防守,就下令炮手专向西北角轰击。炮弹一颗颗在西门口落下来,城墙渐渐塌下,终于被轰开了缺口。

四月二十四夜间,清军用红衣大炮轰塌城墙,"城上鼎沸,势遂不支"。

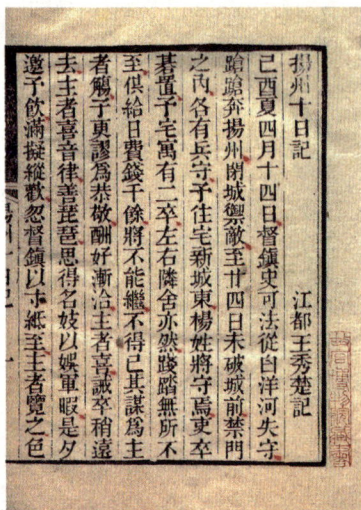

《扬州十日记》书影
此书为王秀楚撰写，作者以亲身见闻记录了清军攻破扬州后，在城里进行的为期十天的屠杀暴行。

二十五日，史可法正在指挥军民堵缺口时，大批清军已经蜂拥着冲进城来。史可法眼看扬州城已经没法再守，拔出佩刀想要自杀。随从的将领们抢上前去抱住史可法，把他手里的刀夺了下来。史可法依旧不肯离去，部将们连拉带劝地把他保护出小东门。

在小东门遇到一批清兵过来，清兵看见史可法穿着明朝官员的装束，就吆喝着问他是谁。史可法怕累及他人，就高声说道："我就是史督师！"

于是在一场大雨之中，在血流成河之中，扬州城陷落了。史可法从容就义，年仅四十四岁。扬州知府任民育等文武官员也都殉难而死。扬州失守后几天，清军攻破南京。南明政权的官员投降的投降，逃跑的逃跑，弘光政权被消灭了。

史可法的养子史德威被清兵抓住，正要杀他时，史德威大喊说："我是史可法的儿子！"多铎于是命先前投降的明将许定国审问史德威。

然后清兵发现了史可法生前写给多铎的信，信中说："败军之将，不可言勇；负国之臣，不可言忠。身死封疆，实有余恨。得以骸骨归葬钟山之侧，求太祖高皇帝鉴此心，于愿足矣！弘光元年四月十九日，大明罪臣史可法书。"

曾对扬州城进行屠城的多铎，看了这封信后非常感慨，便下令放了史德威，让他去给史可法收尸。多铎还让人在已经破落不堪的扬州城内建祠，以纪念这位忠贞不屈的忠臣，并优恤其家眷。

扬州是江南顽强抵抗清军的第一座城，也是清军入关以来首次遇到的军民一体的坚强抵抗。对于扬州军民的顽强抵抗，清廷充满了愤恨，同时也为了在以后的征服中杀一儆百，于是南下的统帅多铎下令对扬州进行屠城，烧杀抢掠持续了十天。历史上把这一惨案称作"扬州十日"。

除了极少数破城前逃出和个别清军入城后隐蔽较深幸免于难的人以外，扬州城内的军民几乎全部惨遭屠杀，"城中积尸如乱麻"。史可法的幕僚王秀楚依据亲身经历写了一本《扬州十日记》，对清军自四月二十五至五月初一在扬州的暴行作了比较详细的记载。如二十七日，"杀声遍至，刀环响处，怆呼乱起，齐声乞命者或数十人或百余人。遇一卒至，南人不论多寡，皆垂首匐伏，引颈受刃，无一敢逃者。至于纷纷子女，百口交啼，哀鸣动地，更无论矣。日向午，杀掠愈甚，积尸愈多，耳所难闻，目不忍睹。"直到五月初二日才安官置吏，"查焚尸簿载其数，前后约计八十万余"。

"襄慰忠魂"拓片
史可法舍生取义、视死如归的精神
得到了乾隆帝的大力推崇，他还为
史可法赐匾以嘉奖其忠烈。

　　清军的这场大屠杀使得曾经繁华美丽的扬州城顿时变成了人间地狱。扬州城中那些因美丽而闻名的女子，有的愿意把她们的身体献给清兵而换取生命。有的则在满城的哀号惨叫中精心梳妆打扮，然后倚门而笑，希望能用自己的美色博得一线生机。一名清兵士卒说："我辈征高丽，掳妇女数万人，无一失节者。何堂堂中国，无耻至此？"清军不忘在扬州城内挑选出年龄在十四到三十岁之间的妇女，然后将她们带走。很多年后，直到康熙年间，还有人在宁古塔（黑龙江）或蒙古附近看见过这些年纪已大、饱受欺辱的妇女，她们操着扬州口音，却身穿着兽皮，永远无法返回家乡。

　　大屠杀之后，史德威进城寻找史可法的遗体。由于当时天气较热，尸体已经腐烂，无法辨认。史德威只好把史可法生前穿过的袍子和用过的笏板，埋葬在扬州城外的梅花岭上，建成一座衣冠冢，保存至今。尽管史可法的才能受到后世的很多质疑，但其坚贞不渝的气节是不容质疑的。此后他立即在南明士绅中被视为抗清复明的英雄，从而备受敬仰。后来他也受到了乾隆皇帝的大力推崇，被认为是仅次于文天祥的民族英雄。乾隆四十一年（1776年）正月，对史可法追谥"忠正"。

　　顺治五年（1648年）正月下旬，宣城人朱国材冒充史可法号召反清复明，巢县生员祖谦培、无为州生员沈士简等十余人听说后都"头巾蓝衫"前往，共图义举，后来很快被清政府镇压。

　　这起"伪史阁部案"起初，清廷立即派人逮捕了史可法的家眷，包括史可法的母亲、妻子以及弟妹等人。但一个投降清朝的镇将佩服史可法的忠义，出面为其开脱说："过去在攻打扬州的时候，我是前锋，史公其实死在我手上。贼人不过是假托史公之名，如果反而因此怀疑史公的母妻，反倒给冒名顶替之人有口实了。"史可法的家眷这才被释放回家。

李自成称王

明朝末年陕西灾荒严重，阶级矛盾极度尖锐，李自成揭竿而起，部队很快发展到百万之众，成为农民起义中的主力军。占领陕西后，李自成称王。

最后史可法的家眷没有受到大的牵连。"伪史阁部案"说明史可法在南明绅民中享有相当高的声望，事隔三年，竟然还有如此大的号召力。

农民军的结局

李自成败退

李自成，万历三十四年（1606年）八月出生在陕西米脂县殿市镇李继迁村，当地人也叫做李家站，村里的人代代口口相传，是西夏王朝奠基者李继迁的后人。

崇祯三年（1630年），李自成率众投奔了农民军首领不沾泥，接着又投奔高迎祥，号八队闯将。崇祯六年（1633年），农民军首领王自用病卒后，李自成将其遗部二万余人收编到自己的麾下。后来与张献忠等合兵，在河南林县（今林州）击败明总兵邓玘，杀其部将杨遇春，之后转战山西、陕西各地。高迎祥被俘遭到杀害后，李自成被共推为闯王。

崇祯十六年（1643年）春，李自成在襄阳称"新顺王"，之后杀死了与其合军的农民军领袖罗汝才，以及叛将袁时中。五月张献忠克武昌建立"大西"政权。十月李自成攻破潼关后，杀死督师孙传庭，占领陕西全省。第二年的正月，李自成在西安称帝，以李继迁为太祖，建国号"大顺"。

后来历史的发展就如本章开篇所讲，大顺军顺利进入北京推翻了明朝的统治。但是明朝辽东总兵吴三桂投降了清军以后，两军联手在山海关击溃了李自成，主将刘宗敏受伤，急令撤退。李自成不得已逃到京城，当时仅剩下三万余人。离开北京城的前一天，李自成匆匆忙忙地登基称帝，杀死了吴三桂家大小三十多口，由山西、河南两路撤退，然后逃往西安。临行前还火烧紫禁城和北京的部分建筑。

不久又弃西安，经蓝田、商州，走武关。由于南明弘光帝朝廷的建立和大顺军的节节败退，很多投降大顺政权的原明朝将领复投南明或清朝，李自成于是疑心日盛，终于妄杀李岩等人，致使人心离散。

九边图之大同

大同的地理位置十分重要。历来为兵家必争之地。清军追击大顺军的时候，李自成的山西守将投降，清军控制了山西大部地区。

顺治元年（1644 年）十二月，清军出击潼关，大顺军列阵迎战。最初因主力及大炮尚未到达，清军坚守不战。等到顺治二年（1645 年），清军的红衣大炮终于攻破潼关，已经实力不济的李自成采取避战的方式流窜，经襄阳入湖北，试图与武昌的明朝总兵左良玉联合抗清，但左良玉东进南京去南明朝廷"清君侧"征讨马士英，病死途中。李自成本来打算夺取东南作为抗清基地，但是清军却对大顺军紧逼不放，派出重兵节节阻击。在清廷看来，李自成比南明小朝廷显然是更加有威胁的对手。南明政权的明军也顺势攻击大顺军，导致李自成在湖北武昌、阳新，江西九江接连失利，东下的去路也被切断。四月李自成军进入武昌，但被清军一击即溃，之后节节败退，几十万的大顺军在转战之中像人间蒸发一样。

而李自成的去向也成为一个难解之谜。一种说法是兵败南下至湖北通山九宫山，走投无路的他被当地游民武装杀死。另一种说法是兵败南下后到湖南石门夹山寺，遁入空门。

此后李自成的余部分为二支，分别由郝摇旗、刘体纯和李过、高一功率领，先后进入湖南，与明湖广总督何腾蛟、湖北巡抚堵胤锡拥立的南明永历政权联合抗清。

顺治五年（1648 年），大顺军余部同何腾蛟、瞿式耜的部队一起，在湖南连连取得胜利，几乎收复了湖南全境。这时广东、四川等地的抗清斗争再起。一时间永历政权控制的区域扩大到了云南、贵州、广东、广西、湖南、江西、四川七省，出现了南明时期第一次抗清斗争的高潮。在抗清名将何腾蛟、瞿式

陕西舆图之西安府
李自成撤回西安后，面对多铎与阿济格的夹击，不得不转战湖广，多铎顺利进入西安。

耜、堵胤锡、郑成功等的支持下，尤其是大顺、大西农民军与之联合抗清，永历政权得以生存下来，支撑台湾及中南、西南数省半壁江山，声势颇大。

但是永历政权内部矛盾重重，本来就是几股势力临时聚集在一起，根本谈不到什么凝聚力。各派政治势力互相攻讦，大顺军也备受排挤打击，不能团结对敌，这就给了清军以喘息之机。何腾蛟、瞿式耜先后在湘潭、桂林的战役中被俘牺牲，清军重新占领了湖南、广西等地。而大顺军内李过病亡后，他的儿子李来亨同其他农民军将领率部脱离了南明政府，转移到巴东荆襄地区组成夔东十三家军，独立抗清。一直坚持到清朝康熙三年（1664年），体现了极强的战斗力。夔东十三家军被清军攻灭以后，李来亨不愿投降清军，全家自焚而死。这时南明小朝廷最后一个政权永历已经覆灭多年了，大顺军余部的灭亡代表着大陆反清军势力的彻底消亡。

大西政权覆灭

张献忠，字秉忠，号敬轩，明万历三十四年（1606年）出生于陕西定边郝滩乡刘渠村（古称柳树涧堡）。崇祯三年（1630年），张献忠在家乡聚集了十八寨农民组织了一支队伍，响应王嘉胤等起义。这一队伍最开始属于王自用，后来自成一军。由于张献忠足智多谋、果敢勇猛，统帅之部很快成为当时以王自用为盟主的三十六营中最强劲的一个。从此张献忠随着义军，转战于陕西、山西、河南、安徽、湖北、四川等地，屡立战功。手下的兵马也由几千人发展到几万人，成为最强大的一支部队，在与官军的作战中起着举足轻重的作用。

崇祯六年（1633 年）冬，义军大部分渡过黄河南下，张献忠所部是以高迎祥为盟主的十三家之一。

高迎祥死后，李自成等大部转战于潼关以西地区，张献忠所部于是成为潼关以东地区官军攻击的主要目标。张献忠所部转战于鄂、豫、皖时，多次打败官军。后来张献忠的部队被左良玉军击败，他本人也受了伤，在官军的强大攻势下，为了保存实力，张献忠在谷城、罗汝才在郧阳，分别接受了兵部尚书熊文灿的"招抚"。但与其他归顺朝廷的义军不同，张献忠虽然受"招抚"，但他拒绝接受改编和调遣，不接受官衔，保持了自己的独立性。

崇祯十二年（1639 年）五月，张献忠抓住时机在谷城重举义旗。崇祯帝再次展开对农民军的大规模围剿。崇祯十三年（1640 年）闰正月，张献忠在枸坪关被左良玉击败，率部突入四川。义军入川，打破了明廷的围剿计划。第二年的正月，张献忠以逸待劳，在开县黄陵城将左良玉部击败，左良玉逃走，刘士杰、郭开力则被杀死，官军将士死伤过半，义军获得全胜。于是义师挥师出川，攻克军事重镇襄阳和樊城。

崇祯十六年（1643 年）正月，张献忠率部乘夜攻下郢州。三月又连下郢水、黄州、麻城。在麻城张献忠招募得数万人。五月义军西取汉阳，渡过长江，迅速攻占了武昌府城。武昌为楚王朱华奎的王府所在地，张献忠"尽取宫中金银各百万，辇载数百车不尽"。发银六百余万两，赈济武昌、汉阳、六安等地饥民。在这里张献忠建立了大西农民政权，自称"大西王"。设六部和五军都督府，及委派地方官吏。"改武昌曰天授府，江夏曰上江县"。而且还开科取士，招揽人才，共录取进士三十名、廪膳生四十八名，都授以州县的官职，与李自成形成了并立的两大农民军势力。八月张献忠率部南下湖南，以二十万重兵攻占岳州。随后进攻长沙，明总兵尹先民、何一德投降。

在攻打江西的过程中，大西军受到官军的步步紧逼，为了将来的发展，张献忠决定进军四川。崇祯十七年（1644 年）正月，张献忠率部向四川进发，接连攻克夔州等地，"至万县，水涨，留屯三月"。接着攻克梁山、忠州和涪州，击

永昌通宝
李自成建立大顺政权后，铸造永昌通宝铜钱。永昌通宝分小平和折五两种，铜钱上的文字为楷书。

"西王之宝"印文
1643 年，张献忠攻破武昌后，建立了大西政权，自称大西王。此为"西王之宝"的印文。

大顺通宝 "西王赏功" 钱

大西政权建立后，铸造大顺通宝铜钱流通。此外张献忠还下令铸造金、银、铜三等西王赏功钱，用以赏赐部下。

败明朝总兵曹英，破佛图关，明朝四川总兵秦良玉率兵来战，亦被义军击败。攻克泸州后，义军于六月二十日占领川北重镇重庆。从汉中逃来的瑞王朱常浩、巡抚陈士奇、兵备副使陈纁、知府王行俭等一批明朝宗室和官僚，都被义军俘获并处死。七月初四，张献忠命刘廷举守重庆。他亲自率义军，分三路向四川首府成都挺进。沿路州县"望风瓦解，烽火数百里不绝，成都大震"。四川巡抚龙文光由顺庆驰援成都，又调总兵刘镇藩及附近士兵守城。一时"成都援兵四集"，张献忠于是让属下兵员乔装成援兵，混入城中，龙文光哪里能够辨识。八月初七，义军从四面同时攻城，在内应的帮助下，只三日就破城。

八月初九，农民军攻克成都。成都王朱至澍、太平王朱至渌自杀，四川巡抚龙文光、巡按御史刘之渤、按察副使张继孟等明朝派驻四川的主要官员因拒不投降均被农民军处死。此前李自成派属下马珂入川攻陷了顺庆。九月又命将马珂据守绵州，张献忠于是派遣艾能奇攻打，不能攻克，于是他亲自去指挥，马珂败走汉中。十月李定国攻克保宁。接着孙可望下龙安，使王运行守之，又率兵攻茂州，克之。接着艾能奇又攻克雅州。至此四川大部地区被张献忠的农民军所控制。

十一月十六日，张献忠在成都称帝，建国号"大西"，改元"大顺"，以成都为西京。大西政权建立后，设置了左右丞相、六部尚书等文武官员。命"汪兆麟为左丞相，严锡命为右丞相"，以王国麟、江鼎镇、龚完敬等为尚书。并开科取士，选拔了三十人为进士，任命为郡县各官。大西政权宣布，对西南各族百姓"蠲免边境三年租赋"。张献忠的号令森严，不许"擅自招兵"，"擅受民词"，"擅取本土妇女为妻"，违者正法。张献忠封四个养子为王，孙可望为平东王，刘文秀为抚南王，李定国为安西王，艾能奇为定北王。

在军事上，大西政权设了五军都督府，中军王尚礼，前军王定国，后军冯双礼，左军马元利，右军张化龙。分兵一百二十营，有"虎威、豹韬、龙韬、鹰扬为宿卫"，均设都督领之。城外设大营十，小营十二，中置老营，名为御营，张献忠居于此。又命孙可望为平东将军，监十九营；李定国为安西将军，监十六营；刘文秀为抚南将军，监十五营；艾能奇为定北将军，监二十营。在经济措施上，大西政权铸造了大顺通宝，做工精巧，被许多人当做装饰品。出版了新的历书《通天历》，并邀请传教士利类思、安文思为"天学国师"等。张献忠还任命原雅州知州王国臣为茶马御史，与少数民族贸易，重视招抚少数民族。这些措施说明张献忠已经准备以四川为长久的根据地。

历史细读

　　1644 年，李自成的农民起义军攻破北京，随后清兵打败了李自成的农民起义军，占据了中原。而南明政权是指此时明朝宗室先后在南方建立的抵抗政权的统称，包括弘光政权、隆武政权、鲁王监国、绍武政权及永历政权，前后共历时十八年。

　　不久四川各地的明朝将领曾英、李占春、于大海、王祥、杨展、曹勋等，纷纷聚集兵马，袭击大西农民军，屠杀了很多大西政权的地方官员，给张献忠的政权造成了很大威胁。后被张献忠镇压下去，没能形成气候。

　　张献忠数次进攻李自成占据的汉中，结果被李自成的大顺军击败，没有成功。

　　清顺治二年（1645 年）夏，南明福王弘光政权灭亡。十一月清朝政权用剿抚兼施的策略，一面以何洛会为定西大将军进剿四川，一面派人诱降张献忠，劝说他归顺清朝。招降的诏书说"张献忠前此扰乱，皆明朝之事"，表示谅解，"张献忠如审识天时，率众来归，自当优加擢叙，世世子孙，永享富贵"，并威胁说"倘迟延观望，不早迎降，大军既至，悔之无及"。然而张献忠不仅没有接受招抚，反而坚定了抗清的决心。这时何洛会率领的清军被陕西的义军所牵制，所以一直没有入川。

　　此前除了与明朝在四川的残余军队对抗外，张献忠的大西政权和农民军还要同四川的地主武装作斗争。明朝灭亡以后，南明政权又任命原大学士王应熊为兵部尚书，樊一蘅为兵部右侍郎，总督四川、湖南、云南、贵州的军务，并赐尚方宝剑便宜行事，驻扎遵义，主持对张献忠作战。副将曹英、参政刘鳞长及部将于大海、李占春、张天相等，都受樊一蘅节制，有兵十余万。他们不断地向农民军发动攻击，妄图恢复失地。张献忠当时驻扎金山铺，欲肃清新附不坚者，其部下刘进忠建议："生灵不可妄杀也。"张献忠不予采纳，反调刘进忠回金山铺会剿，刘进忠疑之，遂向北投奔了清军。

　　大顺三年（1646 年）初，清朝改派肃亲王豪格为靖远大将军，和吴三桂等统率满汉大军全力向大西农民军扑来。当时明参将杨展领兵复夺川南州县，率师北指，与张献忠的部队激战于彭山的江口，张献忠大败，退回成都。杨展于是从南面逼向成都。王应熊又派曾英为总兵，王祥为参将，联师进攻，阻挡农民军的东下。他们对大西农民军进行疯狂的袭击，严重地威胁着大西

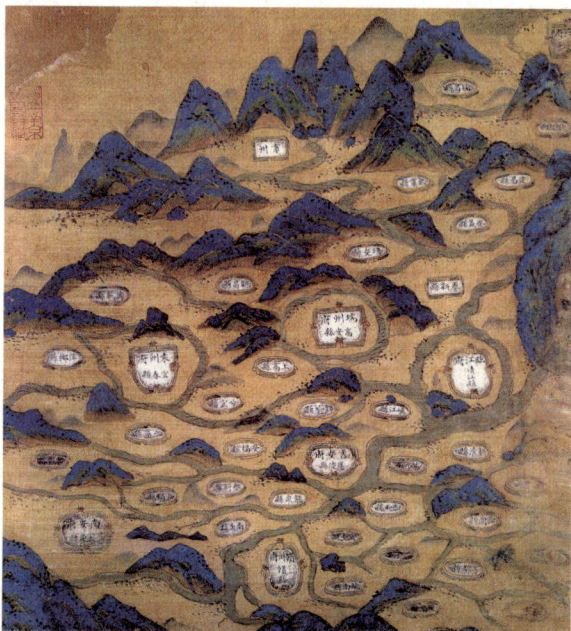

江西布政使司图

在征伐大西军的同时，还有两路清军南下。一路进攻弘光政权，一路进攻李自成农民军。1645 年，清军在江西九江与大顺军展开决战，一举摧毁了其主要力量。

农民政权。对此张献忠针锋相对，给予坚决的回击。五月豪格率清军攻占汉中。七月为了北上陕西抗击清军，张献忠决定放弃成都。并"尽杀其妻妾，一子尚幼，亦扑杀之"。他对孙可望说："我亦一英雄，不可留幼子为人所擒，汝终为世子矣。明朝三百年正统，未必遽绝，亦天意也。我死，尔急归明，毋为不义。"这表明了张献忠联明抗清的决心。接着他分兵四部，命令四位将军各率兵十余万向陕西进发。九月间张献忠率部离开成都，北上迎击清军。十一月张献忠大军扎营于西充凤凰山。

原大西军将领刘进忠叛变后，先在合州（今四川合川）同明军曾英勾结，后又出保宁（今四川阆中），投降了南下的清军统帅豪格。清军以刘进忠为向导，带领清军进入川北。十一月二十六日，豪格派护军统领鳌拜等将领分率八旗护军轻装疾进，对义军发起突袭。二十七日晨，张献忠率领的义军与清军相遇。张献忠临危不惧，镇定地指挥义军马步兵分两面抗击清军。这时清军统帅豪格率大军相继赶到，遣参领格布库等向义军右翼进攻，都统准塔攻击农民军左翼。战斗打得非常激烈，虽然清军将领格布库等被义军击毙，但张献忠的部队也遭到了惨重的损失。

后来在战争中，张献忠亲自临河察看敌情，被刘进忠看到，刘进忠对清将指点说："此八大王也。"于是清将急发暗箭射之，张献忠不幸中箭身亡，时年仅四十二岁。

张献忠死后，他的部众用锦褥裹着他的尸体埋于僻处，然后逃走了。清军挖出张献忠的尸体后，枭其首于成都。另据清靖远大将军和硕肃亲王豪格等奏报："臣帅师于十一月二十六日至南部，侦得逆贼张献忠，列营西充县境，随令护军统领鳌拜、巴图鲁等，分领八旗护军先发。臣统大军星夜兼程继进，于次日黎明抵西充。献忠尽率马步贼兵拒师，鳌拜等奋击大破之，斩献于阵。"清廷"破一百三十余营，平四川"，宣布四川平定。

张献忠死后，大西军自 1647 年进占云南、贵州二省，以孙可望为首，加以经营、整顿后成了后来南明军的后方基地。1652 年，走投无路的南明永历小朝廷接受孙可望、李定国联合抗清的建议，在贵州安隆所投靠了大西农民军，大西军成了南明军。孙可望等整编了南明残存的武装部队，经整编后的南明军具有很强的战斗力，足以与清军抗衡。

从 1645 年到 1651 年间，南明军在与清军作战中败多胜少，大批南明的军队先后降清。先后丢失了江苏、安徽、浙江、江西、福建、两广、两湖等领地，地盘尽失。但是孙可望为主的大西军加入南明政权后，则改变了整个局势。李定国率军八万东出广西，下桂林，又攻入湖南、广东，"两蹶名王，天下震动"。同时刘文秀亦出击四川，克复川南。东南沿海的张煌言等的抗清军队也发动攻势，并接受了永历封号。

豪格诰封碑拓片

豪格胜利归来后，被多尔衮罗织罪名加以幽禁，不久即悲愤而死。顺治帝亲政后，为其平反昭雪，恢复爵位并建碑记功。此碑碑文为满、蒙、汉三种文字。

就在抗清斗争再次掀起高潮的时候，大西军内部却出现了内讧。孙可望虽然善战，却残暴善妒，与李定国不和。李定国在抗击清军的过程中屡建战功，孙可望恐李定国威重难制，想夺去他的兵权。顺治十四年（1657 年），孙可望从贵州引兵入云南，攻打李定国。因部将倒戈归李定国，孙可望大败，后率部属六百余人降清。顺治十七年（1660 年）十一月病死（一说狩猎时为清军射杀）。而他归降清廷之后，云贵虚实也尽为清军所知。1658 年，吴三桂率清军攻入云南。第二年攻下昆明，南明永历帝出逃缅甸。李定国率全军设伏于磨盘山，企图一举歼灭敌人追兵，结果因内奸泄密失败。1661 年，吴三桂率军进入缅甸索回永历帝，1662 年四月在昆明将其处死。李定国在勐腊得知永历帝死讯后，七月也忧愤而死，大西军风消云散。

康乾盛世

　　康熙二十年（1681 年），三藩之乱被平定之后，清朝政权趋于稳固，长期的战乱得以结束，生产逐渐恢复。经过康、雍、乾三朝的励精图治，出现了一个繁荣昌盛、国泰民安的历史画卷。一直到嘉庆元年（1796 年）的川、陕、楚白莲教起义爆发，持续时间长达一百一十五年。这段时期被称为"康乾盛世"，在政治、经济、文化诸多方面将中国传统社会推向了一个新的高峰。

《几何原本》书影

几何多面体模型

此《几何原本》为康熙帝学习几何的教材，里面包含欧几里得与阿基米德的重要定理及证明。为了加深对知识的掌握，造办处还专门为康熙帝制造了学习的模型（见右图）。

康熙大帝的诞生

少年天子

顺治十八年（1661 年），年仅二十三岁的顺治皇帝驾崩，他的三子玄烨继承了大位，第二年改元康熙。

玄烨登基之时，年仅八岁，和他六岁登基的父亲一样，小小年纪就背负起了一个国家的责任。据说顺治皇帝把玄烨选为继承人是接受了德国传教士汤若望的意见，因为玄烨出过天花，最不可能夭折。从此小小年纪的玄烨开始在祖母孝庄皇太后的荫庇之下，逐渐成长为中国历史上有作为的帝王之一。

孝庄太后与康熙皇帝的祖孙关系在历代封建帝王家庭中可以说是最为亲密，而又是最为独特的一种。孝庄历经三朝，此时已经晋升为太皇太后，在统治阶级内部可谓德高望重，很多贵族大臣都盼望她垂帘听政，但这一建议遭到孝庄的严辞拒绝。尽管没有垂帘听政，但那时重要的人事变动和许多重要政策的推行，都是出于孝庄的旨意。因为双亲很早离世，玄烨于父母膝下，未得一日承欢，所以来自祖母孝庄太后的爱，在玄烨幼年的成长中起了极为重要的作用，祖母也成为他生活中最可依赖的亲人。作为祖母，孝庄太后与其他人相同的是对孙儿的关心与爱护，不同的是她作为一位政治家所具有的远见卓识、深谋远虑和对玄烨成功的少年教育。

由于祖母的言传身教，玄烨自幼便对读书学习产生了浓厚的兴趣，并养成了严谨治学的态度。玄烨七岁的时候，在祖母的指导下，开始学习儒家典籍，诵读经书，所以这位满族皇帝从小就培养了极为深厚的汉文化功底。康熙帝本人也曾多次谈到，自少时失去双亲，在祖母身边三十余年，正是祖母的抚育培养与谆谆教诲，才使他有了后来的政绩。而他本人对祖母也极为孝敬，主要体现在"期尽孝养，朝夕侍奉"的行动中，并贯穿其一生。虽日理万机，但每日给祖母请安，始终是他生活中的必修课。他常常"亲旨慈宁问起居"，"晨昏敬睹慈颜豫"。每当外出，他也时刻惦念着祖母。即使在南巡途中捕得鲜鱼或在围猎时获取野珍，他也会以最快速度第一时间恭进给祖母。

在玄烨的青少年时期，还有一位对他影响重大的人物就是传教士南怀仁。

在南怀仁之前，德国传教士汤若望在清廷已经受到顺治皇帝的极大宠信，以其天文历法方面的学识和技能受到清廷的保护，受命继续修正历法。但是玄烨即位之初，因为历法之争，汤若望被参劾下狱。也正是这件事激起了玄烨对西方自然科学的极大兴趣。

康熙十年（1671年），南怀仁利用西式绞架滑车成功地运载了重万余斤的大石柱过卢沟桥；次年又奉旨疏浚万泉河道，引水灌田；三年后又奏请刊行他自己主编的《新制灵台仪象志》。在平定吴三桂的过程中，南怀仁曾经监造山地作战的轻型火炮。此前汤若望就已经为明、清两朝皇帝造过大炮。于是南怀仁督造了四百五十门大炮，并培训了二百多名炮手。玄烨十九年（1680年），又制成三百二十门神武炮，玄烨还亲率王公大臣到卢沟桥观看试炮。

从康熙十年（1671年）开始，南怀仁就担任玄烨的启蒙老师，在清朝宫廷任职长达二十七年之久，深得玄烨赏识。他为玄烨讲解天文、数学、地理、乐理和哲学等西洋科学知识，还用满汉文翻译了不少欧洲的数学和天文学著作，如满文本《欧几里得几何学》等。西方的自然科学知识极大地吸引了康熙帝，学完了几何学、静力学和天文学中最有趣、最易理解的东西，又学习了西方哲学和乐理知识。南怀仁还编写了《坤舆外纪》等资料，来向玄烨进一步讲解了西方地理学和地理知识。

康熙二十六年（1687年），南怀仁坠马受伤，次年卒于北京。康熙为他举行了隆重的葬礼。对于南怀仁的离世，康熙帝极为惋惜，"南怀仁治理历法效力有年。前用兵时，制造兵器多有裨益。今闻病逝，深轸朕怀……"他对南怀仁的宠信，源于对西方科学的喜爱。可以说康熙帝对西方科学技术的崇尚与亲力亲为，在他以前和以后的皇帝中都未见过，这对康熙朝的政治、经济、军事和文化政策都产生了一定的影响。

智除鳌拜

由于康熙帝继位时年龄幼小，按照古时候的规矩，"皇帝年幼，由顾命大臣辅政"。顺治帝临终时指定四人为辅政大臣，即索尼、鳌拜、遏必隆和苏克萨哈。其中以鳌拜最为专权。

鳌拜前半生军功赫赫，号称"满洲第一勇士"。1644年清军入关时，鳌拜率军平定燕京，征战湖广，驰骋疆场，冲锋陷阵，为清王朝统一全国立下了汗马功劳。后来他又出征四川，斩张献忠于南充，因此以首功被顺治皇帝升为二等公，授议政大臣，擢领侍卫内大臣，累加少傅兼太子太傅，教习武进士，从此得以参议清廷大政。

也许是鉴于自己登基之时的前车之鉴，为了避免再出现一个多尔衮，顺治帝临终前让鳌拜等异姓大臣辅政。四个大臣中，索尼当时已经是年老多病，遏必隆则生性庸懦，苏克萨哈因曾是摄政王多尔衮的旧属，为其他辅政大臣所恶，因此鳌拜得到了擅权专政的机会。

索尼死后，鳌拜更是列于诸大臣之首。他结党营私，日益骄横，竟不顾玄烨的意旨，先后杀死户部尚书苏纳海、直隶总督朱昌祚、巡抚王登临与辅政大臣苏克萨哈等政敌，引起朝野的恐慌。玄烨虽然年纪轻轻，但已把这一切看在眼里，早就想要除掉这块心病。

但迫于鳌拜大权独揽，并不断派人观察宫中的动静，不让玄烨羽翼丰满，玄烨一直找不到机会。玄烨后来设计，由一群少年在宫内练习"布库"（即摔跤，满族的一种角力游戏）。鳌拜看见玄烨和一些孩子在玩摔跤的游戏，不以为意，没有引起丝毫警惕，反而认为玄烨胸无大志，只知玩耍。其实玄烨本人的文才和武艺都有很大的长进，而这些陪他摔跤的孩子也个个都是好手。

一次鳌拜称病，好久不来朝拜皇帝，玄烨便亲自来到鳌拜府中探听虚实。他径直来到鳌拜的卧室，发现鳌拜在席子下藏有利刀，知道鳌拜心怀叵测。但他沉住气，不但不加责怪，反而说："满洲勇士，身不离刀，乃是本色。"鳌拜听了依然没有丝毫在意，反而觉得玄烨是个小糊涂虫，更加为所欲为了。

后来玄烨认为时机已经成熟，就将鳌拜召进宫来。鳌拜做梦也没想到这是康熙皇帝的一条计策，他大摇大摆地来见皇帝，玄烨便命那些孩子玩摔跤游戏给鳌拜看。玩着玩着，突然他们一个个跌打翻滚地到了鳌拜身前，这个抱腿，那个撤手，一个抓住头，一个揽住腰，将毫无防备的鳌拜掀翻在地，将他制住。玄烨立刻宣告："鳌拜谋反，令监禁听审。"

孝庄太后便服像

孝庄太后十分疼爱康熙皇帝玄烨，在她的认真培养下，康熙帝为统治国家打下了良好基础，"康乾盛世"自此拉开了序幕。

康熙帝戎装像轴

鳌拜骄横跋扈，结党营私，其行为令康熙帝忍无可忍。为了铲除鳌拜，少年皇帝详细筹划，开始了紧锣密鼓的准备。

接着玄烨宣布了鳌拜的三十条罪状，廷议当斩。玄烨念鳌拜历事三朝，效力有年，不忍加诛，仅命革职，籍没拘禁，其党羽或死或革。不久鳌拜就死于禁所。玄烨剪除了权臣鳌拜和他的党羽后，就开始了自己的亲政生涯。

稳定边疆

平定三藩之乱

吴三桂、尚可喜、耿仲明原来都是明朝将领，清兵入关前先后降清。他们可以算是清朝的开国功臣，曾为清朝入关及统一全国发挥了举足轻重的作用。顺治初年，清兵南下，先后进占广东、四川、贵州和云南。东南、西南既定，清廷封吴三桂为平西王，留镇云南；封尚可喜为平南王，留镇广东；封耿仲明为靖南王，其子耿继茂（耿精忠父）袭封，留镇福建。但是随着势力和权力的增大，三个藩王的个人野心也越发膨胀。到了康熙帝继位时，割据一方的三藩已成了朝廷的大患，他们尾大不掉，与中央相抗衡，其中又以吴三桂的实力最强。国家全部钱粮大半耗于三藩。他们还在自己的独立王国里设立税卡，私行铸钱，圈占土地，掠卖人口。吴三桂还自行选派官员，称

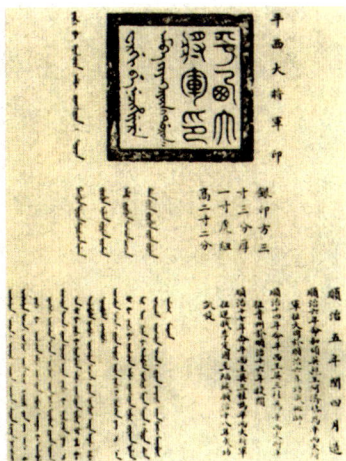

"平西大将军印" 印文

吴三桂引清兵入关大败李自成，受封平西王，镇守云南。吴三桂与镇守福建的耿精忠、镇守广东的尚可喜子尚之信成为拥兵自重的三藩。此印为顺治帝封吴三桂的"平西大将军印"。

为"西选"。最初对待三藩，朝廷采取了笼络策略，并且将公主下嫁于吴三桂之子，加以安抚。吴三桂的儿子吴应熊娶了顺治帝的妹妹和硕长公主后，在京师赐予他府第。尚家的尚之隆、尚之孝，耿家的耿昭忠、耿聚忠，也均为额驸。结果原本想要笼络三藩的计策却导致了一个清廷原先没有料到的结果，就是京师同藩地之间的信使往来使得朝廷中的机要信息，很快就传到三藩。不仅如此，三藩之间也相互联姻，使彼此的利害联结合在一起。于是三藩问题日渐成为清王朝对全国实行有效统治的一大毒瘤。

如何解决三藩这个头疼的问题，康熙经过深思熟虑和缜密安排，逐渐有了周详的计划。首先康熙帝对三藩的势力逐步削弱、限制。康熙二年（1663年），收缴了吴三桂的大将军印。从康熙四年（1665年）开始，将吴三桂部下的兵丁及兵饷分别予以裁减。对三藩及其属下人仗势欺压百姓、为害地方的事件也予以警告和惩处，解除藩王管理地方民事的职权，而且不准藩王属下人员担任总督、巡抚等地方大吏。同时玄烨委派自己的心腹之臣到藩王所在地区担任总督、巡抚，以事牵制。三藩每一个都实力雄厚又利害相关，所以在解决三藩问题时，玄烨很注意策略。他采取了坚决的态度，运用灵活的手段。康熙帝毅然地抓住时机，先发制人。当三藩起兵反叛时，康熙帝毫不动摇，派大兵前去平叛。集中兵力打击吴三桂，而对另外两个藩王则有打有拉。政治、军事交相为用，终将三藩之乱平定。

康熙十二年（1673年）三月，尚可喜因家庭内部矛盾，上疏请求回辽东养老。原来是尚可喜要废除其长子尚之信的爵位继承权，而要立另一个儿子尚之孝。于是尚可喜上书康熙帝请求回辽东故乡养老，留下尚之信在广东留守，想乘回乡之机，借康熙帝表明传爵位给尚之孝的意愿。朝廷大臣们商议

吴三桂斗鹑图

康熙帝撤藩的命令直接损害了吴三桂及其他藩王的利益，于是吴三桂首先起兵发难，其他藩王纷纷响应，一时战火四起。图中坐观斗鹑的人即为吴三桂。

后觉得尚之信率重兵留守广东，骄横跋扈，难以制服，于是请求康熙帝下令尚可喜全家回辽东。七月康熙帝下令靖南王耿精忠率军队进京听候调用。同时命吴三桂调往山海关外驻扎。耿、吴二人听到消息后，就同时上奏章请求调换自己的驻地，以试探朝廷的动向。康熙帝意识到这正是一个极好的机会，于是力排众议，决意撤藩。他对众大臣说："三桂等蓄谋久，不早除之，将养痈成患。今日撤亦反，不撤亦反，不若先发。"

撤藩令一下，吴三桂立即撕下了伪面具。当时侍郎折尔肯等人奉命办理撤藩，在云南催促甚急。吴三桂于是召集众将官开会说："现在动身的日子迫近了，朝廷的严令是不可能逃避的。只是咱们先朝的皇上永历皇帝的坟墓在这里，总得去告个别。"众将官都给吴三桂叩头，并请他下命令。于是吴三桂选定日期去拜谒南明永历皇帝的陵墓。谒陵之前，吴三桂又召集众将官，让诸位提前预备好明朝的朝服。到了谒陵那天，众将官都穿上了明朝汉族的官服，齐集陵前。吴三桂头戴方巾，身穿白袍，祭酒之后，跪在地上叩头痛哭，并不起身。官兵们也都跟着恸哭起来，哭声如雷。其实这不过是吴三桂上演

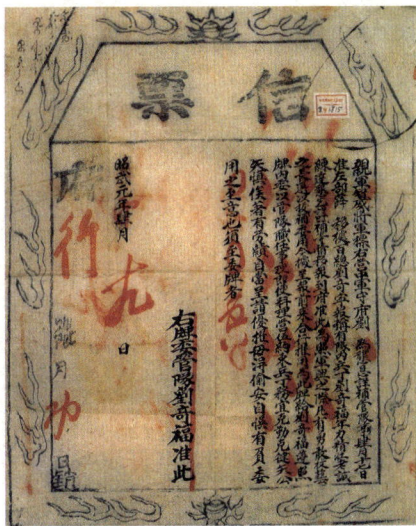

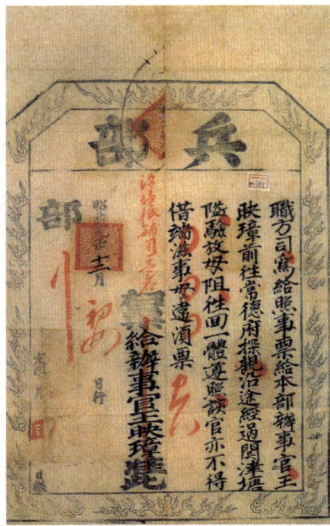

吴三桂颁发的信票与兵部票

康熙十七年（1678年），吴三桂在衡州（今湖南衡阳）称帝，国号"大周"，建都衡阳，改元"昭武"，广封群臣。上图信票为吴三桂提拔士兵刘奇福所发，兵部票为其下属王映璋返乡探亲所发。

的又一出闹剧，当初永历皇帝就是被他抓获并勒死的，恢复旧衣冠只是他煽动人心的一个噱头。

当到了动身离开云南的时候，吴三桂又称自己生病起不了床。巡抚朱国治催他尽快启程，吴三桂硬是躺在床上不答应。他用言语激众将说："我老头子同你们诸位都给朝廷立过大功，顺治帝封我为藩王，命令存在朝廷。现在一个地方的小小巡抚就这样欺侮我，一旦我进了京城，被送进监狱，咱们还有活路吗？"众将果被激怒，抓住朱国治就杀了他。吴三桂于是传令各地，起兵造反，自称天下都招讨兵马大元帅，改次年（康熙十三年，1674年）为周王元年。吴三桂的军队很快由云南出贵州，略湖南，攻四川，数月之间，数省沦陷。有吴三桂带头，福建的耿精忠、广东的尚之信也都相继起兵响应。与此同时，一些同三藩有着密切关系的汉族将领，如广西的孙延龄、陕西的王辅臣也纷纷反叛，使得形势十分险恶，叛报频传，举朝震动。有些心存畏惧的大臣，主张清君侧，处罚当初提议赞成撤藩的大臣以讨好吴三桂。但康熙帝在铲除三藩的态度上却是坚决的。他下诏削夺吴三桂的官爵，公布其罪状，不久又将留居京师的吴三桂之子吴应熊、孙吴世霖等逮捕处死。这就斩断了与吴三桂讲和的退路，也坚定了朝中一干人等平息吴三桂叛乱的决心和信心。

吴三桂和耿精忠都是久经沙场的老将，手中又握有重兵，年纪轻轻的康

历史细读

明亡后，郑成功誓不降清，奉南明永历帝年号，据守厦门。清朝顺治十五年（1658年），郑成功誓师北伐，沿海道率军北上，之后入长江，进逼南京，一时大江南北四府三州二十四县纷纷归附。清朝援兵到后，内外夹攻，郑成功失利，败走入海。

熙帝当时并不被看好。尤其是满洲兵入关二三十年，其战斗力已经大不如从前，朝中一班大臣也是整日诚惶诚恐。然而康熙帝在知己知彼的基础上，早已胸有成竹。所谓擒贼先擒王，吴三桂是首先集中兵力打击的对象。吴三桂在三藩中首先起兵，且势力最大。所以康熙帝将军队的主力部署在中线即湖南前线，而将次要兵力部署在左翼的浙江、福建一线，右翼的陕西、四川一线。对三藩也采取了区别对待的政策，以分化瓦解他们内部的关系，下诏停撤耿、尚二藩，以孤立吴三桂。接着又宣布对散布在各地的吴三桂旧部，凡不参加叛乱者，一律宽宥不究。对杀死经略莫洛的陕西提督王辅臣也极力争取。同时大胆地起用汉将汉兵，排除满汉之防，张勇、赵良栋、王进宝等一干人获得了提拔和重用。他对各战场的指挥，常常先命前方将领、督抚提出意见，再命议政王大臣或九卿会议具奏。对一些重大战役的指挥，都要求前线主帅绘制敌我双方军事形势图进呈，经过反复研究再决定作战方略。

经过康熙帝的一番运筹帷幄，三藩之乱最终被平定。他们失败最主要的原因就是挑起的这场战争并没有获得人民的支持。吴三桂是最不适宜的"反清复明"的领导者，当年他领清兵入关，现在又要"反清复明"，完全是出于自己的私欲。所以很快就陷入了孤立。而另一方面，康熙即位后在民政上兢兢业业，与民生息，也在这场战争中给自己加了分，毕竟老百姓的心愿只有一个，就是过上好日子。

战争结束后，三藩的财产全部被没收充作军饷。藩王属下的军队也都撤回京城，在各省、各府的军事要地派八旗兵驻防，再也不把兵权爵位及土地永远封给大臣世代相传了。于是分封藩镇的弊端得到彻底解决。通过平定三藩之乱，地方权力重新统一于皇帝手中，中央集权的制度逐渐健全。康熙帝平定三藩之后，巩固了中央政府的权力，将任免官吏的权力收归中央；将军队编制统一，完全归中央指挥；将三藩的财产没收，改善了国家财政。这些举措对于加强国家统一，促进经济、文化的发展都起了很大的作用。

台湾风俗图
《台湾风俗图》描绘的是台湾少数民族的生活习俗。随着清朝廷统一台湾，在台湾设置府县，台湾当地的居民逐渐归顺清朝统治，接受朝廷的管理。

统一台湾

顺治十八年（1661年），明将郑成功将荷兰殖民者驱逐出了台湾岛，郑氏家族遂占据了台湾。清朝方面将其父郑芝龙砍头，把沿海的边防往内地迁移，禁止渔船、商船出海，对台湾方面采取孤立姿态。自此以后，沿海五省的商人、百姓流离失所，万里海疆一片荒凉。

康熙元年（1662年）五月，郑成功去世，他的儿子郑经继承了在台湾的统治。康熙四年（1665年），降将施琅、周全斌进攻台湾，无功而返。康熙八年（1669年）正月，由大臣明珠负责到台湾招抚郑经。郑经拆阅了明珠给他的信，却不肯看清朝康熙皇帝的诏书。到台湾的使臣说："殿下如果肯于停战让百姓安居，朝廷可以像对待朝鲜那样对待台湾，不派兵来台湾，不施行剃发易服。"郑经却说明珠的信上并没有提到这些，于是双方就这一问题反复纠缠。虽然这次谈判没有达成一致，但从此之后，双方频频互通使者，倒也相安无事。直到康熙十三年（1674年）三月，郑经趁三藩之乱出兵攻取了泉州、漳州、潮州三地。康熙十四年（1675年）六月，又派将军刘国轩等包围漳州。康熙十七年（1678年）七月，刘国轩攻占了平和、漳平，进而攻占海澄，清兵死亡三万多人，马匹死亡万余匹。刘国轩的声势大振，乘胜攻下漳平、长泰、同安、南安、惠安、安溪、永春、德化等地。当时清朝的康亲王杰书正驻扎在福州，带领赖塔的军队由安溪走小路到同安，解了泉州之围。刘国轩退回海澄，但仍然时时袭击漳州，双方相持了一年多。

澎台海图

《澎台海图》为纸本，纵 59.2 厘米，横 152.2 厘米，是康熙年间彩绘的澎湖、台湾地区的地图。

　　三藩局势稳定之后，康熙帝就决定统一台湾，划一版图。他力排众议，作出收服台湾的决策。一方面康熙帝起用了原来郑成功的旧将施琅为福建水师提督，造舰练兵，着实准备；另一方面派遣官员，进行招抚。康熙十九年（1680 年）三月，清朝提督万正色督率战船由海上到达福建，会合总督姚启圣攻打海澄。姚启圣在漳州设立修来馆，用官位和金钱引诱从台湾来的人，刘国轩不得已放弃海澄，进入厦门。后来厦门也守不住，刘国轩于是保护郑经返回台湾。清朝将军赖塔给郑经写了一封信，大意是台湾本来不在清朝的地图上，你们父子披荆斩棘，而且还怀恋故土，本朝怎能吝惜海外弹丸之地，不听从田横那样的壮士在其间逍遥呢！如果你能停战安民，从此不再登陆，可以不剃发，不换衣冠，称臣进贡就可以了。不称臣、不进贡也行。从此以后，台湾就像箕子的朝鲜、徐福的日本，与世无害，与人无争。而沿海一带百姓永不遭劫难，只靠先生的主意了。郑经给赖塔回信说，可以按他所提的条件办，但是想要保留海澄作为进行贸易的地方。姚启圣坚决反对，和议于是终止了。

　　康熙二十年（1681 年）正月，郑经死亡，其子郑克塽袭位。这时姚启圣同李光地联名给康熙皇帝上奏章，说郑氏主人年幼，内政混乱，正是攻打台湾绝好的机会。于是朝廷命令施琅率战舰三百艘，水军两万，从福建出征。康熙二十二年（1683 年）七月，施琅的水军兵临澎湖，郑氏失去屏障，兵民解体，风声鹤唳，已经无力再战。冯锡范已经派使者来谈判投降了，施琅于是率军到台湾受降。

厄鲁特蒙古人的生活

此图为《西域图册》中的一帧，反映了厄鲁特蒙古人的生活场景。厄鲁特蒙古又称卫拉特蒙古，明代称瓦剌。明末清初，瓦剌各部归并为准噶尔、杜尔伯特、和硕特、土尔扈特四大部，另外还有附牧于杜尔伯特的辉特部。

从郑成功到郑克塽，郑氏家族奉行南明永历年号三十七年，至此明朝的年号彻底消亡了。除了军事上、地理上的劣势之外，更重要的是形势发生了彻底的转变。从顺治帝开国到康熙亲政后励精图治，中国已不是当年清兵入关时的形势了。康熙帝推行的一系列改革政策，恢复了社会生产，缓和了阶级矛盾和民族矛盾，大多数汉族人（地主和农民）对清朝已经持认同态度。这时如果再以反清复明的口号为旗帜，使百姓的生活重新陷入战乱，显然已经失去了最初清军入关时的作用。因此，在新的历史形势面前，郑克塽别无选择，在兵败之后归降，可以说是唯一的道路。

台湾统一之后，如何进行管理成为主要问题。有人主张"迁其人，弃其地"，将岛上兵民迁到陆地，而将岛上土地给西洋红毛之人。施琅认为不可弃地、迁民，上疏说："台湾北连吴会，南接粤峤，延袤数千里。山川峻峭，港道纡回，乃江、浙、闽、粤四省之左护。隔澎湖一大洋，水道三更，弃留之际，利害攸关。臣思弃之必酿成大祸，留之诚永固边疆。"康熙帝采纳了施琅的建议，命在台湾设府，隶属福建省，台湾重新纳入中国的统一版图。

成功的民族政策

除了平定三藩和统一台湾，在建立多民族统一国家的过程中，康熙帝还有一项重要的业绩，就是先后对西北、西南边地用兵，铲除了分裂势力，巩固了边疆，加强了内地与边疆地区经济、文化的交流，对社会进步有着重要的推动作用。

对边疆地区的用兵，主要是平定西北地区的噶尔丹叛乱。康熙帝于二十九年（1690年）、三十五年（1696年）、三十六年（1697年）三次亲率大军出征西北，在各族人民的支持下，取得了乌兰布通、昭莫多等战役的重大胜利，同时还揭露并挫败了沙皇俄国支持噶尔丹分裂势力侵略中国的阴谋，从而加强了对西北蒙古诸部的管辖，对该地区政治、经济、文化的进步起到了很大的促进作用。

同时康熙帝对蒙古的政策，也取得了完全的成功。他说："昔秦兴土石之工，修筑长城。我朝施恩于喀尔喀，使之防备朔方，较长城更为坚固。"蒙古本来在后金时期就与其政权通过联姻结下了非常紧密的关系。清入主中原后更是和蒙古保持着良好而密切的联系，蒙古由明代的民族边患，变为清代的民族长城。康熙帝奠定了清代二百余年良好的边疆民族关系。

在成功地解决了西北的问题以后，康熙帝又通过军事、政治交互为用的手段，成功地解决了西藏问题。康熙五十七年（1718年）二月和五十九年（1720年）二月，清廷两次派兵进藏，终于消灭了分裂西藏的割据势力，平息了宗教纠纷。使六世达赖在拉萨举行了隆重的坐床典礼，受到藏族人民的欢迎，保护了西藏地区人民的利益，结束了长达二十三年的六世真假达赖之争，加强了中央对西藏的有效管辖，同时挫败了沙俄企图插手西藏的阴谋活动。

对祖国西北及西南地区的用兵，康熙帝取得了辉煌胜利，并采取了一些善后措施，为雍正、乾隆两朝进一步加强对西北地区和西藏地区的治理打下了坚实的基础，为清朝统一多民族国家的进一步巩固和发展，开辟了道路。

抗击沙俄入侵

明末清初，沙俄军队入侵中国北部，侵占了尼布楚（涅尔琴斯克）、雅克萨（阿尔巴津）等黑龙江广大地域。他们抢掠当地索伦、赫哲、费牙喀、奇勒尔等部民的财物和妇女，无恶不作。沙俄对黑龙江边境的连年侵扰，使得康熙帝大为忧虑，于是派彭春等人以打猎为名，渡江侦察情势。康熙二十五年（1686年）七月，经过一系列精心准备后，康熙帝命令彭春率水军、陆军齐头并进，攻陷了雅克萨城。俄军守城头目中弹而亡，士兵伤亡惨重，军队中又闹传染病，俄军想要停战。康熙帝闻讯后也表示同意，并通过荷兰公使杜都致书俄国，表示愿意谈判边界问题。俄国皇帝立即复信，说以前中国数次写信来，因国内没有人会汉文，所以长时间没有回复。现在明白了边境上的人进行挑衅的错误，请先解除雅克萨城的包围，立刻就派使臣到边境上划界。于是康熙帝命令彭春撤兵。

康熙二十七年（1688年）三月，派内大臣索额图、马喇等为公使，去色

康熙帝出巡图
康熙帝北上辽、吉，巡视当地的军事设施，又做出了抵御沙皇俄国侵略的详细部署，加强了我国东北地区的防御。

楞格斯克与俄国使臣谈判边界条约。条约内容共有六条：一、自黑龙江支流格尔必齐河，沿外兴安岭以至海滨，凡是外兴安岭以南的各条河流，注入黑龙江的属于中国；二、西部以额尔古纳河为界，河南属中国，河北属俄国；三、毁掉雅克萨城，雅克萨的居民及物资，听凭迁往俄国境内；四、两国猎人等不许擅自越过国界，违犯者送交有关衙门惩处；五、两国不得容留彼此的逃亡人员；六、旅行者持有官方许可证书的可以进行贸易，不予禁止。

这一年的十二月，中俄两国派人在格尔必齐河东及额尔古纳河南立碑作

北征督运图

康熙帝征伐噶尔丹时，遣内阁学士督运西路大军的军粮。此图即是据此绘制而成的，对行军路线及驿站均有描绘。

为界标，上面写有满文、汉文、蒙古文、拉丁文、俄文五种文字，并进行了雕刻。边境问题解决之后，中俄两国的关系得到了改善，清政府成功运用了外交与武力互为表里的策略，扼制了沙俄侵略的凶焰，捍卫了领土和主权的完整。在不丧权辱国的前提下，与沙俄进行了谈判，并达成了协议，签订了《尼布楚条约》。尽管这个协议中清朝做了必要的让步，但《尼布楚条约》是一个相对平等的条约。它的签订，对于巩固东北边疆起到了一定作用。

平定准噶尔

准噶尔部是中国厄鲁特蒙古族的一支。明末清初，准噶尔部贵族兼并了厄鲁特蒙古各部，并且逐步控制了天山南北，在西起巴尔喀什湖，北越阿尔泰山，东到吐鲁番，西南至吹河、塔拉斯河的中国西部边疆建立了准噶尔贵族的封建统治。康熙九年（1670年），准噶尔的巴图尔珲台吉的儿子僧格被杀后，他的异母弟弟噶尔丹夺得了统治权。康熙二十七年（1688年），噶尔丹突然率兵越过杭爱山，大举进攻土谢图汗，迫使喀尔喀蒙古诸部南迁。康熙二十九年（1690年），噶尔丹又向漠南的喀尔喀蒙古进攻，俘掠人口，抢劫牲畜。噶尔丹成为边疆最大的不稳定因素，康熙帝决计亲征。他调遣两路大军，分别出古北口和喜峰口，双方大战于乌兰布通（今内蒙古克什克腾旗境内）。清军大败噶尔丹军，噶尔丹乘夜向北溃逃。

伊犁受降图

《伊犁受降图》记录的是 1755 年清军平定准噶尔部达瓦齐叛乱后的史实。画面描绘了大军抵达伊犁后，准噶尔部众载道欢迎的场面。

噶尔丹战败以后，滞留在科布多地区，集合残部，休养生息，以期东山再起，这期间他不断派兵骚扰边地安宁。为了安定边疆，康熙三十五年（1696 年），康熙帝再度征讨噶尔丹，十万大军兵分三路大举出击。西路军在昭莫多（今蒙古国乌兰巴托以南的宗莫德）大败噶尔丹军。一年之后，康熙帝发动第三次远征，由费扬古、马恩哈分别统率两路大军由宁夏出发，进剿噶尔丹残部。同年康熙帝亲赴宁夏，指挥这次军事行动。正当清军进发时，只剩下五六百人的噶尔丹却因为众叛亲离，遂饮药自尽（也有说法是被人杀害）。

噶尔丹虽然死了，但准噶尔部却并未因此衰落。他的侄子策妄阿拉布坦继续任准噶尔部台吉后，准噶尔部又逐渐强大起来，并且与清朝再次发生矛盾冲突。康熙五十五年（1716 年），策妄阿拉布坦派兵西藏，占领了拉萨。康熙五十七年（1718 年），清朝由青海路出兵入藏，但全军覆没，无功而返。两年后清朝再次出兵才将准噶尔军赶出拉萨。

后来准噶尔政权出现了内讧，为乾隆帝解决准噶尔问题提供了机会。达瓦齐和阿睦尔撒纳在准噶尔内乱中兴起，却又自相为战，乾隆帝认为彻底解决准噶尔的时机已经到来了。乾隆二十年（1755 年）春，乾隆帝派遣五万人

历史细读

　　满汉全席兴起于清代，是集满族与汉族菜点之精华而形成的历史上最著名的中华大宴。全席一共分为六宴，均以清宫著名大宴命名，是清朝皇帝为招待与皇室联姻的蒙古贵族所设的御宴。一般设宴于正大光明殿，由满族一、二品大臣坐陪。历代皇帝均重视此宴，每年循例举行。而受宴的蒙古亲族其视此宴为大福，对清朝皇帝在宴席中所例赏的食物十分珍惜。

　　分西北两路向伊犁进军，不到一百天就到达伊犁。达瓦齐率兵六千人扼守在伊犁西南的格登山（今新疆昭苏境内），清军派出二十五人的精锐部队夜袭达瓦齐大营，达瓦齐军惊溃，不战自降。战败的达瓦齐仅仅带着少数人仓皇南逃，清军进入伊犁。班第将达瓦齐等献俘京师，盘踞伊犁七八十年的准噶尔政权结束。朝廷在伊犁留下三百名士兵，大军后撤。这是乾隆帝第一次用兵新疆。

　　但此后阿睦尔撒纳趁机自任准噶尔部的领袖，继续分裂活动。乾隆二十二年（1757 年）初，乾隆帝开始新的军事行动，分两路推进。准噶尔军在清军的追剿下，全线溃败，阿睦尔撒纳投奔俄国。后俄国告知清政府，阿睦尔撒纳患痘症已死，将其尸体交还。乾隆二十四年（1759 年）清军抵达喀什噶尔，平定了支持阿睦尔撒纳的大和卓木波罗尼都和小和卓木霍集占兄弟的叛乱。这年秋天，天山南路完全平定，清朝完全控制今日的新疆地区。

平定大小和卓木叛乱

　　和卓木是波斯语的译音，过去新疆伊斯兰教封建上层人物自称"和卓木"。大小和卓木指天山南路维吾尔族封建主玛罕默特的两个儿子波罗尼都（也有称布那敦）和霍集占，他们是中国当时两位著名的伊斯兰教领袖。大和卓木是指波罗尼都（？—1759 年），新疆喀什噶尔人，伊斯兰教白山派和卓木玛罕默特的长子。小和卓木指霍集占（？—1759 年），是玛罕默特的幼子。

　　康熙十九年（1680 年），卫拉特蒙古准噶尔部统治新疆回部后，对其首领实行人质制。经过康、雍、乾三朝，尤其是康熙和乾隆两帝对边疆的苦心经营，到了乾隆二十年（1755 年），乾隆帝终于平定了新疆准噶尔的分裂势力。乾隆二十年（1755 年）五月，清军攻克伊犁，释放了作为人质禁锢于伊犁的

乾隆戎装大阅图
乾隆帝征服准噶尔，平回部，开辟了一百九十万平方公里的疆土，在中国历史上留下不可磨灭的功绩。《乾隆戎装大阅图》是郎世宁的重要作品之一。图中乾隆皇帝披盔甲戴头盔，佩带刀箭，座下一匹花色骏马，英姿勃发。此图描绘的是乾隆皇帝于京郊南苑举行阅兵式时的情景。

大、小和卓木。波罗尼都率领他的弟弟霍集占等三十多人投奔清朝军队。清廷令他们返回南疆，招抚旧部，统领维吾尔族民众。于是大和卓木返叶尔羌（今莎车）统领回部，小和卓木则留在伊犁掌管伊斯兰教务。

乾隆二十一年（1756年），小和卓木霍集占从伊犁逃回，参与卫拉特蒙古辉特部首领阿睦尔撒纳发动的叛乱，兵败后逃往叶尔羌投奔波罗尼都。

第二年清廷派出副都统阿敏道前往招抚大小和卓木，谁知二人不但没有接受招抚，还杀死了阿敏道，自立为巴图尔汗，他们号召各城起兵反清，集数十万人众发动了叛乱，并且很快控制了天山南路的大部分地方。

乾隆二十三年（1758年）二月，清廷命雅尔哈善为靖逆将军，率满、汉兵万余人自吐鲁番进发，进入南疆（天山南路）平叛。起初清军出师不利。但由于大小和卓木残酷地压迫维吾尔族人民，"兵饷、徭役繁兴，供给稍迟，家立破。及出亡（兵败逃亡），又尽其赀以行，民脂殆竭"。新疆人民不堪其苦，纷纷逃亡。

五月清兵包围了叛军据点库车。大、小和卓木率万余鸟枪兵自叶尔羌经阿克苏赴援，受到清军的阻击，伤亡四千余人，于是二人率领残部入库车固守。雅尔哈善没能乘胜进击，却坐守军营终日博弈，疏于戒备，致使大、小和卓木乘夜率四百骑逃遁。因为贻误战机，雅尔哈善获罪被处死。清军攻克库车后，小和卓木逃到阿克苏，守城的维吾尔族人闭门不纳，他们只好逃到乌什，却同样为乌什维族人所拒，最后只能退保叶尔羌。大和卓木则据守喀什噶尔，兄弟二人各守一城，相为倚角。

十月定边将军兆惠率领步骑四千到了叶尔羌，三战三胜，但因为兵力不

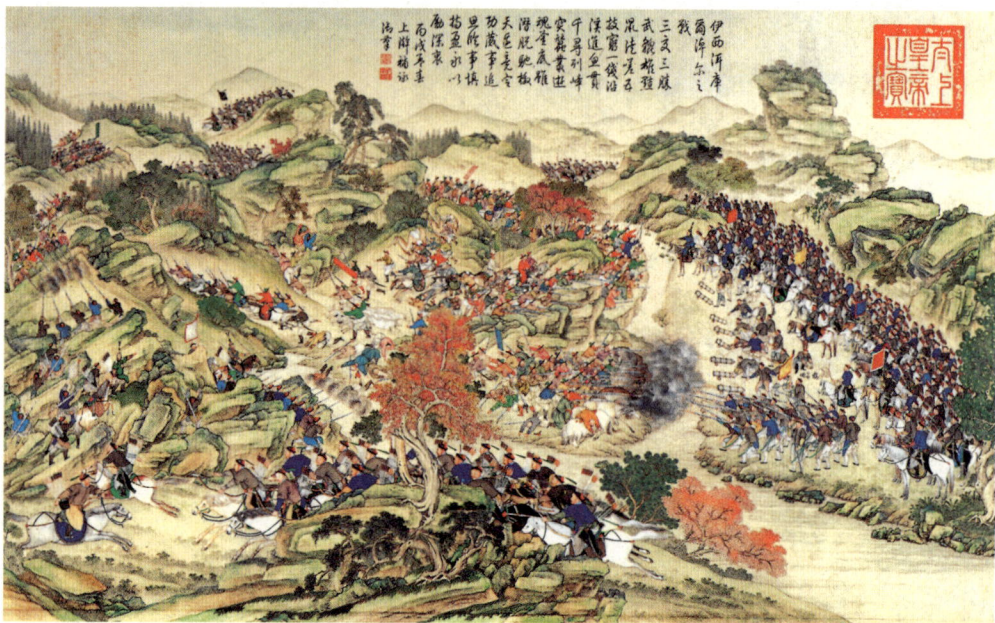

伊西洱库尔淖尔之战

回部叛军受到清军的多面夹击，难以抵挡强大的攻势，于是纷纷丢盔弃甲，四散逃命。

　　足未能取城，于是在城东隔河结"黑水营"自固待援。叛军万余人包围了黑水营，用炮轰、水淹、偷袭等方式频繁攻击。清军坚守了三个月，伤亡惨重。

　　乾隆二十四年（1759年）正月，定边右副将军富德率兵三千从乌鲁木齐驰援。当行至呼尔满（今莎车东北）时，与叛军骑兵五千人相遇，双方激战了四五昼夜，清军获胜，渡过了叶尔羌河，与参赞舒赫德、都统阿里衮部会师。兆惠闻援军至，督兵突围。清军会师振旅，还阿克苏。

　　六月兆惠和富德各率兵一万五千分别攻喀什噶尔和叶尔羌。两路兵马会师在叶尔羌城东黑水河畔，击败叛军，乘胜分军，又攻取了喀什噶尔和叶尔羌。大小和卓木见大势已去，大肆掠夺城中财物，然后率部弃城南逃。他们越过葱岭，逃往帕米尔。清军追至伊西洱库尔淖尔后，将叛军围在山岭上，一面施放火器，一面大呼招降。叛军"降者蔽山而下，声如奔雷，小和卓木手刃之不能止也"。此役叛军的降卒达一万两千余人。

　　乾隆二十二年（1757年）夏天，大小和卓木带着妻孥旧仆三四百人逃奔巴达克山（今阿富汗东部）。清军派人与巴达克当地部族交涉，八月大、小和卓木被巴达克山部首领素勒坦沙执杀，把尸首送交清朝。

　　在南疆人民的支持下，清军终于粉碎了这次叛乱，重新统一了新疆地区。自此清廷加强了对天山南北的统治。

对西藏的管辖

乾隆皇帝对西藏的管辖，主要改革措施是取消原有藏王，制定西藏章程，设立金奔巴瓶挚签制。藏王颇罗鼐逝世后，其子珠尔墨特那木札勒袭封为藏王。他不善处事，同达赖喇嘛的关系日益恶化，却又对驻藏大臣傅清傲慢无礼。乾隆帝派左都御史拉布敦协同傅清驻藏。傅清、拉布敦觉察到珠尔墨特那木札勒的反迹，想先发制人，但却苦于手中无兵，于是只能定计智杀。于是以宣称谕旨为名，将珠尔墨特那木札勒诱入衙府后，趁其不备，在其跪听传诏时，傅清挥刀将他杀死。然而其属下卓呢罗卜藏札什跳楼逃逸，以此为由纠集党羽，围攻衙署，放枪纵火。拉布敦被砍死，傅清受伤后自尽，文武官员多人遇难。这件事情发生后，乾隆帝派四川总督、提督率兵入藏。而此时珠尔墨特那木札勒的妹夫班第达已经将卓呢罗卜藏札什拿获，事态得到平息。接着乾隆帝派策楞率兵入拉萨。策楞、班第达会同审讯，将卓呢罗卜藏札什等处死。平定珠尔墨特那木札勒叛乱之后，班第达想做藏王。鉴于以往的历史教训，弘历提出在西藏实行"多立头人，分杀其势"的原则，废除了藏王制，设立噶厦四人，由清廷任命，公理政务。从而加强了清廷驻藏大臣的权力。

六世班禅僧装像

班禅，是班禅额尔德尼的简称，班是梵语，意为"精通五明的学者"，禅是藏语"大"的意思。额尔德尼是满语，意为"宝"。六世班禅于乾隆三年转世，三岁时坐床。

六世班禅为了给乾隆帝庆贺七十大寿，专程赶赴承德避暑山庄，住在弘历为他修建的"须弥福寿之庙"内。到了北京后住在西黄寺，因病在北京圆寂。清廷派官兵护送其全部珠宝财产到日喀则札什伦布寺。六世班禅的遗产，都被他的兄长仲巴据为己有，弟弟沙玛尔巴却分文未得。沙玛尔巴一气之下，投奔廓尔喀（今尼泊尔）。廓尔喀得知札什伦布寺珍藏着大量金银珍宝，妄图占有，于是起了攻占日喀则、掠夺财宝的野心。乾隆五十三年（1788 年），廓尔喀苏尔巴尔达布以"食盐掺土"为借口，侵占了后藏的聂拉木、济咙、宗喀三处。弘历派四川总都鄂辉、提督成德率五千名川兵入藏增援，又派理藩院的侍郎巴忠前往办理。巴忠等私自同廓尔喀议和，令其退出已占聂拉木等三处，每年给三百个元宝作为补偿。鄂辉未遇抵抗就收复了聂拉木、济咙、宗喀三地。但是巴忠擅自议和，达赖喇嘛不知，没有照付廓尔喀银两，引起廓尔喀再次入侵。

乾隆五十六年（1791 年），廓尔喀再次侵入后藏聂拉木等地。驻藏大臣保泰将班禅移到前藏。廓尔喀军侵入札什伦布寺，对寺庙大肆抢掠，洗劫一空。弘历得报后，命福康安率军入藏。第二年的三月，福康安率军从西宁出发，急行军在四十天内就进入了藏地，连战得胜，由日喀则一路南下，进入廓尔喀境内。之后又渡过铁索桥，六战皆捷，深入七百里。廓尔喀请降，福康安因大雪将封山而不利撤兵，允其降，撤兵归。清军取得反击廓尔喀入侵的胜利。

鉴于历史经验，乾隆帝命福康安制定了《钦定西藏章程》，其中规定：驻藏大臣督办藏内事务，与达赖喇嘛、班禅额尔德尼平等，自噶布伦下官员及管事喇嘛等，事无大小，均须禀明驻藏大臣；达赖喇嘛、班禅额尔德尼等圆寂后，在驻藏大臣的亲自监督下，灵童转世用金奔巴瓶掣签决定；西藏对邻国贸易必须进行登记；西藏货币一律用白银铸造，正面铸"乾隆宝藏"四个字；建立三千人的驻藏军队，分驻前藏、后藏；达赖喇嘛、班禅额尔德尼收支需经驻藏大臣审核；驻藏大臣每年春、秋两次巡视前、后藏，检阅军队；处理外务以驻藏大臣为主，同达赖喇嘛协商处理，等等。《钦定西藏章程》是西藏历史上的重要文献，标志着清朝对西藏进行全面有效的管辖。在《钦定西藏章程》中，规定了金奔巴瓶制度，这个制度的主要内容是：凡达赖喇嘛、班禅额尔德尼圆寂后，寻找转世灵童若干人，将其名字各写在象牙签上，装入金瓶中，焚香诵经七日，由驻藏大臣会同大喇嘛等，在公众前抽签决定。金奔巴瓶储于拉萨大昭寺内。又设一瓶，放在北京雍和宫内，凡大活佛章嘉呼图克图、哲布尊丹巴呼图克图等灵童转世，由理藩院尚书监督，有关官员、僧侣等亲临，抽签掣定。这项制度避免了达赖喇嘛、班禅额尔德尼等转世时，某些贵族、僧侣操纵擅定而引起的政治与宗教事端。金奔巴瓶制度杜绝了世俗贵族和特权僧侣控制"灵童"转世的裁定，使达赖喇嘛、班禅额尔德尼及蒙古各地大活佛转世的合法身份，在驻藏大臣或理藩院尚书的监督下得到清廷的允准。

雍和宫的金奔巴瓶
金奔巴瓶是藏传佛教活佛转世的掣签认定仪式所用的金瓶，一个在西藏大昭寺，另一个在雍和宫。

土尔扈特部回归

土尔扈特部是厄鲁特蒙古四部之一，元臣翁罕后裔。原本游牧于塔尔巴哈台附近的雅尔地区。

早在明朝末年的崇祯元年（1628 年），他们为了寻找新的生存环境，部族中的大部分人就离开新疆塔尔巴哈台的故土，越过哈萨克草原，渡过乌拉尔河，来到当时尚未被沙皇俄国占领的伏尔加河下游、里海之滨。在这片人迹罕至的草原上，土尔扈特人开拓家园，劳动生息，建立起游牧民族的封建政权。伏尔加河中下游草原曾是强大的钦察汗国的心脏地带。钦察汗国瓦解后，这一地带属于阿斯特拉罕汗国，后来被俄国征服。但是由于长期战乱，这里的原住民已经流散四处，而俄国一时也没有足够的人力来开发。1618 年，罗曼诺夫王朝统治者把主要把力量集中在对付西方强邻波兰上，所以当土尔扈特部来到伏尔加草原时，几乎如入无人之境。

17 世纪 30 年代，其部首领鄂尔勒克因与准噶尔部首领巴图尔浑台吉不合，于是率领其所部及部分杜尔伯特部、和硕特部牧民西迁至额济勒河（伏尔加河）下游，自成独立游牧部落，但仍不断与厄鲁特各部联系，并多次遣使向清朝政府进贡。自迁至伏尔加河下游后，土尔扈特人已经无法忍受沙皇俄国的侵略与奴役。

土尔扈特白鹰
此画作于清高宗乾隆三十八年（1773 年），是画家艾启蒙奉旨为土尔扈特蒙古贝子进贡的白鹰所绘的图象。

这种奴役首先来自政治，土尔扈特的体制是汗王决定一切，在汗王的下头有个叫扎尔固的机构。俄国政府要改组扎尔固，并把它的权力上升到和汗王一样，这对汗王渥巴锡的权力是一个严重的威胁。

其次在经济上，沙俄政府让大量的哥萨克移民向东扩展，不断缩小土尔扈特赖以繁衍生息的游牧地，他们的畜牧业也受到极大的限制。

而在文化方面，土尔扈特人全民信仰藏传佛教，沙俄政府却强迫他们改信东正教。这种妄图在精神上对土尔扈特人实施统治是他们绝对不能接受的。

沙俄政府对土尔扈特人强制实行人质制度，目的就是控制土尔扈特人，一切听沙皇指挥。

18 世纪，沙俄帝国竭力控制出海口。随着其侵略势力不断扩大，战争越来越多，与土耳其的作战就持续了很长时间。他们征用土尔扈特的青壮年填充俄国的军队与土耳其开战，在漫长的战争中土尔扈特的人员伤亡非常大。战争持续了二十一年，这对土尔扈特的生存和发展是个可怕的威胁。还有一个很重要的原因，就是土尔扈特强盛时期，他们的汗国与沙俄地位是平等的，但沙俄等到强大以后就要求他们俯首称臣。在这种情况下，土尔扈特人如何决定自己的命运，面临着一个严峻的考验和选择。

17 世纪 60 年代，俄国著名的农民领袖拉辛领导顿河地区的农民起义后，伏尔加河两岸的土尔扈特人纷起响应。17 世纪末，土尔扈特著名首领阿玉奇汗率领部众积极支持巴什基尔人的起义。18 世纪初，土尔扈特人民仍不断掀起武装起义，反抗沙俄在伏尔加河流域的统治。到了 18 世纪 60 年代，沙俄帝国的巨大压力使他们再也无法生活下去，土尔扈特人又决心返回故土。

乾隆三十二年（1767 年），渥巴锡召开了一次秘密会议，做出了东归故

土尔扈特人

土尔扈特部是厄鲁特蒙古四部之一，主要
经营畜牧业，也有部分人从事农业生产。
他们因不堪沙皇的剥削而归附清朝。

土的决定。

土尔扈特人毕竟在伏尔加河流域生活了将近一个半世纪，那里的草原、牧场都留下了他们的足迹，洒下了他们的汗水。要放弃这块朝夕相对的土地，老百姓也不是一时间能够接受的。

乾隆三十五年（1770年）秋，在伏尔加河下游草原的一个秘密地点，土尔扈特汗王渥巴锡第二次主持召开了绝密会议。会上，他们庄严宣誓，要想尽一切办法离开沙俄的统治，返回祖国去。

第二年初，渥巴锡召集全体战士做了一次总动员，他提出土尔扈特人如果不进行反抗脱离沙皇俄国，就将沦为被奴役的种族，这让土尔扈特人终于下定了离开的决心。

尽管渥巴锡等人力图对俄国人保密，但消息还是泄露了出去。形势的急剧变化，迫使渥巴锡不得不提前行动。他们本来计划携同左岸的一万余户同胞一道返回故土，但当年竟是暖冬，河水迟迟不结冰，左岸的人无法过河。渥巴锡只好临时决定右岸的三万余户立即行动。

第二天凌晨，伏尔加河右岸的三万三千多户的土尔扈特人顶着凛冽的寒风，离开了他们寄居了将近一个半世纪的异乡，开始了漫长的回归之路。渥巴锡亲自率领一万名土尔扈特战士断后。他带头点燃了自己的木制宫殿，刹那间无数村落也燃起了熊熊烈火。这种破釜沉舟的悲壮之举，表现了土尔扈特人一去不返、同沙俄彻底决裂的决心。

消息很快传到了圣彼得堡。女皇叶卡特林娜二世认为，让土尔扈特部从她的鼻尖下走出国境，对沙皇罗曼诺夫家族来说是巨大的耻辱。于是当即决定派出大批哥萨克骑兵，去追赶东去的土尔扈特人。同时采取措施，把留在伏尔加河左岸的一万余户土尔扈特人严格监控起来。

东归途中的土尔扈特人很快穿过了伏尔加河和乌拉尔河之间的草原。走在外侧的一支土尔扈特队伍，被哥萨克骑兵追上。由于土尔扈特人是赶着牲畜前进的，来不及把散布在广阔原野上的队伍集中起来抵抗，九千名战士和乡亲在与哥萨克骑兵的战斗中壮烈牺牲了。但巨大的牺牲并没有能够阻挡他们前进的脚步，而严寒和瘟疫的袭击是土尔扈特人要面对的另一个敌人。战斗伤亡、疾病困扰、饥饿袭击，使得土尔扈特人口大量减少。对于能否返回祖国，不少人产生了动摇。

面对困境，渥巴锡及时鼓舞士气，说我们宁死也不能回头！

土尔扈特人东归，清政府却没有得到一点消息。双方无法取得沟通，这使得孤军奋战的土尔扈特部无法得到清政府的任何援助。但英勇的土尔扈特人，在与困难做斗争的过程中一次次抖擞精神，坚定地向着目标前进。

直到乾隆三十六年（1771年）三月，定边左副将军车布登札布向朝廷奏报说，俄方派人来通报，土尔扈特举部东返，清政府才得知这一消息。

土尔扈特人归来的消息在清朝廷中引起了争论。是把他们挡回去，还是迎接他们的回归，朝臣们的意见并不一致。最后乾隆皇帝顶住了沙皇俄国的强硬态度和内部纷争，接受了土尔扈特部。

根据清宫档案《满文录副奏折》的记载，离开伏尔加草原的十七万土尔扈特人，经过一路的恶战，加上疾病和饥饿的困扰，"其至伊犁者，仅以半计"。也就是说，有八九万人牺牲在了归途中。

在五月的一个阳光明媚的早晨，土尔扈特人终于到达了祖国西陲边境伊犁河畔。

当时任伊犁将军的伊勒图，派锡伯营总管伊昌阿等官员在伊犁河畔迎接刚刚抵达的渥巴锡、舍楞等人。之后渥巴锡随伊昌阿到伊犁会见了参赞大臣

土尔扈特风情
土尔扈特人原来居住在塔尔巴哈台及额尔齐斯河中游以西。此图反映了土尔扈特部的山川特点和民俗风情。

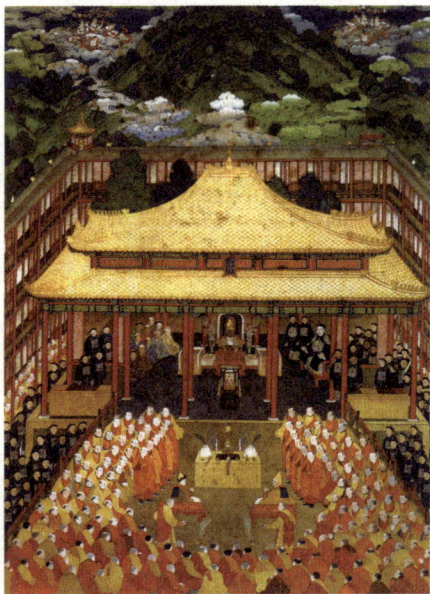

万法归一殿
土尔扈特人回归后，乾隆帝热情地款待了他们，并与他们一起在万法归一殿听高僧宣讲佛法。

历史细读

清朝后妃的形成有一个过程。最初努尔哈赤时期还没有后妃制度，这时他的妻妾没有名号，十六个妻子都被称为福晋。皇太极时期，开始有了后妃之别，建立了五宫，分别是中宫清宁宫、东宫关雎宫、西宫麟趾宫、次东宫衍庆宫、次西宫永福宫。入关之后，后妃的名称逐渐多了起来，顺治十五年（1658年）采用礼官建议，开始在乾清宫设夫人、淑仪、婉侍、柔婉和芳婉，在慈宁宫则设立贞容、慎容，此外还有女官。但这个制度并没有真正实行。到了康熙朝，后妃制度得以完善，设皇后一名，居中宫，又设皇贵妃、皇妃、妃，再次是嫔、贵人、常在、答应，分居东西十二宫。

舒赫德，舒赫德向渥巴锡转达了乾隆帝的旨意，让渥巴锡等人在秋高气爽时节前往避暑山庄面见乾隆皇帝，并转交了乾隆皇帝颁给渥巴锡、策伯克多尔济、舍楞的敕书。

敕书用满文和一种古老的蒙古文字托忒文写成，敕书内容充分表达了乾隆对土尔扈特人的赞扬与欢迎。不久渥巴锡等十三人及其随从四十四人，在清朝官员的陪同下，从察哈尔旗来到避暑山庄。乾隆帝下令在普陀宗乘之庙竖起两块巨大的石碑，用满、汉、蒙、藏四种文字铭刻他亲自撰写的《土尔扈特全部归顺记》和《优恤土尔扈特部众记》，用来纪念这一重大历史事件。并专门指派官员勘查水草丰美之地，妥善安置归来的土尔扈特部众，将巴音布鲁克、乌苏、科布多等地划给土尔扈特人做牧场，让他们能够安居乐业。

最后确定的游牧地为"渥巴锡所领之地"，也称旧土尔扈特，分东西南北四路，设四个盟，各任命了盟长。舍楞所领之地，称新土尔扈特，舍楞为盟长。还有和硕特恭格部，下设四个旗，恭格为盟长。

土尔扈特部的回归成为乾隆帝在位期间重要的政治事件，土尔扈特的壮举成为经久不衰、广为传唱的史诗。

一场政治联姻

乾隆皇帝在先辈既有成就的基础上，进一步巩固并开拓了中国的疆域版图，维护并加强了中华多民族的统一。乾隆二十五年（1760年），也就是平定了大小和卓木叛乱后的第二年，图尔都等五户助战有功的和卓木，及霍集斯等三户在平乱中立功的南疆维吾尔上层人士，应召陆续来到北京，拜见乾隆皇帝。乾隆帝安排他们居住在京城，并派使者接他们的家眷来京同住，封图尔都等为一等台吉。于是图尔都二十七岁的妹妹被选入宫，册封为和贵人（即香妃）。很明显这是乾隆皇帝统一新疆后的一次政治联姻，是实行"因俗而制"的政治需要。

香妃是否遍体生香，已经无从考证。但历史记载乾隆帝确实有一个回族妃子，她就是容妃。有一名回妃，这本身并不是什么稀奇的事情，可是在容妃死后的一百多年内，却引起了一批骚人墨客的兴趣，在容妃身上大做文章，并且产生了一部关于"香妃"的故事。但究其真实身份，其实就是容妃。

贵人在清朝后妃的八个等级中属于第六级，前面有皇后、皇贵妃、贵妃、妃、嫔五个等级，其后有常在和答应。和贵人入宫时带来了祥瑞，从南方移栽到宫内的荔枝树竟结出了二百多颗荔枝。这使得乾隆帝龙心大悦，也令她深受乾隆帝的生母崇庆皇太后的喜爱。因此在入宫后的第三年，即乾隆二十七年（1762 年）五月十六，皇太后降旨，册封和贵人为容嫔。她的哥哥原封为一等台吉的图尔都，也因进攻喀什噶尔有功而同时晋爵，封为辅国公。乾隆三十年（1765 年）春天，高宗第四次南巡时，携皇太后、皇后、庆妃、容嫔、图尔都以及大学士傅恒等王公贵戚一千余人同行。在南巡途中，乾隆对容嫔格外恩赏，前后共赐给她八十多种口味适宜的饭菜，其中就有名贵的奶酥油野鸭子、酒炖羊肉等。

当然能够长时间地赢得乾隆皇帝的垂爱和信任，不仅由于容嫔的政治背景，还在于她的俊俏和异域情调。乾隆三十三年（1768 年）六月，皇太后懿旨将她由容嫔晋为容妃，并由赏给处为她准备满洲朝服、吉服、项圈、耳坠、数珠等。同年十月，受命为正、副使的大学士尹继善、内阁学士迈拉逊，持节册封容嫔为容妃。册文曰："尔容嫔霍卓氏，端谨持躬，柔嘉表则。秉小心而有恪，久勤服事于慈闱，供内职以无违，凤协箴规于女史。兹奉皇太后慈谕，册封尔为容妃……"这一年容妃三十五岁。

三年以后，乾隆东巡，再次携容妃等六位妃嫔同行，此次游历泰山、拜谒孔庙。由于乾隆三十一年（1766 年）乌喇那拉氏皇后亡故，乾隆声称不再立后。乾隆四十年（1775 年），皇贵妃又被赐死。因此到这个时候，容妃在

乾隆帝威狐猎鹿图

乾隆帝为清人入关后的第四个皇帝，在位共六十年，是寿命最长的皇帝。乾隆帝死后的庙号为高宗纯皇帝，史书上称为乾隆帝。乾隆帝承袭祖制，崇尚骑射，自即位后几乎每年都去木兰围场或南苑狩猎，练习骑马箭术。

乾隆帝雪景行乐图

乾隆帝在处理繁忙的政务之后，十分会享受生活。《乾隆帝雪景行乐图》描绘的是乾隆帝与子女在宫苑内观赏雪景的情景。皇子们有的在放鞭炮，有的在献寿桃，有的在堆雪人。乾隆帝则手持如意，端坐在火盆旁。

乾隆帝的众多后妃中已处于举足轻重的地位。乾隆四十六年（1781年）正月十五，乾隆帝在圆明园奉三无私殿设宴会餐时，容妃已入主了西边头桌的首位。到同年十二月乾清宫大宴，容妃又升格到了东边坐桌的第二位。这时四十八岁的容妃在群芳争艳的后宫中达到了自己地位与殊荣的顶峰。乾隆五十三年（1788年）四月十九日，容妃离世，享年五十五岁。

至于"香妃"这个称呼的来历却非常迷人。传说她"玉容未近，芳香袭人。既不是花香也不是粉香，别有一种奇芳异馥，沁人心脾"。更有传说她是新疆回部酋长霍集占的王妃，回部叛乱，霍集占被清廷诛杀后，将军兆惠将香妃生擒，送与乾隆。香妃天生丽质，更奇的是她身体会散发异香。乾隆皇帝对她一见倾心，执意纳之为妃。为了讨得香妃的欢心，乾隆帝特地在西苑建造了一座宝月楼，供香妃居住，并常亲临探视，表示特殊的关心。然而香妃性格刚烈，誓死不从，并身藏利刃，表示不屈的决心，还时常因思念家乡而凄然泪下。皇太后得知此事后，召见香妃，问她："你不肯屈志，究竟作何打算？"

香妃以"唯死而已"相答。太后说："那么今日就赐你一死。"香妃竟然顿首拜谢。于是太后趁乾隆帝单独宿斋宫之际，命人将香妃缢死。

太后处死香妃的原因，除了上述为成全其名节外，也有说法认为太后担心自己的儿子弘历（即乾隆帝）为香妃所害。毕竟香妃原来的丈夫霍集占是被乾隆帝派军剿灭的，香妃若对乾隆心怀怨恨，也是情理之中的事情。还有传说是香妃因为深受乾隆帝的宠爱，诸妃妒忌向太后进谗言，香妃于是被害。香妃死后，乾隆帝悲伤不已，最后以妃礼将其棺椁送回故乡安葬。此说清末民初在民间流传非常广泛，所以出现了不少叙述香妃故事的戏曲说唱、小说诗歌，绘声绘色，凄婉动人，令人们对香妃的传闻信以为实。1914年，故宫浴德堂展出了一幅名为《香妃戎装像》的画像，令各种传说更是甚嚣尘上。

然而传说再引人入胜，也与历史事实相去甚远。

但乾隆帝为容妃修建宝月楼确有其事。清朝在乾隆帝以前，没有纳回族妃嫔的先例。容妃以回部女子至清朝，但乾隆帝没有把她安置在后宫，而是专门建了西苑宝月楼，作为金屋藏娇之所。楼南隔街建"回子营"，修礼拜

乾隆帝妃
乾隆时期的宫廷画家不仅画了许多表现乾隆帝日常生活的作品，还以生动的笔墨表现了其女眷们的生活。此图为一妃子在在对镜梳妆。

寺。乾隆帝御制诗中，有很多关于宝月楼的诗。乾隆二十五年（1760 年）夏写过一首诗云："轻舟遮莫岸边维，衣染荷香坐片时。叶屿花台云锦错，广寒乍拟是瑶池。"此以嫦娥比拟容妃。乾隆二十八年（1763 年）新年又作诗云："冬冰俯北沼，春阁出南城。宝月昔时记，韶年今日迎。屏文新茀禄，镜影大光明。鳞次居回部，安西系远情。"乾隆帝自注云："楼近倚皇城南墙，墙外西长安街，内属回人衡宇相望，人称'回子营'。新建礼拜寺，正与楼对。"

那么新疆的香妃墓又是怎么回事呢？香妃墓坐落在新疆喀什市东郊五公里的浩罕村，是自治区的重点文物保护单位。这是一座典型的伊斯兰古建筑群，也是伊斯兰教圣裔的陵墓，占地为二公顷。陵墓始建于 1640 年，据说墓内葬有同一家族的五代共七十二人（实际只见大小五十八个墓穴）。第一代是伊斯兰著名的传教士玉素甫霍加。他死后长子阿帕霍加继续传教，并成为明末清初喀什伊斯兰教"依禅派"的著名大师，甚至一度夺得叶尔羌王朝的政权。阿帕霍加死于 1693 年，也葬在这里。因为他的名望超过了其父，所以后来人们便把这座陵墓称为"阿帕霍加墓"。

传说埋葬在这里的霍加后裔中，有一个叫伊帕尔汗的女子，是乾隆皇帝的爱妃，由于她身上常有一股沙枣花香，人们便称她为"香妃"。香妃死后，由其嫂苏德香将其尸体护送回喀什，并葬于阿帕霍加墓内，因而人们又将这座陵墓称做"香妃墓"。不过据考证，前文所说的历史上的容妃并没有葬在这里，她确切的葬地是在河北遵化县清东陵的裕妃园寝。

所以喀什的这座香妃墓实际就是阿帕霍加家族陵墓的俗称。经历了三百多年风雨的洗礼，阿帕霍加家族陵墓依然以坚韧不屈的精神固守其古朴的建筑风格，充分表现了伊斯兰高超的建筑技术和艺术风格。它就像一座富丽堂皇的宫殿，高四十米，由门楼、小礼拜寺、大礼拜寺、教经堂和主墓室五部分组成。穹窿形的圆顶上，有一座玲珑剔透的塔楼。塔楼之巅，又有一镀金新月，金光闪闪，庄严肃穆。与门楼西墙紧连的是一座小清真寺，有彩绘天棚覆顶的高台，后面还有祈祷室。陵园内西面是一座大清真寺，正北是一座穹窿顶的教经堂。主墓室则在陵园的东部，是整个建筑群的主体建筑，其屋顶为圆形，圆拱直径达到十七米，没有任何梁柱结构，外面全部是用绿色琉璃砖贴面，并夹杂一些绘有各色图案和花纹的黄色或蓝色瓷砖，显得格外富丽堂皇，同时又不失庄严肃穆。

在陵墓高大宽敞的厅堂里，筑有半人高的平台，依次是阿帕霍加家族五代七十二人的大小共五十八座坟丘。香妃的坟丘设在平台的东北角，坟丘前用维文、汉文写着她的名字。墓丘都用白底蓝色玻璃砖包砌，上面再覆盖着各种图案的花布，看上去晶洁素雅既表示对死者的尊敬，又有保护墓丘的作用。陵墓左边，建有大小两座精致的伊斯兰教礼拜寺。陵墓后面，还有一大片坟墓，景色十分壮观。

不断加强中央集权

雍正帝强化专制统治

康熙朝时期，朝臣因为立储风波，动辄窥测皇帝内心深处的喜怒好恶，分门别户，互相倾轧，结成朋党，把朝政弄得乌烟瘴气。胤禛继位之初，最感棘手的就是诸兄弟与宗室大臣中的结党营私活动。他向朝臣正面阐述了自己对这个问题的看法："朋党最为恶习。明季各立门户，互相陷害，此风至今未息。……此朋党之习，尔诸大臣有则痛改前非，无则永以为戒。尔等当思皇考数十年宽厚之恩，亦当共体朕委曲保全至意。若仍怙恶不悛，朕虽欲勉强仰体皇考圣衷，力为宽宥，岂可得乎？"胤禛说这番话的用意，就是要告诉全体大臣，自己对由来已久的朋党深恶痛绝，绝不会像康熙皇帝那样对之姑息、纵容！

为了消除朝臣的疑虑，避免社会舆论对己不利，胤禛以攻为守，再次向朝中大臣们阐述自己的看法。他以大臣中结党的例证，说明朝中朋党之盛："朕即位后，于初御门听政日，即面谕诸王文武大臣，谆谆以朋党为戒。今年以来，此风犹未尽除。"同时他又颁发了一篇御制短文《朋党论》，文中谈古论今，旁征博引，列数朋党的种种害处，反宋代欧阳修的《朋党论》之道谓："修之所谓道，亦小人之道耳。……朕以为君子无朋，惟小人而有

立储密匣

鉴于康熙帝晚期，诸子争位的斗争异常惨烈。雍正帝即秘密立储，使乾隆帝弘历平稳地登上了皇位。此密匣为道光帝立储之物。

之。……设修在今日为此论，朕必饬之，以正其惑。"这表明胤禛对朋党极其厌恶的态度。在此后一年多的时间里，胤禛不断下达上谕，斥责康熙帝第八子、胤禛自己的异母弟允禩及其同党。

八月诸王大臣上奏章说，承蒙皇上颁发《朋党论》，其中教训深刻，大臣们愿意共表决心，坚决照办。胤禛于是把众大臣召进宫中，问道："诸王大臣的奏章，不知是真的代表了你们众人的意见，还是仅仅两三个人的意思？如今既然你们说全都同意，我心里十分欣慰。但是可贵处在于能够实际行动，不要说说空话就罢了！"第二天胤禛再次召集众大臣进宫，告诉他们说，皇室中的人恶习未改，彼此之间当作仇人一样，这都是由于谗言恶语在传播的结果，致使皇室骨肉之间产生了罅隙。同时他还列举了自己的几个兄弟允礽、允禔、允禩、允禟、允䄉等人的过错，说他们不懂得君臣大义，还说到从前众大臣保举允禩为太子是很不对的。之后又把诸王及皇室成员召进宫来，指出了他们结党的恶习，要求他们每个人都要返躬自问，有则改之，无则加勉。同时还劝说他们作为皇室成员，务必要和衷共济、齐心协力，要互相鞭策、勉励，给子孙后代做出表率。

从前工部郎中岳周拖欠钱粮，允禩曾经暗中帮助了他几千两银子，使他能如数地交纳钱粮。胤禛知道这件事情后，认为他是笼络人心，便利用这件事，告诉总理大臣等人："允禩存心狡诈，结党营私，我屡次教训他，希望他改过自新。可是朝臣们却被他蒙蔽，反而替他抱屈说是我太苛刻了。从大家的表情上我能看得出来。一年以来，大官小吏受他拖累的不在少数，可是却甘心受罪，并无悔意。如此则他的小团体是没有解散的一天了。他们既然怙恶不悛，而大臣们又被他蒙蔽，所以我特意告诫你们。如果众臣洗心革面，痛改前非，那小团体自然会解散，他自然会势单力薄。"不久胤禛又向九卿大臣及工部、上驷院两个衙门的官员们传达："廉亲王允禩存心扰乱国政，暗中使用银两收买人心。你们工部、上驷院两个衙门众官吏要小心谨慎，不要也中了他的奸计，被他愚弄。所以我再次告诫你们，一定要秉公办事、效力，不要被他引诱，否则我可要从重治罪！"

雍正三年（1725年）三月，通令八旗严禁家人结党，否则交由步军统领惩处。五城官员凡是大臣的家人，如有婚嫁办筵席宴请亲友等事，必须报告家主，然后才能举行。如果有私自结党，结拜兄弟，彼此宴请，借机钻营托情的，立即严加惩治。

胤禛的宠臣田文镜当河南巡抚时，曾上奏章参劾部下黄振国、邵言纶、汪诚、关瞔等人。直隶总督李绂路过河南时，当面斥责田文镜存心整读书人。这惹恼了田文镜，于是他给胤禛上密折，说李绂与黄振国是同榜进士，他们要结党，给那些被自己弹劾的官吏们翻案，并且要报复他。不久李绂果然在胤禛面前替黄振国等人辩白说情，并且接连上奏章替黄振国等人申冤。胤禛对田文镜的密折自然有先入为主之见，所以要处分李绂。这时谢济世又公开弹劾田文镜，列出了他的十大罪状，弹劾理由是他贪污。虽然田文镜执政严苛，但为官却较为清廉，所以说他贪污，胤禛是不相信的。同时谢济世在奏章中还提到黄振国等人是被田文镜冤枉了。胤禛看过谢济世的奏章后十分不满，他说："田文镜是有名能干的大臣，我正在倚重他，你怎么能够听信谣言诬蔑他！"然后不由分说就把奏章扔给谢济世了，谢济世跪在地上不肯站起来。胤禛十分生气，立刻命令九卿科道诸臣齐集刑部，审讯谢济世是如何与

历史细读

　　词科，全称"博学鸿词"科，清朝制科取士方式之一。清代继承了唐宋的旧制，在正常科举考试之外又增设制科取士。鸿始为宏，后来避乾隆帝弘历的名讳，改作了鸿。曾在康熙十八年（1679年）和乾隆元年（1736年）两度举行。

李绂勾结在一起的。谢济世说："田文镜的劣行，朝廷内外人人皆知。我谢济世熟读孔孟之书，粗通大义，不忍心眼看奸臣欺骗皇上，所以才冒死给皇上奏章。如果一定要追查我的后台，那就是孔子和孟子！"尚书励杜讷说："对谢济世应该用刑拷问。"当时御史陈学海也在场，没想到他忽然站起身走到院子里，脸朝北大声说到："同谢济世勾结的人是我！"这突然的一幕让参加审讯的大臣们都错愕不已，要将此事报告皇上，请求皇上批准连御史陈学海一同审讯。但还没等上报，胤禛忽然派人来传达指示，不要审讯谢济世了，将他革职，发配到阿尔泰的军队中当差效力。

从前李绂担任广西巡抚一职时，一直以清正廉洁著称，很受雍正帝的器重，因此免不了遭到一些大臣的嫉妒。这时李绂任直隶总督，蔡珽任奉天天府尹。谢济世弹劾田文镜，胤禛认为是李绂与蔡珽指使的，于是将他们逮捕治罪。朝臣们商议以后，决定将这二人立即处斩，他们的妻子，罚进辛者库（浣衣局）做苦工，财产也遭到没收。但胤禛下令从宽处理，于是将立即斩首改为暂时监禁，定期处斩。有两次处决犯人时，将李、蔡二人绑了起来和死囚犯一起押到了刑场，但是把他俩的双手扭到后背，大刀搁在脖子上，问他们："此时知道田文镜好吗？"李绂回答说："臣愚昧，至死也不知道田文镜有什么好地方！"结果仍然将他们二人押回监狱。

李绂、蔡珽二人获罪时，朝臣们认为他俩冤枉，但是因为当时田文镜是胤禛的心腹和宠臣，没人敢站出来替他俩说话主持公道。他俩因为受制于田文镜，几乎丢了性命。

胤禛还指示，科举出身的官员一定要去掉朋党恶习，为朝廷尽忠效力，秉公办事。只要君臣上下能够同心同德，天下就一定会一天比一天好起来，社会风气就会一天比一天淳朴。因为自己不是科举出身的官员，田文镜每次向胤禛递奏书时都会尖锐地痛斥科举出身的官员，说这些人不可信用。胤禛一直很重视他的这些话，所以才下达这个命令。

允禧训经图

康熙末年，诸皇子为了争夺君位拉帮结派，展开了勾心斗角的激烈争夺。胤禛即位之后，先后将这些势力较大的集团铲除，他的几个兄弟下场也很惨淡。但是康熙帝二十一子允禧善书画，生性淡泊，与政治少有瓜葛，因此得以善终。图为允禧全家欢聚一堂，讲经说史的情形。

结党营私，排斥异己，这是历代官场的通病。在当皇帝之前，胤禛本人为了争夺皇位继承权，也曾拉帮结伙、大搞阴谋活动，可以说费尽了心机。诸如年羹尧、隆科多都曾经是他的心腹。不仅胤禛如此，他的几个哥哥、弟弟也无不如此，甚至有的比他还有过之而无不及。允禩在培养个人势力方面就大大超过了胤禛。

经过争夺皇位的斗争，胤禛继位后深深明白，朝廷内外的各派小集团成了加强君权的障碍。为了巩固统治，他就需要毫不手软地打击这些小集团。他先大造舆论，亲手写了《朋党论》，从理论上让人们明白派别活动对皇权和国家的危害，指出大臣应与君主同心同德，惟君主之命是从，绝对不能拉帮结伙，谋求私利。应该说胤禛这篇《朋党论》写得很深刻，很有说服力，是向政治小集团开刀的信号。

同时胤禛还先后铲除了皇室及臣僚中的几个盘根错节、力大势雄的集团。诸如允禩、年羹尧、隆科多这些足以危及胤禛帝位的人，都先后被诛除殆尽。而朝臣中拉帮结伙之人，虽然不足以危及胤禛的皇帝宝座，但毕竟不利于胤禛独断专行，因此也随时随地被处置，甚至有的人并没有搞朋党为奸，也被当作搞朋党而受刑。

这样一来，群臣人人自危，为了个人的身家性命，无不对胤禛俯首帖耳，唯唯诺诺了。胤禛铲除政治小集团的结果是大大加强了君主独裁专制，巩固了中央集权。

设立军机处

胤禛即位之初，虽然已经将国家的最高权力掌握在手中，但当时只要是

名家评史

在办理军机处的人，就叫军机大臣，名义上是大臣，照制度法理讲，并不是大臣，因为他是皇帝御用的，而不是政府的正式最高行政首长啊。这种上谕封好，办理军机处的印盖了，就交给兵部尚书。兵部尚书并不能拆看，只要他加一个封袋，直接发给受命令的人。如是则一切事情，全国中外各长官，都直接向皇帝发生关系，其他旁人全都不知道。这不是全国政治，都变成秘密不再公开了！秘密政治这当然只能说是一种法术，而不能说是一种制度呀！

——钱穆

军政大事，都必须经过集体讨论，皇帝只是最后宣布执行，并不能随心所欲地自行其是。胤禛设置军机处，正是将受到制约的皇权重新推向权力金字塔的顶端。雍正七年（1729 年），准噶尔蒙古部落的策旺阿拉布坦发生全面叛乱，胤禛对其进行征讨。为了使这场战争能够取得全面的胜利，他采取了许多措施，军机处就是以此为契机设立的政府中枢机构，从此开始全面而直接地管理国家各种事务。

这一年的六月，胤禛发布上谕："两路军机，朕筹算者久矣。其军需一应事宜，交与怡亲王允祥、大学士张廷玉、蒋廷锡密为办理。"军机处全称为"办理军机事处"，当时诸王公大臣并不能了解它的性质，只是从胤禛的上谕明白，即交与三人密为办理。由此看来，性格极为谨慎的胤禛在筹建或办理某些重大事件前，多采取秘而不宣的策略，只有自己在心中暗自筹划以后，才交给个别亲信大臣来办理。

虽然军机处的设立基于平定准噶尔的叛乱，但对胤禛来说是本着长远的需要，所以军机处的设立从一开始就不是临时性的，稳固皇权比西北用兵一事更为重要。因为当时胤禛虽然已经将自己的诸位兄弟也是他的政敌通过各种手段打倒了，但是散布于朝廷上下的他们的势力却仍如百足之虫，死而不僵，他们与传统的官僚机构仍有着千丝万缕的内在联系。胤禛本人对此当然也非常清楚，但他不可能把整个官僚机构全都彻底推倒重来，所以只能在决策层面另起炉灶，重新创建一个既可以囊括一切机要权柄，又能服从他指挥的由亲信人员组成的新机构。军机处正是这样一个机构。

其实军机处算不上是一级行政机构，因为它无定员，全由皇帝根据实际

允祥像
康熙帝十三子允祥与雍亲王胤禛关系最为密切，胤禛继位后他被封为和硕怡亲王，总理朝政，又出任议政大臣，处理重大政务。他清理天下赋税，量入为出，致府库充盈，国用日裕。等划建立军机处，出任首席军机大臣，办理西北两路军务。

需要随时增减。最初只有怡亲王允祥、大学士张廷玉、蒋廷锡。以后又有增加，最多时也不超过十一人。其次，被选入军机处的官员，都属兼职，并不设专职。雍正从阁臣、六部尚书、侍郎等官员中，选取"熟谙政体者，兼摄其事"的人称他们为"军机大臣"。根据这些人原来在朝中的品级和地位，排定先后次序，以品级高、资历深者为"首席""首揆""揆席"。如果军机处大臣中有的失去原职务，或任职于京外，那么他在军机处的兼职就会被取消。军机处的属员，则由"各部曹、内阁侍读、中书舍人等充任，名曰军机章京"，俗称"小军机"。军机大臣们之间互不统属，全部直接对皇帝负责。

军机大臣地位崇高，却没有六部等官员的实权。他们的职责是"掌书谕旨，综军国之要，以赞上治机务，常日直禁庭以待召见"。即使皇帝巡幸外地，也是如此。这些身处权力核心的军机大臣们工作也是比较辛苦的，按规定每天寅时就要入值，办完公务后由内奏事太监"传旨令散"。每天皇帝的传召没有定时，有时候召见大臣一次，有时候会数次召见，如有紧急要务，胤禛偶尔也提前召见他们。特别是张廷玉，胤禛召见的次数就更多。因为张廷玉是专门负责为胤禛撰写谕旨的。军机处创建之后，他自然成为了大忙人。特别是在大西北两路用兵时，张廷玉更是"自朝至暮，间有一二鼓者"，到了深夜仍不能休息。从张廷玉的繁忙情况来看，其他军机大臣之忙碌也就可见一斑了。如此繁忙的公务也得到了一向驭下极严的雍正皇帝的许多格外恩典。例如胤禛不时将一些绫罗绸缎、应时果脯、各方土贡、鹿肉山珍等赐给张廷玉、鄂尔泰等亲近大员。又命每日入值的军机大臣、军机章京随御膳房吃饭，而满汉章京下班后还被允许去"方略馆"聚餐。如果胤禛住在圆明园，那么就让这些人在圆明园外值庐用膳，以示恩典。

军机大臣被皇帝召见的程序通常是先"赐坐"，将"未奉御批"的各处奏折进呈，等候皇帝钦批，"承旨"毕，即退出。凡皇帝的"明旨"，均由军机大臣拟写，然后再下发到内阁。凡不宜公开的"密谕"，都经由军机大臣"封交"兵部，视事之缓急再传送到各地。此时军机大臣不过是起个上传下达的作用，他们的职责概括起来就是"承旨"，当面替皇帝起草文件，或记录皇帝的指令，然后向有关部门传达，更像是皇帝的侍从秘书。军机章京则有满人也有汉人，他们负责缮写谕旨、记载档案、查核奏议。满人抄写满文，汉人

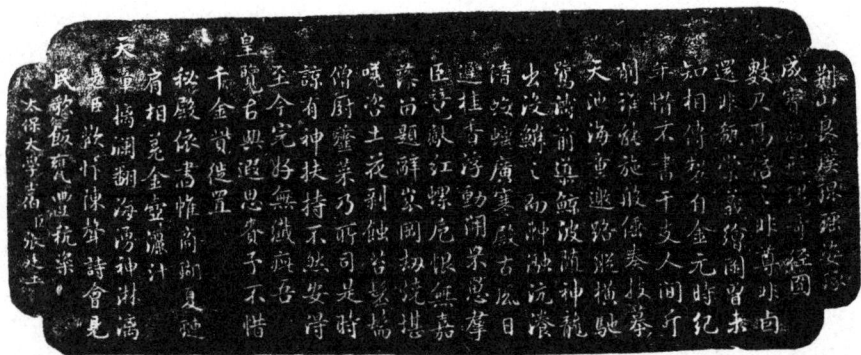

《张廷玉诗刻》拓片

张廷玉规划建立了军机处制度，并完善了奏折制度，使军机处成为清朝的中枢机构，并深深影响清代中后期的历史。另外确立并完善奏折制度，也对清朝中后期的政治产生了十分巨大而深远的影响。

抄写汉字，也是文墨秘书的性质。所以军机大臣和军机章京虽然身处权力的核心，却没有任何决策权，他们一切听命于皇帝，不能做出任何决定，唯一要做的就是完成皇帝交办的差事。

军机处不属一般的衙署，军机大臣的工作具有高度机密性，并且要时刻同皇帝直接联系，所以他们都留在离皇帝最近的地方，以便随时能够快速地应召入宫。因此军机处便设在隆宗门内靠近内廷的地方，既要与外廷隔绝，杜绝人来人往泄密，又要离皇帝居处甚近，以方便皇帝随时召见。"军机为枢密重地，非有特许，不许擅入。"如敢私入，或私自会见军机处官员，随时纠劾论处。军机大臣办公的地点，也随着皇帝的行止而定。如果皇帝住在圆明园，军机处就设在园内左如意门内；如果皇帝住在西苑，军机处就设在西苑门内。而一旦皇帝出京远行巡视，军机大臣都会随同前往，在沿途的行宫门内设"直房"。不管在何处"入直"，都属皇帝的禁区，离皇帝甚近。由此可以想见，胤禛几乎把军机处看成了自己的一件随身物件，走到哪里带到哪里。也就是说，军机处值班大臣和章京随时跟随皇上行动。所以没有固定衙署，具有机动性是军机处的一大特点，也只有在京城才有较稳定的办公地点。皇帝召见军机大臣议事，都要求迅速、准确，不得迟误，故责专人秘密行事，发挥高效。因此保持了此事的机密性，以至于实行了二年有余后，各省对此仍然一无所知。

军机处的这种特点，使其在创建初期，既没有正式的衙门，也没有印信。直到三年之后，也就是在雍正十年（1732 年）春，才命大学士等议定军机处印信。议定后经胤禛批准，该印交由礼部铸造成形。印信由内奏处保管，印匙则由领班军机大臣随身携带。此外还打制了镌有"军机处"三字的金牌，由值日章京佩带。每当需要军机处的印信时，就由值日章京凭金牌到内奏处领取，再凭金牌向领班军机大臣索取印匙，并在数人的监督下，才能打开印匣取出印信。印信用完后，金牌要交给值日章京，印匙要重新归还领班军机大臣，印信则要重新归还内奏处。这些规章制度虽然如此烦琐，但这套十分严密的管理模式能够避免出现差错，可见为了达到保密的目的，雍正皇帝真是煞费了苦心。

设立军机处以后，除了保密以外，还起到了意想不到的效果。以前奏折呈递时总要经过各个部门的周转，最后才能够送达皇上。其中因扯皮、推诿、拖沓的种种陋习，使得办事效率极为低下，保密性也差。但军机处设立以后，以几人的核心力量，摆脱了官僚机构的臃肿，胤禛的口令可以畅通无阻地到达每一个职能机构，从而把国家大权牢牢地控制在皇帝的手里。

正因为军机处这种和皇帝之间如此亲密的关系，使其渐渐变得地位煊赫，手握重权。雍正帝设立军机处是清朝历史上一个十分重要的政治事件，它使得整个政府的决策方式发生了根本的改革。

第一，军机处是皇帝的集权工具。从明到清，废除宰相制，皇权得到了极大的加强。

第二，军机处有高度的机密性。体现为对其印信管理极严。印信贮存初定由军机处自贮，但是为了加强管理，防止私用印信，于是改贮他处。印信分程序管理，相互制约，互相监督，无论职位多高、权力多重的大臣，都无法私自动用印信。

第三，胤禛对军机的处管理非常严密，对军机大臣的要求也极为严格。要求他们时刻同自己保持联系，并留在离皇帝最近的地方，以便随时应召入宫，应付突发事件。皇帝走到哪里，军机处就设在哪里。每次议事，胤禛只会分别独自会见军机大臣，这使得他可以没有拘束和隐瞒地谈自己对朝政和大臣们的一些看法，以便察言观色，去伪存真地选用人才。

无论从何处来说，军机处在当时都发挥了特殊的作用。尤其是在集权方面，在削弱乃至排挤了内阁与议政王大臣会议参与国家政务的决策权后，这些大权都收归于军机处。而军机处则牢牢地控制在胤禛之手，如"人之使臂，臂之使指"，这就使得一切军政事务都受控于胤禛，军机处官员真正成了他的办事人员，唯胤禛之命是从。正如胤禛所说："生杀之权，操之自朕。"君主独裁的政治体制被推向了顶峰。比较一下明朝的内阁与清朝的军机处，可以明显发现明朝的内阁权属于阁臣，对君权尚有很强的约束力。而清代军机处虽为政府权力的"总汇"，但其权属君主，对君权没有任何约束力，反倒是军机大臣们处于层层制约与皇帝的严格监视之下，每个人都得小心谨慎、殚精

"为君难"玺及玺文
"为君难"玺为雍正帝的印玺，印文内容"为君难"。该印长 8.6 厘米，宽 5.2 厘米，高 4.5 厘米。雕工之精湛、玉质之上乘均为旷世罕见。

竭虑地为皇帝办事。

雍正帝开创的军机处被以后的清朝皇帝继续沿用，可见其早已突破军机即处理军务的界限，而堂而皇之地成为一个政治集权的工具。

削弱擅权宠臣

雍正帝在位期间，他与年羹尧之间既亲密又复杂的关系，一直为后人所关注。直到现在，学者对于雍正帝诛杀年羹尧的原因依然没有定论。不过年羹尧的煊赫与悲剧都是雍正朝一个重要的政治事件。

年羹尧，字亮工，号双峰，原籍安徽怀远，后改隶汉军镶黄旗。年羹尧出身官宦之家，父亲年遐龄官至工部侍郎、湖北巡抚，其兄年希尧也曾经担任工部侍郎。世人皆知年羹尧是一员骁勇善战的武将，其实他自幼读书，颇有才识，并且在康熙三十九年（1700 年）考中了进士，不久授职翰林院检讨。翰林院号称"玉堂清望之地"，庶吉士和院中各官一向由汉族士子中的佼佼者充任，年羹尧能够跻身其中，也算是非同凡响了。康熙四十八年（1709 年），年羹尧迁为内阁学士，不久被调往四川担任巡抚。根据《永宪录》的说法，当时成为封疆大吏的年羹尧还不到三十岁。对于康熙帝的格外赏识和破格提拔，年羹尧感激涕零，在奏折中表示自己"以一介庸愚，三世受恩"，一定会"竭力图报"。他也确实是这样做的。到任之后，就很快熟悉了四川的情况，并且提出了诸多兴利除弊的措施。而他自己也带头做出表率，拒收节礼，"甘心淡泊，以绝徇庇"。康熙帝对于这个踏实肯干的年轻官员寄予了厚望，希望他能"始终固守，做一好官"。

康熙五十七年（1718 年），授年羹尧为四川总督，兼管巡抚事，统领军政和民事。康熙六十年（1721 年），又升为川陕总督，成为守卫西陲、手握

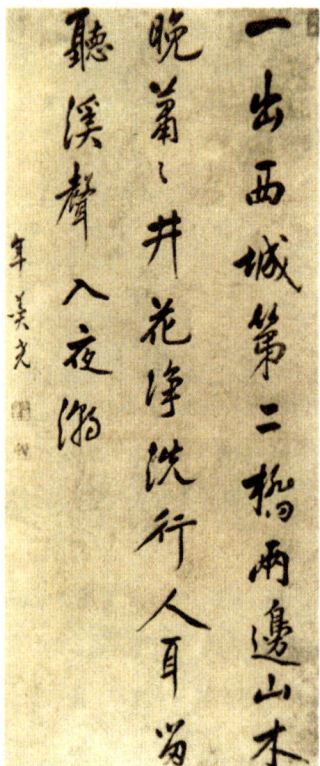

年羹尧诗迹

年羹尧虽然建功沙场，以武功著称，但他自幼饱读诗书，颇有才识。康熙四十八年（1709 年），年羹尧迁内阁学士，不久升任四川巡抚，成为封疆大吏。年羹尧的妹妹是雍正帝的贵妃，年妃死后，年羹尧随即被赐死。

重兵的要员。同年青海郭罗克地方发生了叛乱，年羹尧利用当地土司之间的矛盾，迅速平定了叛乱，他的能力深得康熙皇帝的赏识，所以第二年年羹尧又受命和管理抚远大将军印务的延信共同执掌军务。

等到胤禛继位后，年羹尧更成为了新主人的左膀右臂。其实早在胤禛当亲王的时候，年羹尧就是胤禛的心腹之人，两人关系非比寻常，他们不仅是一般的君臣、主奴关系，而且还是亲戚。年羹尧的妻子是宗室辅国公苏燕之女，他的妹妹则早在康熙四十七年（1708 年）就被选为雍亲王的侧福晋，雍正元年（1723 年）又被封为贵妃，年家遂成为皇亲。胤禛刚继位时，担心诸王发动政变，就叫年羹尧身穿盔甲时常紧跟在自己身边，在胤禛顺利继位的过程中，握有重兵的年羹尧起了不小的作用。

而他受到进一步的信任与擢拔，主要是在于青海战事中充分表现的忠心与才干。策旺阿拉布坦入侵青海的问题，在康熙六十年（1721 年）时本来已得到初步的解决。但是到了雍正元年（1723 年），青海地方叛乱又意图脱离清政府的统辖。对任何一个刚刚登上皇位的皇帝来说，遇到边疆叛乱这样的事情都是个棘手的问题。此时的动乱若真闹大，胤禛就有违背康熙帝遗愿之嫌，必然会招致诸弟与宗室中敌对势力的攻击，削弱他尚未巩固的皇权。这时胤禛最可依靠的人就是年羹尧，于是下令"年羹尧即往西宁办理军务，其调集弁兵之任，甚属紧要，须给大将军印信，以专执掌。著将延信护理之抚远大将军印，即从彼处送至西宁，交与总督年羹尧"。

在此期间，胤禛不断派人前往军中送赏年羹尧各种赐品。从皇帝御用的四团龙貂皮褂、貂帽、蟒袍、东珠，到荷包、钟表、鼻烟壶、鹿尾、奶饼等宫中珍玩佳馔，应有尽有。对于胤禛的如此厚爱和超乎寻常的赏赐，年羹尧最开始既受宠若惊，又有些惶恐不安。他上疏说："团龙补服，非臣下之所敢用……貂帽蟒袍，又皆圣躬所御，自古章服之荣，无以加兹。"胤禛却宽慰他说："只管用，当年圣祖皇帝有例的……实尚未酬尔之'心劳功忠'四字也。我君臣分中，不必言此些小。朕不为出色的皇帝，不能酬赏尔之待朕；尔不为超群大臣，不能答应朕之知遇。……在念做千古榜样人物也。……有你这样的封疆大臣，自然蒙上苍如此之佑。但朕福薄，不能得尔之十来人也。"这

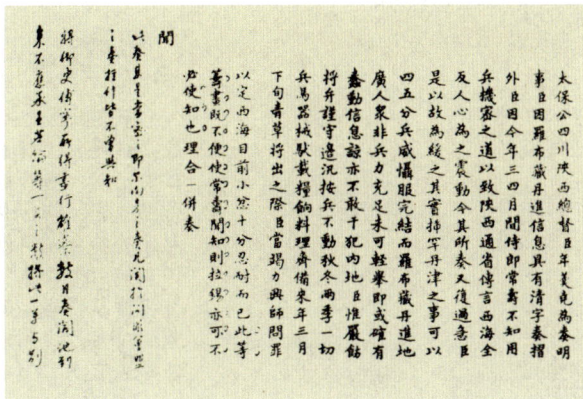

年羹尧办理西海军务奏折

雍正元年（1723年），青海发生了罗卜藏丹津叛乱，局势大乱。年羹尧下令诸将"分道深入，捣其巢穴"，横扫敌军。在清军的猛攻面前，叛军土崩瓦解。年羹尧从此威震西陲，享誉朝野。此图为年羹尧向雍正帝汇报军务的奏折。

些话让人感到困惑，似乎胤禛有讨好年羹尧之嫌。这种过于亲近的君臣关系本身就不正常。

而年羹尧也不负胤禛所托，战役仅仅持续了十五天就迅速将罗卜藏丹津的叛乱平定。"年大将军"成了朝野上下响当当的一个名号。喜出望外的胤禛晋升年羹尧为一等公，年羹尧不仅威震西北，而且还能参与云南的政务，成为胤禛在京城之外的主要心腹大臣。

但是这种美好的时光仅仅持续了两年，年羹尧就迅速走上了先受贬黜，最终被处死的道路。雍正二年（1724年）年底时，年羹尧还位极人臣，享受着无以复加的荣宠。但到了第二年的四月，便被解除大将军职务，六月受吏部参劾，十二月被处以死刑。他从赫赫功臣一跌而为千古罪人，这样急剧的变化，使朝野为之瞠目和震动。

从时间上来看，胤禛与年羹尧关系的恶化是非常突然的。雍正二年（1724年）秋天，因顺利平定了青海叛乱，年羹尧被批准于九月进京谒见。从胤禛的上谕来看，当时希望见到年羹尧的心情是十分急切的。他写道："朕亦甚想见你，亦有些朝事和你商量。大功告成，西边平静，君臣庆会，亦人间大乐事。"又说："览奏朕实欣悦之至，一路平安到来，君臣庆会，何快如之。十一月欢喜相见。"一般说来，在这种情况下，年羹尧进京后定会得到进一步的擢拔。但事实却出乎意料，抵京后年羹尧非但没有受到皇帝的赏识，反而落了满身的不是，以致返回陕西后他不得不赶紧请罪："伏念臣禀质薄劣，赋性疏庸，奔走御座之前三十余日，毫无裨于高深，只自增其愆谬。返己扪心，惶汗交集。"

胤禛接到年羹尧请罪奏折后，指出："凡人修身行事，是即是矣，好即好

名家评史

在中国历史上，康熙帝也算是一个好皇帝，至于雍正帝便太专制了。我们现在看他的朱批上谕，就可以看出清代皇帝是如何统治中国的。在当时全国各地地方长官一切活动他都知道，大概全国各地，都有他私派的特务人员的。因此许多人的私生活，连家人父子亲戚的琐碎事，都瞒不过他。一切奏章，他都详细批。他虽精明，同时又独裁，但他有他的精力，他有他的聪明，中外事，无论大小，旁人还不知道，他已经知道了。

——钱穆

矣。若好上再求好，是上更觅是，不免过犹不及。"很明显功勋卓著又是胤禛左膀右臂的年羹尧，犯了君臣之间最大的忌讳，就是功高盖主。所以胤禛通过这次觐见，正是要警告年羹尧务必安分守己，不要存非分之想，以免自寻绝路。

胤禛被激怒，主要是年羹尧在任抚远大将军期间，权势太盛，骄横跋扈所致。他倚仗自己的权势，平时起居行动竟仿效皇帝，出门用黄土垫道，官员净街，关闭街巷铺面。行辕公馆彩画四爪龙，鼓乐手穿缎蟒袍。而蒙古各部王公与他会面时，也都要施下跪礼，甚至连驸马阿宣、总督李维均、巡抚范时捷也不例外。同时年羹尧在暗中悄悄地扩大自己的军事与经济实力，也让胤禛有所不安。他身为川陕总督、抚远大将军，本来就已经手握重兵，但仍要私贮锁子甲、铅子等军需禁品。在经济上，他更是千方百计聚敛财富，敲诈勒索地方官员，私营国家垄断的盐茶，侵吞官税、工俸、脚银，冒销军需等。通过这些手段，年羹尧只用了短短三年时间，搜刮到的钱财就高达数百万两银子。煊赫的战功和皇帝的荣宠使得年羹尧逐渐得意忘形，据说他觐见至京，"行绝驰道，王大臣郊迎不为礼"。

接着年羹尧又犯了一个低级错误，为胤禛处置他提供了口实。当时天象出现了所谓"日月合璧，五星联珠"的祥瑞之兆，各地大臣纷纷上疏祝贺，年羹尧自然也进了一折，但他却将赞美皇帝的"朝乾夕惕"误写成"夕惕朝乾"。这非但不是赞扬，简直是在讥讽。胤禛阅后大怒道："平日非粗心办事之人，直不欲以'朝乾夕惕'四字归之于朕耳？……夫君子事朕必诚必敬，陈奏本章，纵系他人代笔，而年羹尧岂有不经目之理？观此则年羹尧自恃己功，显露其不敬之意。"虽然年羹尧一再进奏请罪，但胤禛并不念旧情，解除了他的抚远大将军职务，将其调至浙江任杭州将军。

这一撤一调，对年羹尧不啻为釜底抽薪。年羹尧在西北经营有年，不仅拥有一定的军事实力，而且也拥有相当的经济实力。但失去了以西北为依托的军权和财权，年羹尧即使再有才能，也成了无源之水、无本之木。胤禛在年羹尧受命后所进的谢恩折上，写明了他的想法："朕闻得早有谣言云'帝出三江口，嘉湖作战场'之语。朕今用你此任，况你亦奏过浙省观象之论。朕想你若自称帝号，乃天定数也，朕亦难挽。若你自身不肯为，由你统朕，此数千里，你断不容三江口令人称帝也。此二语不知你曾闻得否？"这番话将胤禛的心迹表达得再明显不过，他担心年羹尧有反叛企图，又确信年羹尧至杭后再要反叛，将无能为力。

以年羹尧此前所受的待遇和他本人不可一世的骄横，遭人嫉恨是十分正常的事情。但此前年羹尧的地位和胤禛的恩宠，使得那些对他不满和嫉妒的人并不

《御制平定青海告成太学碑》碑额拓片
此碑追述了康熙帝征讨朔漠的贡献，叙述了青海之战中将士的平叛战绩等内容。碑现存于北京国子监，满、汉碑文均为雍正帝亲手撰写。

敢有所作为。但是当胤禛的态度发生转变之后，朝臣们立刻抓住机会，纷纷上疏弹劾年羹尧的种种不法行为。在这种情况下，胤禛只要顺水推舟，就可以把年羹尧革职法办。古往今来，帝王杀戮功臣的事情屡见不鲜。但胤禛当时所处的与允禩等人的斗争环境，以及他极好虚荣的个性，都不允许舆论上把他视为暴君。因此雍正皇帝先发制人，反复说明年羹尧之获罪是咎由自取，而绝非他鸟尽弓藏。

所以在对年羹尧的处理上，胤禛颇花了心思。尽管胤禛已经确立了对待年羹尧的最终态度，但他还是用了九个月的时间调查揭露年羹尧的罪行，并在朝中反复深入地制造舆论。从雍正二年（1724年）底到第二年的九月，才尽革年羹尧的所有职衔。此时年羹尧本人已承认自己贪赃枉法的罪行，从他党羽的家中也搜出了他窝藏的大量赃物。年羹尧被捕至京师后，议政大臣等为其罗织大罪九十二条，并上疏请将年羹尧正法，诛其父兄子孙。胤禛批准了这一奏疏，决定叫年羹尧自尽，将他的儿子年富处斩，年家其余十五岁以上的男子发配到边远气候恶劣的地方充军。因为年羹尧的妻子是皇族，叫她回娘家生活。其他与年羹尧同族的文官武将，也都一律革职。至于年羹尧不满十五岁的儿孙，等长到十五岁时也要陆续充军，永远不许赦免回。如有人收养、隐藏年羹尧的子孙，以叛逆的同党治罪。年羹尧的父亲太傅一等公年遐龄，当时已经八十多岁，最初也是要被诛杀，由于大学士朱轼极力向胤禛说情，说儿子犯罪而杀死老子，这是不合法的，年遐龄才得以免死。而年

胤禛朗吟阁行乐图

此图为未登基前的雍正皇帝胤禛，正坐在朗吟阁前欣赏圆明园的美景，胤禛即位前曾在此居住。

年羹尧的哥哥广东巡抚年希尧也被革职抄家。其他与年羹尧有瓜葛的人，也不同程度受到惩处。比如有一个叫钱名世的，是江南武进人，康熙四十二年（1703年）进士。在年羹尧权重之时，他曾经为年羹尧赋赠过几首谄媚诗文，把年羹尧比作周代的大将召伯、汉代名将卫青和霍去病。年羹尧平定青海后，他又鼓吹为年立碑，并在一首诗中写道："钟鼎名勒山河誓，番藏宜刊第二碑。"意思是当年康熙帝第十四子允禵进兵西藏时，康熙皇帝曾为他立了一碑记载他的功绩，现在年羹尧平叛成功也该再立一碑。年羹尧被诛杀后，胤禛认为钱名世简直就是文人无耻钻营的代表，根本不配做儒门中人，但杀了他又于理不通。于是想出了一种"以文词为刑法"的手段，即亲书"名教罪人"四字并制成匾额，悬挂在钱名世大门的上方，以警戒其他文人的谄媚行为。此后胤禛又命令所有进士出身的文官每人作一首诗，以讽刺钱名世的奴颜媚骨，并由钱名世出钱将这些诗文刊印出来，分发各地，以此警戒其他文人。

除了年羹尧以外，胤禛在位期间还铲除了另一个位高权重之人，就是他的舅舅，也是一位宠臣隆科多。

隆科多和年羹尧本来是胤禛的左膀右臂，都在胤禛继位的过程中起了十分关键的作用。隆科多十分有才干，深受康熙皇帝的信任与重用。康熙六十一年（1722年）冬，康熙帝在畅春园病重之时，隆科多奉命于御榻前侍疾。康熙帝驾崩之时，身为步军统领的隆科多，是除皇子以外唯一在康熙帝身边的大臣。寝宫之内，康熙皇帝几乎是在与外界隔绝的情况下突然死去，而又未宣布继承人，所以他成为胤禛能够承继皇位的关键人物。隆科多作为步军统领，手握三千官兵，提督京城九门，正是他运用手中的权力保证了国葬期间京城的稳定，使当时任何一个对新君不满的人，都无法轻易采取行动。这就大大地促进了雍正帝皇权的稳固。因此胤禛继位以后，就令隆科多承袭了父亲佟国维一等公的爵位。不久又加封太保衔，晋升为吏部尚书兼步军统领。胤禛还公开称其为"舅舅隆科多"。后来论功行赏时，又封他为一等阿达哈番世职。胤禛感叹说："此人真圣祖皇考之忠臣，朕之功臣，国家良臣，真正当代第一超群拔类之稀有大臣也。"为了紧紧拉住这个地位与作用都极其微妙的人，胤禛采取的手段就是不断为其加官晋爵，以示优宠。但结果却是，将其推向位极人臣的高位之后，又亲手将这个大功臣铲除。

胤禛行乐图册（局部）

《胤禛行乐图册》描绘的是雍正皇帝胤禛行乐的故事，共十四幅。胤禛分别着古装、道装、佛衣、戎装等不同服饰进行各种活动。此图选赏景、弹琴二幅，表现其行乐之情，生动逼真，设色妍丽。

其实隆科多的倒台和年羹尧的原因基本上是一样的，一是二人位高权重，居功自傲，结党营私，对于胤禛的皇权已经产生了不利的影响；二是胤禛的猜疑，他对自己能不能完全笼络住这二人没有把握。所以在处罚年羹尧之时，很快找到了借口，一箭双雕。

当初年羹尧获罪交刑部处分时，身为吏部尚书的隆科多却没有提出将年羹尧的公爵革去。胤禛认为他这是在袒护年羹尧，因此对他深恶痛绝。可是当时的大臣们没有一个敢攻击隆科多的。这时田文镜的一个幕僚，猜测到了胤禛有处分隆科多的心思，就替田文镜起草奏折，参了隆科多一本，要求弹劾隆科多。这道奏折正中胤禛的心意，果然据此将隆科多处分了。而田文镜从此以后不断得到胤禛的重用，他在胤禛心目中的地位是当时任何大臣都无法相比的。

后来隆科多又在胤禛下令将允禩等人的名字从宗人府保存的皇族家谱上删除时，嘱咐辅国公阿布兰私自抄写了一份胤禛的家谱，私藏在自己的家中，以备将来对照。胤禛知道后大怒，将阿布兰的公爵革去，并禁闭在家中。隆科多则被调回京城治罪。胤禛认为，隆科多在康熙年间就与允禩之党阿灵阿、揆叙有交往，此时又私藏玉牒，显然是有叛逆之心。于是在雍正五年（1727年）十月，他授意诸王大臣上疏弹劾隆科多，并且罗列了大罪四十一款，称"应拟斩立决，妻子入辛者库，财产入官"。但可能是顾虑到舆论，所以雍正又声明："隆科多所犯四十一款重罪，实不容诛。但皇考升遐之日，召朕之诸兄弟及隆科多入见，面降谕旨，以大统付朕。是大臣之内承旨者，惟隆科多

正史史料

圣祖（康熙帝）政尚宽仁，世宗（雍正帝）以严明继之。论者比于汉之文、景。独孔怀之谊，疑于未笃。然淮南暴亢，有自取之咎，不尽出于文帝之寡恩也。帝研求治道，尤患下吏之疲困。有近臣言州县所入多，宜釐剔。斥之曰："尔未为州县，恶知州县之难？"至哉言乎，可谓知政要矣！

——《清史稿·世宗本纪》

一人。今因罪诛戮，虽于国法允当，而朕心则有所不忍。隆科多忍负皇考及朕高厚之恩，肆行不法。朕既误信任于初，又不曾严行禁约于继，今惟有朕身引过而已。"为了粉饰自己的心狠手辣，胤禛下令将隆科多免于正法，而在畅春园附近修建一座监所，将其终身监禁。隆科多入监后，就像一年前被监禁的允禩、允禟一样，很快就死亡了。也有说法认为，隆科多如果是帮助胤禛阴谋篡位的大臣，胤禛惩处他可能是为了杀人灭口。

胤禛继位以后，不仅逐步将自己从前的政敌铲除，而且还把旧日的心腹、今日握有大权而对自己统治构成威胁的人一个个从身边清除。在这方面，胤禛可称得上不遗余力。胤禛打击异己势力，巩固了自己的地位，加强了君权，为顺利推行政令打下了坚实的基础。与此同时，胤禛也株连无辜，暴露了他残忍的一面。

整顿吏治

"康乾盛世"是和"贞观之治"齐名的中国历史上的鼎盛时期。打造康乾盛世的三朝皇帝中，康熙帝、乾隆帝都是多受褒扬，唯独胤禛皇帝毁誉参半。虽然手腕毒辣，但作为历史上以勤勉而闻名的皇帝，胤禛在位期间确实取得了很多政绩。

康熙帝可谓雄才大略，平定了三藩，统一了台湾，稳定了边陲，为大一统的清王朝打下了一个坚实的基础。但到晚年，国家的歌舞升平使得官场上渐渐滋长了虚诈、迎合、粉饰、浮夸的腐败风气。因此惩治腐败，整顿官场风气的重担，也就落到了康熙帝的继承者胤禛的肩上。

胤禛一生，以务实精神治天下。他刚一继位，就针对腐败衰颓之风进行了坚决的惩治与清除。他直截了当地告诉文武百官："朕平生最憎虚诈二字……最恶虚名。"这表明了他对虚伪、欺诈等腐败风气的批判态度。

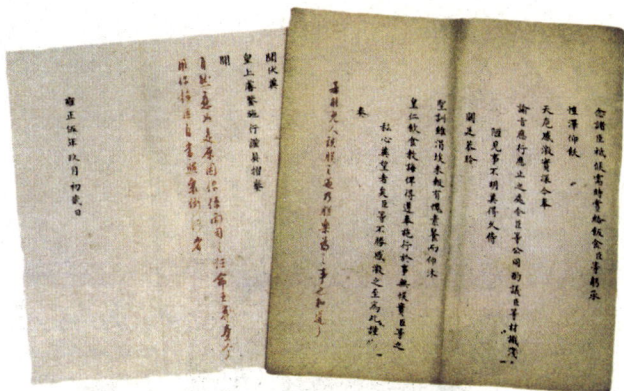

雍正帝朱批奏折

奏折制度使皇帝得以直接与官员对话，是皇帝处理政务方法的改进。皇帝阅览奏折后，一般在上面用红笔批示，因此称为"朱批奏折"。

胤禛每天都要批阅大量的奏折，少则一二十件，多则三四十件，为此常常工作到深夜，有时他的批语甚至比奏折本身的文字还要多。在现在留存下来的清宫档案中，有数以万计的胤禛批过的奏折，从中可以看到胤禛对腐败之风的痛恨和他务实的作风。

当时官场上流行着这样一种陋习，各地的文武百官刚刚到任时，几乎都是极力地述说当地的吏治民生如何糟糕。等过了几个月，就一定奏报说通过自己雷厉风行地整治，情况已经如何地好转，以此显示自己的才干和政绩。对于这类奏报，胤禛毫不客气地指出："只可信一半。"

有一次负责四川陕西军政要务的川陕总督岳钟琪，将几个省区旱灾严重的情况如实上报，胤禛夸奖他说："凡地方事情，都如此据实奏报，不加丝毫隐饰才合朕意。朕希望所有内外大臣，办事只讲一个'真'字。"

除了浮夸之外，官吏们还通过摊派克扣来压榨百姓。雍正三年（1725年），岳钟琪又将两省乱摊乱派的名目进行综合，竟然共有三十多项。他把这一情况如实上报给朝廷，并且指出不但四川、陕西有乱摊乱派的现象，其他各省都一样。这一举动不仅得到了胤禛的夸赞，还选派了一大批官员调往四川和陕西，让岳钟琪坚决果断地替换掉各府州县的不法贪官。

胤禛支持臣下的实干，对于那些只会做表面功夫的人深恶痛绝。所以当云南布政使葛森频繁上奏时，胤禛就批评他说："路途这样遥远，派专人送来这些没有用的奏折，不知你用心何在？如果想用密折奏报，来讨好皇上、挟制上司、恐吓下属，那实在是在耍小聪明。"胤禛告诉朝臣们："有事，一个月上报几次都无妨；没事，哪怕几年没有折子也不会怪罪。"他反复强调："只务实行，不在章奏。"所以他多次告诫群臣说："说一丈不如行一尺。"他所关注的是文武大员是否实实在在地干事，而决不在于奏报是否多，说得是

清朝官员

清朝的文武官员都分为九品，每品有正、从，共十八级。品级不同，朝廷授官的规格、使用的授予文书形式也不同。清代官服在服饰的前胸和后背正中均缀饰一块绣有飞禽或走兽的丝篩，称"补子"。文武官员都穿补服。

否动听。因此他对官员进京面见皇帝也一直控制得很严。胤禛早就发现，有些地方官员，只看皇帝的脸色办事，事务大小都要请示皇帝。对于这种现象，他一针见血地指出，这些官员实际上是推卸责任，为自己留条后路。比如胤禛后期连续六年在西北用兵，讨伐叛乱的准噶尔部首领，当时的军事统帅岳钟琪曾就何时进军、如何用兵等问题请示他，胤禛严厉地批评他说："朕在数千里之外，怎能知道当地具体情况。这都是你大将军因时因地酌情办理之事，朕怎么可能神机妙算，给你下命令呢？

在强调务实的同时，胤禛在对待贪官庸人的问题上却毫不手软，而对有才干的人也是十分地爱惜和支持。河南大员田文镜铲除贪官，果断坚决，由此得到胤禛的赏识，成为他的宠臣。田文镜执法苛刻严酷，牵累了一些无大过错之人，使这些人遭到参劾，但胤禛还是十分信任他。赞扬他"为国忠诚"。并好言安慰田文镜说："小人流言何妨也，不必气量窄小。"另一个例子就是浙江总督李卫，此人办事严猛，不徇私情，得罪了不少大官。于是有人向胤禛告李卫的状，胤禛却说："李卫性情粗犷，这是大家都知道的，但他却是刚正之人。朕赏识李卫，就是因为他操守廉洁，实心任事。"

所以胤禛对于朝中的大小官员的要求是极为严格的。他在位不过短短的十三年，由于他治理国家比较严厉，整顿官僚队伍也很坚决，所以在身前身后都留下不少骂名。但是他能广开言路，对于他不懂的地方事务，鼓励官员们各抒己见，畅所欲言。他曾经多次颁发谕旨，要求身边的大臣，看见他的过错要直接指出，"使朕有则改之，无则加勉"。胤禛即位的第一年，就命令朝中文武大臣每人写一份奏折，专门给皇帝挑错，并交待说挑的错哪怕是不

缂丝耕织图

此图长 127.2 厘米，宽 77 厘米，构图严谨，用色协调，表现了清代贵州苗寨的劳动生活场面，具有浓厚的生活气息。

太合适，朕也不会怪罪。但若是瞻前顾后用一些空话来搪塞，却是万万不可的。胤禛曾经派一个叫周英的人到西藏去统领军队，后来发现周英这个人能力不行，办事浮躁，胤禛就坦率地对身边大臣说："派周英到西藏，属于用人不当，这是我用人上的错误。"胤禛的难能可贵之处，不仅在于勇于承认自己的错误，尤其在于一旦发现有错，他能够立即加以改正。他做事脚踏实地，对自己不很了解难以决断的事情，往往坦率地承认，不轻易下结论。一次雍正收到一件如何料理台湾事务的奏折，他看后认为："其中多有可取之处。"但他并没有立即下令推行，而是十分慎重地批示："朕不知地方情形，不敢轻易颁旨。"胤禛把这件奏折转给福建总督满保，让他与提督、总兵等经办台湾事务的官员共同商讨，选择其中可行的去办。

在治理国家方面，胤禛确实是一个具有实干精神的君主。正是他这种求真务实的精神，才在一定程度上革除了康熙后期遗留下的虚诈不实的官场弊端，为乾隆初期的发展奠定了良好的基础。

经济改革

减免赋税

满族的先人女真族早期是奴隶社会，把抓来或买来的汉人和朝鲜人做奴隶。其中辽阳一带的女真族还能从事农业生产，但松花江流域和黑龙江中下

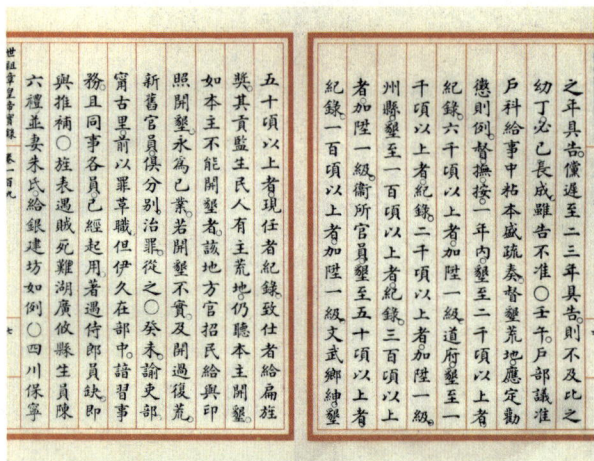

《清世祖章皇帝实录·督垦荒地劝惩则例》

顺治十三年（1656年），清廷用推行屯田来加速垦荒的计划破产后，又把劝垦荒地的重点放到地主阶级身上，对官僚、地主、乡绅垦荒予以旌奖，并为此制定了督垦荒地劝惩则例。顺治十七年（1660年）又增加了垦荒奖励的比重。

游地区的女真族就是以狩猎为生。到了努尔哈赤时期，社会生产力获得了一些进步和发展。这一方面是因为随着掳掠而来的汉人和朝鲜人的增加，他们带来了比较先进的生产技术。另一方面，满族人通过与明朝的贸易获得了犁、铲、耕牛、种子等生产资料。于是原来生产比较先进的建州女真从明朝万历二十七年（1599年）开始开采金银矿、炼铁，逐步向封建过渡。万历四十二年（1614年）八旗制度创立以后，封建徭役制在女真族萌芽，规定每一牛录出丁十人，牛四头耕作，收获上缴后金政府。到了天启元年（1621年）满族进入辽沈地区后，实行"计丁受田"，将明朝官员丢弃的大片田地分给汉人和满人耕种，然后向政府交税。这对汉族封建地主经济而言是一种倒退，使农民沦为半自由的农奴。但对于女真族奴隶社会而言，却是封建生产关系的萌芽。明天启五年（1625年），努尔哈赤实行庄田制，以十三丁七牛，田一百垧为一庄，其中八十垧自食，二十垧收获归庄主，则又倒退到农奴制上。

皇太极即位以后，曾经五次入侵关内，大量掠夺人口和牲畜，加强了生产力，对生产关系也进行了调整。他缩小庄的规模，原来的一庄十三丁改为八丁，其余五丁编为民户。此外将余地归公，分给民户耕种，不再建庄田。同时实行满汉分屯别居的政策，以缓和民族矛盾，这为汉民恢复先进的封建生产方式创造了条件。皇太极颁布《离主条例》，即如果奴隶主违规（随意杀人，奸污管辖的妇女，隐藏战利品等），允许奴隶出户，转为农奴。在对生产关系进行调整的同时，皇太极十分注意发展农业生产，他要求屯地的官员必须懂得种植之法，特别注意克服滥役民夫延误农时的问题。

经过十余年的努力，女真人社会的生产力迅速提高，农业、手工业生产

历史细读

清初，政府将明代宗室藩王所遗田产改归原耕种佃农所有的土地称为更名地。明代藩王之田产散布于直隶、山东、山西、河南、湖北、湖南、陕西、甘肃等省的总数达到二十万顷。从顺治元年（1644年）开始，几次下诏将这些土地收归国家所有。康熙七年（1668年），朝廷为了加速垦荒、增加赋税收入，下诏将废藩田房变价，照民地征粮。次年将土地无偿给予原种之人，令其耕种，照常征粮。这些改入民户的田地，被称为更名地。

都有很大进步。棉布、粮食过去缺少，现在已经自给。但是清军入关以后，朝廷在顺治元年（1644年）宣布免除辽饷、剿饷、练饷三饷加派，却并未切实执行，这使得农民负担非但没有减轻，徭役反而加重了。圈地、剃发、逃人法、投充法和屠城五大弊政的实施和"迁海令"的颁布，火上浇油，激化了民族矛盾，迫使农民流离失所。因此顺治初年的时候，根本谈不上什么经济的发展和恢复，收不上田赋，经济相当残破。到了顺治八年（1651年）的时候，国库存银仅有二十万两。十年（1653年），财政状况进一步恶化，多数直省交纳的钱粮都达不到规定数额，一年少四百余万石。

面对凋敝不振的经济，福临亲政后采取了一系列措施恢复生产：第一，轻徭薄赋。由于逃亡人多，土地荒芜，福临通过减少税额以减轻人民的负担。譬如顺治八年（1651年），免山西荒地十五万顷额粮，十七年（1660年）免湖广荆门、沔阳等县，衡州等卫十六年份额赋。顺治八年、十四年（1657年）、十七年又一再下诏免除三饷；第二，鼓励垦荒。顺治帝一再下令，允许流亡者开垦无主荒田，开垦的土地给以印信执照，永远成为开垦者的产业。地主、乡绅招民垦荒予以奖励，农民垦荒则可以免赋三至六年。在政府的号召和鼓励下，垦荒取得了很大的成绩，顺治十八年（1661年）全国土田比顺治八年（1651年）增加了二百三十五万多顷。在当时军费浩繁的情况下，顺治九年（1652年）的财政收支还有赢余。此外顺治还花费了十年功夫，编纂成《赋役全书》。因为由于战乱，清入关以后明代的户口、土地册籍早已荡然无存，这使得清初征赋毫无根据。《赋役全书》的编成，为田赋整顿提供了依据。

到了康、乾时期，又采取了一系列重大有效的振兴经济的措施，使得农业、手工业和商业等方面的封建经济取得了巨大的成绩，出现了盛世局面。这个时期，康熙、雍正、乾隆三帝解决了一系列阻碍农业发展的大问题。首先就是如何解决人口增长而土地不足的问题。康熙帝下令把明代藩王土地卖给农民或无偿分给原来的佃户。从他开始，又采取奖励政策和延长起课年限的措施，从而使得耕地面积逐步扩大。顺治十八年（1661 年）时耕地面积五百四十余万顷，到了康熙二十四年（1685 年），已经增至六百八十余万顷。到乾隆三十一年（1766 年），又扩大到七百多万顷；其次是解决黄河频繁决口的问题。黄河下游经常决口，水患严重，而且严重影响了漕运。康熙帝在位期间派靳辅治河，取得了成效。到了雍正和乾隆时期，二人又下大力气治理海塘，使江浙地区免受海潮的袭击；再次，就是解决赋役问题。在意识到明朝的"一条鞭法"的赋役制度不公平后，康熙帝于五十一年（1712 年）实行"滋生丁永不加赋"的政策。雍正朝进一步实行"摊丁入亩"的办法，赋役比较公平合理，减轻了无地和少地的农民负担。

摊丁入亩

"摊丁入亩"（也称"摊丁入粮"）是对中国古代赋役制度的一次重大改革。雍正帝认为："摊丁之议，不是小事，而是富国之大事，关系甚重。"因为赋税在历朝历代都是一个重大问题，因而说是富国之大事。

差徭和田赋，是封建社会臣民应尽的两大义务，历年来都是分别征收。由于徭役很重，致使无田的平民难以承受，加上历年来缙绅免于丁役，造成了差徭不均的局面。这就迫使平民百姓只能隐匿人口来逃避差役，恶果就是不仅农民负担沉重，而且政府的征徭也没有保障。差徭制度的不合理，已成为必须解决的社会问题，改革役法也是势在必行。

康熙末年，有人提出"丁随粮行"的建议，就是把丁银归入田粮中一起征收，完全按照田地的面积来收取，而不再按人口来缴纳。但终康熙帝之世，改变役法与维持旧法的争论一直没有定论。胤禛即位后，面对这个棘手却又必须解决的问题也表现得极为慎重。

最早上疏触及这个问题的是山东巡抚黄炳。他提出由于丁银分征造成地方上隐匿人口、贫民逃亡的严重现象，主张丁银摊入地亩征收，有地则纳丁银，无地不纳丁银，贫富均平才是善政。但是胤禛并没有接受他的提议，反而指责他说："摊丁之议，关系甚重。"于是又把问题交给朝臣们讨论，依然是反对与支持的声音互不相让。反对派的意见主要是认为，丁归田粮以后，必然造成对人口的管束放松，使得对游民的管理更难了。而且丁归田粮实行久了，人民就会以为只有粮赋没有丁银了，为以后官僚们再加税提供了借口，

稼禾管理
康熙帝时，清政府奖励垦荒屯田，重视兴修水利，多次减免租税，经济得到恢复和发展。到乾隆时期，社会经济呈现出繁荣的景象。此图所绘为乾隆时期姑苏一带的农民在管理庄稼。

最终使老百姓受苦。

一个月后，直隶巡抚李维钧又以有利于贫民为理由，奏请摊丁入粮。李维钧比黄炳的聪明之处，在于他深知有钱人家肯定不乐意，会出来阻挠。而政府机构户部又只知按常规办事，公文律行不知到猴年马月，也不会同意。因此他奏请胤禛朝纲独断，批准他在辖区实行。

胤禛把李维钧的奏章交给户部及九卿詹事科道一起讨论，并明确要求要谋划最好的办法来达到最佳的效果。胤禛定下的指导原则就是，新的役法既要对国家收入没有影响，又能对贫民有益，两头都要讨好。胤禛最后批准了李维钧丁银按地亩等级摊入的改革设想，并对李维钧的详细规划深感满意，鼓励他大胆地去改革。之后山东、云南、浙江、河南等省也步改革之后尘，丁归田粮得以在全国全面展开。浙江在全面实施摊丁入粮的时候，因为对田多的富人的利益损害较大，而贫民又期望能早日实行，两种势力曾经斗争异常激烈。

摊丁入粮实行以后，由于纳粮人完成丁银的能力大大高于无地的农民，所以政府征收丁银也有了保障。因此国库也就有了保障。而由于不再按照人头来收税，农民也不再像以往那样为了逃税而隐匿人口，四处逃亡了，社会处于平稳状态，这就为生产力的发展创造了良好的环境。

兴修农田水利

清朝前期的一百多年里，耕地面积增加了百分之四十以上，人口迅速地增长到三亿六千多万。清政府提倡各省因地制宜，采用多种种植方法，使粮

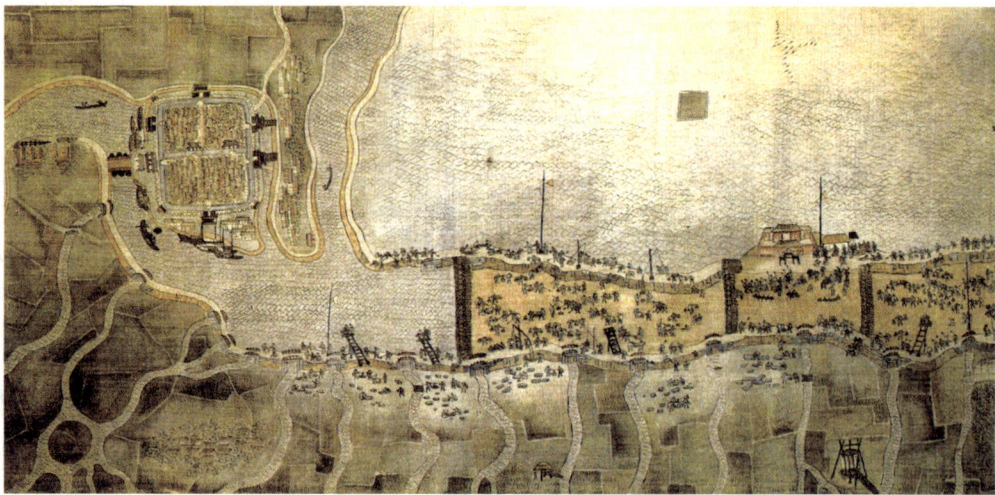

治淮图

黄淮水灾频繁，严重制约着农业的发展。康熙时期对这两条河进行了治理，水患有所减轻。图为百姓治理淮河的场面。

食产量得到提高，农民能够安居乐业。康熙帝在位六十多年间，清政府奖励垦荒屯田，重视兴修水利，多次减免租税，经济逐步得到恢复和发展。雍正帝继承父业，继续在这方面作出了不少成就，社会经济水平得到大幅度提高。其中高产作物甘薯的种植，由福建、浙江等省推广到了长江流域和黄河流域。经济作物桑、茶、棉花、甘蔗、烟草，种植面积也较以前扩大，并且在商品交换方面得到发展。康熙帝曾将双季稻的栽培推广到江北部分地区。乾隆时期，清政府提倡改革耕作方法，大力推广多熟种植。比如广东部分地区收获早稻以后，又插晚稻，收获晚稻以后，再种油菜或甘薯，达到了一年三熟。而江西土薄，早稻收获以后不能续种晚稻，就种荞麦，一年两熟。由于南方多熟种植的推广，每年增产的粮食达到六十多亿公斤。经济作物也得到了大力推广。乾隆年间，原来不种棉花的河北一些地区，栽培棉花的占十之八九。清朝前期，甘蔗种植遍及东南沿海各省。广东一些地方种植的甘蔗，往往上千顷连成一片，远远望去像芦苇一样。美洲植物玉米、番薯、马铃薯也得到了大力推广，农产品数量和种类的增加使人口激增。

但是当时生活在黄河中下游地区的人民，却时常受到黄河决溃泛滥的影响。康熙帝亲政后，曾经将三藩及河务、漕运三件大事，书写在宫中柱子上。康熙四十五年（1706年），下令治理黄河。康熙帝决心治理黄河后，任用治河名臣靳辅和陈潢。靳辅的治河方略是："统审全局，河运并治。浚河筑堤，束水攻沙。多开引河，量入为出。"他重点治理黄河、淮河、运河交汇的清口。

陈潢是靳辅治河的监理。他们督率民工，日夜辛勤，治河大成。但是靳辅却受到诸臣的合议交攻，发生了意见分歧。当时靳辅与直隶巡抚于成龙在治河方略上争论的焦点主要在于，一是治河水退后出现的田地，是实行屯田还是由豪绅垦占？二是为了使河水通畅顺流入海，是开浚海口还是修筑大堤？玄烨不妄加论断，于是命双方在乾清门进行御前辩论。辩论没有结果，玄烨又命乡里临河的在京官员，书写己见，上报朝廷。最后采纳了于成龙的方案，并将靳辅罢官。陈潢被削职，回到京城后病死。但是后来的实践证明靳辅的治河方略才是正确的。玄烨亲自南巡阅河后，肯定了靳辅治河的功绩，恢复了他原来的品级。悉心治河数十年后，玄烨命河道总督张鹏翮将治河谕旨编纂成书，雕刻颁行，永久遵守。玄烨说："前代治河之书，无不翻阅，泛论虽易，实行则难。河水没有定性，治河不可一法。今日治河之言，欲令后人遵行，断不可行。"可以说玄烨的科学态度对于当时水利的兴衰具有很大的决定作用。

另一件关系国计民生的水利工程就是江南海塘的修建。乾隆皇帝下江南的故事一直为后人津津乐道。事实上乾隆帝南巡不光是享乐，还有一个重要的原因就是察看河工和江南海塘的工事。乾隆帝在《南巡记》中曾说："南巡之事，莫大于河工。"因此每次南巡他都要亲自巡视河工。六次南巡，他五次视察黄河水利工程，四次视察浙江海塘工程。其中尤以钱塘江海塘工程建树最大。钱塘江注入东海，江水顺流而下，海潮逆流而上，相互冲击，其势汹涌澎湃。这一地区与杭嘉湖平原和江苏的苏松常地区相连，一旦海塘不固，泛滥之祸将波及整个江南。乾隆之前，康熙、雍正两朝已经开始大规模地修筑海塘。雍正十三年（1735年），猝遇大风暴，海塘溃决殆尽。乾隆帝即位后，即着手开始重修海塘。经过数十年的努力，到乾隆晚期的时候，终于在浙江境内建成了自金山到杭县长达二百四十八里的鱼鳞石塘，钱塘江南岸也修建了自宝山至金山长达二百四十二里的块石篓塘。海塘的修建是富庶的吴越地区的重要保障。此举受到后世的高度评价。

资本主义开始萌芽

繁荣的手工业

明末清初，因长期战乱，手工业生产遭到严重的破坏。大约经过五六十年的光景，到康熙中期以后，手工业才逐步得到恢复和发展。

丝织业在清代手工业中占有重要地位。当时江宁、苏州、杭州、佛山、广州等地的丝织业都很发达，尤其是民间丝织业发展非常迅速。例如在江宁，

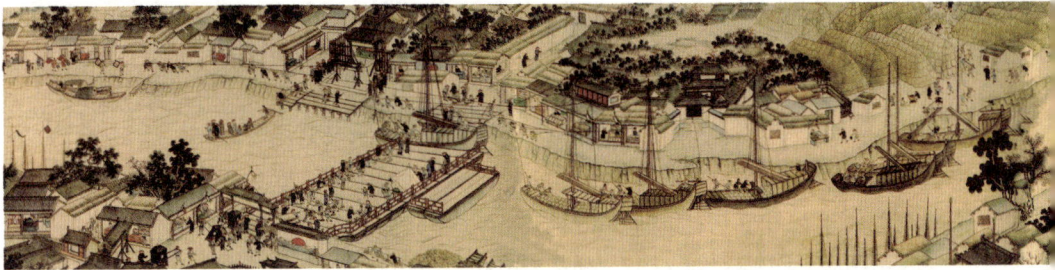

潞河督运图（局部）

潞河督运图为清代乾隆年间画家江萱所绘，描绘了清乾隆末年座粮厅使冯应榴乘官船经潞河，前往天津三岔河口一带视察漕运的情景。图中有各种人物七百九十八人，各式船舶六十四条。潞河也称白河、北运河，北通北京，东南通天津，与南北大运河相接，可达杭州，经海河可出渤海海口。

乾、嘉时期织机数达到三万余张，而且比过去有许多改进，"织缎之机，名目百余"，所产丝织品畅销全国各地。即使在偏远的贵州，丝织业也有很大的发展。到了道光朝，贵州遵义绸"竟与吴绫、蜀锦争价于中州"，招致了秦、晋、闽、粤各省客商竞相来购买贩运。

棉织业在江南一些地区也日益发达，这主要得益于棉纺织工具的显著改进。例如上海的纺纱脚车，可"一手三纱，以足运轮（名脚车），人劳而工敏"。织布机也有一些改进和革新。当时的棉布生产，无论数量或质量都比以前有了很大的提高。上海的"梭布，衣被天下，良贾多以此起家"。苏州的"益美字号"，因大家誉其"布美，用者竞市"，"一年消布，约以百万匹"，结果"十年富甲诸商，而布更遍行天下"，"二百年间，滇南漠北，无地不以'益美'为美也"。苏布"名称四方"，可见信誉之广。无锡也盛产棉布，乾隆时期，"坐贾收之，捆载而贸于淮、扬、高、宝等处，一岁所交易，不下数十百万"，有"布码头"之称。

制瓷业里，江西景德镇仍然是全国最大的中心。到乾、嘉时期，仅民窑"二三百区，终岁烟火相望，工匠人夫不下数十余万"，更不用提官窑了。除景德镇外，其他各地的制瓷业也都发展起来。据统计乾隆帝时全国著名陶瓷品产地共有四十余处，遍布各地。如直隶武清、山东临清、江苏宜兴、福建德化、广东潮州等地的窑场，都有很大的规模，所产瓷器色彩鲜艳，精美异常。

制糖业在福建、广东、四川等地都很发达。康熙至乾隆、嘉庆之际，台湾的种蔗和制糖业极盛，每年生产的蔗糖有"六十余万篓"，"篓一百七八十斤"，内销至京津及江浙各省，外运南洋及吕宋，东至日本等国。广东的蔗糖也贩运四方。此外，浙江、江西、江苏等省的甘蔗种植和制糖行业，也日益发展起来。

　　矿冶业在清代也有进一步的发展。云南的铜矿，贵州的铅矿，广东、山西、河南、山东的铁矿，开采规模都比较大。比如云南的铜矿，至乾隆嘉庆极盛时，全省开办的铜厂达到三百多处。其中有官督商办的大厂，也有私营的小厂。"从前大厂（砂丁）率七八万人，小厂亦万余人。合计通省厂丁，无虑数百十万，皆各省穷民来厂谋食"。乾隆五年（1740年）至嘉庆十六年（1811年）间，云南铜矿的最高年产铜量达到一千四百六十七万余斤。而乾隆时贵州的铅矿年产黑铅也达到一千四百多万斤。

城市的发展

　　城市是商品市场的中心。从这个角度看，城市的发展变化在一定程度上反映了工商业的发展情况。清代城市的发展有两个方面，一是旧城市获得发展，二是新城市的兴起。

　　旧有城市由于历史、地理条件的变化，有的得到比较迅速的发展。比如上海，在清代以前，其商业地位远不及苏州。但是进入清代，特别是解除海禁以后，上海商业发展的速度大大超过了苏州。当时上海是南北沿海贸易的枢纽，聚集于上海的船只，经常有三千五六百艘。豆、米、南货等等，都以上海为枢纽。由于款项进出之浩大，金融调度之频繁，上海钱庄在18世纪初开始出现，到18世纪末，已经多达百家以上。再比如南京，自明朝迁都北京以后，工商业也随之衰落，原来著名的坊市如织锦坊、颜料坊、毡匠坊等，到明代末年"皆空名，无复有居肆与贸易"。但是进入清代以后，随着社会经济的繁荣，南京的工商各业逐步恢复并获得了发展。到了18世纪中叶，单是丝织一项，就有织缎和与其相关行业如丝行、纸房、机店、梭店、箆店、范子行、挑花行、拽花行等兴起。天津在明代迁都北京以后，由于漕运的关系，逐渐成为北方的一个重要城市。但是作为漕运要道，在清代初年，它的地位还赶不上接近通州的河西务。但到了18世纪末，天津已成为一个拥有七十万人口的大城市。"河面挤满了各种船只"，沿河两岸伸展一眼望不尽的市镇、工场和堆栈。百余年间，有了显著的发展。汉口在清代是淮盐的销售中心，

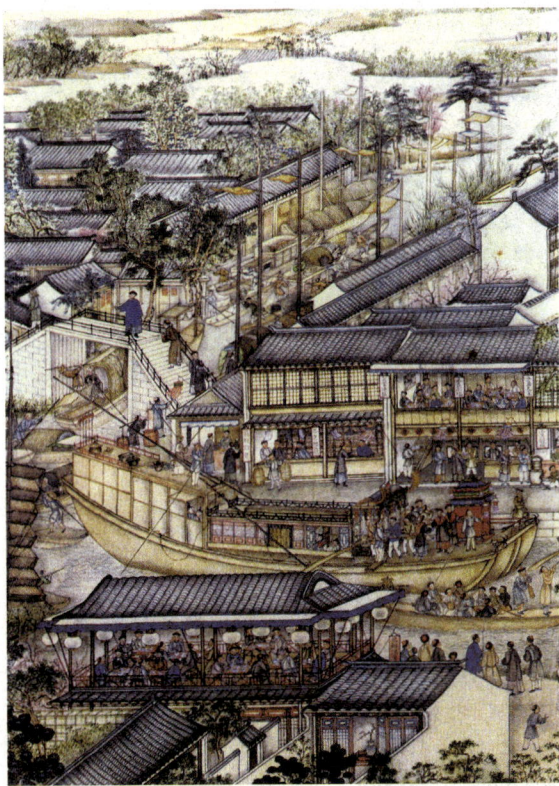

水运商贸
经济发展促进了水路的运输，大大扩展了南北商品贸易交换的范围，拉近了各地经济的联系。此图即展现了乾隆时期繁荣的水路商贸。

它位居川、湘粮食运销江浙的要冲，同时又是木材、花布、药材的集散地。时人形容汉口是"帆樯满江，商贾毕集"，"人烟数十里，贾户数千家"，商业贸易非常繁荣。清朝对外贸易唯一口岸的广州更是商贾如云，在18世纪初，城内有居民九十万，郊区有居民三十万。

新兴城市和市镇的兴起，又可以分为内地和边区两个方面。

在内地，不少小的聚落发展成为大的市镇。如江苏吴江的盛泽镇，明初时居民仅仅五六十家，是个再普通不过的小村落。清初也还只是一个"日中为市"的小市集。但是到了乾隆年间，由于丝织业的发展，吴江所产吴绫都聚集到盛泽，于是"富商大贾数千里，辇万金来买者，摩肩连袂"，繁华程度丝毫不亚于城市。在运河线上，一些闸口也成了繁荣的集市。19世纪初期，张秋闸"夹河为城，西半城乃商贾所聚，土产毡货为天下甲"。安山闸"临河多楼"，是一个"粮食码头"。靳家口闸"夹岸皆有市，各长二三里"。袁家口闸，"居民三千户，通商贾百货"。从张秋闸到袁家口闸，不过八十五里，其间连续出现这样大的城镇集市，这是不见于以前的记载的。

历史文献

凡客商船只仍令照旧在沿海五省及东南贸易外，其南洋、吕宋、噶喇吧等处，一概不许内地商船前去贸易。俱令在南澳、海坛等要紧地方严行截住，并令沿海出口之处及浙江定、黄、温三镇，并南澳、澎湖、台湾并广东沿海一带水师各营，严行查拿，从重治罪。

——《康熙五十六年兵部禁止南洋原案》

边远地区城市的兴起，在加强民族贸易方面发挥了很大的作用。比如新疆的莎车，常有内地客商贩货其地。有些城市，不但发展了商业，而且还发展了工业。如归化城（今内蒙古呼和浩特），在 18 世纪初期，不但"商贾农工趋赴贸易"，而且还在那里制造油、酒、烟等。

城市的发展，标志着商品经济的繁荣。通都大邑之间的商品流通，前面提到的上海、天津、汉口、广州等地的情况，已经足以说明。值得注意的是，清代商品经济的活跃还表现在一些偏僻地区。比如贵州遵义出产的土布，"西走蜀之重庆、泸、叙，南走威宁、平远，极于金川。"它所出产的茧绸，远销秦、晋、闽、粤和中州地区。陕西终南山区所产木材，"远及晋、豫"，而所产纸张，"驼负秦、陇"。景德镇的瓷器，是"器成天下走"。就连地位远不如景德镇的广东石湾所产的陶器，也行销天下。虽说"佛山之冶遍天下"，但地位远不如佛山的山东章邱，所产的铁器都可以"散行奉天、直隶、山西、河南、江南数省"。当然石湾与章邱虽然不及景德镇和佛山，但从全国范围来说，仍然是比较知名的手工业城镇。至于那些更不知名的地方，它们的产品拥有相应的销售市场，也是完全可以肯定的。

流动的劳动大军

包括矿场在内的手工业以及交通运输线上的劳动群众，到乾隆、嘉庆时期，已经是一支人数以百万计的劳动大军。

在手工业内，集中工人最多的是纺织、制茶、制盐和铜铁开采、冶炼。举其大者而言，18 世纪初，棉织业中，仅苏州的踹布工匠总数就将近两万了。丝织业中，苏州的散处机匠，人数超过一万。到了 19 世纪初，广东佛山的二千五百家织布工厂中，共有五万手工业工人，"每年有一万七千名男女童

造酒

酿酒业是一门古老的手工业。有清一代，在农产品加工各业中，酿酒业也是重要行业之一。

织布

棉花在黄河流域大量种植后，中原人民便将传统的葛、麻、丝等织绣工艺用于棉织，这种手工纺织的棉布被称为土布。清代老土布曾作为贡品晋献给朝廷，成为大内御用之物。

工从事织绸工作"。南京丝织业据说有缎机三万张，每机即使只用织工一人，也有三万机匠。在制茶业中，仅福建瓯宁一邑，从事制茶的劳动者就以万人计。云南普洱茶区，"入山作茶者数十万人"。制盐业中，四川井盐的劳动者，单是井工一项，估计近二十万人。而从事海盐生产的劳动者，数量就更多了。以淮盐而论，在 18 世纪中期，参加制盐以及捆盐等辅助劳动的人，估计在五十万以上。在铜、铁冶炼业中，云南铜矿在 18 世纪中期，一个矿区的人数就可以达到数万、十几万乃至数十万。此外在制糖、制瓷、造纸、木材加工和铁器铸造等业中，也集中了不少手工业劳动者。汉口的铁行，在 18 世纪末有铁匠五千人。而在此以前一个世纪，佛山炒铁炉房中的劳动者就已达到数千。广西容县的纸篷，"工匠动以千计"。陕西终南山区，有数以万计的劳动者分散在纸厂、木厂和其他各种工场中。景德镇瓷窑，在 18 世纪中期，窑工至少在三千以上。制糖业如四川内江糖房，"平日聚夫力作，家辄数十百人"。这种糖房，又分散在广大农村，可以料想其劳动者之多。

从事交通运输行业的劳动力也极多。在内河航行中，单是漕运线上的运丁、水手、舵工、纤夫，数目就在十五万以上。民间运输，人数就更多了。比如长江上游的水运中心重庆，每年聚散的纤夫达十余万。海禁开放以后，沿海和远洋又有所发展。每年从事运输的船只，为数三五千不等，或者更多。每船所用水手，一般在二十人以上。所以整个从事海运的劳动者，当在十万

制瓷图册·画坯

我国的制瓷工艺发展到清代,达到了封建社会的最高水平,无论质量、数量都是前代不可比拟的。此图形象地展现了坯厂工匠一丝不苟地绘制瓷器的情景。

以上。陆路运输线上的劳动者,具体数目难以估计。但其范围之广,人数之多,只可能多于水运。

这些手工工场或作坊、矿场、盐场、山场以及交通运输各业或是进入城市劳动的雇工,主要是破产农民。他们流入到城市,相当大的一部分成为手工业工人。苏州踹布坊的踹匠,"皆系外来单身游民"。景德镇瓷窑的工匠人夫,大多是所谓"四方无籍游徒"。"京师刻木之匠,江宁南乡人居其大半",这是劳动者由南向北的流动。而在昆明铜器作坊,各种铜器"皆江宁匠造之",这是劳动者由北向南的流动,可见当时农民流动范围是相当广泛的。

而在城市以外的矿场、盐场和山场中的流民,更引人注目。在矿场中,云南铜矿,从开采到冶炼所需矿工,"近在土民,远及黔粤","凡川、湖、两粤力作功苦之人,皆来此以求生活"。广东铁矿中,有福建上杭等县游民"成群越境前来,分布各处山洞,刨寮住扎"。四川各矿砂丁,成千累万,皆为"无室可居,无田可耕"的贫苦农民。

在盐场中,四川井盐中汲井、烧灶的劳动者,大多都是来自云南、贵州、陕西、甘肃等省的"无业穷民"。两淮盐场的灶丁,不断有流亡迁徙。那些被官方诬蔑为"匪类"的盐场劳动者,不少是外来的流民。

流民最为集中的地方是山场。失去土地的破产农民,有的在深山中进行新的开垦,有的则成为山场中各类手工工场的雇工。在福建瓯宁茶山的制茶

滇南盐井图卷（局部）

清代的盐税是政府财政收入的重要来源之一，仅次于田赋。盐业不仅是国家的重要经济支柱，而且与地方社会关系密切。清代内地的盐业较以前有所发展，《滇南盐井图卷》将盐井的历史沿革和制盐的过程等配以图说绘制成卷，将云南的盐井生产形象地展现出来，十分珍贵。

工场中，被称为"碧竖"的茶工，都是"无籍游民"。山僻中的茶场，当时被称为"客氓"的外地人，是主要的受雇者。延平、建宁、邵武三府各县，"山深地僻，箐密林深"，造纸"厂户繁多"，这些纸厂的佣工，十之七八是来自江西、广东以及本省汀、漳一带的"无业游民"。在陕西终南山区的纸厂区，雇佣工人也都是来自山西、湖广、四川等省的农民，他们或者"砍竹作捆，赴厂售卖"，或者直接进厂作工。这个地区以及四川西部山区的木厂，雇工"多系外省游手之人，无家属之相系"。

至于水陆运输线上的雇工，"代商异货，风雨无休"，这种半流浪式的生活具有更大的流动性。劳动者的流动，说明国内劳动力市场开始处于萌芽状态。这些生活在底层的劳苦民众，大都是"无田可耕，无本可贾"的破产农民，他们由农业人口向非农业劳动人口的流动，虽然还不是大量的、持久的，但是在当时历史条件下，它已经带有新的性质，成为资本主义萌芽的必要组成部分。

衰落的征兆

　　大清帝国在空前的繁荣盛世下，潜伏着巨大的危机，奢侈、骄怠、贪污、腐败等。它们在盛世的表面之下迅速滋生，日益腐蚀破坏着国家和社会的肌体。当朝廷上下对乾隆帝的文治武功洋洋自得、沉湎于自我感觉良好的"天朝大国"时，清王朝却开始从盛世的顶峰迅速滑落，很快从"康乾盛世"跌到"嘉道中落"。

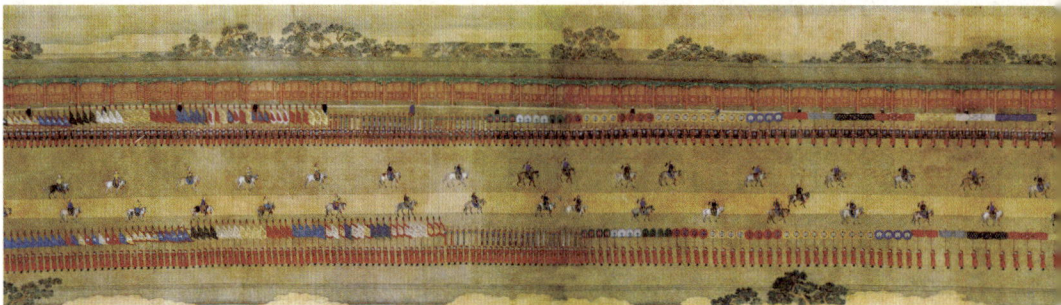

乾隆帝南巡图卷·回銮至京

乾隆帝南巡每次都需要三个月左右的时间，军机处及各部院都要有大臣随行，因此规模浩大。此画卷表现的是乾隆帝南巡归来，自永定门抵达紫禁城午门时的盛大景象。

皇室奢侈浪费

六次巡游

乾隆皇帝在位之时，最有名的一件事就是六下江南。在乾隆帝之前，康熙帝就曾经六次南巡，对祖父推崇备至的弘历把自己的六次南巡说成是效法康熙帝而为之，并作为生平大事。他在回顾自己的政绩时说："予临御五十年，凡举两大事，一曰西师，一曰南巡。"在弘历自己看来，南巡是和西征准噶尔、大小和卓木同等重要的功绩。

然而官方史籍和民间野史，对弘历南巡描述并不一致。前者说他修筑堤堰，功泽千秋。后者说他把国家大事都扔给手下大臣，自己迷恋在江南美景中，并风流成性，挥霍无度……总之众说纷纭，功过参半。

实际上乾隆帝南巡从一开始就遭到一些大臣的反对。《清史纪事本末》中记载，弘历即位不久，听说苏州的景色美如天堂，他很想去江南巡游视察，于是委派大学士讷亲去江南勘察道路。讷亲本人并不赞成弘历南巡，所以他在给弘历的回奏中说："苏州城外的虎丘还算得上名胜，实际上就像一个大坟堆。苏州城里河道狭窄，运送粪便的船只拥挤在一起，过了中午就臭不可闻，根本不算什么风景。"弘历的南巡之行只好暂时搁浅。

但弘历内心里南巡的念头一直没有打消。到了乾隆十四年（1749年），江南的地方官为了迎合弘历，上奏请求皇帝南巡浙江，这正合弘历的心思。于是在当年的十月初五，弘历宣布两年后举行南巡。

乾隆帝南巡图卷·视察黄河
乾隆帝多次视察黄河治理工程，他曾说："南巡之事，莫大于河工。"

当年康熙帝南巡主要是为了视察水利，弘历也说："南巡之事，莫大于河工。"在南巡中，弘历曾多次视察黄河治理工程和浙江的海塘工程。当时解决黄河水患的关键工程在江苏的清口和洪泽湖的高家堰，所以弘历每次南巡，都要到这两个地方来看一看。

第一次南巡，弘历来到洪泽湖视察水利工程，他了解到高家堰与蒋家坝之间的黄河大堤只有三座大坝，每年到了夏秋两季，洪泽湖的水位一上涨，由于排泄不畅，很容易发生水灾。河道总督高斌建议，再增修两座大坝，弘历接受了这个意见。这样高家堰就共有五座水坝，分别被命名为"仁""义""智""礼""信"。每当洪泽湖水位上涨时，根据水势情况，五座大坝就可以及时调节水量和流速，对于保证大堤和下游的安全起到了非常重要的作用。第三次南巡时，弘历又制定了清口水志，规定上坝的水位上涨一尺，下坝的闸门可以开到十丈。这一规定确保了在相当长的一个时期内，下游的各州县避免了水患灾害。徐州附近的黄河大堤也是弘历巡察的重点之一。他多次巡查这里，并下令先后修筑了防洪石堤大坝累计七十多里。

除了黄河河工，弘历关心的另一项水利工程就是江浙地区的海塘。浙江的海宁州和仁和县，是江海的交汇处，每天都要发生两次大的潮汐。如果海堤被冲垮，江浙很多地区就会被淹没成汪洋一片。从汉朝开始一直到清代，江浙地区沿海人民就不断修建海塘，以保护自己的生产和生活。

历史细读

《南巡盛典》，一百二十卷，清高晋等纂，记载了乾隆帝十六年（1751年）、二十二年（1757年）、二十七年（1762年）、三十年（1765年）历次南巡的情况，包括恩纶、天章、蠲除、河防、海塘、祀典、襃赏、籲俊、阅武、程途、名胜和奏请等十二部分，是一部享誉中外的典礼文献。其中河防、阅武、名胜三部分各附图版。尤其是书中的"名胜"部分，从河北卢沟桥起到浙江绍兴兰亭，附有著名画家上官周绘制的插图一百六十幅，可谓洋洋大观。关山、寺镇，披图细览，一一可指。刻画婉丽繁复而不失明净挺拔，是清代殿版画中的上乘之作。该书不仅具有较高的艺术价值，且对研究清代江南地区的政治、经济、文化也具有较高的史料价值。

到了乾隆二十五年（1760年），浙江又一次水情告急。而在海塘施工中又出现了石塘、柴塘之争，如同当年靳辅和于成龙在治理黄河意见上的分歧一样，石塘与柴塘意见不统一。

弘历第三次南巡到达海宁的第二天，就亲临现场，并且亲自试验打桩。他看到如果修建石塘，必须从旧塘坝向内迁移数十丈才能打桩，这样原来海塘以内的许多田地和庄稼势必会被毁掉。看到这种情况，弘历说修建海塘本来想保护民众，现在反而先害了他们。于是弘历决定先修筑柴塘，并要求每年用竹篓装上石头加固。

到了第五次南巡时，弘历再次亲临现场，发现柴塘虽然不必内迁，但确实不太稳固，堤坝的泥土被湍急的水流不断冲走，装石头的竹篓都露了出来。于是决定在可以修建石塘的地方，都改建鱼鳞石塘。

乾隆四十九年（1784年），最后一次南巡。视察之后，下令继续修筑范公塘石坝。海塘工程的建成，有力地保护了江南水乡的繁华昌盛。海塘工程确实是弘历一项不可磨灭的功绩。

除了视察水利外，弘历南巡的另一个重要目的是笼络人心。凡是他经过的地方，都被不同程度地减免了赋税。对于接驾及办差的官员也大加赏赐，加官晋爵，一些原来受过处分的官员还得以官复原职。特别是那些前来接驾的老臣，他问寒问暖，赏赐人参、貂皮等物品，还赏赐其子孙功名。另外还多次在各地的孔庙行礼，对前来拜见的文人士子，亲自命题考试。他出的不

弘历行乐图卷

张廷彦擅绘人物山水画，其作品受西洋画技法影响较大。图为他描绘乾隆帝悠闲地欣赏室外秋色的情景。

少考题，摆脱了科举考试的八股陋习而注重实际应用。如浙江省大修海塘，他就以"海塘得失策"为题。对取得一等成绩的考生，立即授予官职，这样就选拔了许多实用的人才。由于江南一带人才荟萃，读书应试的人很多，弘历下令给江苏、安徽、浙江三省官办学府增加科举的名额。《四库全书》告成后，他又让人抄录了三份，藏于扬州的文汇阁、镇江的文宗阁、杭州的文澜阁，并命令地方官吏允许学子们拿出来抄录传看。这些举措对江浙一带的文化事业起到了推动作用。应该说在笼络南方士人的方面，弘历达到了自己的目的。

阅兵也是弘历南巡中重要的活动之一。满族历来重视骑射，崇尚勇武，从康熙到乾隆时期，统治者都是文武双全之人。所以弘历历次南巡，都会在杭州、南京等地举行盛大的阅兵式。他的本意是通过阅兵来训练士兵，扭转当时已经腐败的风气，并显示天朝的力量。但没想到，阅兵反而闹了许多笑话。弘历最后一次南巡阅兵是在杭州，随行的嘉庆皇帝后来回忆那次阅兵时的情形说："射箭箭虚发，骑马人坠地。"一时传为笑谈。

弘历南巡当然还有一个重要目的，就是饱览山川美景。所以他六次南巡，每次都带着画师随行，将喜爱的江南景色摹绘成图，并且在圆明园和承德避暑山庄仿建。南京的瞻园、海宁的安澜园、杭州的小有天园和苏州的狮子林，都在圆明园中一一重现。杭州的雷峰夕照、三潭印月、平湖秋月等西湖十景，更是实景仿制。

弘历特别喜爱苏州的狮子林，除了圆明园以外，在避暑山庄也仿建了一座。搬进避暑山庄的，还有镇江的金山寺、嘉兴的烟雨楼和宁波的天一阁等多处江南名胜。

从弘历游玩的这些地方，可以看出他南巡时的铺张与奢华。当年康熙帝南巡之时还是比较简朴的，他第一次南巡时途中经过丹阳、常州、无锡，一路都没有停留，昼夜行船三百六十余里。住宿也是以地方官员官邸为主，只在扬州、杭州等地，建造了少量行宫。而到了弘历之时，从北京到杭州的沿途建造了大小三十个行宫。他南巡的御舟有安福舻、翔凤艇等，共五艘，制作工艺都极尽精美。整个南巡船队共有一千多只船。一路上吃的、用的，就连喝的水，都由沿途各地事先做好准备，可以说给当地的财政带来了极大的负担。尽管弘历本人三令五申严禁铺张，但地方官员为取得他的欢心，无不绞尽脑汁，想方设法投其所好。这六次南巡，排场一次比一次大，耗费一次比一次多，甚至造成国库的枯竭，给沿途百姓带来了深重的灾难。弘历一次次满足了自己对人间极乐的享受，在六次南巡以后，他写下"六度南巡止，他年梦寐游"的诗句，他连做梦都在回味下江南时的情景，充满了无限的眷恋。

其实六次南巡的奢靡也曾遭到不少官员的反对和劝阻，但却多被弘历严厉地斥责，有人甚至为此被罢官。在这种高压下，大臣们谁也不敢再说话，眼睁睁看着国库枯竭，国家走向衰败。

到了弘历晚年，他才认识到南巡带来的负面影响。在《清史稿》的《吴熊光传》中有段记载，弘历曾说自己当皇帝六十年，自认为没犯什么大错，惟有六次南巡，劳民伤财，把好事办成了坏事。

弘历南巡耗资巨大，以后的清朝皇帝再也没人仿效过。因为后来的清朝国库已经承担不起了。六次南巡，留给人们的是一个"康乾盛世"的海市蜃楼，此后大清王朝开始一步步地走向衰落。

修建圆明园

清朝统治者入主中原以后，起初并不习惯北京的炎夏气候，就曾计划择地兴建避暑宫城。但当时南方战事尚未结束，财力不足，因此只是停留在拟定阶段。直至康熙中叶，完成全国的统一之后，财力也逐渐充裕。康熙帝遂开始着手择地建园。海淀镇北丹陵一带，建筑用地广阔，又处玉泉山和瓮山诸泉下游，水源丰富的西郊山区风景也十分宜人，是造园借景的好素材。明代时候，武清侯李伟就在这一带修建了清华园，著名画家、书法家米万钟也建造了勺园。1690年，康熙帝在李伟清华园的旧址之上修建了畅春园，后来还将畅春园西南的一块土地赐给当时的雍亲王建园，定名为"圆明"，他还写了匾额悬挂在圆明园大殿门上。"圆明"二字寓意深远，按照雍正帝《圆明园

圆明园远瀛观正面

圆明园是中西方文化交流的载体。远瀛观位于圆明园的长春园内，这组西洋风格的建筑结合了中国园林的风格和特色。

圆明园花园门北面

这座花园由西洋设计师设计，注重对称，花园中的小桥流水虽然与中国传统风格不同，但却能互相弥补缺憾，体现了一种人工装饰的美感。

谐奇趣南面

谐奇趣为圆明园西洋楼景区西端南部建筑，是一座欧式喷泉大殿。主楼三层，楼南为大型海棠式喷水池，池内设有铜羊、铜鸭和西洋翻尾石鱼等组成的喷泉。楼北也有一座小型菊花式喷泉池。

记》中的解释，"'圆'而入神，君子之时中也；'明'而普照，达人之睿智也。"取格守圆通中庸、聪明睿智之意。

胤禛继位后，在圆明园大举修建，形成了二十八景。弘历做皇太子时，居住在圆明园中的长春仙馆，作为习文读书的地方。弘历当了皇帝以后，六下江南游遍了江南的风景名胜，将自己喜欢的景点在圆明园内一一重建。比如海宁的安澜园、南京的瞻园、苏州的狮子林、宁波的天一阁，以及杭州西湖的许多名胜。于是圆明园中又增加了重要景点十二处，与胤禛时的二十八景合为四十景。圆明园若从康熙四十八年（1709 年）开始营建算起，至乾隆九年（1744 年）基本建成为止，前后大约经历了三十五年之久。此后清朝的各代皇帝仍在园内不断有所修葺和增建，使这座巨大的皇家园林成为一座艺术宝库，集中了我国南北造园艺术和中西合璧建筑的精华，不啻为一本活的造园艺术的百科全书，堪称"万园之园"。

这样一座园林的建成，为清朝后来的各代皇帝提供了一个听政优游之所。他们每年都有大半年时间居住在这里，而非紫禁城内。其后，紧挨着圆明园又修了长春园和万春园，三园成倒"品"字形鼎立，总面积达到了三百公顷。其间水系互相连通，所以在谈到圆明园时，一般也包括这两个较小的园林在内。

圆明园除了风景宜人以外，雍正至咸丰的一百二十余年间，作为几代皇帝常住和办工的地点，园中的收藏和陈列也十分丰富，宝物不计其数。几乎每一座殿堂内都有许多珍贵的文物和精美的器具，这些珍品从帝后们生活的必需品，如衣物、家具，到极其贵重的艺术品和装饰品，以及许多古代珍贵的文物，价值无法估计。

今天的圆明园已经只留下残垣断壁，但从后来劫掠圆明园的英法联军的部分官兵所写的回忆录中，其当时的壮丽景象也可窥见一斑。

法国一个炮兵队长在《纪事》中说，圆明园中堆积如山的财宝和国内所有各种珍奇物品，一间一间的屋子里充斥着价值连城的物品，或系国产，或来自欧洲。一间一间的大厅，置有价值连城的瓶缸，还有储藏绸缎绣货的房子。一个英国军官描写他看到的珍宝，有最精美的碧玉项圈，上面镶着红色和天蓝色的宝石，雕镂得十分精致。一个英军秘书记录他看到园中的陈设，栏杆上面，每隔二三十码的地方，都放着美丽的景泰蓝花瓶，插着珊瑚、玛瑙、碧玉和其他宝石所仿制的花朵、玉器、书籍、毡毯图画、景泰蓝物品等，你能想到的一切东西，这里都应有尽有。殿内两隅陈列着宽博而灿烂的碗盏，这些是应少校普罗宾的要求，以作联军呈给维多利亚女皇的贡品。周围的桌子和茶几上，摆着最精美的景泰蓝，瓷器和珐琅质的瓶子和杯盏，镀金的和纯金的钟，有几个是法国制造的。还有很大的镜子，镶在贵重的框子里面。一个英军的随军牧师写道，一箱箱的皮货、瓷器和绣花的衣鞋，皮货有银鼠、黑貂、灰鼠、细骆驼绒，还有一种特别美丽的灰色皮子，上面带有很细微的卷曲的毛。此外珍珠皮、黑狐，还有别的皮，我们似乎从来都不曾见过。一箱箱黄色御用瓷器，这些杯子上镌着五爪龙纹，手工极其精细。奇特的灰色古代碎纹瓷器，绿玉和白玉制的龙纹。两个高高的瓷缸，涂着很浓厚的彩色，描绘着几幅连续追赶虎鹿的猎景。除了一些陈设用品外，圆明园中还珍藏着许多稀有的历史文物，如唐宋元明清几代名家书画以及孤本善本图书、金佛像等。

胤禛在《圆明园记》中曾经写到，当时已经是"百务俱举"，皇帝应该"宁神受福"了。圆明园就是兴建于这个清王朝的鼎盛时期，经过几代皇帝的经营，变成了帝王穷奢极欲的场所。

内政外交

乾隆帝与马戛尔尼

1649 年，也就是中国历史上清朝顺治六年的时候，英国资产阶级革命取得了重要成果，把英王查理一世推向了断头台，英国逐渐走上了资本主义的道路。到乾隆时期，英国已经完成了工业革命，一个庞大的"日不落帝国"建立了起来。当时的英国不仅是一个经济强国，在军事上也极为强大，其海军战舰的总吨位已经超过了法国、俄国、西班牙这三个海上大国的总和。英国的战舰上都装有几十门甚至上百门大炮。从好望角到印度洋再到太平洋，英国建立了一条极为通畅的贸易通道。

同时西方其他国家的产业革命也开展得如火如荼，1768 年，阿克莱特发明自动织布机，第二年瓦特发明了蒸汽机。1774 年，也就是乾隆三十九年，美国独立战争开始。乾隆五十四年（1789 年），华盛顿成为美利坚合众国第一任总统，一个新兴的资本主义国家开始崛起。同年法国大革命爆发，路易十四被送上断头台，法国发表了《人权宣言》，一个法国的资产阶级国家开始兴起。在科

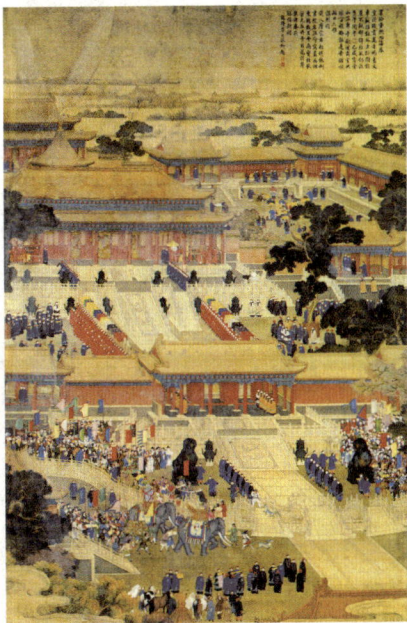

万国来朝图

此画描绘的是藩属及外国使臣到紫禁城向清王朝恭贺新春的场景。为了宣扬朝廷的威德，乾隆年间画师创作的此类作品较多，其中有部分想象图。

清朝画师笔下的外国人

除英国外，当时还有荷兰、法国等国家与清王朝有交往。乾隆帝命画师将这些国家的男女形象、饮食风俗等情况绘制成《皇清职贡图卷》，反映了清代的对外交往情况。上图中的人物形象即选自该图卷。

学和教育方面，西方也发生了革命性的转变。乾隆时莫斯科大学建立，美国在波士顿建立了科学院，哥伦比亚大学成立，德国诞生了第一位女医学博士。

而在东方，清王朝统治下的天朝大国，虽然正在经历"康乾盛世"，但却依然是一个表面强大、科技落后的农业国。乾隆六十年（1795年），各省来报，八十岁以上参加北京会试科举考试的生员有一百一十六人，经过三场考试，坚持下来的耄耋老人一共有九十二人。大清朝不但让这么老的人考八股文章，弘历还说，这些人都要赏给他们不同的官衔。当时军队的装备也十分落后。马戛尔尼在他的日记中说，兵士的装备是弓箭、戟、矛、刀、剑，还有几支火枪。他们所戴的头盔，从远处看像金属那样闪闪发光，然而人们怀疑它们是用涂了漆的皮革，甚至是用纸板制成的。留着长辫子，穿着五颜六色的制服、软靴和短裙的士兵们，看上去像女性。

英帝国派人来朝贺弘历的八十大寿，主要是想打开中国的市场。当时中国的瓷器、茶叶和丝绸随海上丝绸之路大量出口到英国，而英国却没有什么产品进入中国市场。为了进入这个巨大的东方市场，英国政府以祝贺弘历寿辰为由，派遣了一个庞大的代表团来到中国，目的是想利用此机会，举办一个非正式的科技、工业品展览会，并和清朝建立正式的外交关系，拓展英国的对华贸易。

1792年，一个七百余人的庞大使团，从朴次茅斯港起锚，乘坐着五艘大型舰船，绕道好望角，经过十个月的航行，在第二年的夏天到达了中国。英国政府对此次出使非常重视，带领使团的马戛尔尼勋爵是位著名的外交官，其余使团成员还包括了外交官、天文学家、物理学家、工程师、医师、画家、乐师、技师、军官和翻译等。使团所携带的礼品也是当时中国不会生产，也从来没见过的科技产品，有天体运行仪、地球仪、望远镜、气压计、蒸汽机、棉纺机、织布机、座钟、机织布料、带有减震装置的马车、用特种钢制作的刀剑，还有卡宾枪、步枪、连发手枪、迫击炮、榴弹炮、加农炮等先进武器。当他们登陆之后，这些礼品在运往北京过程中，共动用了三千民夫和几十辆四轮马车。

但英国使团觐见中国皇帝并不那么顺利。经过多番交涉，马戛尔尼才被允许在承德避暑山庄觐见乾隆皇帝。在到达中国之前，马戛尔尼曾令人将所带礼品开列成长长的礼品单，并按中国的礼仪将自己身份译成"钦差大臣"。然而弘历见此勃然大怒。在他看来，中国是天朝帝国，一统天下，中国以外的地方都是蛮夷小国，都是中国的属国，那里生活的人民形同牲畜，只知图利，不知礼仪人伦。天朝皇帝与英王是主仆关系，马戛尔尼代表英王来称臣纳贡，怎么能有资格称为"钦差"，最多也就是个"贡使"，礼品也只能称"贡品"。

更大的冲突在于马戛尔尼拜见乾隆帝的礼仪。中国自古强调礼仪，君臣之仪更是来不得半点含糊。英国使臣见中国皇帝必须和天朝大臣一样，行三跪九叩之礼。但马戛尔尼对此实在难以接受，双方几经协商，都各不相让。后来弘历的爱臣和珅等人想出一条计策，打算在弘历御座后的墙壁上挂一张英王的画像，用来诱导马戛尔尼跪拜。如此一来，马戛尔尼以为是在跪拜他自己的国王，但在中国人看来，他是在朝拜乾隆皇帝。但后来才知道英国人除了对上帝外，对任何人没有双膝跪地的习惯，包括自己的国王。朝臣们顿时一个个束手无策。最后解围的还是弘历本人，他对朝臣们说，蛮夷小邦，不懂礼仪，三跪九叩之礼就免了吧。

接着英方表明了自己的来意，提出想在中国设立使馆，开展贸易之事。英国人的建议总共有七条：一、英国派人驻京城，照管本国的商务；二、英商船到宁波、舟山以及两广、天津等地停泊贸易；三、仿效俄国的成例，在京城设立商馆，储藏货物，进行买卖；四、在舟山附近一个小岛上居住英国商人，储藏货物；五、在广东省城附近拨出一块地方给英国商人居住，包括寄住在澳门的英人，准许他们自由出入；六、英国商人在广州、澳门之间，由内河运输货物请求免收税款或减轻税额；七、准许英国人传教。但这七条都被弘历——驳回。因为"蛮夷"只有无条件接受天朝圣旨的权利，主子与奴才之间怎么能有平等协商的可能，双方之间没有建使馆的必要。至于做生意，大英帝国的那些"科技"，在天朝看来都是奇技淫巧，大清王朝并不需要，"天朝物产丰盈，无所不有，远不借外夷货物以通有无"。其实不只是英国使团碰了一鼻子灰，在马戛尔尼来华前后一百多年间，欧洲各国曾派出十多个阵容庞大的，要求交往、贸易的代表团来到中国，但都以同样的理由被

痕都斯坦宝石盒

痕都斯坦位于今印度西北部及巴基斯坦北部、阿富汗东部一带，当地的玉雕工艺十分发达。此宝石盒纹饰以实物为本，具有浓厚的生活气息。

意大利鼻烟瓶

乾隆时期，许多西欧国家都试图打开中国的市场，意大利也不例外。此鼻烟瓶是意大利使者送给清朝廷的礼物。

"天朝"拒之门外。对于"天朝"的皇帝和官员来说，英使来华，虽然是进贡，但特使不行三跪九叩之礼，已有桀骜不逊之意，不治其罪，已是格外开恩，英使还提什么开设使馆展开贸易的要求，岂非痴心妄想。

马戛尔尼还算幸运，弘历同意赐见。随团的天文学家架起天文望远镜，请弘历观看地球以外人们肉眼看不到的天象，并给他讲解天外有天，宇宙无比宏大的道理。弘历看了一眼就轻蔑地说，此乃小儿玩具也。接着使团要给弘历表演热气球升空，弘历说，这就免了吧。上天乃是仙佛神灵的居住之所，凡人岂能随便打扰。若上天震怒，降罪下来，岂不是万劫不复。

使团同时还带来了当时世界上威力最大的榴弹炮和精度极高的加农炮，马戛尔尼要派人表演大炮发射，弘历诏曰："天朝早有大炮，此等小技勿用献显。"大清官员就这样错过了观看这些先进武器的表演机会，更不会意识到英国人的"坚船利炮"的价值。而几十年后英法联军正是用这种大炮摧毁了大清国的海防，轰开了北京城。当洗劫圆明园时，英国人发现几十年前送来的礼品大炮和炮弹还原封不动地装在箱子里。英国人只好自己又重新搬回他们那个"蛮夷小国"，作为文物存放在大英博物馆里。

使团有人拿出火柴，轻轻一擦，就亮出了火苗。这玩艺儿在大臣们眼里简直就是在变魔术，因为他们还在用火刀火石打火。其实制造火柴的火药就是中国人发明的，只不过当时中国大多用它来制造鞭炮、礼花罢了。就像中国首先发明的指南针，当时主要是用来看风水。15世纪有知识的欧洲人就知道地球是圆的，葡萄牙人麦哲伦验证了这一科学理论。后来英国人在海上航行中，探明了地球上海洋陆地的实际面貌，并把它绘制在一个球形的地球仪上。在英国给中国皇帝的礼品中，就有这么一个地球仪。但是还沉浸在天圆地方梦境中的大清君臣，发现在这个圆球上我堂堂中华竟然只有这么小的一块地盘，而且根本不在天地的中央、地球的中心的时候，认为这群洋鬼子简直就是疯了，胆敢对天朝如此污蔑。其时世界上早已经是强国林立，而愚昧的大清皇帝和他的大臣们却成天陶醉在"万国之主"的美梦中。

马戛尔尼一无所获，被迫离开了中国。弘历让英使带去一封给英王敕谕："奉天承运皇帝敕谕英吉利国王知悉：咨尔国王远在重洋，倾心向化，特

法国人

法国大革命后，建立了第一共和国，成为当时西欧的文化中心之一。法国当时社会发展迅速，与清朝廷也有一定的来往。此图中所绘人物形象出自《皇清职贡图卷》。

遣使恭赍表章，航海来廷，叩祝万寿，并备进方物，用将忱悃。朕披阅表文，词意肫恳，具见国王恭顺之诚，深为嘉许。"这段不知天高地厚的国书开场白，作为历史的见证被保留了下来，证明当时中国君臣的自大和无知。

英国使团由运河南下杭州，然后改行陆路至广州离境，于次年九月回到英国。马戛尔尼虽然没有完成打开中国市场的任务，但是却对中国进行了一次实际考察，他清楚地看到，所谓的"乾隆盛世"，只不过是一个腐朽的王朝，落后的大国。他断定只要派出几艘炮舰就能将中国的海岸封锁，打进北京城。

这次马戛尔尼来访不仅在使团的规模与礼品的丰厚程度上表明了英王的重视程度。而且在英皇乔治三世的授权书里，有给马戛尔尼自主做出让步决定的权力，甚至还有必要时同意禁止东印度公司把鸦片输往中国的英王允诺，以通过符合中国的鸦片禁令来与中国交好，最终达到中国开放内地市场的目的。但因为马戛尔尼拒绝对乾隆皇帝行跪拜礼等一系列原因，清廷遂限期令其离开。英国所提的建立中英两国外交与商业联系的建议也没有经过讨论就被拒绝了，英王促进英中正常贸易全面开展的企图寿终正寝。

又过了二十三年，时间到了1816年，英国再派阿美士德率团来华，这时的天朝皇帝是乾隆帝的儿子嘉庆帝颙琰。阿美士德同样遇到是单膝跪地，还是三跪九叩的问题。阿美士德和天朝的大臣们，都自视尊贵，各执己见，互不相让。结果阿美士德的境遇还不如马戛尔尼，嘉庆皇帝龙颜大怒，一纸诏书，将"蛮夷小国"的"野使"赶出了国门。

"睁眼瞎子"闭国门

嘉庆十三年（1808年），英、法两国不和。法国皇帝拿破仑颁布了《大

嘉庆围猎图

嘉庆皇帝是乾隆帝第十五子，乾隆帝于1795年禅位给嘉庆帝。四年后乾隆帝去世，嘉庆帝开始亲政，时年三十九岁。嘉庆帝十分重视木兰秋狝，以保持满族的尚武精神。

陆条例》，禁止欧洲各国与英国通商。而葡萄牙没有听从拿破仑的条例，法国便出兵葡萄牙。因为担心法国抢夺澳门，在这一年的七月，英国派海军将军度路利率十三艘战舰进驻香山（广东中山）鸡头洋，不久又派三艘战舰进入黄埔，还派三只木船进入省河，以此防范法国。同时以保护中、英、葡三国贸易为理由，声明愿意帮助中国征剿海盗，英军要求登陆上岸，分兵把守澳门炮台。清朝政府担心英国人占领澳门，于是命令吴熊光严词拒绝英国的要求，并且封锁了水路，断绝了英军的粮食，英国人没能得逞，于是只好起锚回印度了。但嘉庆帝依然认为吴熊光太懦弱，没有及时驱逐英国战舰，撤去了他的职务，调任到南河工地上去效力。不久又将其充军伊犁。

嘉庆十九年（1814年）十二月，英国护商兵船违反规定闯进了虎门海域，不久驶出。英国兵舰自从嘉庆十三年（1808年）十月驶出澳门后，常常无视规定派兵船出入虎门。总督蒋攸铦于是给颙琰上奏折谈论防止类似问题的办法：一是要严禁百姓私自给洋人办事；二是洋行不准采用欧式建筑；三是店铺的字号不许用洋文书写；四要清查商人欠账；五是内地百姓不许私自到洋人住处去。颙琰批准，予以实施。

嘉庆二十一年（1816年）七月，英国使臣司当东等觐见颙琰。因为此前关于到浙江贸易的愿望没有实现，加之近年来广东关税的种种约束，英国此次派司当东来中国再次向颙琰请求。但司当东却不遵成例在广东海岸停船，而是将船一直驶到天津海口上岸，感谢颙琰赏赐的酒宴时也不行三叩九拜之礼。到京之后，颙琰命他在本月初七日觐见；初八日在正大光明殿颁赏赐宴，另在同乐园赏饭；初九日赐其在万寿山游览；十一日在太和门领赏，再到礼

乾隆帝读书像

此图展现的是乾隆帝着便衣读书的形象。乾隆帝登基之后，试图有所作为，在处理政事之眼喜读诗书。但后期宠信奸臣，挥霍无度，社会上的各种矛盾激化，清王朝开始由盛而衰。

部赴宴；十三日时司当东离京。可是在觐见颙琰那天，当皇帝已传旨升殿召见，忽然接待大臣和世泰报告颙琰说使臣不能快步走。等到达宫门时，和世泰又报告说正使司当东拉肚子，需要稍候。不久又报告说正使病倒不能觐见颙琰了。当时颙琰下令命正使回住处，并派了医生诊治，并传副使觐见。和世泰又报告说两名副使也得了急病不能觐见。颙琰听后大怒，认为中国是天下的共主，外国使臣怎能如此傲慢无礼，于是下令停止宴会，不赏东西，将英国使臣驱逐回国。同时颙琰还写了一封信给英王，责备其使臣无礼。（当时英国朝廷上没有懂中文的人，在接到这封信时，根本就没读过，遂将这封信放在外交部七十多年。直到光绪十六年（1890 年），薛福成出使英国，英国人才把这封信拿出来，请他翻译）可是后来颙琰又通令中外及蒙古王公等，说明英国使臣觐见的衣服没到达，穿便衣不能觐见，而和世泰等没有将情况报告清楚，以改变召见日期。没想到无能的大臣竟如此误事，颙琰实在没脸面对臣下，等等。不久嘉庆帝就将理藩院尚书和世泰、工部尚书苏楞额、总管内务府大臣广惠、礼部尚书穆克登额免职了。

英国使臣这次前来本来是抱着扩大贸易的目的，只是想和中国的外交人员就外贸事务谈判。而清朝却认为英国是海外朝贡国之一，使臣来是为了进贡。从此以后，中英外交日益退步，潜伏下了无形的祸患。其实在顺治帝、康熙帝当政时，德国人汤若望、比利时人南怀仁担任钦天监，都被准许在一旁站着而不行跪拜礼。雍正年间，教皇派使者到京城，雍正皇帝准许他们行西方礼，并且同他们握手。乾隆五十八年（1793 年），英国使臣马戛尔尼来中国，负责接待的大臣同他商议礼节，他提出以觐见英国国王的礼节觐见乾隆帝。接待大臣向弘历报告，弘历最后也批准了行西方礼。而到了嘉庆年间，英国使节却因跪拜的争论连皇帝面都没见着。所以后来的《天津条约》中载明，遇有妨碍国体的礼节，断然不可行，指的就是跪拜礼。

清朝本来具有走向世界的条件，而且在嘉庆时代，国力尚足以和西方强国抗衡。可是封闭的意识和妄自尊大的心态，让中国一再失去了走向世界的机会。

乾隆帝错爱和珅

乾隆帝在外交上犯了错误的同时，在内政方面也犯了一个极大的错误，就是豢养了一个大贪官和珅。和珅正是乾隆后期官场腐败的典型表现。

和珅生于乾隆十五年（1750年），原名善保，字致斋，钮祜禄氏，满洲正红旗二甲喇人，原来住在西直门内的驴肉胡同。《清史稿》记载和珅"少贫无籍"，说他家里很穷，社会地位又卑微。这种说法与史实是不相符的。

和珅的先祖居住在英额峪，离清太祖努尔哈赤居住的赫图阿拉不远。努尔哈赤起兵以后，和珅的九世祖噶哈察鸾及其子达古山巴颜等弟兄子侄，都投归了努尔哈赤，此后不少人在其麾下担任文官武将。和珅的五世祖即高祖父尼雅哈纳是行伍出身，在皇太极时从征，"过北京，征山东，梯攻河间府，首先登城，克之，赐巴图鲁号，授三等轻车都尉"。轻车都尉是公、侯、伯、子、男这五等封爵之下的世职，相当于官阶正三品。尼雅哈纳的孙子阿哈硕色袭祖世职后，又兼任佐领，并于从征准噶尔时阵亡，被追赠一等云骑尉（官阶正五品）。尼雅哈纳的曾孙常保，也就是和珅的父亲，袭曾祖父三等轻车都尉和堂叔阿哈硕色的一等云骑尉世职，并在八旗军内任职，后来当上了副都统。副都统为官阶正二品，算得上是军界的高级将领了，每年俸银一百五十五两、米一百五十五石，还有养廉银五百两。至乾隆朝时，兼任福建都统。从高祖父尼雅哈纳起到父亲常保，皆是世职，且官位品阶不低，其父更是二品大员副都统，和珅算是出身官宦世家。

常保中正平和，为官清廉，常年征战戍边在外，很少待在京城，可以说为国而少顾家，因此家里并没有什么产业。乾隆二十五年（1760年），常保病逝于福建，和珅的家境遂陷于窘迫之中。

和珅十多岁时，进入皇宫西华门内的咸安宫官学读书，"少小闻诗达礼"。由于和继母的关系不好，少年时期他的经济条件确实比较差。但十八岁时，他与官阶正二品的内务府总管大臣英廉的孙女结婚，二十岁时，又承袭了高祖父尼雅哈纳的三等轻车都尉世职，处境明显好转。三等轻车都尉的岁俸为白银一百六十两，还有八十石米，比地方上的巡抚、布政使的俸银还多一点。所以和珅可以安享中等以上的生活水平。

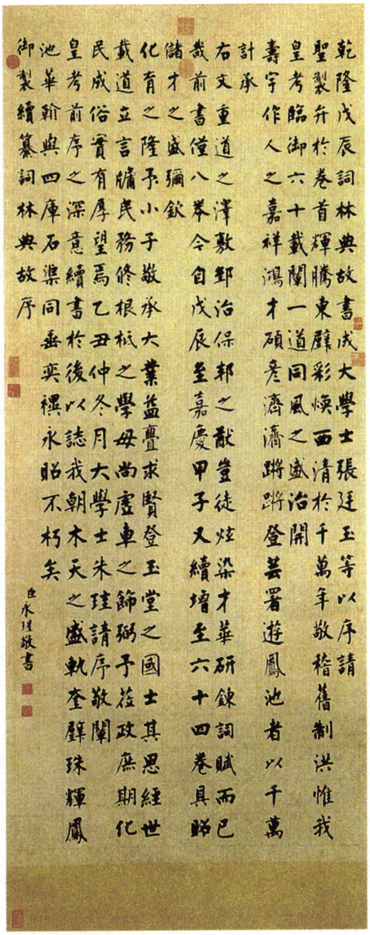

《词林典故序》轴

《词林典故序》轴为乾隆帝十一子永瑆所书。永瑆在嘉庆年间任军机处行走，是嘉庆帝惩处和珅所依靠的皇族成员之一。

这一世职给和珅带来政治上的更大好处则是为他提供了一条接近皇帝的捷径。乾隆三十七年（1772年），二十二岁的和珅当上了官阶正五品的三等侍卫，并随即充任粘杆处侍卫。粘杆处即尚虞备用处。清朝的制度，“选八旗大员子弟之猥捷者为执事人”，负责皇帝巡狩之时扶舆、擎盖、罟雀之事。粘杆处的三等侍卫因为经常随行侍奉皇帝的出巡，就有了回奏皇帝的机会，这为和珅的飞黄腾达创造了十分有利的条件。乾隆四十年（1775年）的一天，和珅随驾出宫。“上偶于舆中阅边报，有奏要犯脱逃者，上微怒，诵《论语》‘虎兕出于柙’之语”，扈从校尉不能理解是什么意思，和珅却立即对答说：“爷谓典守者不得辞其责耳。”弘历听后十分高兴，问和珅：“读过《论语》？”和珅回答读过。弘历“又问家世、年岁，奏对皆称旨”。弘历仔细端详这个年轻人，见他“仪度俊雅，声音清亮”，“矫捷异常”，十分赞赏，从此“恩礼日隆”。和珅凭借着自己的聪明才智和善于临机应变的能力，博得了皇上的欢心，并且很快青云直上。当年的闰十月，和珅迁乾清门侍卫，十一月又升为御前侍卫，授正蓝旗满洲都统。此后他不断升迁，兼任多职，封一等忠襄公，任首席大学士、领班军机大臣，兼管吏部、户部、刑部、理藩院、户部三库，还兼任翰林院掌院学士、《四库全书》总裁官、领侍卫内大臣、步军统领等要职。弘历对他的宠信可谓到了无以复加的地步，其官阶之高，管事之广，兼职之多，权势之大，清朝罕有。并且和弘历结下了亲家，其子丰绅殷德被指定为皇上最宠爱的十公主之额驸。宠臣加皇亲，和珅到达了权力的巅峰。

为什么和珅会受到乾隆帝如此特殊的宠信并委以大权，成为主持朝政的宰相？和珅确实精明能干，敏捷异常，善于临机应变，也有相当高的文化水平，记忆力好，精通满文、汉文，会蒙文和藏文，有处理政务的一定能力，但离真正的善理国政的名相和指挥三军克敌制胜的名帅，还相距甚远。所以他得宠绝非因为其才学。而在治政方面，无论是破除旧的陈规积弊，建立新的重要制度，还是除大奸，荐大贤，他都没有什么建树。武略方面，他的水平就更加不济了。比如当年和珅与阿桂奉旨统军征剿甘肃苏四十三起义，其时阿桂正在督办河工，和珅于是先到军前。为了在阿桂到来之前扑灭起义军，建立殊功，和珅迅速出兵，分兵四路进击义军，但以失败告终，勇将总兵图钦保也阵亡。和珅不仅没有奏报自己指挥不当以致失利的过错，还隐瞒了图钦保捐躯之事。并且颠倒是非，说勇将海兰察、额森特的先战取胜是导致清军受挫的原因。阿桂到达军营后，问和珅失利的原因，和珅为自己推脱说"将帅傲慢"，不听调度。阿桂于是"令将帅于次日晨集辕前"。"每呼一将入，辄命和坐其侧"，阿桂"有所调拨，及命屯戍处，其人辄应如响，如是者数，和坐上甚恚愤"。阿桂又问和珅"诸将初不见其慢，尚方剑不知诛谁之头耶"。和珅"战栗无人色"。随即阿桂命和珅离开军营，返回京师。

既在文治方面无甚建树，也无武功，资历又浅，不是科举出身，威望自然不高，且在大学士、军机大臣中，相当长时间仅只名列第三位、第四位，同僚阿桂、嵇璜、王杰、福康安等，皆系多年军国重臣，说到军功、政绩、资历、门第、威望、才干和人品，哪一个都比和珅强得多。尤其是阿桂，可谓当朝文武双全的重臣，军功和政绩都是当时众所公认的超出任何大臣的名帅名相。他从乾隆四十一年（1776年）起任军机大臣，次年任大学士。在乾隆四十六年（1781年）至嘉庆二年（1797年）去世之前，连任十六年首席大学士和领班军机大臣。可是在乾隆四十六年以后，弘历在宠幸和大权的委任上，这四位大学士没有一位比得上和珅。

究其原因，和珅虽不会治国统军，但却特别擅长于揣摩帝意，迎合君旨。他谙于玩弄权术，还会为皇上聚敛钱财，供皇上支付各种不便公开动支国库的费用，故能博取弘历的欢心。比如乾隆四十六年（1781年），下诏要取消武将的"名粮"，改为给予养廉银，增补绿营兵，每年要增加军费白银三百万两。当询问阿桂的意见时，阿桂奏称，费银太多，不应增补。但弘历不听其言，下谕说现在国家"财富充足"，"户部库银尚存七千余万两"，支付这新增的三百万两，绰绰有余。而和珅深知弘历让大臣们商议此事，其实心中必欲实行此法，故极力赞成。弘历遂下谕批准大学士九卿等的复议，每年增支军费银三百万两。

正因为和珅擅长逢迎，摸透了弘历晚年志得意满、好大喜功、爱听谀言、文过饰非、自诩明君的心理，懂得如何按其旨意办事，又善于敛财以供皇帝享用，所以才能够受到特别的宠信，成为乾隆帝唯一的心腹和代理人。

俗话说大树底下好乘凉，有了弘历的庇护，和珅得以身兼多职，位极人臣，基本上掌握了用人、理财、施刑、"抚夷"等方面的大权，更加肆无忌惮地揽权索贿，乱政祸国。

和珅聚敛财富的主要方式是利用自己手中任用官员的权力索取贿银。内而九卿，外而督抚司道，无不向和珅纳银献宝，从而形成了"和相专权，补者皆以赀进"，"政以贿成"，祸国殃民的严重局面。他甚至不顾国计民生，利用河工工程来满足自己的私欲。史称："乾隆中，自和相秉政后，河防日见疏懈。其任河帅者，皆出其私门，先以巨万纳其帑库，然后许之任视事，故皆利水患充斥，借以侵蚀国帑。……至竭天下府库之力，尚不足充其用。……而庚午、辛未高家堰、李家楼诸决口，其患尤倍于昔，良可嗟叹。"

和珅聚敛财富之多，在历代贪官中也当首屈一指。和珅家产的具体数目是难以知晓了，但从他被嘉庆帝亲政后勒令自尽和抄没家产入官，可以知道大概情形。嘉庆四年（1799 年）正月初三，乾隆帝逝世后，初八日嘉庆帝下谕宣布，革和珅职，下狱问罪，抄没家产。正月十一，嘉庆帝下谕，定了和珅二十条大罪。其中讲到和珅的财产有，夹墙私库有金三万二千余两，地窖内埋藏银三百余万两。此外档案记载的和珅取租之地有一千二百六十余顷、取租之房有一千余间，以及不计其数的珠宝玉器等，其数量之巨大前所未有。和珅确实是中国古代最大的贪官。

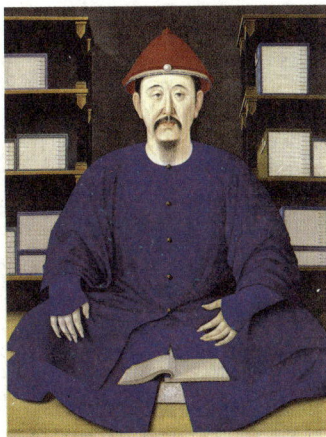

康熙帝读书像
康熙皇帝自幼接受汉族传统文化的熏陶，精通孔孟之道，因此尊孔崇儒，为其文化政策奠定了基础，巩固了清朝初期的统治。

万马齐喑究可哀

明史案

清朝皇帝为了压制反清思想的传播，严密地控制思想文化领域。其中一个重要手段就是开展文字狱，使得知识分子人人自危，不敢议论朝政，不敢研究经世致用的学问，而是埋头考据于故纸堆，思想和文化的发展都与现实严重脱离，形成了"万马齐喑"的局面。

从康熙朝到乾隆朝，文字狱持续不断，且愈演愈烈。康熙帝在位六十一年间文字狱不超过十起，雍正帝在位仅十三年就有近二十起，到了乾隆朝，文字狱达到了一百三十起以上。涉及对象不仅有汉族地主知识分子，还有政府官员和普通百姓，因文字狱而被杀、充军和流放的人不计其数。

明熹宗天启朝的内阁首辅朱国桢，当年因为受到魏忠贤的排挤，告病回到老家浙江乌程后，编了一本《皇明史概》并刊行。未刊的稿本有《列朝诸臣传》。明亡以后，浙江湖州有个叫庄廷钺的富户，他是个盲人，但受到"左丘失明，厥有《国语》"的鼓舞，也想作一部传世史作。但他自己并不通晓史事，于是出钱从朱国桢的后人那里买了朱国桢的史稿，并招徕江南一带有志

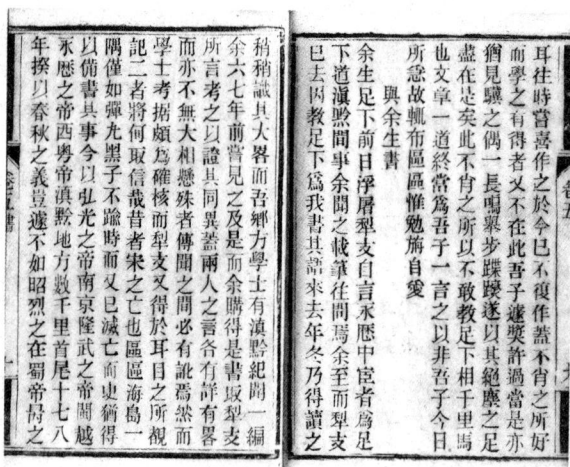

《南山集·与余生书》

戴名世，号药身，又号忧庵。因家居安徽桐城南山，后世遂称"南山先生"，也称为"潜虚先生"。《南山集》一案，究其原委，是因为清廷想借此对知识分子进行思想钳制。现在《南山集》的原刻本由于遭禁毁已不可见，但它却为作者在历史上留下文名。

于纂修明史的才子，在朱稿的基础上补写了崇祯朝和南明史事。在叙及南明史事时，仍然尊奉明朝年号而不承认清朝的正统，在涉及建州女真方面也直呼努尔哈赤其名，写明将李成梁杀死努尔哈赤的父祖，斥骂降清的尚可喜、耿仲明为"尚贼""耿贼"，写清军入关时则用了"夷寇"的字眼等，这些都是清廷极为忌讳的事情。这部《明史辑略》刊刻之后，起初并没招来什么是非。但几年以后，几个无耻小人，想敲诈庄家，才惹出事来。当时主事者庄廷鑨已死去多年，其父仗着家中有钱买通了官府，将敲诈者一一顶回。不想一个叫吴之荣的小官将此事告到了北京。当时掌握权柄的鳌拜对此事极为感兴趣，颁旨要严查。于是与庄氏《明史辑略》有关连的人便大祸临头了。

康熙二年（1663 年）五月二十六，在山水秀丽的杭州城，清廷将明史案一干"人犯"七十余人（为《明史辑略》写序的、校对的，甚至包括卖书的、买书的、刻字印刷的以及当地官吏），在弼教坊同时处死，有的凌迟、有的杖毙、有的绞死，惨不忍睹。"主犯"庄廷鑨照大逆罪剖棺戮尸，另有数百人受牵连发配充军。

明史案开了以"逆书"索赂的恶劣先河。像吴之荣这样的小人找到了捷径，专门挑别人书文中的纰漏，牵强附会，指为"逆书"，漫天敲诈；如孙奇逢所编的《甲申大难录》被人控告是纪念亡明，孙奇逢因此被押进京入狱，经人营救方才出狱。后来竟发展到有歹徒们索性自制逆书，想敲诈谁就把谁的名字列上；比如最为胆大黑心的沈天甫、夏麟奇、吕中，他们刻印了一本诗集，假托为陈济生所编，书中作者为大江南北名士巨室七百余名。康熙六年（1667 年），沈天甫到内阁中书吴元莱家索银两千两被拒，遂将此书检举报官，经刑部审理后真相大白，沈天甫四人被斩于西市。

《南山集》案

康熙五十二年（1713年），翰林院编修戴名世因《南山集》案被处斩，其同族中十六岁以上者均被斩杀。受戴名世牵连的方孝标一家也被抄斩，方氏族人中除了已经出嫁的女儿外，一律充军黑龙江。其他相关人员也被发配到宁古塔（今黑龙江宁安）。一桩轰动朝野历时两年的惨案至此结束。

戴名世，安徽桐城人，在古文经学方面造诣很高，以振兴古文（即散文）、改造时文（即八股文）为己任，总结出古文创作从形式到内容一整套理论，为桐城派的形成做出了重要贡献。除了古文经学，他对历史也有浓厚志趣，尤其留心明代的史事。因为从青少年起，戴名世就受到博学名士和故明遗老的影响和熏陶，因此对乱党误国、孤忠效死、流离播迁、异族入主中原诸事了如指掌。不过戴名世始终只是从一个史学家的角度，对明朝的兴衰进行比较合乎历史的分析，虽然其中不免夹杂着对故国的眷恋之情。

他在未中进士和担任编修以前，曾经到处搜集佚文，网罗明朝末年的遗闻轶事，以备将来撰写明史之用。他的同乡方孝标，曾经写了一本叫《滇黔纪闻》的书。书中不但记述了在云南、贵州所见的山水风景，而且还根据听到的传说，记述了南明桂王朱由榔在西南抗清的事迹。书中是用永历的年号来记载年月的，戴名世也把它搜集来作为撰写明史的参考资料。

康熙二十五年（1686年），戴名世进入京师国子监。因为他是当时的名士，很多官僚贵族都想与他交朋友，以抬高自己的身价。但戴名世根本看不起这些不懂装懂、附庸风雅的人，久而久之，他便成了当权士大夫们的眼中钉，士大夫们想方设法要惩治他。

戴名世有一个叫尤云鹗的学生，他读了老师早年的古文佩服异常，于是为戴名世募捐，将其平日所写的上百篇文章进行筛捡，挑出其中的五分之一编辑了《南山集偶钞》。书前除了戴名世和尤云鹗的序外，桐城派的名家、方苞、方正玉、朱书等都在书前作序。《南山

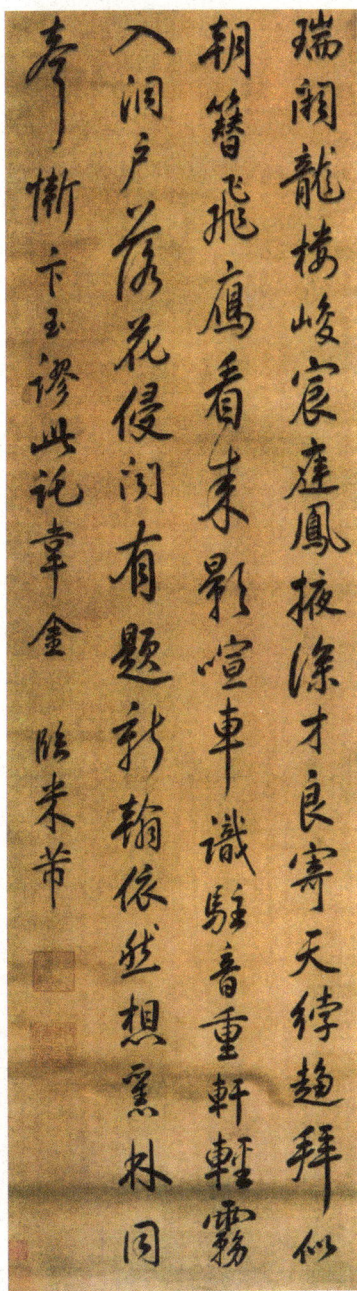

康熙帝《行书诗》
康熙帝重视汉字的书写，书法甚至成为了选官的标准。这幅书法作品是康熙帝临摹米芾的书迹，深得其笔法之味。

康熙帝便装写字像

清代的皇家教育中，汉字书法是必修课。康熙帝自幼喜好书法，常观摩古人墨迹，颇得董其昌书法的精髓。图中康熙帝身穿便装，左手轻按平铺于方桌上的纸张，右手提笔正欲习字。在康熙帝的提倡下，董其昌书法在清朝风靡一时，士人多有临摹。

集》刊行问世之后，很快就风行江南各省，文人士子以能得此书一睹为荣，影响大过于其他同类私家著作。

康熙四十八年（1709年），五十七岁的戴名世考中进士第一，殿试一甲二名，被授翰林院编修之职。他做官之前，没有人说《南山集》有什么问题。但等他做了官，问题就来了。康熙五十年（1711年），都察院左都御史赵申乔上奏章参劾戴名世，奏章中说："查翰林院编修戴名世，妄窃文名，恃才放荡。中举前为诸生时，就私刻文集，其中多有是非颠倒狂悖不经的言论。如今他身沐皇恩，入于朝臣之列，尚不追悔前非，焚削书板，实在罪该万死。希望万岁下旨严加议处，借以儆戒此等狂妄不谨之徒。"所谓私刻文集，指的就是戴名世十年前刊印的《南山集》。

康熙帝接到赵申乔的奏章后，龙颜不悦，命刑部严察审明。刑部立即逮捕戴名世，怕他不肯招供，给他上了夹棍。不仅戴名世被抓，为他出资刻书的尤云鹗，作序的汪灏、方苞、方正玉、朱书、王源，以及书中提到的方学士方孝标，全都被牵连了进去。

此时方孝标早已去世，刑部于是把他的儿子方登峰捉来审问。方登峰经受不住拷打，招供说自己自幼就过继给别人，生父方孝标的《滇黔纪闻》，他原先不知道，后听得戴名世被参劾与此书有关，就赶快写信回家，叫家里把书板烧掉，免得受牵连。刑部接着又拷问为《南山集》作序的方苞、方正玉和出钱刻书的尤云鹗。在严刑拷打面前，方苞招供说："我不应该为戴名世的《南山集》作序，罪该万死。"方正玉招供说："《南山集》的附篇《孑遗录》，是我花银子刻的，序文写有我的名字，我愿听候处分。"尤云鹗说："我老师戴名世的《南山集》，是我花银子刻的，序是老师所作，具上了我的名字。"刑部取得了这些口供以后，立即会同各有关衙门，共同商议量罪定刑的标准。

可是这件案子并未因此完结，而是不断扩大，牵连进去的人越来越多。在赵申乔参劾戴名世的同时，发生了江南科场案。江苏巡抚张伯行疏奏考官受贿，参加考试的数百人抬财神直入学官，以示抗议。接着张伯行又参劾江西总督噶礼的贪污行为。总督噶礼是康熙帝乳母的儿子，且是皇太子的党羽，不可一世。张伯行有此等胆量，皆是因为康熙帝曾称赞他是"天下第一清官"。但噶礼岂能吞得下这股晦气，他搜罗张伯行七条罪状反咬一口，其中罪状之一就是张伯行与《南山集》有关，他与方苞是好友，有包庇纵容之过，是戴名世、方苞的同党。在此之前，皇太子允礽曾将《南山集》中有关"悖

吕留良画像

雍正帝以吕留良著书立说敌视清朝，判将其开棺戮尸，满门抄斩。这桩文字狱案震骇了王公大臣和天下臣民。1735 年，雍正帝暴死在圆明园，史书记载是病死，民间传说是被吕留良幸免于难的孙女吕四娘枭了首级。

逆"之语摘出进呈康熙帝。这就使《南山集》案与当时的朋党之争交织在一起，变得更加复杂。

皇太子允礽在康熙四十七年（1708 年）时曾经被废，第二年又复立，他行事乖戾，植党暗争，而其他皇子对皇位又都虎视眈眈，使康熙帝晚年对立储之事陷入极大的苦恼。而《南山集》案被人为地加进这种种因素，不得不使康熙帝冷静地考虑如何了结此案。

康熙五十二年（1713 年）二月初七，刑部上奏，戴名世等私刻《南山集》，照大清律例应凌迟处死。康熙帝看到奏疏后觉得牵连的人实在太多，若大兴文字狱，横加杀戮，恐怕会招来太大的舆论压力。而且再过一个多月，就是他的六十寿辰，更不愿在自己大寿之前大动干戈。康熙帝排除了太子党捏造的罪名，对半个世纪前南明诸政权进行了比较客观的分析，然后采取谨慎态度。最后判决，戴名世从宽免凌迟，即刻处斩。方登峄从宽免死，连同妻子发配黑龙江。汪灏、方苞处绞刑。尤云鹗、方正玉俱免死，发配宁古塔。此案内其他原拟处死的一律免死，改判入旗为奴。方苞后来经李光地的营救最终获康熙帝的亲自赦免，康熙帝也对其他涉案人员"开恩"减轻处分。可是受株连获罪的人仍有几百人之多，成为一次规模很大，影响很广的文字狱。

清朝统治中国二百六十多年，康熙、雍正、乾隆三朝占了整整一半，文字狱猖獗肆虐，绵延不绝。只要在诗文、著作、奏章、言论中发现影射攻击、诽谤之语，立即逮捕入狱。像戴名世这样的才士以及无辜的百姓惨遭杀身、灭门之祸，即使人已死去，也要被"剖棺戮尸"，以示惩罚。文字狱对文化的摧残和破坏，影响了中国社会的进步和发展。

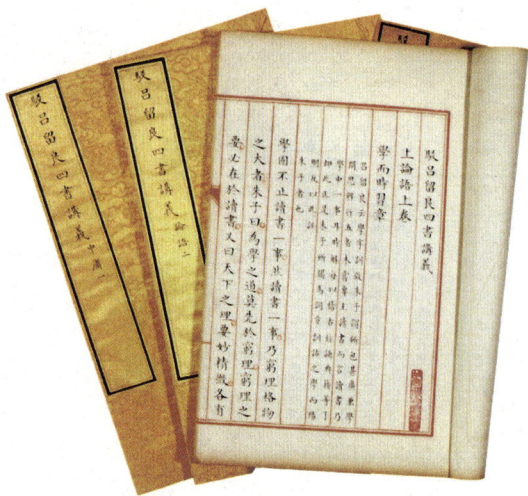

《驳吕留良四书讲义》书影
曾静、吕留良案后，雍正帝命大学士朱轼等人对吕留良的观点进行反驳，并刊行全国。《驳吕留良四书讲义》即是其中一书。

曾静、吕留良案

清世宗胤禛继位之后，文字狱更甚，可谓到了谈字色变的程度。江西考官查嗣庭，有一年出的试题是"维民所止"。随即有人密告胤禛，说查嗣庭试题有影射陛下断头之意。胤禛不解，经人解释，"维"字是去了头的"雍"字，"止"字是去了头的"正"字。"雍正"变成了"维止"，岂不意味陛下断头之意吗？雍正皇帝听得如此解释，禁不住勃然大怒，立即下旨把查嗣庭拿解进京，下狱问罪。但查嗣庭却糊里糊涂，不知自己身犯何罪。等到明白了原因以后，他摇头苦笑道："我出的试题乃是《诗经·商颂·玄鸟》里的话'邦畿千里，维民所止'。儒学经典《大学》引用过，意思是'国都附近的千里土地，实是百姓安居乐业的场所'。我这是歌颂皇上的圣德，怎么反倒说我是反逆之意？"雍正皇帝差人找来《诗经》和《大学》后，见果真如查嗣庭所言。但为了顾全自己的颜面，仍然以"犯上"之罪追查查嗣庭一家，查嗣庭本人含冤死于狱中，并被戮尸枭首示众，其长子坐死，家属充军。

文字狱使得文人生活在恐惧之中，无人敢吟诗作对，而政治局面变得万马齐暗。"避席畏闻文字狱，著书都为稻粱谋。"雍正朝最出名的冤案当数吕留良事件。吕留良在明朝灭亡后，曾参加反清复明活动，却没有成功。此后在家收学生教书，有人推荐他应博学鸿词制科，被他坚决拒绝，官员游说或威胁他都未就范。复明无望，心灰意冷的吕留良出家为僧，躲在寺院里著书立说，其内容对清王朝统治者有着强烈的不满。当时的书作并没有向外流传，吕留良不久也离开了人世。

　　后来湖南文士曾静在一个偶然的机会见到吕留良的文章，十分敬佩他的学问，于是派遣学生张熙从湖南寻迹到吕留良的老家浙江，打听他遗留下的文稿。张熙此次浙江之行不但打听到吕留良文稿的下落，还找到吕留良的两个学生，与他们大有相见恨晚之感。曾静于是约两人见面，四人议论当今朝廷的统治时一拍即合，秘密商议如何才能推翻清王朝。他们想到了手握军事大权的汉族大臣岳钟琪。

　　岳钟琪讨伐边境叛乱立了大功，受到雍正帝的重用，担任陕甘总督一职，掌握着不小的兵权。曾静四人商议，如果能够劝动岳钟琪反清，成功就大有希望。于是曾静派张熙去找岳钟琪。岳钟琪接到曾静的信之后大吃一惊，但表面上镇定自若地问张熙："你是哪里来的，你可知此信直斥当今圣上犯有谋父、逼母、弑兄、屠弟、贪财、好杀、酗酒、淫色、怀疑诛忠、好谀任佞'十大'罪状的严重后果吗？"

　　张熙面不改色说："我此次前来，早就已经把生死置之度外，又怎么会担心后果？将军与清人是世仇，您难道不想报仇吗？"岳钟琪问："此话怎讲？"

　　张熙说："将军姓岳，是南宋岳王爷的后代子孙。而清朝的先人是金人，岳王爷当年被秦桧与金人相互勾结冤死风波亭，这难道不是世仇吗？将军此时手握重兵，乃是替岳王爷报仇的最佳时机。"

　　岳钟琪当然不会就此葬送自己的前途，于是命令手下把张熙打进监牢，交给当地官吏审问。张熙虽然受尽种种酷刑，但依然守口如瓶。岳钟琪看如此不是办法，于是第二天又秘密接见张熙，假意说道："昨日之事只是权当试探，如此大逆不道之事不能不慎重考虑。"

　　张熙起先并不相信，但岳钟琪郑重其事地起重誓，又经过多次商谈，岳钟琪逐渐取得了张熙的信任。张熙才说出是老师曾静的意思，希望能得岳将军的相助，早日恢复大明江山。岳钟琪听了以后，一面派亲信赶到湖南缉拿曾静，一面立刻拟好一份奏章，把曾静、张熙图谋造反之事连夜快马加鞭呈报给胤禛。

　　胤禛看了岳钟琪的奏章，自然怒不可遏，下旨将曾静、张熙押解进京严刑拷问。这时张熙方知上了岳钟琪的当，但悔之晚矣。此案还牵涉了吕留良家与吕留良的两个学生。吕留良既死，胤禛下旨叫他刨坟劈棺。吕家后代和他的学生或被杀，或被流放。还有不少文士也因受到吕留良文稿的牵连，被罚到边远地区充军。

"清风不识字"案

　　"清风不识字"案是雍正朝又一著名的文字狱。

　　一种说法认为，这是翰林院庶吉士徐骏（字冠卿）的诗。翰林院庶吉士

徐乾学像

徐乾学，字原一，号建庵。康熙九年探花，曾任《明史》总裁官。徐乾学推崇程、朱理学，训诂推崇古注而不废宋、元经说。据说其子因"清风不识字"案而获罪被处死。

沈德潜像

沈德潜早年的诗深受乾隆帝赏识，因此他的诗论和作品风靡一时，影响甚大。后来沈德潜卷入徐述夔的《一柱楼诗集》文字狱中。虽然当时沈德潜已死，但仍被削谥罢祠，平毁坟墓。

徐骏，是康熙朝刑部尚书徐乾学的儿子，也是顾炎武的甥孙。雍正八年（1730年），徐骏在奏章里，把"陛下"的"陛"字错写为"狴"，胤禛见后，马上把徐骏革职。后来又在徐骏的诗集里找出"清风不识字，何事乱翻书"，"明月有情还顾我，清风无意不留人"的诗句，胤禛认为这是存心诽谤清廷，照大不敬律将徐骏斩立决。

第二种说法是《清稗类钞》所记载。胤禛微服出游，在一家书店里翻阅书籍，当时"微风拂拂，吹书页上下不已"，有个书生见状顺口吟诵了一句："清风不识字，何必来翻书。"胤禛立刻诏杀之。

也有记载称这是车鼎丰的诗句。车鼎丰与弟车鼎贲小饮，干杯后把酒杯翻转，见杯底有"成化年造"字样，于是吟道"大明天下今重见"，车鼎贲接口说"且把壶儿搁一边"。这两句话传到胤禛耳朵里，他认为"壶""胡"同音，"壶儿"就是指"胡儿"，车氏兄弟因此被问斩。据史籍载，车氏兄弟实际上是因受曾静、吕留良案牵连被杀的。

流传最广的说法是，这两句诗出自徐述夔《一柱楼编年诗集》。据说徐述夔幼负才名，自认为是状元的料，后来却科举不第，心中不满。他所建一柱楼挂有一幅紫牡丹图，题诗曰："夺朱非正色，异种也称王。"夏天晒书时，风吹书页，愤然道："清风不识字，何必乱翻书！"又见酒杯底上有万历年号，便说："复杯又见明天子，且把壶儿搁半边。"他满腹牢骚，晚上听到老鼠啮咬衣服，恨得直骂："毁我衣冠皆鼠辈，捣尔巢穴在明朝。"徐述夔死后，这些言行被举报，乾隆帝大怒，下令将已死的徐述夔及其子徐怀祖剖棺戮尸，孙子和校编诗集的人都被处斩，江苏藩司等一批官员也被革职。又查出沈德潜曾替徐述夔作传，称赞其品行文章，并且"夺朱非正色，异种也称王"两句正是沈诗《咏黑牡丹》中的句子，于是已经死掉的沈德潜也跟着倒了大霉。

但《东华录》记载，乾隆四十三年（1778年）十月的上谕给徐述夔定"大逆不道之罪"时所引用的是另外两句诗："明朝期振翮，一举去清都。"上谕认为，这明显是借"朝夕"的"朝"来指代"朝代"的"朝"，而且不说"到清都"，偏偏要用"去清都"的字眼，反清复明之心表露无遗。在诗文里说说"明月""清风"就招来如此大祸，当时牵强附会、望文生义、捕风捉影制造出的文字狱，有如脱缰野马，不可控制。所以在雍正十一年（1733 年），想学习康熙帝重开博学鸿词科，下诏征举士人，却应者廖廖，只得作罢。人才凋零，文治废弛，一至于此，文字狱的消极影响于此可见。

"古稀罪"案

"古稀罪"案是乾隆朝的又一起著名文字狱。

乾隆四十六年（1781 年），大理寺卿尹嘉铨早已离休回到老家河北博野。这一年的四月，乾隆帝西巡五台山，返回京城时驻跸保定。尹嘉铨忽然一心要参加接驾盛典，但是并没有圣旨要传召他入觐，尹嘉铨灵机一动，想到自己的父亲，道学家尹会一，便草拟了两份奏折，一是请谥，二是从祀。要是皇帝恩准，不但他能博得个孝子的名声，还能乘机出出风头，于是派儿子将请谥奏折送去，自己待在家中。乾隆帝看到他为父请谥的奏折，当即恼怒，遂提起朱笔批示说："与谥乃国家定典，岂可妄求？此奏本当交部治罪，念汝为父私情，姑免之。若再不安分家居，汝罪不可逭矣！"谁知尹嘉铨接着又送上一本奏折，请求皇上恩准他父亲从祀文庙。乾隆帝禁不住火冒

乾隆帝薰风琴韵图
图中老年的乾隆皇帝身着汉族服饰，将古琴放在盘膝上，双手抚着琴弦悠悠陶醉。

三丈，说："竟大肆狂吠，不可恕矣！"于是承办官员绞尽脑汁罗织罪名给尹嘉铨扣上大不敬、假道学、伪君子等罪名处斩。其中的罪名影响最大的是所谓的"古稀罪"。尹嘉铨自称"古稀老人"，但乾隆帝说："我称古稀老人早已布告天下，他怎么也敢自称古稀老人？杀！"

乾隆四十八年（1783 年），李一《糊涂词》有语"天糊涂，地糊涂，帝王帅相，无非糊涂"，被河南登封人乔廷英告发。结果在彻查李一的过程中，发现举报人乔廷英的诗稿也有"千秋臣子心，一朝日月天"的诗句，"日""月"二字合起来正是个"明"，这不是谋反又是什么？于是出现了检举人和被检举人皆被凌迟处死的一幕，两家子孙均坐斩，妻媳为奴。

乾隆五十三年（1788 年），发生了贺世盛《笃国策》案。湖南耒阳的老秀才贺世盛，多次参加科举都未及第。他平时常常替别人代写词状，又

乾隆帝洗象图

《乾隆帝洗象图》是一幅宗教题材的绘画，画中的普贤菩萨是乾隆皇帝的形象。画中除去乾隆皇帝外，另有数人带有肖像特点，人物的衣纹、线条生动，很有特色。

把道听途说的传闻和故事之类，拉杂地拼凑出一部《笃国策》，准备写成以后上京城投献，以求得一官半职。结果他想借以求官的这本书因为有批评捐官制度的话语，被定位"妄议朝政"，被判斩立决。

与此同时，其他涉及"华夷""明""清"字句而获文字狱的俯拾皆是。

江西德兴的祝庭诤，为了教儿孙读书，自编了一本《续三字经》，被人告发。官府查抄时发现书中对"于帝王兴废，尤且大加诽谤"，如写元朝有"发披左，衣冠更，难华夏，遍地僧"的词句，"衣冠更"就是指改变穿着，"难华夏"是华夏遭难，"遍地僧"是说全部被剃光头。虽然说的是元朝的事情，但被认为影射当朝，"明系隐寓诋清"。于是判祝庭诤开棺戮尸，十六岁以上子孙辈斩立决。

江苏兴化人李骧所著的《虬蜂集》中有"杞人忧转切，翘首待重明"，"日有明兮，自东方兮，照八荒兮。我思孔长兮，夜未央兮"之句，被认为故意影射，定为叛逆大罪。

其他触犯庙讳、御名以及提到皇帝应该换行抬写而没有换行抬写，因此获罪的，不可胜数。乾隆时的文字狱，有不少案件，甚至是因为向统治者歌功颂德、献书献策，却因为马屁拍得不得法而犯了忌讳，最终招来杀身之祸。此种例子，不一而足。

直到乾隆末期，文字狱才较为放宽。这主要是清廷统治日益腐败，各地的人民起义开始多起来，镇压起义逐渐成为统治者的大事，没有精力再在文字上吹毛求疵、无中生有。因此朝廷稍稍收敛其淫威，对文字犯罪，也不得不从宽处理了。虽然如此，嘉庆年间的文字狱依然是笼罩在文坛上的一块阴影，知识分子余悸尚存，所以龚自珍有"避席畏闻文字狱，著书都为稻粱谋"，以及"万马齐喑究可哀"的叹息。

平定台湾战图册·林爽文被捕
台湾林爽文起义，是天地会比较重大的武装斗争，遭到了清军的全力镇压。由于无法抵抗清军的水陆夹攻，便投奔了好友高振。高振迫于压力，将其捕获献给清军。

民间结社与起义

天地会

天地会是清代民间秘密结社之一，以拜天为父拜地为母得名。因为是秘密组织，所以他们有暗语作为接头暗号，以及识别成员身份的手段，例如"地震高冈，一脉溪水千古秀；门朝大海，三合河水万年流"就是天地会的一条暗语。天地会也称为洪门，俗称洪帮。天地会创立的具体时间已无从考证，其起源主要有三种说法：一是天地会内秘籍自称，系福建少林寺僧于康熙甲寅年（1674年）或雍正甲寅年（1734年）创立；一说是民国以后，洪门成员称其会创自郑成功；还有一种说法是根据档案以及清代官书记载，为福建漳浦僧提喜（即洪二和尚）于乾隆二十六年（1761年）或三十二年（1767年）所创立的。

初创时原系下层劳动者互助性秘密团体，后因屡遭清廷镇压，反清色彩日浓。其成员最初多是农民，或是由破产农民转化而成的小手工业者、小商贩、水陆交通沿线的运输工人，及其他没有固定职业的江湖流浪者。虽然以后成分日益复杂，但仍然是以下层穷苦人民为主。天地会的口号是"反清复

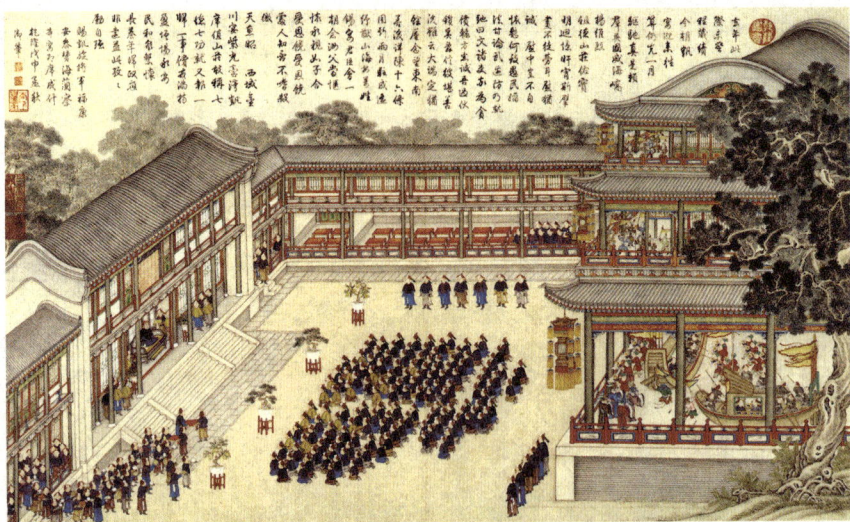

平定台湾战图册·清音阁凯宴将士
平定林爽文起义后，乾隆帝在承德避暑山庄大摆庆功宴，并让宫中戏班在清音阁戏楼演戏，款待战功显赫的将领们。

明，顺天行道，劫富济贫"。这些口号都反映了当时平民的民族观念和反对阶级压迫的要求。因为其成员所处的社会经济地位都十分低下，他们更需要互济互助。因此忠心义气是天地会内最高的道德规范和达到组织上团结、经济上互助的重要保障。天地会最初主要在福建、粤东及台湾一带传播，后来发展至广东全省及江西、广西、贵州、云南及湖南等省。鸦片战争之后，传至四川、湖北、安徽及浙江等省。清前期除了天地会本名外，还有添弟、小刀、双刀、父母、三点、三合等十余种名称。鸦片战争以后，又出现了哥老会等大量分支，使得各地山堂林立，成为天地会的一大特点。尽管清廷一直用严刑峻法来维护自己的统治，但民间反对清朝统治的运动从来没有停止过。

天地会曾多次举行武装反抗斗争。乾隆年间以"顺天行道""剔除贪官"及"争天夺国"为口号。嘉庆以后，又提出"兴明绝清"及"反清复明"的口号。为了对付清廷的镇压以及便于吸收会众，天地会不断创立新的名称，成为拥有数十种名目的秘密结社组织。它没有固定的教义与崇拜对象，但有严格的会规，后发展为三十六誓，要求会众忠于誓言，严守秘密。

天地会曾多次发动武装斗争，比较重大的有乾隆五十一年（1786年）台湾林爽文起义，六十年（1795年）台湾陈周全起义，嘉善起义；咸丰元年（1851年）至五年（1855年）的广西大成国、升平天国起义；咸丰三年（1853年）上海小刀会起义、厦门小刀会起义。在太平天国时期，天地会的活动也极为活跃，其首领洪大全（焦亮）、罗大纲等都曾率领会众参加太平军。两广地区天地会建立的大成国、升平天国、延陵国等政权，也配合了太平天国的斗争。

白莲教

清嘉庆初年的农民起义最早参加者多为白莲教教徒。

白莲教始爆发于川、鄂、陕边境地区，后来波及到川、鄂、陕、豫、甘等省，历时九载，是清代前期规模最大的一次农民战争。

川、鄂、陕三省边境地区是一片原始森林地带，历来都是那些被迫离开土地的破产流民的聚集之所。乾隆三十七、三十八年（1772 年、1773 年）之间，川、鄂两省饥民来此觅食的人数达到了

镇压白莲教起义布防图

白莲教起义爆发后，乾隆帝虽已归政，但仍十分忧虑，下旨全力镇压。清军采取的战术为密集布防，层层剿灭。此图可见当时清军镇压白莲教起义军的军事部署。

数十万。加上来自邻近的河南、安徽、江西等省的流民，总数不下百万。但是该地土壤瘠薄，气候恶劣，流民除搭棚佃耕土地外，还受雇于木厢厂、铁厂、纸厂以获取微薄的工钱，方能生存。他们不仅要受地主、厂主的盘剥，还要受差役、讼棍的勒索，生活极为凄凉。绝望中的流民便成了白莲教传播的对象。

白莲教是明清时期主要的秘密宗教，崇奉"无生老母"与"弥勒佛"，以"真空家乡，无生老母"为八字真诀，使人们在精神上得到一定寄托。这对于处在水深火热之中力图摆脱现世的流民来说，具有很大的吸引力，因而跟从者日众。

乾隆后期，各种社会矛盾激化。官僚、地主、富商大肆兼并土地。人口激增但耕地不足的矛盾非常突出，导致粮价猛涨，饥民数量大增。再加上封建统治阶级生活奢侈，贪官污吏横行，人们的不满和反抗情绪日益增加，白莲教的宣传也随之增加了反抗现实的内容。乾隆三十九年（1774 年），教首樊明德在河南向教徒提出已到"末劫年"，将要"换乾坤，换世界"。稍后刘松、刘之协、宋之清等在湖北、四川、安徽等地传教时，又提出"弥勒转世，当辅牛八"（牛八即朱字拆写，暗指明朝后裔），宣称"黄天将死，苍天将生"，入白莲教就可以免除一切水火刀兵灾厄。入教的百姓在"教中所获资财，悉以均分"，习教之人"穿衣吃饭，不分尔我"，"有患相救，有难相死，不持一钱可周行天下"等。这种宣传极大地满足了当时处于水深火热之中百

杨遇春像
杨遇春，字时斋，四川崇庆人，历乾隆、嘉庆、道光三朝。1797年，随额勒登保镇压白莲教起义。此图为其在紫光阁的功臣像。

德楞泰像
德楞泰，字敦堂。1797年后，他转战川、陕、鄂三省，镇压白莲教起义。1798年包围义军首领王聪儿和姚之富，王、姚被迫跳崖。1800年后，义军失去统帅，战斗力减弱。德楞泰再败义军余部，起义逐渐被镇压下去。

姓的求生愿望，符合他们平均、平等和互济互助的要求。因此到了乾隆末年，白莲教已发展成一支强大的势力，并酝酿举行武装起义。

乾隆六十年（1795年），湖北各地白莲教首，秘商在"辰年辰月辰日"（嘉庆元年（1796年）三月初十）共同起事，让教徒制备刀把火药。白莲教的迅速发展和其反清动向，此时已经引起了清政府的严重不安，于是下令开始大规模搜捕白莲教徒。大批教首、教徒被捕遇害，地方官则以查拿邪教为名，敲诈勒索，当时"不论习教不习教，但论给钱不给钱"，"不遂所欲，即诬以邪教治罪"。这种情况下白莲教各地的教首也以"官逼民反"为口号，迅速号召教徒奋起反抗。嘉庆元年（1796年）正月初七，湖北宜都、枝江一带的首领张正谟、聂杰人等，因官府缉拿紧急，被迫提前举义。于是长阳、来凤、当阳、竹山等县教徒也相继揭竿而起。到了三月初十，襄阳地区的教徒，在王聪儿、姚之富等率领下，按原定日期起义。他们虽然同为白莲教，但是各路起义军互不相属，又各自为战，所据山寨或县城多被清军各个击破。其中只有襄阳的这支起义军采取流动作战的策略，因而力量得以迅速壮大，成为湖北起义军的主力。在湖北白莲教起义影响下，四川各地的白莲教徒也纷纷响应。九月达州教首徐天德，东乡（今四川宣汉）教首王三槐、冷天禄等皆各率众起义。

第二年初，襄阳起义军又开始了大规模的流动作战，转战于湖北、四川、河南、陕西，后分三股进入四川。清军只能尾随其后，疲于奔命。七月四川起义军被清军围困，襄阳起义军赶到解围，在东乡与四川起义军会师。会合之后，各路起义军按青、黄、蓝、白分号，设立掌柜、元帅、先锋、总兵等职。然而小生产者固有的分散性与保守性，决定了起义军并不会真正连为一体，依然是各自为战，分散行动。

到了嘉庆三年（1798年）三月，襄阳起义军在湖北郧西被清军包围，为首的王聪儿、姚之富跳崖牺牲，余部仍然继续斗争。同时四川的起义军也受到重大损失。尽管如此，起义军因为得到各地人民的支持，所到之处，"有屋舍以栖止，有衣食、火药以接济，有骡马刍草以夺骑更换"，且有各地教徒"为之向导负运"，因而起义军仍然能够多次重创清军。

直到嘉庆五年（1800年）四月的江油马蹄冈战役以后，起义才开始真正转入低潮。义军的人数由最初的十几万减少到了几万人，许多重要将领都相继牺牲。清政府的"坚壁清野"与"寨堡团练"之策，已逐渐推广并发挥作用。他们通过筑寨堡、并村落，令百姓移居其中，将民间粮秣给养充实其内，又训练丁壮，进行防守，从而切断了起义军同人民间的联系。因为得不到粮草与兵源的补充，义军的力量日渐枯竭。到了嘉庆六年（1801年）下半年，其活动范围基本上只限于川、鄂、陕边境地区了，义军的残部转战在丛山老林之中，人数已经仅仅剩下两万四千，而围剿的清军则十倍于此。在极端艰苦的条件下，义军仍然坚持战斗，至嘉庆九年（1804年）九月才终告失败。

在历时九年多的战斗中，白莲教起义军占据或攻破的州县达二百零四个，抗击了清政府从十六个省征调来的大批军队，歼灭了大量清军，击毙副将以下将弁四百余名，提镇等一、二品大员二十余名，清政府耗费军费二亿两，相当于四年的财政收入。这次起义使清王朝元气大伤，此后清王朝的统治更加衰落。

苗民起义

清代中叶以后，在贵州、湖南地区爆发了一系列苗民起义。

从雍正十三年（1735年）到乾隆元年（1736年），贵州古州（今榕江）率先掀起了苗民起义的序幕。九股河地区苗族农民因为不堪清朝官吏和土司的剥削压迫，在当地苗民包利等人的领导下，为反抗征粮、派夫发动起义。此前雍正四年（1726年）到九年（1731年）之间，清廷以剿抚兼施的方式收复了贵州苗族四万户，辟地二三千里。这些地区本来"无君上，不相统属"，设官建制照理说是一种社会进步。但是官军入驻之后，开始在原来苗民的土地上修城、建署、筑碉、开驿等，大量无偿役使苗民，外加繁重的赋税和各种摊派，这使得苗民的生活负担变得十分沉重。不堪忍受残酷剥削和压迫的

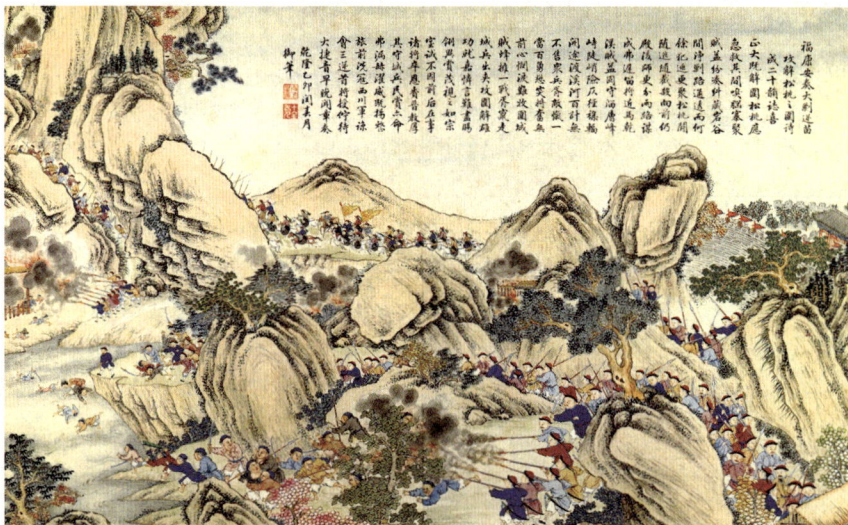

平苗图册·福康安攻解松桃之围图

福康安先后镇压过回民起义、林爽文起义等，贵州、湖南、四川边界的苗民起义爆发后，他奉命前往镇压。起义军包围松桃，镇远总兵被困城内后，福康安前往进攻解松桃之围。

苗民开始以武装起义的形式反抗清廷的盘剥。

雍正十三年（1735 年）二月，包利以"苗王出世"为号召，在古州的八妹、高表、寨蒿等苗寨商讨起事，二十六日围攻了古州城北的王岭汛地，古州总兵研勋率兵前往镇压，苗众溃散而去。但不久包利就收集余众，北移到了清江、台拱（今贵州台江）地区，又组织了二万多人。当地的官吏告急，于是远在贵阳的贵州巡抚元展成、提督哈元生令古州、清江（今剑河）各派数百兵丁前往镇压。但星星之火迅速扩大到黔东和东南各地，丹江（今雷山）、八寨（今丹寨）、黄平、凯里等地的苗民也纷纷响应，起义军的人数迅速增加，并连续攻克凯里、重安江（今属黄平）、岩门司、黄平、余庆县以及台拱、清江营汛，逼近镇远、思州（今岑巩）等府。雍正帝得知事态的严重之后，立刻下令由果亲王允礼、大学士鄂尔泰、张廷玉等十余人组成了办理苗疆事务大臣会议，筹划用兵事宜。在六月的时候，急调云南、四川、湖南、湖北、广东、广西六省清军会剿。官军由扬威将军哈元生带领，统领着贵州、云南、四川清军万余人，由清水江上游进攻。又命湖南、湖北、广东、广西清军万余人，由清水江下游进兵。七月又任命刑部尚书张照为抚定苗疆大臣，并调河北、河南、浙江等省官兵作后援。起义军凭借着有利的地理条件继续打击清军。起义的苗民见清军云集，于是弃城回寨，接着又乘各地营汛兵力空虚，攻围营汛，阻截运道。于是台拱、清江、丹江、八寨清军诸营同时告

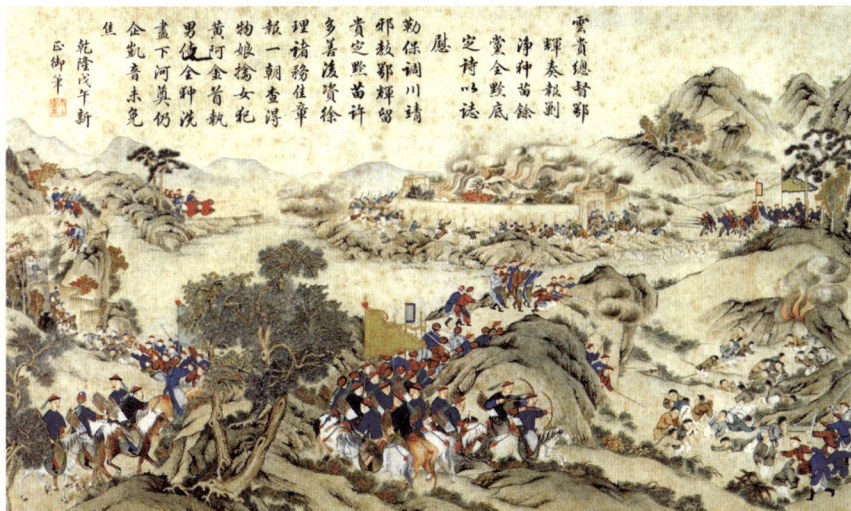

平定仲苗图册·鄂辉奏报剿净起义军余部图

大规模的苗民起义失败后，仍不断有小规模的苗民起义。仲苗是清政府对贵州苗民的称呼，清政府也对仲苗的起义进行了严厉镇压。鄂辉接任云贵总督后，继续清剿苗民起义，将其彻底镇压。

急。乾隆皇帝即位后，为了扭转不利的战局，一方面增调援兵，下令将张昭、元展成、董芳等以玩忽职守、贻误军机罪革职拿问，另一方面任命张广泗为七省经略兼贵州巡抚，重新部署进剿。张广泗到任后，认为此前清军进剿失败的原因在于分兵为战、守二部，这导致作战的兵力缺乏。他改变策略，采取剿抚兼施、以抚待剿的方式，决定分化瓦解，然后各个击破。他先是招抚"熟苗"，然后集中兵力对付"生苗"，又回过头来惩治"熟苗"。张广泗兵分三路，分别向九股河上、下游和清水江下游各苗寨同时发起进攻。尽管苗民义军顽强抵抗，但终因力量悬殊，无法阻挡清军的围攻。六月至九月，张广泗又回军清江、台拱、凯里、清平、黄平、施秉等地，开始大肆搜剿苗寨，数万苗民被杀害，一场轰轰烈烈的苗民起义就这样被镇压下去了。

乾隆帝在皇位上坐了六十年后，贵州和湖南再次爆发了苗民起义。这一次，是在白莲教反清宣传的影响下，苗民们为了反抗官府、地主、高利贷者的剥削与压迫，而再次以武力反抗清朝统治者。起义苗民提出了"逐客民（指满汉地主、官吏）、收复地"的口号，以"穷苦人跟我走，大户官吏我不饶"为号召，召集了黔、湘地区的大量苗、汉、土家族人民，势力很快发展到了黔东北、湘西及川东三省接壤的广大地区。

为了镇压苗民起义，乾隆帝派遣了云贵总督福康安、四川总督和琳、湖广总督福宁率领七省兵力十余万人分路镇压。起义军利用灵活的战术与清军

鲍贵星像

鲍贵星是嘉庆年间的进士。林清起义时，他提出了解决的方案并迅速赶到北京，因此受到嘉庆皇帝的称赞，被提升为工部侍郎。

英和像

英和有异才，和珅打算招其为婿而被拒绝。嘉庆帝亲政后，英和深受重用，任内阁学士、礼部侍郎。他于嘉庆十八年（1813 年）在宋家庄擒获林清。

不断周旋，顽强抵抗实力比自己强很多的官军。义军的领导人吴半生在凤凰厅大鸟巢河一带，阻击了福康安达半年之久。到了八月，聚集在平陇的起义军推吴八月为苗王，石柳邓、石三保为将军。清政府依旧决定采用剿抚并用的措施。之后由于奸细的出卖，吴半生被俘。十二月吴八月也因叛徒出卖而被俘。嘉庆皇帝登基以后，石三保也被叛徒诱至坳溪而被俘。义军领袖的相继遇害，使得起义军陷入了群龙无首的境遇，所以清政府委任额勒登保为统帅，代替先后病死军中的福康安与和琳，调集重兵围攻起义军。苗民义军顽强抵抗，石柳邓最终战死于贵鱼坡，起义宣告失败。

天理教

清嘉庆十八年（1813 年）九月十五日（依例应为闰八月十五日，因星象异常而有意改动）申时（下午三至五时），在宫内入教太监引领下，近二百名手持利刃的天理教徒从西华门、东华门分两路攻入北京紫禁城。

闯入者白巾裹首，鼓噪而进，逢人便杀，势不可当。原本安安静静、神神秘秘的清宫大内，一时如火烧蜂房，乱作一团。

那支攻入紫禁城的队伍，就是林清统领的"天理教"（或称八卦教）教众。天理教起义也成为一次使清廷为之震慑的农民革命运动。起义刚一发生，颙琰就惊呼它"酿成汉、唐、宋、明未有之事"。起义失败后，颙琰依然心有余悸，直至临终前还再三告诫他的群臣，要"永不忘十八年之变"。

这次"闰中秋风暴"，让整个清廷惶恐的起义，至少在两年之前即已开始筹划。嘉庆十六年（1811 年）秋，彗星出西北方，钦天监奏："星象主兵，不利朝廷，应予防备。"嘉庆皇帝问："星象应于何时？"钦天监经细细查核，答曰："应在十八年癸酉闰八月中。"并奏："若将十八年的'八月'之'闰'改为十九年的'二月'之'闰'，则'闰八月'仍为正常的九月，便可消弭星变。"嘉庆帝允奏。又诏百官诚惧修省，以杜天怒人怨。

嘉庆十六年（1811 年）秋，林清与李文成在滑县相会，共商非常之举。嘉庆十七年（1812 年）春，应林清之邀，李文成又两次赴京，与林清会商举事方略。他们商定，嘉庆十八年（1813 年）年九月十五日，即原闰八月十五日为举事日。届时南北两支天理教人马合攻紫禁城，一举推翻清王朝。

这种筹划是前无古人的，省去了通常农民起义的诸多过程，以及与官军短兵相接的不利因素，大胆而简单，直入主题。其领导者是林清和李文成。

林清是京畿大兴人。嘉庆初年，由于清朝日益腐朽，社会阶级矛盾尖锐化，加以五省白莲教大起义的鼓舞，他决心利用民间秘密宗教作为发动群众、进行反清斗争的组织形式，将散在京畿的青阳、红阳、白阳三教统一起来。到嘉庆十八年（1813 年），初步完成了统一京畿"三阳"教的任务。此前林清在嘉庆十六年（1811 年）还深入河南，会见了震卦教主李文成和离卦教主冯克善。

李文成是河南滑县人，世代以泥水匠、木工为业，饱受了封建官府的欺凌和压迫。嘉庆十年（1806 年）前后，他加入了南阳人梁健忠领导的震卦教，逐渐成为滑、浚一带震卦教的实际首领。冯克善也是河南滑县人。林清到了滑县之后，和李文成、冯克善结为"刎颈交"，初步完成了"八卦归一"的任务。他又"推算天书弥勒佛有青洋（阳）、红洋（阳）、白洋（阳）三教，此时白洋（阳）教应兴"。于是三人达成协议，起义成功后，由林清、冯克善辅佐李文成管理天下。这样推翻清朝统治的共同愿望，迅速促成了林、李、冯三股势力，即京畿地区的白阳教、八卦教中的坎卦教和直鲁豫交界地区以震、离二卦为核心的八卦教的联合，这一新组织就是天理教。

嘉庆十八年（1813 年）九月十五，天理教众兵分两路，东路从董屯出发，约由东华门闯宫。西路从黄村出发，至菜市口集合，约由西华门闯宫。西路按照计划进展得极为顺利，全部闯进了西华门。他们先进入尚衣监，将监中太监、宫女，不分青红皂白，一律杀掉。东路则因入东华门时与送煤者争道，露出兵器，被官兵发觉。官兵急掩大门，仅十几人闯入了宫中。这十几人入宫后，拿着兵器夺路向西杀去。

但是等到两路人马会合时，紫禁城中早已警声四起，清宫轮值侍卫各就各位，宫门都被紧紧关闭起来。可以说此时天理教众人既不得要领，左冲右突难以进击皇宫的核心机构，又如瓮中之鳖难以逃出宫墙了。

这时嘉庆皇帝正在热河，留守紫禁城的皇子旻宁（即后来的道光帝）持刀背枪来到养心殿前，下令各城门立即戒严，又叫总管太监常永贵去传话，调集各营步卒及火器营官兵，携带枪支，速到内宫救援。旻宁在这次事件中沉着冷静的反应，不仅平息了天理教众的起义，而且为他以后登上皇位赢得了政治资本。

九月十九，嘉庆帝回到宫中，随即下《罪己诏》。太监宣读，诸王大臣集乾清门跪听之。其《诏》曰："朕绍承大统，不敢暇逸，不敢为虐民之事。自川楚教匪平后，方期与吾民共享承平之福。乃昨九月十五日，大内突有非常

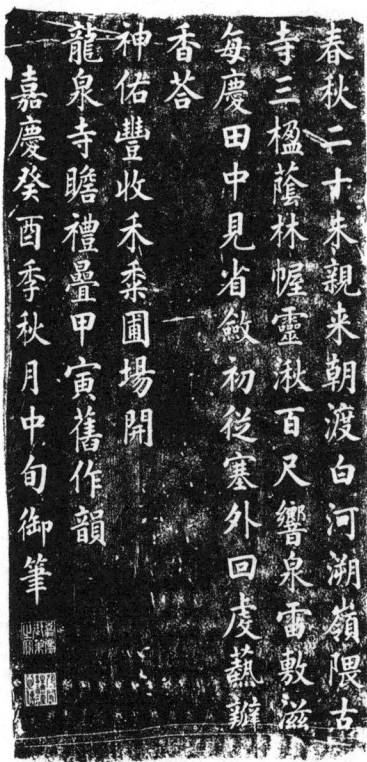

《龙泉寺瞻礼诗碑》拓片

平定农民起义之后，嘉庆帝写就龙泉寺瞻礼诗，祈求神灵保佑天下太平，大清兴旺。

之事，汉唐宋明之所未有，朕实恶焉。然变起一朝，祸积有素，当今大患，惟在因循怠玩。虽经再三诰诫，舌敝笔秃，终不足以动诸臣之听。朕惟返躬修省耳。诸臣愿为忠良，即尽心力匡朕之咎，正民之志。切勿依前尸位，益增朕失。

诏书中的"因循怠玩"四字可以说是天理教能够顺利闯入紫禁城的原因所在。此次事件也可以看作是清朝整个朝廷朝政懈怠的一个缩影。

其实此前已经有人向河南巡抚高杞、卫辉知府郎锦麒报告，但二人置若罔闻。营员曾屡次申报叛乱，负责禁御之外的京师护卫吉伦都以"非吾所辖"为借口，不加追究。乘着秋高气爽，吉伦邀客携酒游西山香界寺，吟咏忘归。直到九月十五事发当日，他仍然游兴未足，对部下说"某将迎驾白涧"，又率一干扈从飞马出都。左营参将说："都中情形，大有叵测，尚书请留。"吉伦厉声喝道："近日太平如此，何有叵测？尔乃作疯语乎！"挥舆驱骑竟去。吉伦的疏于职守，可以说是了直接造成中部队群龙无首。还有顺天府，在九月十四时曾经接到卢沟桥巡检司的报告，说有天理教众，暗携兵器入京，定于次日闯宫举事。该府尹闻报后摇头不信，声称荒唐，说："朗朗乾坤，皓皓日月，京师金城汤池之固，谁人敢为蚍蜉撼树之举？"但第二天却果然发生了禁宫惊变。

可惜嘉庆皇帝虽然看到了"因循怠玩"的政治病症，却已经无力扭转乾坤了。

危机四伏的晚清王朝

1840 年，林则徐在虎门销烟以后，英政府以保护侨民为名，出动军舰企图进攻广州，清政府不得不与英国签订《南京条约》。1851 年，咸丰帝刚刚继位，就发生了震惊朝野的"太平天国"运动。在两年的时间里，太平军先后攻取了汉阳、岳州、汉口、南京等南方重镇，于 1853 年定都南京，后被曾国藩所部湘军攻陷，轰轰烈烈的"太平天国"运动宣告失败。在此期间，英、法等国再次对华宣战，爆发了"第二次鸦片战争"。1860 年，英法联军攻占北京西郊的圆明园，并纵火烧毁了这座有"万园之园"之称的著名园林，迫使清政府进一步对外开放中国国门，并割让了大批领土。慈禧太后垂帘听政以后，中国先后与法、日等国交战，特别是甲午战争的失败，使得中国被迫与日本签订了《马关条约》，割让台湾，赔偿军费，也使刚刚开始的洋务运动遭受了严重的挫折。"康乾盛世"过去之后，内忧外患的晚清王朝处于了风雨飘摇之中，随时都有倾颓的危险。

英国东印度公司孟加拉邦鸦片制造厂仓库旧照
英国东印度公司强迫孟加拉邦的农民种植鸦片，并取得了在印度的鸦片专卖权。随后他们开始以孟加拉邦为基地，向中国输入鸦片。

祸国殃民的鸦片

鸦片贸易

鸦片是一种舶来品，初入国门之时，并没有像现在这样令人谈之色变，人们只知道这种名叫"阿芙蓉"的东西可以做镇痛之用，其花朵也美丽异常，绿色的枝干上托着白、黄、粉、橙、紫、红等各种颜色娇艳欲滴的花朵，几片宽大的绿叶无不衬托出它的艳丽与大方。花朵中硕胖的果实被划开一道口子时，流出白色乳汁。乳汁经过曝晒后，便变成黑色胶状物，这种胶状物就是提取鸦片的最初原料。后来人们发现这种原本用来治病的东西，竟可以让人产生"神魂飘散，天地混沌"的感觉。不论闷气郁胸的时候，还是愁怀难开的时候，人们只要往矮榻上一躺，烟枪一捧，与一盏明灯对卧吹吸，一切便不同了。开始时觉得精神焕发，头脑清醒，目光明利。继而胸膈顿开，兴致倍加。再久些呢，高枕而卧，什么念头也没有了，只觉得梦境迷离，神魂驰宕。即便是广州民间，也对其有着如许赞许："当人烦恼郁结的时候，用鸦片烟来调理，最能使人心气和畅……"这种让人产生美丽幻觉的鸦片，正是最可怕的毒品，一旦成瘾，具有很强的依赖性，很难戒掉。天长日久，骨瘦如柴，精神萎靡，如同废人。当时它将带走的不只是一两个吸食者的健康，而是整个大清王朝。

"躺在一张卧榻上，枕边点燃一盏常明不熄的灯火，将专门熬制过的烟膏用铁钎儿挑了放在灯上烧，烧成油状、膜状的烟泡（等于又一次精炼提取），然后放在烟锅里，手持烟枪，就着灯火悠悠地吸、悠悠地吐，神魂飘散，天地混沌……"此中情景，不用说就知道是在吸食鸦片了。利益面前，商人与贪官的面孔永远是狰狞的。城市的茶馆驿舍里，到处是吞云吐雾的瘾君子，街市闾巷，满目是妻离子散的悲惨情境。"十室之邑，必有烟馆"，有的地方竟有半数人在吸食鸦片，每年用于抽大烟的银子，多到无法计算。就连国家军队里，也能时不时看到那些抱着烟枪的瘾君子吞云吐雾。八十万清军中，吸食成瘾者居然达到了二十万之众，沿海的军队官兵更甚，已达"十分之六七"。天朝正面临着一场空前的灾难。

17 世纪末，康熙皇帝恩准外国人在广州经商，但附加了八项严苛的限制条件，其中一项是必须经户部批准的"公行"才能从事对外贸易。"公行"因此成为官方特许的商行，它也逐渐成为了新的滋生腐败的门户。广东的地方官员和具有官家背景的人通过行贿取得特许资格，户部官员因此获得利益。到了 18 世纪，在中外贸易里，英国人逐渐取代了葡萄牙人和荷兰人，成为中国对外贸易的主角。当时贸易的范围十分广泛，中国用茶叶、糖、蚕丝、瓷器、纸张、珍珠母、樟脑、肉桂、铜、明矾、金银、丝制品、漆器、植物油、竹器、大黄等，换回欧洲产的棉花、羊毛制品及铁、铅、锌、钻石、辣椒、钟表、珊瑚、琥珀、鱼翅、鱼等，此外还包括鸦片。

贸易发展的同时，西方的文化、宗教、道德观念等意识形态也渗入中国。大清朝廷担心中国的传统文化受到冲击后对自己的统治造成威胁。民间对西方传教士带来的宗教和文化也产生了抵触，所以必须加以限制，并且禁止以货易货的实施，因此中方市场变得十分有限。由于英国人对中国茶叶有着巨大的需求，所以商人们必须用现银购买茶叶，从而导致巨额的贸易逆差。但中国的内地市场严禁外商涉足，所以极为有限的贸易额不足以弥补这个逆差。对内地市场如饥似渴的英国商人很快发现，只有两种商品官员们从不禁止进口，即棉花和鸦片。但棉花的利润是极其微薄的，因为棉花主要来自埃及和印度，埃及到中国的运输成本高昂无利可图，即使是印度运到中国的棉花也获利菲薄，而产于印度的鸦片却可以让他们获得暴利。中国虽然已经盛产罂粟，但鸦片质量远不如印度鸦片，最主要的是，他们一旦打开这个市场后，发现国产鸦片远不能满足需求。

据记载，唐朝贞元（唐德宗李适的年号）年间，阿拉伯商人开始将罂粟输入中国。到了明朝万历十七年（1589 年），列入关税表中，记载鸦片十斤，价值银条两个。从明朝末年开始，民间逐渐有吸鸦片的现象。雍正帝当政时期就曾颁布禁令，禁止贩卖鸦片，否则处以一百军棍、三个月戴枷囚禁、流放新疆直至处死，可见当时对鸦片的危害已经有所认识。但对于吸食鸦片者

历史细读

东印度公司成立于 1600 年，起初主要是利用东印度公司作生意，但逐渐就变成了英国殖民者侵略印度的工具。1613 年，英国在印度西部的苏特拉设立贸易站，不久又在印度东南部的马德拉斯建立商馆。1698 年，东印度公司向印度莫卧儿王朝政府买下了位于孟加拉湾恒河口岸的加尔各答。因为东印度公司实力强大，逐渐占领了印度的马德拉斯、加尔各答和孟买，并在这里设立了三个管区，各设一名省督管辖，把这些地方变成了进一步侵占印度的根据地。

免罚，也没有限制鸦片进口的任何规定。禁令颁布的当年，合法进口的鸦片就有二百余箱。乾隆朝《海关则例》将鸦片列入药材一类中，规定每一百斤收税三两银子。当时输入的鸦片为数还不多，商人主要以葡萄牙人为主。到了乾隆末期，英国东印度公司垄断了对中国的贸易，而印度孟加拉地区又是鸦片的产地。于是输入鸦片的数量与日俱增了。到 1767 年增加到了一千箱，1790 年已经高达四千箱。这些不可思议的措施只能以朝廷的昏庸来解释。其中一个非常明显的原因就是，进口鸦片所得到的执照税让朝廷极为珍惜。这个税一直到 1796 年还在征收。嘉庆初年，皇帝屡次发布命令，对鸦片严格禁止。输入的鸦片全部销毁，吸鸦片者判绞刑。可是沿海各地衙门贪图暴利，任凭鸦片自由输入。等到道光十六年（1836 年），鸦片的输入额增加了五倍。

当年马戛尔尼来拜贺乾隆帝以后，通过这次接触，马戛尔尼得出结论："清王朝已经腐败衰弱，不堪一击。"并称其为"破烂不堪的头等战舰"，他提议英王注意清王朝的垮台，以便得到"比任何其他国家更多的好处"。1816 年，英王又派阿美士德使团来华，以继续马戛尔尼未完成的使命。结果在跪拜礼问题上又僵持住了，这回清廷干脆连对话也不考虑，直接把他们遣送出境。天朝既然大门紧闭，拒绝平等的贸易往来，也拒绝先进的科学技术，英国商人只好另谋出路。他们比政府要聪明得多，只是花了些小钱，便买通了大清国那些腐败不堪的地方官吏，把鸦片大量销往中国，用这种英国国内禁止销售的毒品来换取中国的茶叶、丝绸和瓷器。

直到鸦片在中国的土地上大行其道后，国库银两剧减。于是在 1799 年，嘉庆皇帝颁布了禁鸦片令，禁止进口、销售鸦片和种植罂粟。这使原来就依

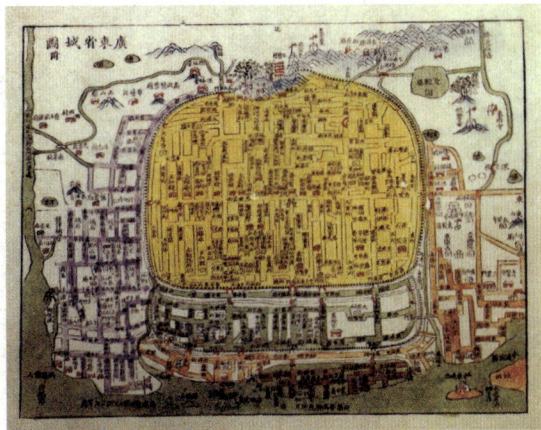

广东省城图
广州市是清朝道光时期南方最为发达的地区
之一，这里人口众多，交通便利，经济十分
发达，因此也是鸦片流入最多的地区。

靠种植和加工罂粟发财的清国皇室及官僚们的利益受到很大冲击。他们阳奉阴违，一方面隐秘地继续进行罂粟的种植与加工，另一方面借着禁止进口而加入走私活动，走私鸦片连税也不必交。于是 1800 年，西南各省的自产鸦片已经超过了进口。到 19 世纪 30 年代，浙江、福建、广东等沿海省份的官僚与皇室都掩护罂粟种植与加工，使其产量大大增加。鸦片被禁止后又价格剧增，走私则使皇帝的禁烟令成为一纸空文，朝廷原来收取的税银全部落入官员和买办的腰包。他们与以英国为主的鸦片商互相勾结，大肆走私鸦片。

英国商人对中国走私鸦片得到了英政府的鼓励。在英国本国之内，买卖鸦片属于违法行为，而英国政府和商人为了赚取利润，却向中国大量倾销本国禁止的鸦片。1773 年，英国政府给予东印度公司鸦片专卖权。二十年后，东印度公司又获得制造鸦片的特权。东印度公司利用这些特权，强迫印度农民种植罂粟，低价收购，制成鸦片后再由专卖局在市场上高价拍卖给鸦片贩子，让他们走私到中国。据不完全统计，在 19 世纪最初的二十年中，英国每年从印度向中国平均输入鸦片四千余箱（每箱五十至六十公斤）。30 年代迅速增加到三万五千五百箱，占到当时英国输入中国货物总值的二分之一以上。作为当时一本万利的买卖，鸦片让英国鸦片贩子和东印度公司从中获得惊人的暴利。英国最大的鸦片贩子渣甸在给他的朋友的信中承认，一箱鸦片的毛利就高达一千银元。从 1800 年到 1840 年的四十年里，英国运进中国的鸦片不下四十二万箱，从中国至少掠走白银三亿元以上。白银的大量外流使得清朝的财政陷入了捉襟见肘的境地，许多文武官史甚至也吸食鸦片上瘾，鸦片从方方面面给清朝统治者带来了威胁。

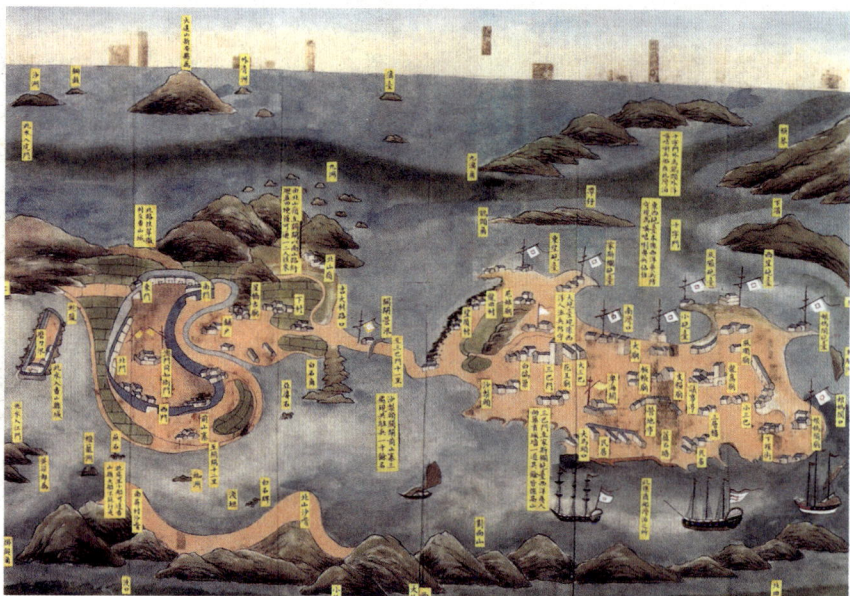

澳门全岛图
位于珠江口的澳门岛港湾在晚清的对外关系中地位十分重要。英国水手打死中国村民，义律却拒不交出凶手。为打击嚣张的英国人，林则徐下令将澳门的所有英国人驱逐出境。

道光十八年（1838 年）十一月，湖广总督林则徐被任命为钦差大臣，前往广东查办海口禁烟事件。同时还兼管广东水军。

旻宁对禁止鸦片也有个认识过程。起初他把烟毒之害与民风人心相联系，认为鸦片烟"大为风俗人心之害"。后来他把禁止鸦片同整肃吏治联系起来，禁烟的目的是为了整饬官风，察除奸弊。之后又认为鸦片走私之害在于白银外流，国库拮据。到最后他深刻地认识到禁止鸦片与社稷江山有直接利害，鸦片已经使得国贫民弱，皇权岌岌可危。所以道光帝所采取的措施也更加具体，把查禁鸦片的区域由东南沿海扩大到全国各地，从中原延伸到边疆地区，并为此动员从督、抚到府、县的官员，不准进口、不准贩卖、不准种植，也不准吸食鸦片。道光帝的愿望是美好的，就是一切能够遵循既定章程，在各个方面再制定新的章程，各级官员能够切实执行。他花费了许多时间和精力制定了一系列禁烟章程，既有外禁进口，又有内禁种植；既有全国性的，又有地方性的；既包括中原的，又涉及边疆的；既有汉民的，也有土民的；既面对宗室贵族，也面对普通平民；既要惩办贩运，也要惩治吸食；既有惩办失察官员的，又有查办吸食官员的等，内容很是全面。旻宁认为，章程不谓

林则徐看剑引杯图

林则徐事事以身作则，处处为人表率，在总督任内兢兢业业，廉明能干、正直无私，深受百姓爱戴。《看剑引杯图》中处乡野之境的林则徐，恬淡中蕴含着杀敌报国的豪情。

不多，条规不谓不细，奏报不谓不勤，法令不谓不严，鸦片烟之浊流，自然可以遏制，起码不至于一无成效。但结果并没有像道光帝期望的那样，禁烟愈犹豫，流毒愈厉害；禁烟愈松弛，问题愈严重。鸦片已经严重影响了大清帝国的安全，一些负有责任感的官员主张严厉禁烟。

同年鸿胪寺卿黄爵滋给皇帝上奏折指出："盖自鸦片烟土流入中国，粤省奸商，勾通巡洋兵弁，运银出洋，运烟入口。查道光三年以前，每岁漏银数百万两；三年至十一年，岁漏银一千七八百万两；自十一年至十四年，岁漏银二千余万两；自十四年至今，渐漏至三千万两之多。应请限期一年戒绝，过期犯禁者，俱罪以死论。"这是自雍正时以来百余年间最为严厉的禁烟主张。旻宁于是令各省督、抚大员议商具奏，赞成禁烟的有林则徐等八人，反对者则有琦善等二十人。在讨论禁烟问题的奏报中，林则徐痛陈烟不禁绝，则国日贫，而民日弱，"数十年后，中原几无可以御敌之兵，且无可以充饷之银"。旻宁又命各省总督、巡抚分别拟出章程，上报皇帝。黄爵滋的主张得到了支持，而林则徐谈得尤其中肯。旻宁深受感动，坚定了禁烟的决心，并且委派林则徐迅速赶往广东，贯彻禁止鸦片贸易的措施。

道光十九年（1839年）正月末，林则徐到达广东，命英国商人三天内交出藏匿的鸦片，但英国人置之不理。到了二月初，林则徐停止同英国贸易，并且把充当英商买办的汉人沙文监禁起来。英国领事义律不得已，交出了趸船上储存的鸦片一千多箱。这显然只是英国走私给中国的很少一部分，于是林则徐命令各国商人退去，断绝供给英国人粮食，并派兵包围了商馆。大英

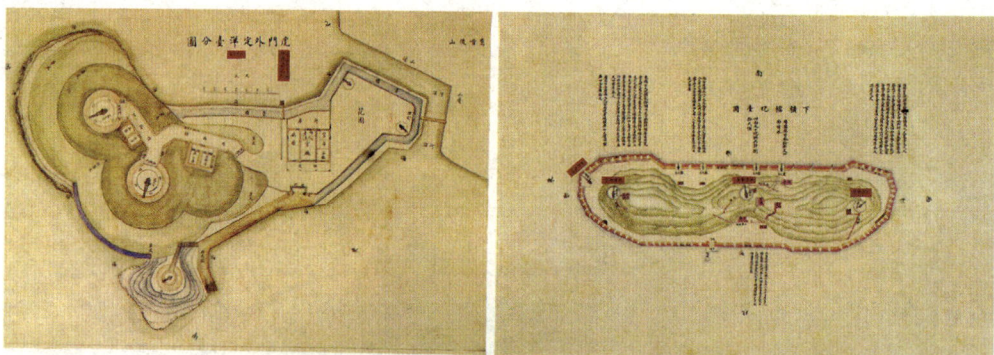

虎门威远炮台图
面对因为禁烟而频频挑衅的英国人，一些官员深切认识到战争无法避免，于是奏请增修炮台，以加强防备。

帝国的黑心商人们这才将鸦片全部交出。林则徐立即报告旻宁，请求将鸦片送往京城，旻宁命在虎口立即销毁。虎门销烟是旻宁严禁鸦片的一个成果，是中国禁烟运动的一个胜利。英国人自然极度愤懑，各国商船相继开往澳门。林则徐于是同各国约定，凡是进口的船只，必须具结保证不得夹带鸦片，违犯者船只货物没收，人员杀头。

十多个和中国通商的国家，全都同意了。却唯独义律不愿意，还请林则徐派人到澳门会谈。林则徐自然没有答应，下令将英国人驱逐出澳门，并断绝供给吃喝。义律于是以要饭吃为由，率领兵船进入尖沙咀，开炮示威。但这些伎俩根本吓不倒林则徐。义律又偷偷去澳门请求葡萄牙人出面说和，只想让林则徐删掉"将人立即杀头"一条，其他条件全部答应。林则徐仍然严词拒绝。于是在九、十月间，六艘英舰袭击虎门海口，参将赖恩将其全部击退，英国人没有占到任何优势。但是有了第一次正面交火以后，林则徐就向皇帝请示，对英人战与和要预为准备，并请皇帝命令福建、浙江、江苏各省总督、巡抚严防各处海口，停止对英国的贸易。

当时鸦片的危害和英国人的坚船利炮让朝中官员全都主张排外。大理寺卿曾望颜甚至请求皇帝下令闭关禁海，停止同各国的贸易。这个建议遭到了林则徐的反对，说各国会因此而联合起来对付中国。旻宁表示赞同，于是下令停止对英贸易。

虎门销烟

广州是外国烟贩子的贩毒中心。1838 年，广州地方政府处决一个中国的鸦片贩子，英国烟商竟然出来阻挠，激起了广州人民的义愤。1839 年初，

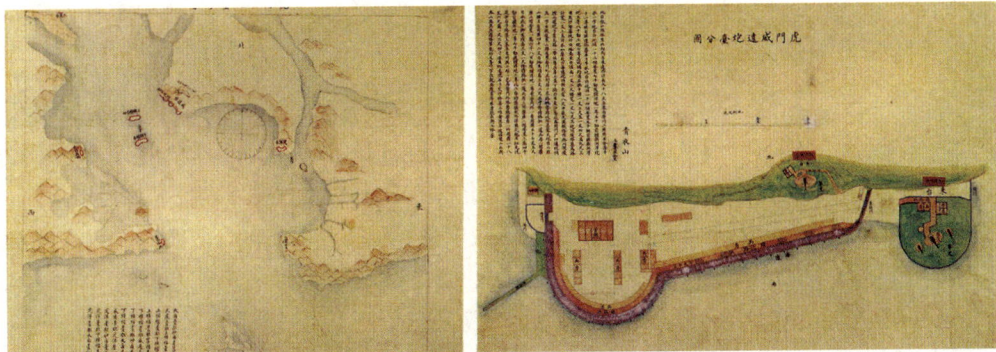

一万多名民众到外国人居住的旅馆前示威，声讨外国烟贩干涉中国内政的罪行。林则徐受命为钦差大臣来到广州，1839 年是禁烟史上最重要的一年，也是林则徐被历史所铭记的最辉煌的岁月。

前面已经提到了虎门销烟，这里做一下详细记叙。林则徐经过两个月的行程到达广州，成千上万的人挤满了珠江两岸，人们争先恐后想要目睹钦差大臣的风采。整个广州都在等待和倾听他的声音。林则徐的回答是第二天在辕门外贴出的两张告示，《收呈示稿》阐明了钦差大臣来到广州的目的是查办海口事件，《关防示稿》则是钦差大臣的第一个宣言，也是他采取禁烟行动的先声。这两个告示是林则徐作为钦差大臣向广州官员、百姓以及外国人的首次公开亮相，它不仅再次以清廉告白天下，而且作好了驾驭极其复杂局面的准备。林则徐的日记记载，他当天住在越华书院。

告示张贴的第二天，三月十九日，林则徐下令禁止外国人离开广州。三天以后包围了商馆，又一天后下令查拿英国鸦片贩子颠地。

而英国驻华商务监督义律的到来，使得矛盾转移到了他的身上。在他到达的当天，林则徐下令停泊在珠江上的一切外国船只封舱，当天晚上封锁商馆，并且撤走了一切差役和中国雇员。但是义律面对林则徐的命令出尔反尔，交替使用无赖、讹诈、欺骗、撒谎的卑鄙手法。尽管他狡猾多端，但面对林则徐的铁面无私，三月二十八日，义律还是乖乖地向林则徐呈送了《义律遵谕呈单缴烟二万零二百八十三箱禀》。这一系列的行动仅用了十八天，这充分说明了林则徐的雷厉风行。

接着林则徐与邓廷桢等人商议后，就鸦片的收缴地点、验收、押运、存储、看管、守卫等各个环节做了详尽而周密的指令和安排。只用了三十四天，共收缴烟土 19187 箱又 2119 袋，总重量 1188127 公斤。

收缴鸦片的这段日子，林则徐一刻不怠地监督这一庞杂的过程。日夜操劳，一丝不苟，无一纰漏。虎门销烟前，林则徐了解到，以前用火焚烧鸦片使得鸦片油渗入土中，一些人会把这些土挖去熬炼成烟膏继续害人。所以他派人在虎门海滩挖出长宽各十五丈的两个大池，灌入海水，把鸦片投入池内，泡透后放石灰，再打开涵闸让鸦片末泄入茫茫大海，这个方法使得鸦片被彻底销毁。经过二十三天，收缴的鸦片才被销毁完，这就是著名的"虎门销烟"。销烟的正义行动，得到了广大人民的支持，虎门海滩每天都有上万人观看，人们无不拍手称快。就连一向对天朝的禁烟抱怀疑态度的外国鸦片商也感到了天朝禁烟的决心。

"此行的目的主要是亲眼看看销烟，因许多人断言，中国人是不会销毁一斤鸦片的。另有人说，即使是真销烟，大部分鸦片一定会被偷走。

"工作场地四面有木栅，好像一个马来营地。每边门站有哨兵，没有证件任何人不准进入，出来时每人都受检查。工作人员大约有五百人，文武官员不少于六十或八十人。官员在高置的座位上，日夜轮流值班。别的一部分官员监督从箱子里倒卸鸦片，特别小心察看每箱、每包现在是否和货船提取时所记录的相符。

"我们反复检查过销烟的每一个过程，他们在整个工作进行时的细心和忠实程度，远出于我们的臆想。一个穷人只因为企图拿走身边的一些鸦片，一经发觉，立即严惩……这令我们不得不相信了。"

展开禁烟运动、严拿烟贩的同时，林则徐已经做好了战争的准备，加紧整顿海防，注意修筑工事，在虎门、横当山各海口添设炮位，设置木桩、铁索，并请皇帝批准将高廉道台衙门迁往澳门，调归水军管辖，以便控制。他在给外国烟商的通知中说："若鸦片一日未绝，本大臣一日不回。"充分表明了自己的立场和决心。

然而，此时清廷的腐朽与末落已经不是一个林则徐可以改变的了。这次禁烟很快成为鸦片战争的导火索。

第一次鸦片战争

道光二十年（1840 年）二月，英国海军统领伯麦率军舰十五艘、汽船四艘、运输船二十五艘从印度出发，五月抵达澳门附近。林则徐派火船乘风势、潮水发起攻击，焚毁英国两只舢板小船。英舰相持了一个多月，因广东的设防无隙可乘，于是改变方向分兵骚扰其他各省。他们分派五艘军舰到厦门，厦门道台刘曜春出兵迎击，英军未能讨得便宜。接着骚扰浙江的英舰攻打定海成功，在六月占领了定海。七月，五艘英舰去天津投书讲和，提出了六项

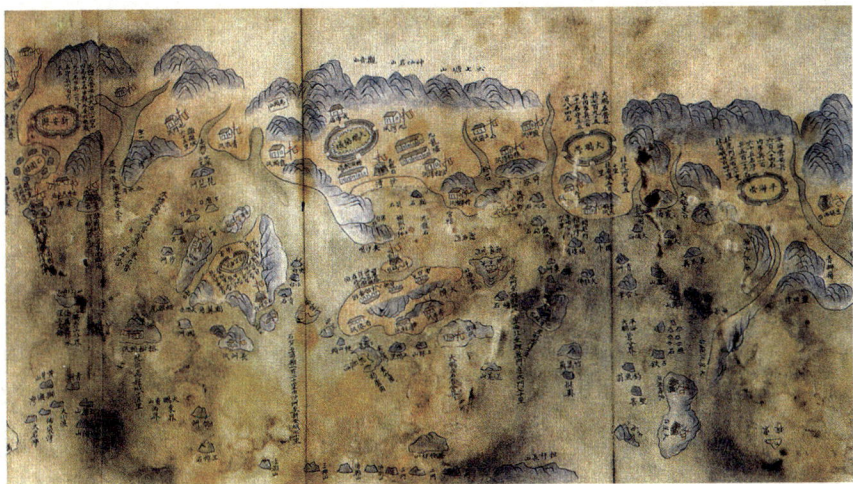

清代广东水师驻防图
为了抵制鸦片大量流入中国，林则徐到广州后，不仅主持了一系列的禁烟事务，还负责节制
广东水师。此图为当时广东水师的驻防情形。

条件：第一，偿还货物价钱；第二，开放广州、厦门、福州、定海、上海为
商港；第三，两国交往用平等的礼节；第四，赔偿英军的军费；第五，不得
因为英国船夹带鸦片连累住在中国的英商；第六，将经手的中国商人的外加
好处费全部取消。直隶总督琦善把这件事报告了道光帝。道光帝没想到禁烟
引来了英国人的战舰，惶惶不安中任命琦善为钦差大臣去广东查办。同时免
去了林则徐的官职，将其留在广东听候处理，并命令沿海各省不准开炮。

这一年的十月，琦善到达了广州。其做法与林则徐完全相反，他撤销了
各个要塞的守军，以讨好敌人，希望能够尽快达成和议。当时广州的水师提
督是关天培，他侦察到敌人日夜赶造小船及攻城的用具，还召集走私鸦片船
只，进行备战，于是立即报告琦善请求增加兵力，但琦善置之不理。十二月
（1841年1月），英军的伯麦突然攻占了沙角及大角炮台，副将陈连升在战斗
中阵亡。关天培及总兵李廷钰、游击马辰等人仍分别守卫在镇远、威远各炮
台，但可供调遣的兵工仅各数百名。关天培等再次请求琦善增兵，广州城里
的文武官员也极力请求增兵与英国人决一死战，但琦善依然没有同意，他唯
一所做的就是给义律写信，极力要求和谈。和谈的内容除了赔偿烟价之外，
还同意开放广州、割让香港，遣返浙江被俘人员，以赎回定海。琦善将签订
的草约呈交道光帝，对于如此大的让步条约道光帝无法同意。

英国人的战舰让琦善感到十分害怕，他用美女、美味不断招待英国使者。

广东海岸图

英国政府听到虎门销烟的消息以后，决定向中国出兵，他们将舰队集结在广东海面。此图展现了当时广东的海岸形势。

此时义律也察觉到清政府的无能，于是在这个月连攻横当、虎门各炮台，全部占领，提督关天培战死。道光帝一怒之下将琦善逮捕押送京城，派祁贡代替他，并任命奕山为大将军。道光二十一年（1841年）闰三月，英舰攻占四方炮台，进逼广州。在此之前，奕山等人刚到广州时，曾先发制人乘夜袭击敌舰，谋求一次小胜。但第二天早晨，英军就接连攻占了广州城西北的天字炮台、泥城港及城北山顶的四方炮台。奕山躲进巡抚衙门不敢出来，派广州知府余保纯前去议和。双方于是商定了休战条约：第一，将军同意在烟价之外先赔偿英国军费六百万元，限五日内交清；第二，将军及外省的兵士退到城外六十里；第三，香港割让未定，以后再谈判；第四，英军退出虎门。和约签订后，奕山等人打算用布政使库银、海关库银以及运输的库银共四百万，此外广州商行再拿出二百万作为赔款。和约的签订让广东百姓格外愤怒，三元里一万人高举"平英团"的大旗，同英国人进行斗争。义律被重重包围，不能逃脱，直到知府余保纯前去解围，义律才得以离去。六百万的赔款交清后，英军撤离了广州，同时催促奕山等人离开。奕山退驻金山，并向旻宁谎称英国人势穷求和，请求照旧通商。道光帝虽然对奕山在广州的所作所为有所耳闻，但却没有追究。倒是将林则徐判罪，充军伊犁。当初刚同英国交恶之时，旻宁给林则徐的训令中有"不怕你冒失，只是提醒你不要畏缩"的话，

虎门海战图

英国舰队在广东海面集结后不久，即向虎门发动了猛烈的攻击。此图展现的就是当时硝烟弥漫的战争场面。

现在反以林则徐危害了同英国的关系为由，将他充军万里之外，好向英国人谢罪。

九月因为英舰攻占厦门，又分兵攻占了定海、镇海、宁波各城，道光皇帝任命大学士奕经为扬威将军，赶往浙江办理军务。在此之前，英舰退出虎门以后，因为道光二十年（1840 年）签订的六项条约及后来提出的割让香港的款项没有得到清政府最后的肯定答复，英国想趁机北上，达成此前的愿望。伯麦于是从印度继续调战舰来广东，准备六月北上。但飓风让他的旗舰和舰队都受了损伤。两广总督祁贡于是向道光夸大其词，报告说得到神仙保佑，洋船被撞碎，淹死了洋兵无数，浮尸蔽海。朝廷得报后，用最名贵的香祭祀海神，还同意广东保举提升了数百名守城的官员。可是，英国派遣的大使璞鼎查和海军少将巴尔克却突然到达，命令卧乌古、巴尔克等带领军舰九艘、汽船四艘、运输船二十三艘于七月攻占了厦门，总督颜伯焘退到同安。攻占厦门后，英军并没有留兵驻守，而是全队驶往浙江。而颜伯焘却向朝廷谎报说收复了厦门。八月英军攻占定海，总兵王锡朋、郑国鸿、葛云飞全部在与英军的战斗中壮烈牺牲。不久英军攻占镇海，统兵大臣裕谦自杀，接着英国舰队直溯甬江抵达宁波城下。驻守宁波城的提督余步云弃城逃往上虞，宁波失守。慈溪、余姚的居民全都出逃了。形势到了这般田地，道光帝才任命奕

关天培像

英军对虎门发动总攻后，关天培亲临炮台指挥，负伤十余处时仍亲自开炮还击英军。他率军英勇奋战，清军伤亡惨重，关天培也英勇殉国。他的英烈事迹广为传颂，被誉为深具民族气节的一代名将。

陈化成像

陈化成是鸦片战争时期守卫吴淞的抗英名将。他精武艺，尚气节，智勇过人，誓与阵地共存亡。他牺牲后，有人写凭吊诗曰："报国捐躯日，遥天黯将星。山河留壮气，风雨泣阴灵。泪洒三军血，名流万载馨。茫茫烟水阔，凭吊问沧溟。"此诗充分表达了对陈化成的无限敬仰。

经为扬威将军，进军浙江，以图收复失地。

道光二十二年（1842年）八月，英舰接连攻占乍浦、宝山、上海、镇江，逼近南京。道光帝接二连三得到各地的败报，已无心再战，只想要快点谋求谈判。于是任命皇室成员、尚书耆英为全权大臣，负责去南京与英国人谈判。英舰撤回定海。旻宁谕耆英曰："两载以来，沿海生民，突遭蹂躏，朕心实有所不忍。与其兵连祸结，何如息事安民！"分明是在酝酿"丧权辱国"的丧曲，却还在唱着"息事安民"的高调。最开始旻宁谕示耆英，英国如果"于通商而外，别无所求"，可以割让香港等地，但不得羁留。到了七月初五，旻宁对耆英的谕示已经变成可以"妥为筹办，不必他有顾虑也"。

英舰行驶到南京下关的江面，陈兵南京城下。七月初七，钦差大臣耆英到达江宁（今南京）。十五日耆英同璞鼎查在英舰康华丽号上会见，十九日二人又在静海寺第二次会谈。二十四日，钦差大臣耆英、伊里布受道光皇帝之命，与英国全权代表璞鼎查签订了中国近代史上第一个丧权辱国的不平等条约《南京条约》，共十三款，主要内容包括：一、中国开放广州、福州、厦门、宁波、上海五处为通商口岸，允许英商寄居贸易，英国可以派驻领事等官员；二、割让香港；三、向英国赔款2100万元，其中烟价600万元，商欠300万元，军费1200万元；四、协定海关税则，英商"应纳进口、出口货

清军广东水师战船模型
清军水师面对英国侵略军的嚣张气焰，奋起抵抗，他们纷纷制造战船积极备战。此图为复原的当时水师战船模型。

税、饷费，均宜秉公议定则例"。此外还要取消行商制度，保护汉奸。八月初二（9月6日），道光帝批准了《南京条约》，鸦片战争结束。

鸦片战争和《南京条约》的签订标志着西方侵略者正式用武力打开了中国的大门，中国逐步沦为半封建半殖民地的社会。《南京条约》的签订令英国政府和英国商人激动不已，在大清这个富庶王国的大门前，他们不知徘徊了多少回，多少次想进去贸易，都被倨傲的主人委婉拒绝了，如今终于如愿以偿，可以在这块神奇的土地上倾销自己的商品了。而道光帝也成为中国两千年帝制史上第一个同西方殖民者签订丧权辱国条约的皇帝，背弃了其先祖"以弧矢威天下"的祖训。旻宁疑虑犹豫，反复无常，这突出地表现是，他在禁烟时，严禁与弛禁犹豫摇摆；他在战争时，主战与主和反复无常；他在用人时，任贤与任奸功罪倒衡。所以旻宁就在这场历史悲剧中，扮演了悲剧的主角，也被永远地钉在了历史的耻辱柱上。《南京条约》因鸦片而生，但其中却没有任何关于鸦片的条款。从大清帝国官方的角度说，这种祸国殃民的东西当然是越远离天朝越好，但实际上鸦片的买卖依然如故。从此中国政府解除了鸦片的禁令，以洋药的名义收取关税。因此官民抽鸦片烟的弊风，等于被国家的法律默许了。

第一次鸦片战争前，鸦片的吸食主要在东南沿海城市。鸦片战争以后，随着新的通商口岸城市的开放，鸦片已经开始逐渐蔓延到大清腹地。

英国人虽然用战船与大炮打开了中国的大门，但事情并没有往他们期望的方向发展。他们盼望着英格兰的棉织物能够像大清百姓热爱的鸦片那样渗

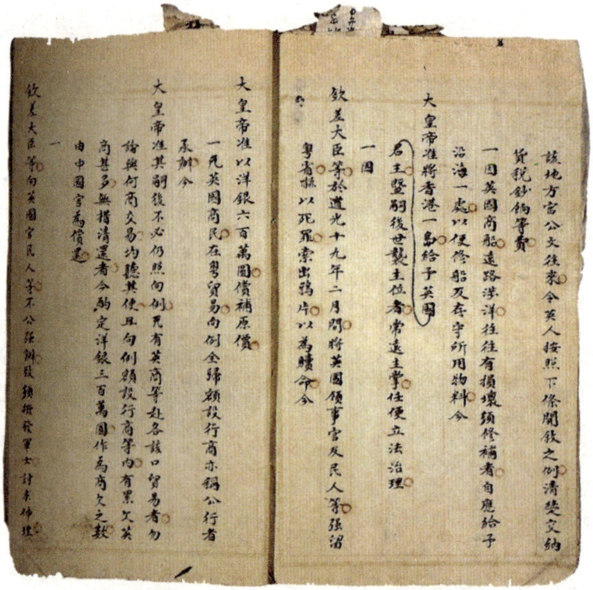

大皇帝准以洋银六百万圆偿补原价

一凡英国商民在粤贸易向向全缔额设行商亦钢公行者
承办今
大皇帝准其嗣后不必仍照旧例凡有英商等货物进口贸易勿
论与何商交易均听其便且向例额设行商等内有累欠英商
货本多名无措清还者今酌定洋银三百万圆作为商欠之数
由中国官为偿还

钦差
大臣等向英国官宪人民不公强勒致有此计未偿理
一

该地方官公文往来令英人按照下条开后之例清楚交纳
一因英国商船远路涉洋往往有损坏须修补者自应给予
沿海一处以便修船及存守所用物料今

大皇帝准将香港一岛给于英国
君主暨嗣后世袭主位者常远主掌任便立法治理
一
钦差大臣等于道光十九年二月间将英国领事官及民人等强迫
粤省躲以呾罗票出鸦片以为赎命令

大清
大皇帝与英国
君主永存平和所属华英人彼此友睦各住他国者必受该国
保佑身家全安
一自今以后
大皇帝恩准英国人民带同所属家眷寄居沿海之广州福州厦门
宁波上海等五处港口贸易通商无碍英国
君主派设领事管事等官住该五处城邑专理商贾事宜与各

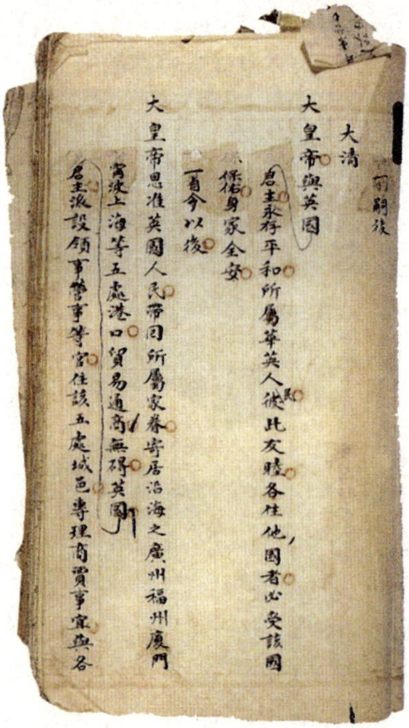

《南京条约》

1842年8月29日，清政府钦差大臣耆英、伊里布与英国全权代表璞鼎查在南京签订了关于结束鸦片战争的《南京条约》，这是中国历史上签订的第一个不平等条约。此为当时所签订条约文本内容的局部。

透到中国的各个角落，但中国的老百姓显然更钟爱于自家的土布甚于舶来的棉织物。至于其他例如刀叉之类的洋玩意儿，中国人更是不屑一顾。与此相反的是中国的丝绸和茶叶在英国赢得了很好的销路，有记载甚至说："英国人已经轻度地染上了茶叶中的咖啡因瘾。"丝绸这种滑腻光滑的面料也受到英国上层的追捧，这种情况导致的直接后果是英国在对华贸易中依然存在逆差，白银流入中国市场。

有数据显示，1857 年不列颠为丝绸和茶叶支付给清政府 1500 万英镑。尽管鸦片泛滥，清政府为此仅支付了 700 万英镑，为印度生产的棉织物支付了 150 万英镑，购买其他英国产品支付了 200 万英镑。如此英国的对华贸易逆差达到了 450 万英镑。而且清政府还规定在对外贸易中只接受白银。

这样的结果对于英国政府来说是绝对不能够接受的，他们想方设法地打开中国的大门，就是想倾销自己商品，同时找到更好的原料产地。但由于中国自给自足的小农经济体制，英国商品一时之间没法打进中国市场。英国认为这是中国开放的市场太少的原因，因此希望有更多的中国市场开放。一场新的侵略战争在所难免。

而在第一次鸦片战争中，道光帝先后任命的几位钦差大臣中，林则徐与琦善都受到了惩处。琦善作为钦差大臣，代替林则徐与英军进行谈判，他主张"罢战言和"。琦善在英方的武力威胁下极力妥协，英方强迫他签订了《穿鼻草约》，要求割让香港岛，并赔款 600 万元。由于涉及到割地，琦善未敢签字，于是英军强行占领了香港。道光皇帝得知琦善懦弱畏敌，以为他擅自在谈判中割让香港，于是将琦善撤职查办，锁拿进京。琦善在鸦片战争中被道光帝"革职锁拿，查抄家产"，发配军台。后又获得赦免，1854 年，病死于扬州。

清政府通过丧权辱国的条约为自己求得了苟延残喘的机会。而最落寞之人却是抗英有功的林则徐。被道光皇帝革职后，林则徐被从重发往伊犁，效力赎罪。到了新疆，林则徐不顾年高体衰，遍行从伊犁到新疆的各地，实地勘察了南疆八个城，加深了对西北边防重要性的认识。

道光二十五年（1845 年），朝廷重新起用林则徐，相继调任陕甘总督、陕西巡抚、云贵总督。道光三十年（1850 年）再次任命他为钦差大臣，督理广西军务。但在赴任途中，于十月十九日暴卒于潮州普宁县，享年六十六岁。

道光帝行乐图

道光帝，名爱新觉罗·旻宁，是清入关后的第六个皇帝，在位三十年。他年幼时参加木兰秋狝，猎获最多，深受祖父乾隆皇帝的嘉许，称他"不坠满洲家风"。成年后在"禁门之变"中保护宫内女眷不受伤害，得到嘉庆帝的赞许。嘉庆死前将其确立为皇太子。

难当大事的皇帝

抓小放大的道光帝

道光皇帝旻宁即位时，已是人到中年。嘉庆二十五年（1820年），嘉庆皇帝病死，三十八岁的旻宁继位，第二年改年号为"道光"。当时出入宫廷的大学士、军机大臣，如曹振镛、托津、戴均元、卢荫溥、文孚等，也都是从乾隆年间即开始做官的，经历了嘉庆一朝，都已经六十多岁了，召对办事，都很稳重，所以宫廷内部一直都十分平静。但官场也日趋腐败，这些高级官吏为官日久，全都因循怠惰，只想迎合皇帝的意图办事来保住自己的利禄名位，对政事全都是一副敷衍搪塞的态度。

《瞑庐杂识》中曾有这样一段记载："曹文正公（即军机大臣曹振镛）晚年恩遇益隆，身名俱泰。"有门生问他是怎样达到这样显要地位的，曹振镛说："无他，但多磕头，少说话耳。"可见当时朝中都是一帮唯唯诺诺、尸位素餐的老朽之辈，清帝国的衰落是必然的。

另据陈康祺《郎潜纪闻》载，当时殿廷考试，专尚楷法，不问策论之优劣，甚至有抄袭前一科鼎甲策，仍列鼎甲者，此风不知开自何时。后来陈康祺询之于曾任过礼部侍郎的童华。童华说："宣宗（道光帝）初登基，以每日披览奏本外，中外题本，蝇头细书，高可数尺。虽努日夜之力，未能遍阅，若竟不置目，恐启欺蒙尝试之弊。尝问之曹文正公振镛，公曰：'皇上几暇，但抽阅数本，见有点画谬误者，用朱笔抹出。发出后，臣下传观，知上览所及，细微不遗，自不敢怠慢从事矣。'上可其言，从之。"以后遂不论奏折或试卷，均苛求楷法，"遂至一画之长短，一点之肥瘦，无不寻瑕索垢，评第妍媸"。连童华都认为这样做的结果，会使"末学滥进，豪杰灰心"。此事固然是因为曹振镛出了一个歪点子，使事态向不好的方面发展，但是道光帝本人恐怕也难辞其咎。

即位之初，道光帝也曾想励精图治一番。他利用文字疏漏，动手清除了一些前朝勋旧权臣，调整军机大臣班子。军机大臣托津和戴均元二人是嘉庆帝遗诏的撰拟者，又是公启镭匣者。在二人所拟的遗诏中，有乾隆帝生于避暑山庄之语。此说与《清高宗实录》所载乾隆帝生于雍和宫不同，却与民间野史乾隆帝为雍正帝与宫女所生的轶闻相合。事发之后，道光帝龙颜大怒，令军机大臣明白回奏。起草遗诏的军机大臣奏明这是根据嘉庆帝《御制诗文初集》的诗注撰写的，诗注称乾隆帝于辛卯岁诞生于"山庄都福之庭"。道光帝断然否定这种解释说，原注的意思是"系泛言山庄为都福之庭，并无诞降山庄之句"，是大臣误会诗意。至此廷臣自然不敢再辩解。于是道光帝抓住机会调整了军机处，原来的军机大臣托津、戴均元两人均受到处分，罢军机大臣，降四级留任；另两位军机大臣卢荫溥和文孚虽然留任，亦受到"降五级，六年无过，方可开缺"的处分。

经过这件事情之后，经常出入宫廷、从事文字事务的大臣们见皇帝如此注意文字，都为之震惊。曹振镛是一个"历事三朝，凡为学政者三、典乡会试者各四"，"殿廷御试，必预校阅，严于疵累忌讳"的人，此时他提出"抽阅数本，见有点画谬误者，用朱笔抹出"的办法，自然很容易被旻宁接受。这是旻宁即位之后，处理的第一件大事。

道光帝是清代最为节俭、清素的皇帝，他本人对奢侈嗤之以鼻，且大力整饬。道光元年（1821年）十一月初八，他颁发了一篇自己所作的《声色货利论》，文中首先申明了摒除声色的论点，指出皇子皇孙们六岁入学，对于修身立志的道理无不诵读讲肄，但"知之非艰，而行之艰也"，为人君者尤应自防，因为"常人惑之，害及一身；人君惑之，害及天下"。并告诫其子孙，造次无忘。

情殷鉴古图

此图中人物为道光皇帝，他身穿便服，左手握《古史辑要》，右手拇指佩戴一只半红半白的玉扳指，端坐在石凳上若有所思，好像沉浸在对书的回味之中。画上有道光皇帝自题的"情殷鉴古"四字。

　　关于货利，旻宁认为对奢靡的生活必须加以节制；同时认为，为人上者，要"知稼穑之艰难，力崇节俭，返本还淳"。宫室苑囿，现有的已经尽美尽备，足供游憩，不必再为经营。每年应该修理的尚且不能及时，哪还有什么空暇增加新的？为了身体力行，道光帝还主动举出臣下诡谏的说法，加以驳斥。如土贡，臣下以"寻常之物，非珠玉可比，价廉值贱"为由，大量进献。针对这种说法，他指出："独不思一丝一粟，从何而出哉！且由千里而来，以至达于九重，其费不知凡几矣。故省一分，天下阴受一分之福，于吏治民生不无小补哉！"有谄媚取巧之人建议兴建宫室苑囿，"则必曰，内廷之兴造，不同往昔。今则自内发帑募夫，并非劳民力伤民财而成之也"。对这种说法道光帝更是严厉地表示："此乃我大清万世之罪人，即应立正典刑，暴白天下！"并指出："试思府库之藏，来自何所耶？变其名色，分其出纳，又将谁欺乎？呜呼！仍是吾民脂膏也。"旻宁不但要求本朝如此，而且告诫后世子孙应该永崇节俭，还说朝臣如果"不能犯颜强谏，惟知自顾身家，苟且旁观，尸禄保位"，也是"万世不忠之臣矣"。这比起他那个穷奢极欲的祖父乾隆皇帝，是值得称赞的地方。不过，这也从另外一个角度反映出当时的大清帝国已经迅速衰落，陷入财力不支的境地了。

　　在这个被称为"嘉道中衰"的历史时期，人口繁殖日盛，但耕地并未增加，生产力也未能相应提高，百姓生活日益窘迫，国家日趋贫困。再加上军需、灾荒、河工的花费，整个社会濒于崩溃的边缘。

　　为了实践屏除声色、以礼自防的主张，道光帝曾大量缩减在内廷承担演戏奏乐的机构南府（后改为升平署）的人员，从嘉庆末年的六百五十多人，缩减到只剩下三百七十余名。另据《燕下乡脞录》载："宣宗（道光帝）中年，尤崇节俭。尝有御用黑狐端罩，衬缎稍阔，令内侍将出，四周添皮。内府呈册需银千两，乃谕勿添。明日军机大臣入侍，谕及兹事，自是京官衣裘不出风者十有余年。"

　　但作为宫廷经济的后盾，整个社会的农业生产却日趋萎缩。据《清实录》载，乾隆六年（1741 年）时候的人均土地占有量约为 6.2 亩。到乾隆三十一年（1766 年），人口数变成了 208095796 人，田地为 741 万 4495 顷（每顷百亩），人均土地占有量减少到了 3.56 亩。至道光元年（1821 年），人口增至 3055540258 人，田地数字无统计。但从嘉庆十七年（1812 年）到道光二年（1822 年），有四个省的田地数下降了百分之七。即使与《石渠余记》所载嘉庆十七年田地数持平的话，道光二年，每人平均土地也只剩下 2.23 亩了。在当时农业生产技术极为落后的情况下，这就意味着人均农业生产量的降低。

　　《清实录》还记载了各省仓库贮存米、谷的数量，乾隆六年（1741 年），每人平均为二斗二升一合。到了道光元年（1821 年），虽然所存米谷绝对数

清代的京杭运河
漕运是我国历史上利用水道（河道和海道）调运粮食的一种专业运输。清代开凿中运河，建成黄、淮、运的交汇枢纽，改善了漕运条件。道光年间，南北的贸易仍以运河为主，但是由于经费拮据，运河年久失修，河道日浅，严重阻碍了南北的贸易往来。此后海运开始发展。

字稍有增加，但人均数量减少到九升九合了。这些仓米当然和每个百姓的生活没有直接关系，但说明国家的粮食储备在相对降低，这种状况也反映到宫廷生活中来。

　　宫廷经济的主要来源之一是税关，每年将正税交户部库，其余盈余银有一部分称额外盈余银，需交内务府广储司库。各盐政的扣裁养廉银、归公养廉银、各项盈余银、节省养廉银、余存办公银、各项利银、人参皮张变价银等均交广储司库或圆明园。但从宫内奏销档案记载来看，这些税关和盐政往往长期拖欠，影响了宫廷收入，造成经济困难。

　　不过旻宁虽然号召节俭，但是对全国和宫廷经济的整体情况并没有全面透彻的了解，也就缺乏全盘的长远筹划和有力的措施，所做的努力终归无济于事。

　　道光皇帝在位，中国正面临最严重的内外危机，他所面临的是历史难题。虽然旻宁本人"恭俭之德，宽仁之量"，但"国步之濒，肇端于此"。如道光二年（1822年）五月，仓场侍郎莫晋因盘查仓场事与户部意见不合，回奏又"负气辩论"，顶撞冒犯。道光帝在其奏折上写道："尔大臣等阅此，必谓朕勃然矣。不然。朕自幼承受鞠育之恩，择师诲导，涵养有年。虽不敢自信恢弘，亦不至粗厉褊狭。事愈大，心愈小；情愈急，气愈和。此朕自励之常规也。"

　　旻宁的抓小放大，使他不能够抓住事物的要害。他自诩说："自御极至今，凡批览章奏，引对臣工，旰食宵衣，三十年如一日，不敢自暇自逸。"野

香港岛开埠图
鸦片战争之后，英国强占了香港岛。清政府也曾试图收复，道光皇帝为此发下多道谕旨，但始终没能捍卫国家领土的完整。

史说他穿带补丁的裤子，于是大臣们仿效，也"缀一圆绸膝间"。然而一个补丁五两银子，相当于普通百姓一年的生活开销不说，反而造成了官场中在面子上花功夫，弄虚作假的一团和气，而不能以一种大历史、大格局的时代观展望和选择。

半殖民地的深渊

道光二十年（1840年），英国侵略者对中国发动了鸦片战争。鸦片战争以后，中国开始由独立的封建国家逐步变成半殖民地半封建的国家，中华民族开始了一百多年屈辱、苦难、探索、斗争的历程。

衰落从嘉庆中叶就已经开始。但清政府始终以"天朝上国"自居，虚骄自大，闭目塞听。而同一时期的欧美列强已有长足发展，并把地域辽阔、人口众多的中国，作为他们扩大海外市场的目标。双方在历史进程中的这个时间差成为了西方入侵中国的绝好机会。鸦片的泛滥，影响了民众的身心健康，使吏治败坏，导致中国的白银外流，政府财政收入短缺。1842年签订的《南京条约》，是清政府第一个不平等条约，严重损害了中国的主权。条约规定中国割让香港，赔偿二千一百万银元，广州、厦门、福州、宁波、上海五个口岸城市对外通商，此外英国还享有协议关税的特权。而清政府长期以天朝自居，官员们闭目塞听，对于国际关系毫不熟悉，在随后的《南京条约》两个补充文件谈判中遭受了进一步的利益损失，即《五口通商章程》和

五口通商后的上海港
上海交通便利，经济较为发达。五口通商后，西方资本主义国家开始把经济侵略的中心向上海转移。此时的
上海港船只竞泊，十分繁荣。

《虎门条约》的签订，使英国得到了领事裁判权、片面最惠国待遇和开设租界等特权。

中华帝国闭关自守的古老大门一旦被洋人的坚船利炮打开后，就再也没有复闭的机会。见到英国从这个东方国家得到了巨大的好处，其他资本主义国家也纷纷趁火打劫。美国总统泰勒派全权大使乘军舰到广州，已成惊弓之鸟的清政府急忙跟他签订了《望厦条约》。法国军舰开到广州海面示威，宣称要北上攻打舟山群岛，道光帝又慌忙和法国签订了《黄埔条约》。就连那些对中国人来说完全陌生的葡萄牙、西班牙、比利时、普鲁士（德国）、奥匈帝国、意大利、荷兰、丹麦、瑞典等也想要分一杯羹。"一些中国曾经听说过，或从没有听说过的弹丸小国，在过去就是前来进贡也不够资格的，现在排队而来。"（柏杨的《中国人史纲》下卷）。他们一一和中国签订了条约，而且均享有和《南京条约》中英国人一样享有的特权。道光二十九年（1849年），葡萄牙驱逐中国在澳门的官吏，停付租金，公然强占了澳门。中华帝国顿时陷入半封建半殖民地的状态。拥有煌煌五千年文明史的中国，从此将开始忍受无尽的屈辱。

太平天国起义

太平天国运动是中国近代史上一次大规模的农民起义，其最强盛之时曾占有中国半壁江山。其开始的标志是道光三十年（1851年）金田起义，结束的标志是同治三年（1864年）天京陷落，历时十三年之久。

鸦片战争以后，清政府将大笔军费和巨额赔款全部转嫁到了劳动人民身

太平天国圣宝
太平天国定都南京后完善币制，铸造"太平天国圣宝"。正面为"太平天国"，背面为"圣宝"；或者正面为"太平圣宝"，背面为"天国"。这些铜钱种类繁杂，大小不等。

上。同时五口通商后，外国的工业产品迅速涌进中国，质高价廉的工业产品使得中国传统的家庭副业和手工业产品失去了相当大的市场，东南沿海地区的农民和手工业者纷纷破产，失去生计。同时地主豪绅加紧了对农民的盘剥，使得土地兼并更为严重。人祸之外天灾也十分严重，水灾、旱灾、蝗灾，连年不断，广大农民家破人亡，陷入绝境。农民的反抗斗争多达一百一十次。特别是两广地区，由于受到鸦片战争的直接冲击，社会动荡更为激烈。

就在这个时候，洪秀全将基督教的平等观和中国人对于"天下太平""人人平等"的平均观念的向往结合起来，用三年时间从事宗教理论建设，从农民的要求和利益出发，先后撰写了《原道救世歌》《原道醒世训》和《原道觉世训》，创立了拜上帝会。他宣传"皇上帝"是唯一的"真神"，人们都是上帝的"赤子"，在上帝面前人人平等。而清朝的皇帝实乃"阎罗妖"，世间"相凌相夺相斗相杀"，都是"阎罗妖"的罪过。同时冯云山在紫荆山区的广大贫苦农民和烧炭工人中，开展拜上帝会的组织工作。到了1849年，参加拜上帝会的人数已达万余人。1850年前后，拜上帝会与地主团练的冲突日趋尖锐，太平天国农民起义就是在这样的形势下酝酿和发动的。

咸丰元年（1851年）一月，洪秀全在广西桂平县金田村发动了农民起义，宣布建号"太平天国"。三月份太平军从桂平转战到了武宣东乡，洪秀全正式称"天王"。然后一路势如破竹，九月攻占了永安州。在永安太平天国进行了休整补充和制度建设，永安改制初步奠定了这支农民政权的制度雏形。太平天国运动让朝野震动，也成了奕䜣登位之后碰到的最大难题。咸丰二年（1852年），太平军打破清军围剿，从永安突围北上桂林，很快就攻克全州，进入湖南。但是在全州战役中，太平天国损失了重要的将领冯云山。清军方面也损失了长瑞、长寿、董光甲、邵鹤龄四总兵。咸丰帝没想到起义军的势头如此猛烈，急调两广总督徐广缙带兵赴桂，协助赛尚阿，围堵太平军，分兵合力，阻其北上。结果太平军经道州、郴州，进军长沙。赛尚阿尾追太平

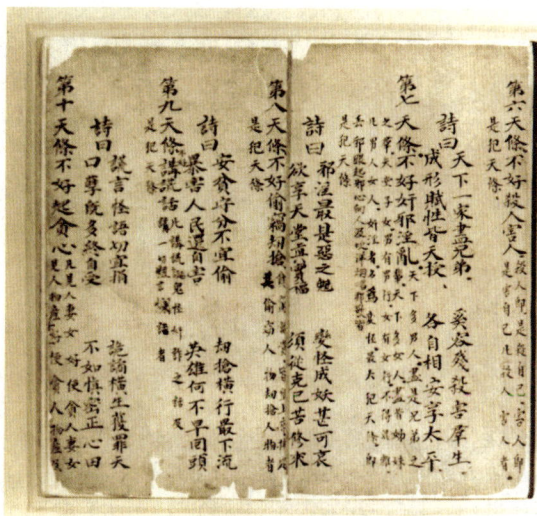

太平军《天条书》抄本

《天条书》是拜上帝会的重要文献之一，包括宗教仪式和十款天条两部分内容。宗教仪式部分仿照基督教仪式，并吸取了中国传统宗教某些仪式，照顾到了入会者的现世利益。规定会员入会后逾 21 日不能熟记者治罪，不识字者由识字者负责口授。《天条书》成为太平天国军民的必读课本。

军，同时川、赣也投入兵力增援，陕、豫兵入鄂防堵。又严命参将以下官员，贻误军机者，"一面奏闻，一面军前正法"。

太平军围攻长沙不下，转取岳州（今岳阳）、汉阳、汉口。而此时赛尚阿以"视师无功，贻误封疆"罪，遭到清政府革职查办，籍没家产。在转战湖南途中，太平军发布了《奉天讨胡檄布四方谕》等重要文告，以"扫除妖孽，廓清中华"为口号，号召了广大群众参加起义军。湘江上的纤夫、船工，码头上的挑夫、搬运工，城镇中的铁匠、商贩、木匠，以及郴州、桂阳山区的煤矿工人，各种来自底层人民群众的加入迅速壮大了太平军的队伍。1853 年初，太平军攻克武汉三镇，这一重要的胜利不仅使起义军队伍的人数增加到了五十多万，而且大大提高了太平天国的声威。紧接着太平军水陆兼程，沿江东下，连克九江、安庆、芜湖等重镇。

咸丰三年（1853 年）正月初八，咸丰帝下罪己诏，承认自己"不能察吏安民"，也"抚育无方"，表示要"引咎自责""恐惧修省"，请求苍天"宥予之辜"。同时他提出了几条对策：一是要坚壁清野。"因思嘉庆年间，川、楚教匪，蔓延数载，嗣行坚壁清野之法……旋就荡平"；二是办理团练。他还借鉴嘉庆年间"令民团练保卫"的方法，当时广西、湖南"多有团勇保护乡里，贼不敢逼"。这种地方武装，由绅耆筹措经费，也由绅耆董理其事；三是调兵遣将。"复钦派大臣，三路会剿"；四是分化瓦解。被裹胁来归者，赦其罪；立功者，予重赏。咸丰命各直、省大吏，将其谕旨"刊刻誊黄，宣示中外"。

1853 年三月十九日，太平军攻克了南京，改名天京，定为都城。不久就

李鸿章克复苏州战图

正当太平军在西征战场取得胜利之时，天京城内发生自相残杀的内乱。天京事变后，太平天国由盛入衰。清军乘机反扑，攻占了长江中下游许多地方。此图表现的就是太平军将领李秀成驻守的苏州城，被李鸿章攻克的情景。

进行了北伐和西征。五月林凤祥、李开芳率军北上，目标直指北京城。北伐军出江苏，过安徽，进河南，渡黄河，入山西，直捣直隶，逼近天津。但是由于孤军远征，缺乏补给，终于失败。就在同时，太平军为了控制长江中游，确保天京的安全，又派兵西征。1853 年五月，赖汉英、胡以晃、曾天养率军溯长江西上，攻占了安徽、江西、湖南、湖北的广大地区。在这种局势下，清政府虽然对地方汉族武装不信任，但不得不倚重湘军来钳制和剿灭太平天国。

湘军又称湘勇，是以湘乡练勇为基础而组成的一支地方军队。由于它具有适于作战的组织形式，灵活实效的行兵布阵，征集方便、渠道畅通的饷源保证，尤其是经过切实训练而善于作战的将领与士卒，因而成为了一支具有生气和较强战斗力的强大武装。湘军的建立意义重大，它使清朝军制发生了转折性的变化。不同于国家正规军八旗和绿营的世兵制度，湘军是兵由招募，将由选任，饷由自筹，兵随将转，兵归将有。因而将领对军队有极大的指挥调度权，军队将领自成体系，于是一个新的兵制即"募兵制"出现了。募兵制的出现，使拥有兵权的总督、巡抚的权力得到了扩大。由于当时的八旗兵和绿营部队军纪涣散，战斗力极低，湘军对于清廷来说有着举足轻重的作用，承担着对抗太平军的主要任务。结果也正是在它的打击下，太平军的发展遭到遏制而终于覆灭。它为清朝立下了所谓"中兴"之功，完全实现了它当初组建的目的。

　　湘军的组建，最初源于咸丰鉴于岳州之陷与蓑衣渡之胜，命各省绅士办理团练。后命令因母亲病故而丁忧的侍郎曾国藩在湖南原籍帮助官府办理本省团练事务。曾国藩当时在湖南早已建立了团练局，诸生罗泽南、王鑫办团练很有名声。巡抚张亮基下令各招募一营，以助作战防守，号称湘勇，请曾国藩主持其事。曾国藩以母亲病故服丧期间，又称自己书生出身不懂军事推辞不出。但是武昌被太平军攻破以后，在湖南引起了极大的震动，曾国藩这才到长沙，与张亮基共同负责守御之事，并上疏陈述组办团练困难之处在于筹资方面。他说："湖南军队空虚，以练兵为当务之急。自从太平天国起义以来两年多，朝廷所消耗的军饷不算不多，调集之大兵不算不众，却往往见贼就逃窜溃败，未听说有奋战者。现在军中所使用的兵器却是大炮鸟枪，只是远距离轰击，却没听有短兵交锋的。原因何在？在于兵未训练，而缺乏胆量，缺乏本领之故。今要变更办法，在省城设立一大团，选拔乡民健壮朴实者，招募来省城。这样招收一人，收一人之益；训练一月，有一月之效。"

　　曾国藩于是用一年的时间整治军队，用招募之法代替原有的军队编制，全部废除过去的官兵体系。专门选拔读书人率领山野农夫，各自组成兵营。他亲自考察各种规章制度及古往今来的方法，发现唯独戚继光的著作称得上切合时用，于是在此基础之上加以变通实行。湘军最初以三百六十人为一营，组成三营，中营由罗泽南统率，左营由王鑫统率，右营由邹寿章统率。后扩充为十三营，这是其陆师编制的开始。曾国藩训练湘军时，说只有万众一心、万人一气，才可以与敌交战。湘军的训练不仅仅局限于军事，还教导他们尊敬长官而知礼节，遵守法令爱护人民。这样一支训练有素、法纪严明的军队，战斗力日益增强，以灭太平军为己任。之后湘军长驱东下，扫荡武昌太平军，摧毁江州防线，收复了安徽全省。

　　1853年冬，太平天国制定并颁布了意义重大的《天朝田亩制度》，提出了"凡天下田，天下人同耕"的原则。试图建立一个"有田同耕，有饭同食，有衣同穿，有钱同使。无处不均匀，无人不饱暖"的理想社会。《天朝田亩制度》是在小农经济基础上维持绝对的平均主义，虽然不可能付诸实施，但表达了广大农民要求得到土地的强烈愿望。除此以外，太平天国还实行男女平等，改革考试制度，对外关系上坚持独立自主。《天朝田亩制度》是太平天国解决生产资料与产品分配的革命纲领，体现了农民阶级要求废除旧有封建土地所有制的强烈愿望，可以说是几千年来农民反封建斗争的思想结晶。1856年上半年，太平军又在天京外围展开了激烈的破围战，先后击破了江北大营和江南大营，在军事上达到了全盛。

　　接着在1859年，《资政新篇》出台。这是一部由洪仁玕在太平天国后期提出的中国第一套具有发展资本主义意愿的政治纲领，但由于客观上周边环境的恶劣与主观上农民阶级的漠视而没有起到预期的作用。

在经济制度方面，太平天国施行建立在人无私财的原则基础上的圣库供给制度。这个制度在金田起义时就已经产生。当太平军创兴之时，圣库制度对保障部队供给、吸引贫苦农民参加革命和保证军事纪律等方面，都有十分积极的作用。太平天国无论军中或城乡都编立军伍。地方政权设军帅，下辖师帅、旅帅、卒长，最基层的组织单位的领导是"两司马"。从"军"到"两司马"都设有圣库，然后设"总圣库"。圣库制度的好处不仅表现在它吸引了贫苦农民群众踊跃参加起义，鼓舞了他们的斗志。而且战士们的家属在天京，因为有圣库解决生活问题，使战士们没有了无后顾之忧，专心于征战。而且所得一切缴获都归圣库，保证了太平军良好的纪律，使军民关系融洽。在天京和镇江等城市被清军长期包围的时期，圣库供给制起到了军民同甘共苦、民心稳固不懈的巨大作用。在太平天国定都天京后，在它的中央机构中设立"总圣库""总圣粮"，俱各正副，"职同检点"。其下分设备典官任其事。

圣库的物资来源主要有五个方面：一是起义初期上帝会众交给圣库的银粮衣物；二是打败清军或攻克城镇缴获的战利品；三是各处城乡人民的捐献和对富户派大捐、打先锋所得的财物；四是"科派"、田赋与工商税的收入；五是百工衙的生产品等。天京城中设立的百工衙与诸匠营，是圣库物资的重要来源之一。不过圣库制度把城市人民的经济生活也纳入到圣库的供给范围，一度要求将"人无私财"的原则施之于民间，这种做法使太平天国走向了极端。

1856年，太平天国发生内乱，两员重要将领杨秀清、韦昌辉被杀，石达开既无实权又心存疑虑，于1857年六月率十万精兵远走西南。这成为太平天国由盛入衰的转折点，太平军被迫由战略进攻转向防御。清军抓住这个机会乘机反扑，攻占了长江中下游许多地方，重建江南、江北大营，围困天京。洪秀全为重振国威，提拔陈玉成、李秀成等青年将领并委以重任。1858年八月，陈玉成、李秀成会集各路将领，在安徽枞阳召开军事会议。各路大军协同作战，一举攻破了浦口，歼敌万余人，再次击溃江北大营。十一月在安徽三河镇全歼湘军精锐六千余人，迫使清军从安庆撤围，稳定了天京上游的局势。

第二次鸦片战争后，外国侵略者同清政府互相勾结，共同镇压太平天国。太平天国坚决地同侵略者进行了英勇斗争，先后重创"常胜军""常安军""常捷军"，并将常胜军洋枪队的头子华尔打死。但太平天国的局势仍是急转直下，军事重镇安庆失陷之后，太平军在江苏、浙江的根据地也相继失守，只剩下天京及其周围小块地区。长久以来，洪秀全的挥霍无度使得天京已经变得内无粮草，外无援兵，形势日益危急。李秀成提出"让城别走"，另辟根据地的主张，

洪福瑱被擒图

洪福瑱是洪秀全的长子，原名洪天贵，九岁时改为洪天贵福。洪秀全死后他被拥立为幼天王，他重造的国玺在名下横列"真王"二字，人们便误把他叫做"洪福瑱"。清军攻下南京后，洪福瑱从安徽一直逃到江西，后被清军捕获处死。

遭到洪秀全的拒绝。1864年六月初一，洪秀全病逝。七月十九日，湘军挖掘地道，用火药轰塌了城墙。经过一番惨烈的巷战之后，天京陷落。大部分太平军将士都在这次战役中壮烈牺牲，少数人突围。洪秀全的儿子幼天王洪天贵福，和洪仁玕在江西被俘后英勇就义。李秀成在天京突围时被俘，被曾国藩杀死。太平军余部转战大江南北，一直奋战到1868年。

太平天国起义波及十四省，历时十三年，其时间之长、地区之广、规模之大、影响之深，为清代农民起义战争之最。清朝统治受到了根本动摇，咸丰皇帝为此筋疲力尽。太平天国的失败说明其存在本质上的缺陷。在政治上，太平天国由神权与王权结合，朝中不但阶级森严，为王为官者为所欲为，后期极为腐化堕落；在文化上，太平天国对固有传统文化完全否定，仇视传统知识分子。洪秀全等王定都天京后，生活糜烂腐化，朝政纲纪紊乱，圣灵乱封；在制度上，《天朝田亩制度》《资政新篇》等纲领只是纸上谈兵，没有得到真正的推行。

第二次鸦片战争

就在咸丰帝穷于应付太平天国起义的同时，清政府又遭遇到西方列强的侵略。

咸丰四年（1854年），英、美、法在上海扩大租界，并把持了中国的海

广东十三行同文街上一店铺

1684 年，康熙帝废除了禁海令，设粤、闽、浙、江四大海关与外界通商。1686年，粤海关官府招募了十三家较有实力的商行，代理海外贸易业务，俗称"十三行"。可以说"十三行"是清王朝的"外贸特区"。1856 年，繁盛一时的"十三行"处所在英法联军的炮火中被付之一炬，从此退出了历史舞台。

关，向清政府提出修改《南京条约》等要求，企图继续扩大在华权益，但是被清廷严词拒绝。咸丰六年（1856 年），英国借口"亚罗号"事件，进犯广州。"亚罗号"是香港华人苏亚成所有，在香港英国政府登记为英籍。九月的一天，悬挂英国国旗的"亚罗号"停泊在广州黄埔，巡河水师千总发现该船的执照已过期十一天，于是扣留了十二名船上的中国水手，并将英国国旗撕毁。英国领事巴夏礼就此事向两广总督叶名琛抗议，要求放还水手并道歉，同时还要求移办该巡河水师千总。叶名琛觉得船只和水手都是中国的，因此放还了中国水手，但是拒绝向英国道歉。于是巴夏礼派人向叶名琛发出通牒，声称如在一定时间内不如约办事，则要攻城。叶名琛对此置之不理。于是英军的船只驶入珠江口，每隔十分钟炮轰一次总督衙门，但并未形成大规模战争，不久退出。叶名琛向朝廷佯称大胜。广东人民见英军退去，纵火焚烧了洋人的商馆和洋行，广东十三行也被连带烧为乌有。英法军队以此为借口，发动了第二次鸦片战争。

咸丰七年（1857 年），英法联军抵达广东，攻打广州城，要求叶名琛十天之内出面谈判。十一月联军又发出最后通牒，限叶名琛两天内出降。谁知叶名琛毫无反应，他既不组织抵抗，也拒绝议和，更不逃跑。两天后英法联军攻打广州，广州城轻而易举地落入敌手，叶名琛在副督统双喜的衙署内被英法联军擒获。时人薛福成在日记中沉痛地说："英人初志在得，入城见大吏，借以通隔阂、驭商民。乃粤民一激再激，叶相复一误再误，使拱手而有粤城……益知中国易与。遂纠法、俄、美三国兵船北上，驶入大沽，阻我海运，立约而还……粤民激于前此大府议和之愤，万众一辞，牢不可破，必阻

《英法军突入粤城掳去总督等事折》

叶名琛于道光二十八年（1848年）任广东巡抚，与总督徐广缙协力拒英人入广州城。咸丰元年（1851年）镇压罗境、南韶等地的天地会起义，翌年升任两广总督。咸丰四年（1854年）镇压广东天地会起义，屠十余万人。咸丰七年（1857年）十二月，英法联军进攻广州，广州城破后叶名琛被俘，客死异乡。

其入城一事以为快，屡请屡拒，纷纭者二十年。而大沽之失，天津之约，皆成于此。由今观之，甚无谓也。"

叶名琛被俘后被解往停泊在香港的军舰"无畏号"上，被当时的人讥讽为"六不总督"，"不战、不和、不守、不死、不降、不走。相臣度量，疆臣抱负，古之所无，今亦罕有"。叶名琛称"欲面见其王以理论"，还自己准备了粮食，耻食敌粟。《香港纪事报》记载："偶然有人上舰，都向叶脱帽致意，他也欠身脱帽还礼。"

叶名琛被俘后由英国人送往印度的加尔各答，囚禁在威廉炮台，后迁往托里贡的住宅，日诵吕祖经不辍，自书"海上苏武"。第二年叶名琛死于囚所，据说是绝食而亡。英国人把他的尸体交回中国，他的一些文件至今被封藏于英国国家档案馆。

咸丰八年（1858年）三月，英法联军及英、法、俄、美四国公使，抵达天津大沽口外，要求"修约"。咸丰帝令直隶总督谭廷襄"以夷制夷"，即对俄要表示和好，对美设法羁縻，对法进行诱劝，对英严词责问。谭廷襄奉旨行事，结果却没有达到预期的效果。四月英法舰队在俄、美支持下，攻陷了大沽炮台，直逼天津，清军八千余人不堪一击。奕䜣不得已派大学士桂良、吏部尚书花沙纳为钦差大臣，赴天津谈判。此前奕䜣曾想起当年同英国签订《南京条约》的耆英，但由于英法发现耆英在之前的谈判中，没有将英方的要求如实上报清廷，因此拒绝同耆英谈判。五月钦差大臣桂良、花沙纳分别与俄、美、英、法等国代表签订了中英、中法、中俄、中美《天津条约》。条约样本呈奏给奕䜣以后，奕䜣虽然愤怒，却不得不批准。为了平息自己心中的

中英《天津条约》签字场面

1858 年 4 月，英法联军北犯大沽。英、法、美、俄四国专使向清政府递交了照会，限令于六日内答复他们的要求。清政府忙于镇压太平天国起义，因此决定与英、法议和，于是派大学士桂良、吏部尚书花沙纳为全权代表赴天津谈判。此图为桂良等人与英国代表额尔金签订中英《天津条约》的场面。

怒气和民愤，令渎职的耆英自尽，算是找了一只替罪羊。随后清政府又在上海签订了中英、中法通商章程。

咸丰九年（1859 年）五月，英、法军队借口换约，军舰又到了大沽口。英法舰队进攻大沽炮台，提督史荣椿下令开炮还击，重创了英、法的舰队，击沉四艘，击伤六艘，死伤四百余人，重伤英舰队司令贺布。英法联军在美舰掩护下狼狈退走。奕䜣见大沽获胜，尽悔《天津条约》。这一举动引起英、法两国新的侵略。

咸丰十年（1860 年）春，英军一万八千余人、法军七千余人，陆续开赴中国。然后占领舟山，进攻烟台。到了六月，英法联军又再次向大沽发动进攻。守卫大沽的僧格林沁，疏忽了北塘的防守。僧格林沁上奏要在大沽同英法联军决战，奕䜣谕旨："天下根本，不在海口，而在京师。"七月英法联军由北塘登陆，进攻新河与军粮城，僧格林沁率领四千骑兵抗击，几乎全部阵亡。英法联军攻陷塘沽，又陷大沽，进占天津。奕䜣派大学士桂良、直隶总督恒福为钦差大臣赶赴天津谈判。英、法的条件是要求天津开埠，同时清政府向两国各赔款八百万两白银等。桂良拟接受条款奏报，奕䜣命令先退兵，后定约。英法

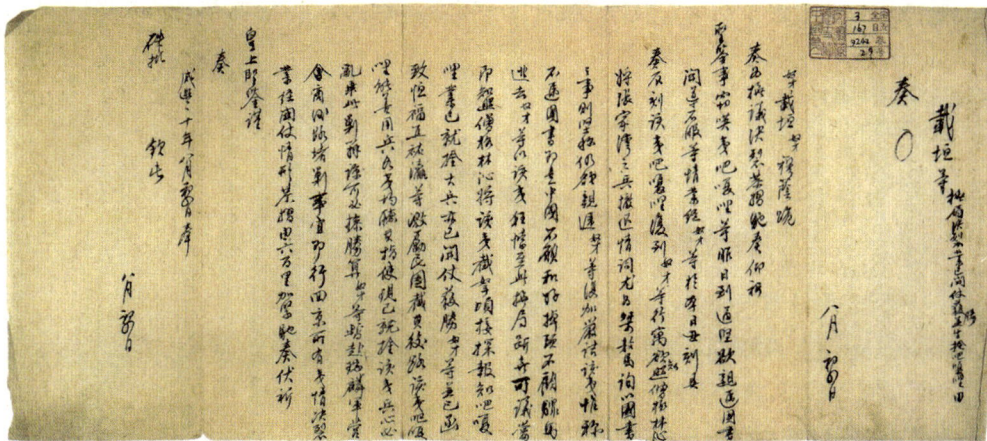

伍敦元像

十三行是广东官府对外贸易的商行。伍敦元为广东十三行怡和商行行商，初只向英国人销售丝、茶等，后勾结英国东印度公司走私鸦片，一夜暴富，怡和商行因此成为十三行的总行。

联军于是以谈判不成为由继续向通州（今北京通州区）进军。八月奕䜣又派怡亲王载垣、兵部尚书穆荫为钦差大臣到通州议和。载垣接受了英、法的要求，但英、法又提出要向咸丰帝亲递国书，此举被载垣拒绝。载垣、穆荫拘禁了英使巴夏礼等解京。英法联军继续进攻，与清军大战于通州张家湾。结果僧格林沁战败，退到通州八里桥。英法联军共六千余人继续进兵八里桥，僧格林沁、胜保兵再败。这时两国联军已经直逼北京城了。在西郊圆明园的咸丰皇帝，知道败局已定，虽然有的王公大臣还劝他奉移大内，御驾亲征，挽回失败的结局，可是他哪里还有胆量亲征，赶紧委派弟弟奕䜣为钦差大臣，便宜行事，办理和局。初八奕䜣以"秋狩木兰"为名，从圆明园启程逃往热河。

咸丰十年（1860年）八月初八的早晨，咸丰帝命郑亲王端华、尚书肃顺、军机大臣穆荫、匡源和杜翰等人护驾，带着皇后钮祜禄氏、懿贵妃和五岁的儿子载淳，开始向热河仓皇逃窜。同时命令僧格林沁和瑞麟移师海淀。又让恭亲王奕䜣留守京城与英、法"督办和局"，奕䜣给奕䜣的头衔是"钦差便宜行事全权大臣"。此时清朝面临着整个情势在小胜大败、易战难和之间恶性循环式地交替进行着。如此局面的形成和奕䜣本人性格上的缺点，以及整个统治集团在战和问题上摇摆不定的态度有很大关系。奕䜣一方面畏惧洋人，另一方面又痛恨洋人。而肃顺又拿不出稳妥的办法，因为他也不知道是该和还是该战。而和战态度的转变，又往往为战报所左右，打一个胜战，马上斗志昂扬，吃一个败仗，便又亟亟求和。

道光帝赏奕䜣之白虹刀
道光二十九年（1849年），道光帝赏皇四子奕锐捷宝刀，皇六子奕䜣白虹宝刀。咸丰帝即位后仍恩准奕䜣佩带宝刀，并委以重任。此宝刀一面刻"道光年制"，一面刻"白虹"。

英法联军进至北京德胜门外。八月十五日，走到密云县罗山行宫的咸丰皇帝发出上谕，下令大学士桂良和协办大学士、户部尚书周祖培严守紫禁城。紫禁城内由豫亲王奕道和吏部尚书全庆管理，他们紧急调遣军机章京曾协均等六人速赴行在听用。八月二十二日，僧格林沁撤往海淀，英、法联军占领齐化门，又绕过安定门和德胜门直扑海淀，清军不战而溃。于是联军很快就攻占了圆明园。恭亲王奕䜣、大学士瑞麟和新任步军统领文祥等人想要回城，但城门已关，只好驻在城外万寿寺。这时奕䜣觉得"事机如此，万不能再议抚局"，只好将此前囚禁的巴夏礼放还，希望能够次日议和。但巴夏礼等人既出，英军便更加地毫无顾忌了，开始对圆明园进行疯狂的掠夺。九月初三，英法联军将洗劫一空的圆明园烧毁，大火冲天，数日不熄，"万园之园"化为灰烬。这之前，八月二十六日时英法联军曾经提出不毁灭北京城的唯一条件就是速开安定门，交给联军驻守，否则定于八月二十九日攻城。八月二十九日中午，巴夏礼带领着英军首先冲入城中，占领了安定门，还把他们的大炮安设在城门之上，安定门附近的民房全部被烧毁。接着法军也开进了城，住在国子监一带。

英使额尔金于九月初三又向奕䜣发出最后通牒，内容是给英国的三十万两恤银，必须在本月初九前交付；十日要签订续增条约；同时交换《天津条约》的批准书。并要求清政府必须在九月初七上午十时以前用书面答复，否则北京城内的皇宫紫禁城会被全部烧毁。通牒中还以英国控制的供应清政府的广州关税为要挟，迫使奕䜣就范。

此外在镇压太平天国的过程中，清政府的国库已经消耗殆尽，八旗月饷和援兵口粮筹办无术，更增加了清政府的后顾之忧，议和变成了当务之急。

圆明园大水法遗迹
圆明园西洋楼前中西合璧的十二生肖抱石喷泉，叫大水法。建筑师以兽头人身的十二生肖报一天的十二个时辰，每天按时依次向水池中央喷水，中午十二时十二生肖会同时向水池中心喷水，场面十分壮观。此为英法联军火烧圆明园后的大水法遗迹。

咸丰皇帝连下几道谕旨给奕䜣，指示他说："俟该夷酋进城，即行前往画押换约，保全大局，毋再耽延，致生枝节。此时天气尚未严寒，该夷如能早退，朕即可回銮，以定人心。"让他速办和局。城中自豫亲王以下的各位留京大臣，也均合词恭请奕䜣入城速定和局。在这种压力之下，奕䜣完全接受了英国提出的条件，包括侵占九龙司在内。

九月十一日，奕䜣率领着大学士贾祯、周祖培，尚书赵光、陈孚恩，侍郎潘曾莹、朱晋等人，在护卫和善扑营兵丁各十几名的保护下入城，与英使额尔金换约。到了中午，额尔金、巴夏礼等人乘坐着八抬大轿，鼓乐前导，自安定门入城，双方于是签订了中英《北京条约》。第二天，仍用同样的方式与法国公使葛罗签订了中法《北京条约》。

中国这块"大蛋糕"当然不止英、法两国觊觎，俄国在这个过程中也趁火打劫，与中国签订了《瑷珲条约》《天津条约》与《北京条约》，强割了中国东北和西北大片领土。这一过程和当年康熙帝签订《尼布楚条约》和《恰

中俄《瑷珲条约》

《瑷珲条约》是第二次鸦片战争期间沙皇俄国强迫清政府签订的掠夺中国东北领土的不平等条约。《瑷珲条约》使中国领土、主权蒙受了重大损害，为沙俄进一步掠夺中国领土开了先例。

克图条约》已经完全不同，当时就中俄东段边界已明确划定，沙俄侵略势力已退出了黑龙江以北的地区。19世纪中期的鸦片战争之后，沙俄侵略势力也趁机卷土重来，蚕食中国北部边疆。他们首先以派"探险队"的方式，强占了黑龙江以北的重要据点，之后几年时间就把黑龙江以北包括库页岛在内的广大地区几乎全部占领。咸丰六年（1856年），沙俄悍然宣布在中国领土上设置以庙街为中心的"滨海省"。接着又以欺骗等手段进行接连不断的外交活动，要求黑龙江将军衙门乃至清政府承认这一事实，妄图将侵占中国领土的事实合法化，但均遭拒绝。第二次鸦片战争爆发以后，沙俄以调停人的面目出现，以伪善欺骗的手段诱使清政府向英法低头退让，自己则趁机逼迫清政府先后签订了上述三个条约，轻而易举地从中国攫取了一百多万平方公里的土地，将本来是中国内河的黑龙江与乌苏里江变成了中俄两国的界河，康熙皇帝在位时候就对中国领土虎视眈眈的沙俄终于实现了他们的梦想。由于清政府的昏庸，清朝官员缺乏地理学概念和科学知识，竟把俄方提出的关于西部边界的走向写进了中俄《北京条约》之中，为不久后俄国大规模地侵占四十多万平方公里的中国西部领土制造了"根据"。条约签订之后，中国骤然失去数千里的土地，而且俄国人在通商、海上、陆上均获得了远在其他侵略国家之上的利益。

英、法代表同奕䜣签订条约后，于十一、十二两日陆续退兵。三十日恭亲王奕䜣奏称洋人已全部退至天津，请奕䜣回銮。十月初一，奕䜣就《恭亲王奕䜣等合词吁请回銮折》事谕："谕军机大臣等：本日据恭亲王奕䜣等合词吁请回銮一折，此次洋人称兵犯顺，恭亲王等与之议抚。虽已换约，此系万不得已，允其所请。然退兵后，而各国洋员，尚有驻京者。且亲递国书一节，既未与该使言明，难保不因朕回銮再来饶舌。诸事既未妥协，设使朕率尔回銮，洋人又来挟制，必将去而复返。频数往来，于事体殊多不协。且恐京师人心震动，更有甚于八月初八日之举。该王大臣等奏请回銮，因系为镇定人心起见。然反复筹思，只顾目前之虚名，而贻无穷之后患。且木兰巡幸，系循祖宗旧典。其地距京师尚不甚远，与在京无异，足资控制。朕意本年暂缓回銮，俟洋务大定后，再将回銮一切事宜办理。"在外敌入京、义军蜂起、社稷多难、江山危急之时，咸丰皇帝这个胆小如鼠的一国之君居然以"木兰巡幸"为名逃之夭夭，躲到了避暑山庄继续寻欢作乐。可以说第二次鸦片战争的全面失利，奕䜣是直接的责任者。奕䜣在出兵的方面一直不坚决，没有守住塘沽海口。他的犹豫态度使天津谈判没能就地解决，纵容肃顺、载垣、穆荫一伙将英使巴夏礼等诱擒到京，使事态进一步扩大。在应该挺身而出全力守卫京师的时候逃之夭夭，即便在洋人已退至天津的情况下仍不肯回銮。他既缺乏才识，又没有胆略，和他的父亲道光皇帝联手将中国送给列强瓜分。

热河避祸的咸丰

北京的秋天是一年之中最好的季节。但是 1860 年的 9 月，北京的天气却并不怎么好，多半都是阴云惨淡。比天气更糟的是咸丰皇帝的心情。这一年他继位刚好十年，虚岁也恰好三十，本应是个大喜的日子，可是非但没有什么值得庆贺的事情，反倒事事令他沮丧懊恼。

8 日，英法联军由天津向北京进发。

10 日，京城开始流传一种说法，说洋人已到通州，几天后就会攻城。

18 日，僧格林沁所部两万人在张家湾与英法联军先头部队大战，结果大败。

21 日，僧格林沁在通州八里桥再败。

……

眼看着英法联军就要兵临北京城下，咸丰皇帝一边焦急地等待战报，一边为自己谋划后路。就在他惶惶不可终日的时候，一封密奏从战事前沿传来，僧格林沁奏请皇帝"战既不胜，唯有早避……巡幸木兰"。

"木兰"（在今河北围场县境），指的是热河行宫，是西北的打猎场所。"木兰"在满语中是"哨鹿"的意思。此地原为蒙古王公所有，后来献给康熙皇帝。之后康熙帝在承德以北武烈河修建了避暑山庄，每年秋天都会到木兰围场巡视习武，行围狩猎，称为"木兰秋狝"。这是清代帝王继承满族传统演练骑射的一种方式。从康熙四十二年（1703 年）开始到乾隆五十五年（1790 年），三代皇帝用了将近九十年的时间建成了避暑山庄。以后清代帝王每年夏季都到承德避暑山庄避暑并处理朝政，召见蒙古王公，以显示满蒙亲睦。直到秋狝之后再返回北京。

僧格林沁作为前线的统帅不停地吃败仗，眼见已经不能阻止洋人的军队，一旦北京城陷入敌手，皇帝也有可能成为俘虏，兹事体大，不能不报。于是委婉地向奕䜣表达了自己对战局的判断，并希望皇帝"巡幸木兰"到承德避难。咸丰皇帝十分清楚自己的处境，但作为一国之君，亲自说出来实在是有点难以启齿。于是想了一个法子，给诸位大臣颁布了一道朱谕说："朕为近畿

狩猎聚餐图

清代的帝王每年都要前往木兰围场狩猎，作为显示承袭满族骑射遗风的方式。通常狩猎后，皇帝会将捕获的猎物论功行赏，然后赐予大家分食。此图展现的是乾隆帝围猎结束后与将士聚餐的场景。

百姓免受荼毒，不得已勉救抚局，乃该夷屡肆要挟，势不决战不能。况我满汉臣仆，世受国恩，断无不敌忾同仇，共伸积忿。朕今亲统六师，直抵通州，以伸天讨而张挞伐。著内廷王、御前大臣、军机大臣、内务府大臣迅速定议。”

其实这不过是奕詝故意想出来的小伎俩，他明明想逃离京城避难，却硬要说“亲统六师，直抵通州，以伸天讨而张挞伐”。他的打算是，朝臣们只要揣摩到皇帝的意思，就不会同意皇帝“御驾亲征”的，识趣的大臣们肯定会联名奏劝皇帝到避暑山庄避难。到时候自己故作姿态推脱一番，勉为其难地表示同意，逃跑行为也就变得顺理成章起来。

参加讨论的大臣自然明白皇帝的这点小把戏，也明白他迫切想逃跑的心情。但这些朝臣们却并不想买皇帝的账，反而由内阁大学士贾桢领衔上奏咸丰皇帝，否决了巡幸木兰的提议。他们上奏说皇上想亲统六师，御驾亲征，可见安抚天下的一片圣心。但是通州并非当年的澶州，如今的朝廷也没有像寇准那样具有才略的宰相，

咸丰皇帝朝服像

咸丰帝奕詝即位的时候，由于遭受鸦片战争的打击，清政府已经风雨飘摇。面对国库空虚，军务废弛，吏治腐败，天灾不断，民众起义此起彼伏，西方列强虎视眈眈这样的时局，咸丰帝一筹莫展。

所以皇上御驾亲征，实非万全之策，“断不可轻于一试”。大臣虽然如奕詝所料，不同意他御驾亲征，但是也同时否决了“巡幸木兰”，说北京城墙高大坚固，外有护城河，内有精兵，如果这样固若金汤的城池都不足以抵御入侵者的话，那么皆是平川大野的热河就更难抵御。而且皇帝离京北巡必定会导致人心涣散，明朝的“土木之变”可是前车之鉴啊！

但是铁了心要逃出北京城的咸丰皇帝居然直接让手下拟了一道请求移驾的奏折。接着惠亲王、惇亲王、恭亲王、郑亲王等人奉旨会议，讨论的主要问题是，清军是否有足够的兵力来保证京师的安全。当向负责防卫北京的大臣问及“有何准备”时，得到的答案是：“无。”又问：“京城兵力，足以登城守御否？”众大臣多无言以对，只有嗟叹而已。前线屡战屡败，就连僧格林沁的蒙古铁骑也不能奈何夷兵一毫，谁又敢说有把握守卫京师的话？

在派兵招架的同时，咸丰皇帝马上派出怡亲王出城谈判，这个消息让所有人感到了一线生机。然而另一道命令却是限大兴、宛平两县迅速准备大车五百辆。

京城骚乱了。皇帝如此仓促地征集车辆，在以前是从来没有过的事情，莫非皇帝想逃离京城？事态到底有多严重，这天下还能太平吗？京城的百姓于是也开始收拾细软，探听消息，做好了与皇帝一起逃难的准备，到处人心

八里桥激战图
八里桥为通州通往京城的交通要道。1860 年，英法联军向八里桥猛扑，清军与英法联军展开激战，被迫西撤后八里桥失守，京城完全暴露在侵略者面前。

惶惶。为了安民心、激民气，各位大吏、谏台言官等纷纷上奏奕䜣，请求他能留守北京，有些官员甚至请求皇帝从城外的圆明园，搬到城内的皇宫。一些老派的亲王更是力劝皇帝留守北京，"抱上足哭留"。惇亲王奕宗闻讯，急忙从西陵赶来，苦苦相劝，痛哭流涕，其状甚是凄凉。咸丰皇帝问他说："不走避热河，如夷人进京，你当如何？"惇亲王断然答道："如有不测，奴才死于慕陵。"说到痛心之处，竟欲自戕而死。

面对如此大的舆论压力，咸丰皇帝只得下发谕旨："近日军务紧要，需用马车，纷纷征调，不免啧有烦言。朕闻外间浮议，竟有谓朕将巡幸木兰举行秋狝者，以致人心疑惑，互相播扬。朕为天下人民主，当此时势艰难，岂暇乘时观省。且果有此举，亦必明降谕旨，豫行宣示，段未有銮仪所泣，不令天下闻知者。尔中外臣民，当可共谅。所有备用车马，著钦派王、大臣等传谕各处，即行分别发还，勿得尽行扣留守候，以息浮议而定人心。"

这份谕旨把咸丰皇帝的出逃洗刷得干干净净，但明眼人一看就明白这是皇帝在欲盖弥彰。车马全部解散了，北京的民情随着车马的发还而渐渐稳定下来。然而棘手的问题却依然悬在身边，一个也没有解决。反对巡幸木兰的声音仍旧强烈，大臣们除了担心皇帝在外，害怕京城会出现权力真空，从而有人趁机觊觎皇位外，还要保卫江山社稷、祖宗陵寝。弃天下者必然为天下所弃，关键时刻，天子亲征，是义不容辞的责任，也是安定民心。激励士气的法宝。对此侍郎毕道远就曾明确指出："从古国君守社稷，断无远出之理。"咸丰皇帝也有自己的想法和顾虑，若不是外夷已经打到通州，也不会轻易离开京城。留得青山在，不怕没柴烧。安史之乱的时候，唐玄宗不也逃了吗？最后还是收复国土重整山河。

9月21日，僧格林沁在通州以南的八里桥再次战败的消息传到奕𬣞耳中，他再也坐不住了。当晚圆明园内始终灯火不熄，咸丰帝召集重臣商议对策，当他重提避居热河时，再也没有人敢出面反对了。恭亲王奕䜣被命留守北京，全权处理英法事务。

9月22日，咸丰皇帝带着一队人马匆匆离开了圆明园，离开了北京。包括奕𬣞自己在内，恐怕没有人会想到这次离开竟是永诀，从此他有限的生命，只能在热河度过。咸丰皇帝二十岁即位，是清军入关以后的第七位皇帝。他登基时清朝政局已经急剧衰败，内忧外患，举步维艰。波澜壮阔的太平天国运动以锐不可当之势占据了半个中国，清王朝损兵折将疲于奔命了十一年，仍未见成效。英法列强趁机发动了第二次鸦片战争，俄日等侵略者乘机入侵，中国再次受辱，疆土日蹙，国力不振。咸丰帝非但没能起到一点点扭转乾坤的作用，这个生性懦弱、贪婪酒色的纨绔皇帝只是使中国的局势一日不如一日。有史籍载："洪、杨之乱日炽，清兵屡屡败北，兵革遍天下。奕𬣞置不顾，而寄情声色以自娱，暇辄携妃嫔游行园中。"他在圆明园中暗藏春色，谓之"四春"，即牡丹春、海棠春、杏花春、陀罗春。而且他还吸上了鸦片，并称

咸丰帝行乐图

图中身着便装的咸丰帝，安闲地坐在庭院里的小石桌旁。在他统治的那段内外交困的动荡岁月里，能够如此清闲，实属难得。

这种鸦片烟叫"益寿如意膏"，不仅舒服如意，而且健康益寿。奕𬣞"北狩"热河后更加不思进取，以吸食鸦片来刺激麻醉自己。这使得原本就体质素弱的他，在娱情声色、纵欲自戕的情况下身体也跟着这个国家迅速衰败，很快在而立之年病死了。而他治内无方，拒外无策，就连人生的最后一件事，即自己的后事都没有安排彻底，导致中国进入近半个世纪"女主临朝"的慈禧时代。

避暑山庄图
避暑山庄由皇帝宫室、皇家园林和宏伟壮观的寺庙群所组成，康熙、雍正、乾隆三朝耗时88年建成。避暑山庄以朴素淡雅的山村野趣为格调，取自然山水之本色，吸收江南、塞北之风光，是独具特色的古代帝王宫苑。

老佛爷的时代

辛酉政变

咸丰帝死后，其六岁的儿子载淳继位。载淳的即位是清代帝王中最顺理成章，最没有争议的一个。奕詝只有两个儿子，载淳是他的长子，次子三岁就夭折了，所以载淳是皇位的唯一合法继承人。载垣、端华、肃顺等八大臣又受命为赞襄政务王大臣，他们立即通告全国各地，规定今后凡大臣给皇帝的奏报，必须同时抄送赞襄政务王大臣，使顾命大臣的权力在全国范围内得到普遍承认。八大臣还决定，自明年起以"祺祥"作为新皇帝的年号。户部和工部又根据八大臣的指示发出了铸造"祺祥"铜钱的通知，不久钦天监也赶印和颁发了"祺祥"历书。

当时的朝廷中，能够对肃顺等八大臣形成钳制作用的只有恭亲王奕訢。为了巩固权力，八大臣想尽一切办法排挤奕訢。他们虽然不得不让奕訢参加办理咸丰皇帝的丧事，但又借口北京外交事务至关重要，以小皇帝载淳的名义下令不让奕訢到热河来，想要将奕訢及其党羽远远排斥在中枢权力机构之外，对其进行严密的防范。

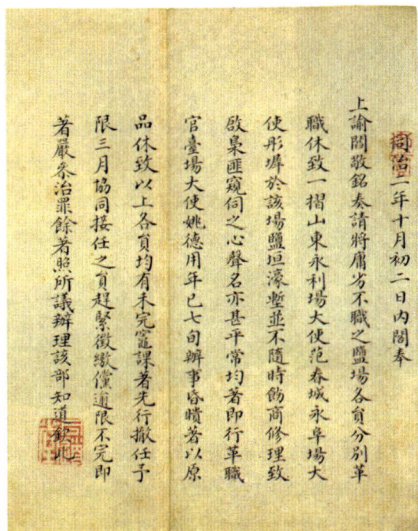

钤有"御赏""同道堂"玺文的《上谕》
咸丰帝临终前规定，以载淳名义发布的谕旨都要加盖"同道堂"和"御赏"印。此即当时上钤"御赏"，下钤"同道堂"的谕旨。

　　不过肃顺等没有想到，首先敢于出来与他们争夺权力的并非是奕䜣，而是小皇帝载淳的生母懿贵妃叶赫那拉氏。咸丰皇帝死后的第二天，根据传统，皇后钮祜禄氏被尊为母后皇太后，载淳的生母懿贵妃被尊为圣母皇太后。在热河，钮祜禄氏住在避暑山庄的烟波致爽殿东暖阁，叶赫那拉氏住在西暖阁，所以二人被分别称为"东太后"和"西太后"。接着两宫皇太后与肃顺等赞襄政务八大臣之间便展开了一场尖锐的夺权斗争。起因是咸丰皇帝临死时鉴于康熙帝即位之初，以四大臣辅政所造成的鳌拜专权的严重恶果，因此他虽然托孤肃顺等人，但同时又赐"同道堂"印给载淳，赐"御赏"印给皇后钮祜禄氏，命用两印代替朱笔，凡赞襄政务王大臣处理政务时所拟定的上谕，必须加盖这两枚印章才能生效。这样就可以防止赞襄政务王大臣专权擅政，为所欲为。

　　当时载淳只有六岁，当然没有处理政事的能力，"同道堂"印很自然便落到了他的母亲西太后手里。但西太后仅凭"同道堂"一方印还不能达到完全钳制赞襄政务王大臣的作用，只有将"御赏"印也集中到自己手里才算有完全的保障。于是西太后开始拉拢和串通东太后。当西太后得知由肃顺等人为赞襄政务王大臣的消息以后，立即到东太后那里，把肃顺等人比成康熙朝的鳌拜，说他们专横跋扈，利用小皇帝年幼，必然会把持朝政，两位皇太后和小皇帝孤儿寡母，此后只有任人宰割的份儿。终于煽动东太后和她一起去控制肃顺等赞襄政务王大臣。开始八大臣并不同意皇太后阅看奏折，对大臣们拟定的谕旨稿件，皇太后只能盖章，并没有参政议政的权力，也改变不了实

慈禧太后油画像

慈禧太后是满洲镶蓝旗人，同治帝生母。咸丰帝在避暑山庄驾崩后，慈禧太后住在烟波致爽殿西暖阁，因此被称为西太后。她与恭亲王奕䜣发动政变，将八名"赞襄政务王大臣"分别革职或处死后，改元同治，开始垂帘听政，实际上掌握了国家大权。

际内容，实际上是把皇太后置于位尊而无权的地位。这遭到两宫皇太后，尤其是西太后的强烈反对。经过一番争论，赞襄政务王大臣做了必要的让步，最后同意皇太后阅看官员们上奏的折件；赞襄政务王大臣拟好的谕旨，先经皇太后阅后，在谕旨的开头加盖"御赏"印，结尾加盖"同道堂"印后才交给军机处发出；任命各省总督、巡抚等重要官员的事宜，由赞襄政务王大臣拟名呈进，但必须由皇太后做最后的裁决。这样两宫皇太后就争得了与赞襄政务王大臣共同管理朝政和任命官员的大权。在咸丰皇帝死后十几天，就出现了这种所谓的"垂帘辅政，盖兼有之"的局面，这不能不说是聪明过人的西太后利用咸丰帝所赐的两颗印章和一己之力，在与八个辅政大臣夺权的斗争中取得的初步胜利。

但只要八大臣还在，西太后就没有安全感，也不能实现她独揽大权的目的。她并不以与肃顺等人共掌政权为满足，所以继续拉拢忠厚老实但有些懦弱的东太后，让她首先相信了那些顾命大臣都心怀叵测，图谋不轨。二人在行宫内"俯巨缸而语，计议甚密"。两宫皇太后认为，凭自己孤儿寡母自然没法除掉肃顺等人，只有与恭亲王奕䜣联手才有出路，于是紧急召见奕䜣到热河。肃顺等人自然想方设法防范恭亲王奕䜣到热河与两宫太后会面。关于西太后如何避开肃顺等人的防范而与恭亲王取得联系，有种种不同的传说。有人说西太后的懿旨是由一个厨役借买菜的机会带出行宫，再秘密送到北京。也有人说西太后用苦肉计，先将心腹太监安得海毒打一顿，以送北京内务府为名，由安得海将懿旨带到北京，再由宝鋆转交给恭亲王的。

　　恭亲王奕䜣之所以与西太后合作，是因为他被咸丰帝排斥在顾命大臣之外，这使在北京以恭亲王为首的一大批官僚贵族极为不满。所以在准备推翻肃顺一派，争夺实权这一点上，恭亲王奕䜣与西太后不谋而合。在接到西太后的密旨之后，奕䜣以奔丧为名，于八月初一急忙赶到热河。走进行宫就直奔咸丰的灵堂，假戏真演，号啕大哭。为了麻痹八大臣等人，他还装出特别恭顺的样子，躲过了肃顺等人的监视，同两宫皇太后密商了发动政变的计划。在这次密谈中，"两宫涕泣而道三奸（指载垣、端华和肃顺）之侵，因密商诛三奸之策"。但热河行宫并不适宜发动政变诛除肃顺，其一，八大臣在热河受咸丰皇帝的顾命，其合法地控制着最高权力，在热河有一定的影响；其二，肃顺兼领侍卫内大臣之职，控制着热河行宫的武装力量。所以只有借銮驾回京之机，以迅雷不及掩耳之势，突然发动政变，才能搞掉载垣、端华和肃顺等人，把政权夺到手。当时西太后还十分担心在北京的外国侵略者会出面干涉，奕䜣向她保证说："外国无异议，如有难，惟奴才是问。"

　　在两宫皇太后与奕䜣达成一致之后，肃顺等人开始警觉起来。他们加强了对奕䜣的监视，迫使奕䜣无法与皇太后直接接触，有事只好通过七弟醇郡王奕譞及其福晋（西太后之妹）往来传递消息。奕䜣仅仅在热河住了几天，就在八月十七日化装离开热河，一路上马不停蹄地赶回北京，为发动政变着手做各项准备工作。

　　在热河方面，西太后对八大臣采取了"外示优礼"的手段，以等待恰当的时机。就在奕䜣离开热河的当天，兵部侍郎胜保和山东巡抚谭廷襄联衔向皇太后请安的黄绫奏折正好送到了热河行宫。这是一次违反清朝祖制的破例举动，其用意是企图以此来抬高皇太后的政治地位，实际上是为皇太后掌权向辅政大臣发出的信号。结果遭到了八大臣的坚决反对。他们在所拟的上谕中指出，"向来臣工无具折请皇太后安之例"，并斥责胜保、谭廷襄有违体制，在穿孝期间呈递黄折"亦属不合"，二人应交刑部议处。同时通令各级官员，今后不准向皇太后请安。

　　奕䜣返回北京后，立即在满汉大臣之间串联，制造舆论反对八大臣赞襄政务，要求由皇太后垂帘听政。大学士周祖培、贾桢等人为了替皇太后垂帘听政寻找根据，早在奕䜣赴热河时，就指使文人李慈铭，查找历朝历代皇太后临朝执政的事例编成材料备用。紧接着御史董元醇又更改咸丰帝遗命，要求剥夺八大臣权力的奏折送到了热河。于是在热河行宫，围绕着董元醇的奏折，赞襄政务王大臣与皇太后之间，展开了一场激烈的斗争。第二天皇太后将董元醇的奏折发下，下令让赞襄政务王大臣召集群臣议论奏折中关于皇太后垂帘听政的事情，还让他们提出辅政亲王的名单，听候皇太后裁决。但辅政八大臣拒绝召开这样的会议，他们不仅没有遵照太后的旨意办事，还起草

同治帝游艺怡情图

同治皇帝，名爱新觉罗·载淳，他是咸丰帝唯一在世的儿子，因此同治即皇帝之位是清代帝王中最顺理成章、最没有争议的一个。同治六岁即位，十七岁亲政，十九岁身死。关于同治帝的死因，有野史认为是因梅毒而非天花。

了一道痛驳董元醇奏折的上谕。这道上谕送交皇太后盖印时，西太后却拒绝盖印。对于西太后拒发上谕的行为，八大臣毫不示弱，将奏折交军机处以"不得已"发出。

离开热河之前，两宫皇太后与辅政大臣之间的明争暗斗并没有停止。西太后以小皇帝载淳的名义，下令对八人一一加官晋爵，表示对他们的重用。八大臣接到新的任命后，为了表功及按照惯例的逊让，假意说自己差务繁多，希望皇太后开恩，减去一些兼差。西太后马上装出勉强的样子，不仅收回成命，而且乘机解除了他们包括步军统领、管理火器、健锐营等兼差。这为西太后下一步发动政变，创造了极为有利的条件。九月二十三日，咸丰皇帝的灵柩起运回京。第二天行过朝奠礼之后，载淳和两宫皇太后以快班轿夫兼程向北京进发。而咸丰帝的灵柩则由肃顺护送，行进速度非常缓慢。西太后到北京后，利用争取来的大量时间，为发动政变做了最后的部署。

第二天一早，两宫皇太后和奕䜣在养心殿召集群臣，立即发表了早在热河就暗中拟好的上谕，宣布了载垣、端华和肃顺等八大臣"专擅""欺蒙"的罪名，并解除其职务。载垣、端华以赞襄政务王大臣的身份相抗议，但西太后早已事先布置好侍卫，立即动手将他们擒拿。于是载垣、端华二人被幽禁于宗人府，而护送咸丰帝灵柩的肃顺当晚也在密云被抓。

这次由西太后导演的宫廷政变，史称"北京政变"，又因政变发生在辛酉年（1861年），故又称"辛酉政变"。通过这次政变，西太后解除了八大顾命大臣的权力，改年号为"同治"，以第二年为同治元年。西太后掌握了实权，成为清王朝实际上的最高统治者。

"老母班"和"孩儿班"

同治皇帝登基时还是一个少不更事的顽童，亲政以后，作为一个青年皇帝，确实是辜负了朝野上下对他的殷切期望，其荒淫程度比他父亲咸丰帝还要厉害。他年纪轻轻已经有许多后妃，却还常常偷偷溜出皇宫，到京师的南城娼妓区去寻花问柳。在年仅十九岁的时候就因患天花而亡。同治帝死后，慈禧太后压制众论，一人做主，执意让只有四岁的载湉入宫即位为帝。载湉也就是光绪帝，他是醇亲王奕譞的儿子，也就是同治帝的堂弟，其母叶赫那拉氏是西太后慈禧的妹妹。从这些关系讲，他既是慈禧的侄子，又是慈禧的外甥。之所以能够当上皇帝，一方面是因为慈禧亲生之子同治帝没有子嗣继承皇位，更重要的还是慈禧权欲熏心，想要再找个儿皇帝，给自己创造垂帘听政的机会。

光绪七年（1881年），东太后慈安皇太后突然崩于大内钟粹宫，享年四十五岁。慈安皇太后暴死后，慈禧得以独自垂帘听政，把权力集中在自己一个人手中，并且迟迟不让载湉亲政。

直到载湉十六岁时，皇帝亲政之事已经不能再拖。这时醇亲王奕譞想出请皇太后"训政"的主意。醇亲王奕譞、礼亲王世铎合奏，"恳请皇太后训政数年"。《清史稿·奕譞传》记载："皇帝甫逾志学，诸王大臣，吁恳训政。乞体念时艰，俯允所请。俟及二旬，亲理庶务。至列圣宫廷规制，远迈前代。将来大婚后，一切典礼，咸赖训教。臣愚以为，诸事当先请懿旨，再于皇帝前奏闻。俾皇帝专心大政，承圣母之欢颜，免宫闱之剧务。此则非如臣生深宫者不敢知，亦不敢言也。"这些奏折可以说正合慈禧太后的心意。

她在懿旨中故作姿态说："归政后当永照现在规制，凡宫内一切事宜，先请懿旨，再于皇帝前奏闻，俾皇帝专心大政等语。念自皇帝冲龄嗣统，抚育教诲深衷，十余年如一日，即亲政后亦必随时调护。"朝臣们自然都明白了慈禧太后用意何在，于是以醇亲王奕譞为首的王公大臣再次纷纷上折吁请太后"训政数年"。慈禧太后于是发布懿旨："既据该王大臣等再三沥恳，何敢固持一己守经之义，致违天下众论之公。勉允所请，于皇帝亲政后，再行训政数年。"这样慈禧以"训政"的手段既归政于皇帝，又使实权仍然掌握在自己的手中，可谓一举两得。

光绪皇帝亲政、皇太后训政的局面又维持了两年，到光绪十四年（1888年）时，皇帝已经十八岁了，此时论理慈禧太后必须把政权交给皇帝了，她

慈安太后便服像

1881年，年仅四十五岁、仁爱忠厚的慈安皇太后猝然崩逝于钟粹宫，清廷的垂帘听政由两宫并列，自此变成慈禧一人独裁。因此对于慈安的死因，朝野上下议论纷纷，将其与慈禧联系起来。

光绪帝朝服像

光绪皇帝以社稷为重，推行变法，是一个资产阶级改良运动的先驱者。虽然变法失败了，但对当时社会发展起了积极作用，打破了封建专制主义的思想禁锢，开启了中国思想解放的先河，给长久封闭的国家带来了一些西方的先进思想、理论和技术。

在懿旨中只好说："前因皇帝甫经亲政，勉允臣工之请，训政数年。两年以来，皇帝几余典学，益臻精进，于军国大小事务，均能随时剖决，措置合宜，深宫甚为欣慰。明年正月大婚礼成，应即亲裁大政，以慰天下臣民之望。"这道懿旨决定第二年正月为皇帝举行大婚典礼，二月皇太后退朝不再训政。

皇帝大婚，挑选皇后极为重要。皇后如果是慈禧的心腹，那么就可以帮助她牵制光绪皇帝。为此慈禧太后不顾光绪皇帝本人的意愿，硬是把自己亲弟弟桂祥二十一岁的女儿指配给光绪皇帝做皇后。她在懿旨中说："皇帝寅绍丕基，春秋日富，允宜择贤作配，佐理宫闱，以协坤仪，而辅君德。兹选得副都统桂祥之女叶赫那拉氏，端庄贤淑，着立为皇后。"如此一来，皇帝是慈禧太后的亲外甥，皇后又是慈禧太后的亲侄女，都与叶赫那拉氏有着密切的关系，而帝、后未来生有皇子又是皇位的当然继承者，通过家族联姻，慈禧太后把权力牢牢地掌握在自己手中。

光绪亲政以后，朝廷内部逐渐形成了两股政治势力、两个政治集团，即"帝党"与"后党"。光绪十年（1884 年）中法战争期间，慈禧同奕譞合作，将以恭亲王奕䜣为首的五位军机大臣（奕䜣、宝鋆、李鸿藻、景廉、翁同龢）全部罢黜，取而代之的是礼亲王世铎和孙毓汶、额勒和布等人。这些人的才能都极其平庸，所以慈禧在朝臣委任的问题上从来都是以权力斗争为考虑，而不是从治国的才能出发。这一年为甲申年，史称为"甲申易枢"。此后"帝党"与"后党"在朝中逐渐形成。他们在诸如甲午战争、维新变法等重大朝政问题上都进行过激烈的争辩。"帝党"以光绪皇帝为首，主要成员为大学士、军机大臣翁同龢、李鸿章等。"后党"则以慈禧皇太后为首，主要成员有大学士、兵部尚书兼步军统领荣禄，军机大臣孙毓汶等。"帝党"与"后党"在重大政策上意见相左，针锋相对。后党诨名叫"老母班"，帝党诨名叫"孩儿班"。

光绪二十年（1894 年），中日甲午战争爆发，双方的矛盾进一步激化。帝党主张对日宣战，这在当时也确实代表了一些爱国将士的要求，争取到了广大舆论界的支持。但主战派的帝党并没有实权，他们只能利用皇帝的上谕和士大夫的请议督促李鸿章出战。后党的核心人物李鸿章则主张"避战自保"，力主其他列强出面调停。慈禧太后对日本的武力十分畏惧，又怕一旦战败会动摇自己的统治。这一年又恰逢她的六十大寿，一心想把这个"万寿庆典"办得隆重盛大，所以只求能够尽快议和不要耽误自己庆寿。所以慈禧支持李鸿章的主张，让他奔走俄、英公使之间，向欧美各国乞求出面调停。

光绪帝大婚图

光绪十五年（1899 年），十九岁的光绪帝举行大婚典礼，皇后是慈禧亲弟弟桂祥的女儿叶赫那拉氏。慈禧选侄女为皇后，是期望将朝政交给光绪帝后，还能利用皇后来控制和操纵皇帝。此图为大婚当天喜轿进入太和门前广场时的盛况。

当时国难当前，一些主战派官员纷纷上奏折请求停办寿辰点景，将钱款用于军费。那本就想一心求和的慈禧太后看到这些奏折以后更加怒不可遏，气冲冲地对御前大臣说："今日令吾不欢者，我亦将令彼终身不欢。"遂决心对帝党报复。甲午战争惨败后，光绪皇帝按照翁同龢的主张严办李鸿章，拔去其"三眼花翎，褫去黄马褂"。翰林院也有三十五人联名上奏要弹劾战败误国的李鸿章，并要求对李鸿章及其党羽严惩，于是光绪皇帝还发出上谕严责其罪。可是李鸿章是慈禧太后的红人，有了这个靠山，可以说再风吹雨打也高枕无忧。帝党还想以徐建寅代替海军提督丁汝昌，从而剥夺后党的兵权，也遭到李鸿章的拒绝，因而未能实现。与此同时，后党又起用了在中法战争中被罢官的恭亲王奕䜣，让他主持总理衙门事务，办理投降外交，并令奕䜣帮办军务。所以从表面上看来，帝党当时虽然一时取得了舆论的支持，但实际上丝毫不能影响到后党的势力。慈禧与光绪帝之间的"帝后"之争确实朝野皆知，而他们之间复杂的恩怨矛盾关系正是光绪帝之死的焦点所在。

三军败绩割地求和

甲午战争的历史对于任何一个中国人来说，都算不上什么光荣的记忆。一头大象被蚂蚁绊倒，还惹来了一群蛇虫虎豹垂涎分食。

光绪二十年（1894 年），慈禧六十大寿。慈禧作为皇太后，一个六旬老

"高升号"沉没图
当北洋海军的两艘舰艇准备接应运送清军的"高升号"时，遇到日本军舰的拦截，"高升号"遂遭攻击。"高升号"原是商船，没有大炮，清军只能用步枪还击，船被鱼雷击中后沉没，船上官兵大都壮烈牺牲。

人，办一次规模盛大并隆重的庆典，本来也在情理之中。但是当时正值国力衰微、内忧外患之时，慈禧不仅不收敛私欲，同仇敌忾，奋起抗敌，反而一意孤行，不顾国难当头，逞一己之贪欲，置国家与民族的利益于不顾。慈禧的六十大寿成为清政府压倒一切的头等大事。早在光绪十八年（1892年），慈禧即授意颁下上谕，提前近两年的时间为自己的六十大寿做准备，并设立专门的机构"庆典处"，专司办理庆典事宜，并责成各重要行政部门全力协助。

光绪帝虽然已经亲政，但他却没有操控全局的实权，在中日战争一触即发的关键时刻，光绪帝不得不率领朝臣大张旗鼓地为慈禧六旬寿诞做着精心的准备。

就在清廷为慈禧的寿辰准备之时，清军与日本军队的海陆作战却屡遭败绩。慈禧六旬庆典的日子是十月初十，但在光绪二十年（1894年）六月二十三日（公历7月25日），日本不宣而战，在牙山口外丰岛附近袭击并击沉清朝运兵的商船"高升号"，船上八百余人全部遇难。七月初一（公历8月1日）中日正式宣战，中日甲午战争爆发。

日本海军在鸭绿江口的大东沟海面挑起了黄海大战，北洋海军顽强抵抗，统帅丁汝昌负伤，"致远号"等四艘战舰被击沉，几百名北洋海军官兵壮烈殉国。九月二十六日（公历10月24日），日军渡过了鸭绿江，大举侵入辽南，随后向大连、旅顺进犯。前方战事吃紧，军费开支屡屡告急，户部只得通过海关总税务司赫德向英国银行借贷白银一千万两，年息七厘半，十年以后还

中日甲午海战图
甲午海战的胜利，使日本一跃成为亚洲强国，而中国的国际地位则一落千丈，清政府的独立财政至此破产。甲午一战，日本获得了巨大的财富，这就极大地刺激了他们侵略扩张的野心。

本，十年中利息银四百二十万两。

十月初十，慈禧的六旬庆典进入高潮。盛大的规模令亲身参与庆典的翁同龢瞠目结舌，在日记中他写道："济济焉，盛典哉！"就在同一天，日军攻占了辽南重镇大连。在国土沦丧、重镇失守、民众惨遭屠戮的危殆时刻，慈禧却在宫中升殿受贺，大宴群臣，并接连赏戏三天。

当一个王朝把最高统治者的寿诞看得比民族的兴亡还重要的时候，这个王朝就离衰亡的日子不远了。据后来史料披露，日本政府之所以选择光绪二十年（1894年）发动这场侵略战争，原因之一就是："日知今年慈圣庆典，华必忍让。倘见我将大举，或易结束，否则非有所得，不能去也。"

甲午一战，李鸿章苦心经营二十年的北洋海军全军覆没，这是他一生的耻辱，而签订《马关条约》更是让他背上了"卖国"的历史罪名。由于海军军费被挪用修建颐和园，从光绪十五年（1889年）以来，海军就没有再增添过新的战舰，没有再购置过新炮，连弹药也多是过期、不合格、不配套的产品。所以在中日交战中，北洋海军的炮弹发射速度慢、炮位少，炮弹击中敌舰要害部位后竟穿而不炸。北洋海军被日军围堵在威海卫之际，清政府不发一员援军，眼见舰队被日军围歼，舰队外籍顾问又伙同候选道牛昶炳等人威逼北洋水师提督丁汝昌签字投降。眼见大势已去，生性懦弱的丁汝昌不禁悲从中来，服毒自尽。所以从甲午战争的失败中，可以看出整个清朝政府的腐朽。作为北洋海军的指挥者，李鸿章负有直接的和无法推卸的责任。从外交上看，他想以夷制夷，一味寻求其他列强的帮助，但对时局的错误判断，对

李鸿章与伊藤博文会面图

甲午海战失败后，清政府派李鸿章为全权大臣，赴日议和。在日本的威逼下，清政府只得接受了日方开出的议和条件，签订了丧权辱国的《马关条约》。图为李鸿章与伊藤博文的谈判图。

竞争对手的情况不甚了解，使得他浪费了时间和精力，也耽误了战备和时机。再者在一个近代化的世界中，当时中国的人才准备是极为不足的。而李鸿章对自己亲手创建的这样一支战略打击力量的认识也是完全错误的。从日本的角度来讲，它是一个岛国，把大海看成是通往中国大陆的桥梁，把争夺制海权作为掌握对中国作战的主动权。而中国则长久以来把海洋看成防御的屏障，把海军消极地看成是运输船、运兵船的护航力量和陆地防守的一种辅助。

日军在取得威海卫战役胜利后，北洋海军就全军覆没了。毫无还手之力的清政府已经失去了与日本人讨价还价的最后筹码，只好派李鸿章前往日本议和。

经办外交多年，李鸿章早已尝够了"卖国贼"的滋味，所以他一定要得到清政府的全权授权，才肯出使日本。为了寻求支持，李鸿章多次奔走于各国使馆，希望能得到列强的支持，但求助行动都无果而终。

光绪二十一年（1895年）二月二十三（公历3月19日），李鸿章一行抵达日本马关。3月21日，李鸿章与伊藤博文首次谈判。中日两国唇枪舌剑，谈判僵持不下。恰在此时，李鸿章遭到日本人刺杀负伤，伊藤博文知道后气急败坏，认为这一事件的发生比战场上一两个师团的溃败还要严重。于是在1895年3月30日，中日代表在停战条约上签字。

光绪二十一年（1895年）三月二十三（公历4月17日），李鸿章与日本代表伊藤博文签订了中日《马关条约》。这个丧权辱国的条约规定：清政府承认朝鲜"独立自主"；割让辽东半岛、台湾、澎湖列岛及附属岛屿给日本；赔偿日本军费白银二亿两；增开重庆、沙市、苏州、杭州为通商口岸；开辟内

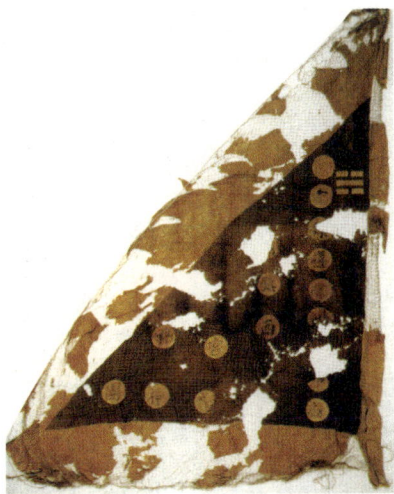

义和团团旗

义和团是活跃在 19 世纪末 20 世纪初的一个民间团体，以"扶清灭洋"为口号，后被慈禧太后利用作为宫廷斗争的工具。左图为义和团的团旗。

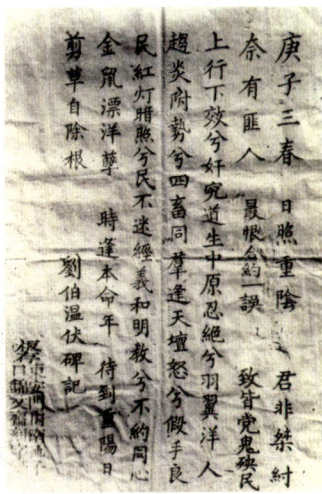

义和团揭帖

义和团团民以散发传单的形式，号召群众反抗西方资本主义国家的侵略。他们进入北京后，一些文人积极为义和团撰写揭帖，义和团的揭帖在大街小巷随处可见。

河新航线；允许日本在中国的通商口岸开设工厂，产品运销中国内地免收内地税。《马关条约》割地赔款，主权沦丧，便利了列强对中国大规模地输出资本，掀起了瓜分中国的狂潮，标志着列强侵华进入了一个新阶段，大大加深了中国的半殖民地化。

义和团起义

由于西方国家的不断入侵，使得中国大地从清帝国的高层的官员到底层的农民，都对洋人有着普遍的痛恨以及隔阂情绪。大学士倭仁为了避免在可能和洋人接触的总理衙门上班，故意从马上摔下来而请长假，当朝廷免除了他的职务后，就"豁然痊愈"了。大学士徐桐也是一个极端厌恶洋人的高官，他的家在京城里的东交民巷，这里原是明清两代"五部六府"所在地，乾隆、嘉庆时期曾经有"迎宾馆"供外国使臣临时居住。到了鸦片战争以后，在这一地区先后设立了英、俄、德、法等使馆，成了洋人的聚居区。于是徐桐宁可每天从后门出去，绕远路上朝，也不愿意从洋人的使馆门前经过。后来他干脆把院门用砖头堵上，并在门上贴了一幅对联："望洋兴叹，与鬼为邻。"

除了这些庸聩高官仇洋之外，底层人民也对洋人十分仇恨。甲午战争后，中国陷入了被帝国主义列强瓜分的境地。各帝国主义加强对中国的政治与经

慈禧太后佛装像

义和团运动刚在山东兴起的时候，慈禧太后曾多次谕令地方督抚"实力剿捕，毋得养痈贻患"。因为对"外国人欺我太甚"而耿耿于心，再看到要令她归政的"洋人照会"，慈禧太后忍无可忍，决意借义和团运动对列强宣战。

济侵略，激起了中国人民的反抗，爆发了规模浩大的义和团运动。

义和团兴起的直接原因是教案。当时西方列强已经获得在中国传教的权利，通过数十年的发展，基督教在中国的传播已具有了一定规模。但是部分传教士或教民依仗列强的支持，横行霸道，拆民房、修教堂、霸占中国平民的财产，甚而干涉中国的司法行政，招致人们的普遍抵触。加之在教案的处理过程中，一些官员"不论曲直，一味庇教而抑民"，更引起百姓的不满。既然无法指望政府对自己的人民加以保护，就只能自发采取行动对抗教会。所以各地此起彼伏的反洋教斗争成为义和团运动的前奏。

早在光绪二十三年（1897年），山东境内就发生了巨野教案，此后山东的民教矛盾有增无减，百姓对德国侵略者厌恶之极。山东冠县梨园屯村民与教堂因历史上的土地纠纷发生冲突，威县梅花拳师赵三多应村民阎书勤等的邀请，前往援助。后来赵三多将梅花拳改名为义和拳。光绪二十四年（1898年），山东巡抚张汝梅上奏朝廷，认为义和拳本属乡团，建议"改拳勇为民团"。并明确说义和拳就是"义和团"，首次提出了"义和团"的概念。接着赵三多等人在冠县蒋家庄竖起"扶清灭洋"的旗帜，拉开了义和团起义的序幕，但遭到清军的镇压而失败。不过星星之火，迅速燎原。第二年山东平原县又爆发义和团运动，当地义和团首领李长水请求茌平、高唐等地的义和团首领朱红灯支援，朱红灯在杠子李庄整齐队伍正式竖起了"天下义和拳兴清灭洋"的旗帜。后来清廷加派袁世敦等人前往镇压，在森罗殿战斗中击败了义和团，并且活捉了义和团首领朱红灯、心诚和尚等人。当时的山东巡抚是毓贤，他对民众反洋教斗争比较同情，仇视外国侵略者，所以对义和团采取

历史细读

第二次鸦片战争后，英国公使正式入住东交民巷的醇亲王府，法国公使正式入住安郡王府，美国公使进驻美国公民 Dr S.S.William 位于东交民巷的私宅，而俄国公使则入住清初在这里修建的东正教教堂俄罗斯馆。随后各国公使馆均选择东交民巷一带作为馆址。到义和团运动之前，东交民巷共集中了英国、法国、日本、美国、德国、俄国、比利时、荷兰等多国使馆。清廷镇压义和团运动后，根据《辛丑条约》的规定，东交民巷改名 Legation Street（使馆街），成为了由各个使馆自行管理的使馆区。

了剿抚兼施、以抚为主的措施，还向朝廷上奏将民教矛盾的责任归结于教会一方。毓贤的态度引起列强的强烈不满，在列强交涉下，毓贤被革职。光绪二十五年（1899 年），袁世凯署理山东巡抚。

袁世凯接任山东巡抚后，对义和团运动始终持敌对的态度。在其任山东巡抚后，严格限制义和团的活动，并从光绪二十六年（1900 年）开始血腥镇压复起的义和团。在北京，实际掌握政局的慈禧太后在列强的压力下，多次发布严禁义和团的上谕，并组织军队进行围剿。但由于多种原因，又一时难以扑灭。列强遂于 5 月 28 日提出派出"使馆卫队"进入北京。一开始这一提议遭到了清政府的否决，但后来被迫同意，不过规定"每馆以二三十人为率"，结果列强先后派出四百多人进京，大大超出了清政府的限制。接着列强又派遣西摩尔带领的二千人前往北京，这对清政府构成了严重威胁。穷于应付的清政府一面继续发布镇压义和团的命令以消除列强派兵的理由，另一方面又不得不调集军队进入北京以防不测。董福祥所率领的武卫后军（甘军）即在 6 月 9 日被调入北京驻守，6 月 11 日，日本书记官杉山彬前去迎接入京的西摩尔联军，在永定门外被甘军所杀。事后大臣荣禄亲赴日本使馆道歉。袁世凯跟洋人的关系不错，他在天津小站训练新式军队时，军中全是洋人教官。他把义和团发源地山东境内的"拳匪"赶尽杀绝，导致参加义和团的民众纷纷逃往直隶、天津，而袁世凯治下的山东却落得了个干净。

当上百万饥苦的农民都涌到京城附近时，慈禧正在谋划废除光绪帝，而立自己的侄女婿载漪的儿子为皇帝。这其中的原因就是西方各国包括日本，都一致拥戴光绪帝，对这个有民主思想的年轻皇帝颇有好感，而对她这个握

向北京进犯的八国联军旧照
1900 年 6 月 16 日，八国联军向驻守在大沽口炮台的清军发起猛攻。攻陷大沽口炮台后，八国联军开始向北京进发。

有实权的皇太后有些厌恶。他们与康有为为首的"乱党"沟通，想办法要使慈禧"还政于帝"。洋人们对新皇储更是嗤之以鼻，以至皇储已经确立了几天，居然没有一个外国公使按惯例到载漪府上去祝贺。慈禧对支持光绪帝变法的洋人原本就愤恨不已，这件事情更使得她渐生"杀夷之心"。义和团似乎给了慈禧一个借刀杀人的绝好机会，数百万因饥饿而蠢蠢欲动的流民变成了慈禧的希望。她希望他们能真的"灭洋"保大清，也就保住了她个人的权力。于是在她的授意下，北京九大城门大开，十几万等候多日的义和团团民一拥而入。

最初义和团与北京的洋人虽然关系紧张，但并未发生大规模的流血事件。6 月 12 日"今晨探报，东华门外教堂起火，不少教民被牵而北去。是为义和团入京第一次肇祸也"。有论者认为这起事件与克林德擅自拘捕路过使馆区的义和团团员有关，北京的局势迅速恶化。在使馆卫队入京后，以德国公使克林德为首的部分外国人，一味地使用武力解决问题。6 月 14 日，克林德带领水手一排行于内城之上，发现有义和团在练习，竟然毫不迟疑地下令开枪，当场打死二十余人。此后使馆卫队开展了"猎取拳民行动"，多次主动攻击义和团团员。这就激怒了京城中的义和团团员，他们开始到处焚烧教堂和攻杀教民，并殃及今前门大街外的大栅栏地区，原本繁华的大栅栏商业街被完全烧毁。接着西单又燃起了大火，京城陷入混乱中。主和派官员袁昶指责克林德说："门吏等方与步军统领议弹压京城内外，遵旨严拿首要，以靖地方而弭邻衅。不意克使暗于事机，擅自拿办拳匪，以致激变。"他怨怪洋人捕杀团民，不顾清政府的政策，以至激怒义和团，使事态严重，如今局面已难以收拾。而克林德本人则在 6 月 20 日去总理衙门交涉时，与虎神营章京恩海相遇，由于他开枪寻衅，结果被后者射杀，酿成著名的"克林德事件"。

克林德作为德国驻中国的公使，却违反国际上外交使臣的定例，多次屠杀中国团民，干涉中国的内政。因为他的行为触怒了中国人民才被击毙。事后以德国为首的各国侵略军都以此为借口威胁清政府，慈禧太后这次却决定对危及她个人权利的列强宣战。此时的义和团正在攻打西什库教堂，于是慈禧太后命令清军帮助义和团围攻教堂。

之后清朝的正规军参与到攻打只有四百洋兵把守的东交民巷和只有四十个洋兵、四十一条枪的西什库教堂的战斗中，但却整整六十五天都没有攻打下来。清廷与义和团联手围攻使馆却久攻未下，这成为一桩争论不休的悬案。当时清军和义和团对于据守使馆区和西什库教堂的外国军队具有压倒性的优势。关于围攻失败的原因，后来有很多说法，有人说是因为当时教堂中的教士们会使用巫术，以至于用火烧毁不了教堂，一万多义和团团民外加清军也攻打不进去。但这毕竟是流传，不具有科学性。事实上除清军调入的炮弹"混入大批的废品"，妨碍进攻，以及使馆区内有少数法、意两国水兵的机关枪的火力很强之外，失败的原因可以归咎于慈禧太后的左右摇摆和高官们的暧昧态度。因为慈禧为自己留有余地，所以不肯全力进攻使馆。清军多次停止进攻使馆，甚至还向使馆送去米、面、满车的蔬菜和西瓜，结果对使馆的围攻一直持续到北京被八国联军攻陷。

在进攻使馆"数十日不下"时，端郡王载漪急火攻心，于是以"上谕"的名义命令武卫中军一位叫张怀芝的分统（旅长）用开花炮助攻。这是一种刚从德国进口的最新式大炮，威力巨大。张怀芝是当年英国将军戈登在中国主办的新式军校天津武备学堂中的毕业生，他始终觉得在此刻的灭洋行动中朝廷的态度有点奇怪，一直不肯下令开炮。后来他到荣禄家讨要一道发炮的命令，荣禄支支吾吾，就是不肯，最后含糊地来了一句："炮声一响，里边（皇宫）是听得见的。"张怀芝立即明白，告辞而出。他飞快登上城墙，说"炮位不准"，命令重新测定方位。这次大炮在精确地瞄准了使馆区内一块无人的空地之后，众炮齐发，猛烈的炮火轰了整整一夜，却未伤及洋人一人。

与此同时，八国联军从天津大沽登岸，一路击溃十数倍于它的清军和义和团，攻入了北京。如同咸丰皇帝一样，慈禧毫不犹豫地做出了逃跑的决定，带着光绪帝仓皇离开北京。八国联军在北京和保定等地大抢数日，到处烧杀抢掠。逃到西安的慈禧这时又命李鸿章出面，解决局面。联军拟出处死当初极力主张灭洋的朝廷大员的名单，并要求赔偿银两 4.5 亿两。赔款多少对慈禧来说都不重要，重要的是洋人并没有提出"还政于光绪帝"的条件，这令她大喜过望，很痛快地答应了对方的条件，并且说了那句"量中华之物力，

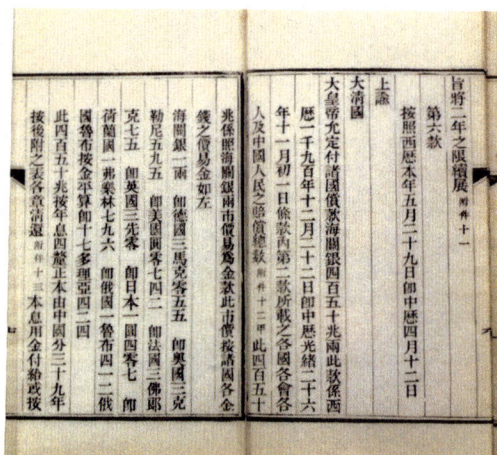

《辛丑条约》赔款额

《辛丑条约》中列强勒索的巨额赔款，加剧了中国的贫困和经济衰败。而外国军队长期驻扎在中国的战略要地，严重破坏了中国的主权完整和国防安全。《辛丑条约》的订立，标志着中国半殖民地半封建社会的完全形成。中国的先进分子自此放弃了对清政府的所有幻想，以"驱除鞑虏，恢复中华"为目标的资产阶级革命开始展开。

结与国之欢心"的话。

于是李鸿章又再一次作为清政府的全权大臣，赴京与英、法、德、俄等十一个国家签订了丧权辱国的条约，因为这一年是农历辛丑年，故名《辛丑各国和约》，简称《辛丑条约》。《辛丑条约》不仅赔款数额巨大，而且包括一系列丧权辱国的内容，譬如划定使馆区不准中国人居住；拆毁大沽口炮台；外国可以在北京至山海关之间驻扎军队；清政府保证镇压排外行为；改总理衙门为外务部，位于六部之上等等。所以它的签订，标志着清政府完全成为帝国主义列强在中国的代理人。至此中国完全沦为半殖民地半封建制的国家。

帝国主义瓜分中国的狂潮

圆明园的毁灭

圆明园周围连绵十公里，由圆明园、万春园、长春园三园组成，其中圆明园最大，所以统称为圆明园（亦称圆明三园）。此外还有许多属园，分布在圆明园的东、西、南三面，包括香山的静宜园、玉泉山的静明园、清漪园（后来的颐和园就是在此基础上建造起来的）等，合计面积达五千多亩。每年的盛夏，清朝皇帝都会到这里来避暑、听政，处理军政事务，因此也称"夏宫"。

圆明园不仅汇集复制了江南若干名园胜景，还创造性地移植了西方的园林建筑，可以说集当时古今中外造园艺术之大成。园中不仅有宏伟的宫殿，

圆明园西洋楼花园正面图
西洋楼位于长春园北部，是欧式园林建筑，由谐奇趣、线法桥、万花阵、养雀笼、方外观、海晏堂、远瀛观、大水法、观水法、线法山和线法墙等十余个建筑和庭园组成。

秀丽优美的亭台楼榭，还有象征热闹街市的"买卖街"和农村景色的"山庄"，还仿照古代诗人、画家的诗情画意建造了蓬莱瑶台、武陵春色等。除了作为造园艺术的典范以外，圆明园内还收藏汇集了无数珍宝，包括历代书画、金银珠宝、宋元瓷器等。

　　但是就是这样一座人类文化的宝库，竟然遭到两次洗劫，无数瑰丽宝藏被侵略者抢夺和破坏。如前文所述，圆明园第一次被洗劫是在第二次鸦片战争时期。法国人首先闯入圆明园，每个人都满载而归。在法国军营里，堆积着珍奇的钟表、五光十色的绫罗绸缎，以及珍贵的艺术品，价值达三千万法郎。英国侵略军虽然来晚了一步，但园中的财宝仍然让他们个个收获不菲。而对于那些搬不走的大瓷器和珐琅瓶，野蛮的入侵者就将它们砸得粉碎。这场浩劫，正如法国大作家雨果所描绘和抨击的那样："有一天，两个强盗闯进了夏宫，一个进行抢劫，另一个放火焚烧。他们高高兴兴地回到了欧洲，这两个强盗，一个叫法国，一个叫英吉利。他们共同'分享'了圆明园这座东方宝库，还认为自己取得了一场伟大的胜利。"英法侵略军把圆明园抢劫一空之后，为了消赃灭迹、掩盖罪行，英国全权大臣额尔金在英国首相帕麦斯顿的支持下，下令烧毁圆明园。大火一直焚烧了三个昼夜，使这座世界名园化为一片焦土。圆明园及附近的清漪园、静明园、静宜园、畅春园及海淀镇均被烧成一片废墟，在安佑宫中的近三百名太监、宫女、工匠葬身火海。由于圆明园园子面积太大，景点分散，而且水域辽阔，使得一些偏僻之处和水

圆明园万方安和图

圆明园被毁后，御史德泰请奏修复圆明园。同治七年（1868 年），同治帝颁布修复的上谕。万方安和位于圆明园中心景区后湖的西北侧，俗称万字房。主建筑位于湖中，共三十三间殿宇。造型独特，四时皆宜居住。

中景点得以幸免于难。据同治十二年（1873 年）冬的查勘，园内尚存有建筑十三处。如圆明园的蓬岛瑶台、藏舟坞、绮春园的大宫门、正觉寺等。

后来法国海军上尉巴吕回忆当时的情景说："第一批进入圆明园的人以为是到了一座博物馆，而不是什么居住场所。因为摆在架子上的那些东方玉器、金器、银器，还有漆器，不论是材料还是造型都是那么珍稀罕见，那简直就像欧洲的博物馆。"参与者之一阿尔芒·吕西赞叹："我为我看到的东西而震惊、瞠目、惊呆，现在《一千零一夜》对我来说完全是实实在在的东西。"

当时联军中的法国将领蒙托邦最初曾经假装下令不准士兵们随意动园中的物品。但圆明园中那些精美昂贵的宝物是这些侵略者们闻所未闻、见所未见的，侵略者们怎么能抵挡得住眼前的诱惑？法国军医卡斯塔诺承认："对圆明园的抢劫是不可避免的。"法国统帅的翻译官埃里松伯爵断言，一切阻止抢掠的尝试都是不可能的，是枉费心机，注定要失败的。"将军能做什么？他手下的军官们又能做什么？毫无办法。……无论是法军还是英军的统帅，所能做的只有把眼睛闭上，视而不见……蒙托邦即便拼尽全力，也无法阻止自己

历史细读

1900 年 7 月，沙俄悍然出动十多万侵略军以"护路"为名。从五路大举侵入我国东北地区。沙俄当局下令通知海兰泡的中国居民，中俄两国要打仗，要把他们送过江去。7 月 15 日下午，俄军突然封锁了黑龙江，不准中国居民过江。7 月 16 日，沙俄军队强行将数千名中国居民关进警察署，洗劫了中国居民的住宅和商店。第二天，第一批中国居民约有三千人被押往海兰泡北六英里的黑龙江边遭射杀或溺死。从 7 月 16 日至 21 日，俄军在海兰泡共进行了四次大屠杀，夺去了六七千中国人的生命，史称"海兰泡惨案"。

的部下进入圆明园的大门。正如拿破仑一样，凭他近乎神一般的威望，也没能在滑铁卢溃败时阻止住他的部队后退。"这段为将帅辩护的话，恰恰暴露了他们纵容抢劫的嘴脸。于是抢劫成为一场公开与合理的疯狂行为。法国人肆意地、自由地在圆明园中劫掠一切可以带走的东西，而英国人则有组织、有安排、有条不紊地将宝物成批地运走，更像是有组织的政府行为。埃里松伯爵说："法国人堂而皇之地抢，而且都是单个行动。英国人比较有条理，他们能很快就明白应该怎么抢，而且干得很专业。他们都是整班行动，有些人还拿着口袋，都有士官指挥。"英国人甚至成立了一个委员会，专门负责收集从圆明园掠夺来的物品，士兵必须把从圆明园抢劫而来的"战利品"交给委员会，由委员会编制清单，组织公开出售。

对于英法联军来说，能在战争中发这么一笔横财，简直让他们无法表达心中的兴奋之情："军营变成了化装舞会，炮兵们回来时，个个身上都裹着皇后的丝袍，胸前挂满了清朝大官的朝珠……。"但他们仅仅是对天降横财感到高兴，却并非真正地在乎那些价值连城的宝物们的价值。所以"气恼时，就把那些带不走的东西砸碎、撕烂，或者弄脏……至于银子，多得几乎不屑一顾，因为那东西分量太重……但内格尼罗中尉居然有办法用军舰带回五百件之多的中国瓷器。"而随军的神职人员在圆明园被焚毁前，居然大言不惭地说："都拿走吧，再过半小时，所有的东西都将被烧掉。这是拯救，而不是抢劫。"

这批从圆明园失落的国宝，后来以各种方式流落在世界各地。据美国历史学家统计，仅仅是 1861 年到 1866 年的六年间，伦敦就进行了大约十五次圆明园物品的拍卖。而时至今日，散落在世界上四十七个国家二百多个博物

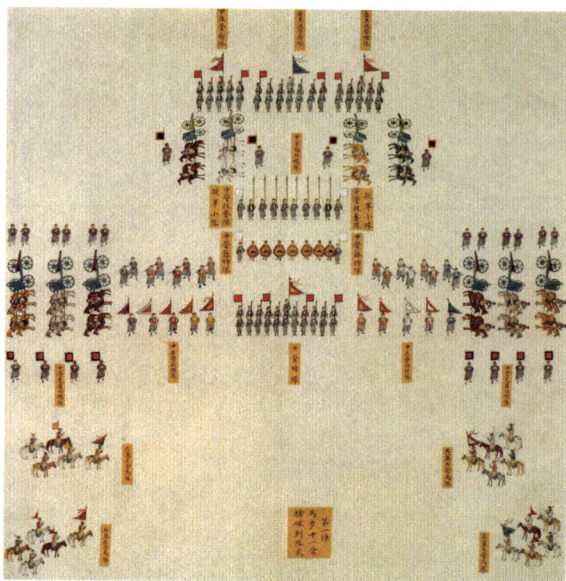

神机营合操阵式图之一

清代的神机营沿明制，建于咸丰十一年（1861年），由八旗满洲、蒙古、汉军及前锋、护军、步军、火器、健锐诸营的精锐者组成。这是神机营合操阵第一阵"马步十一营枪炮列队式"阵图。

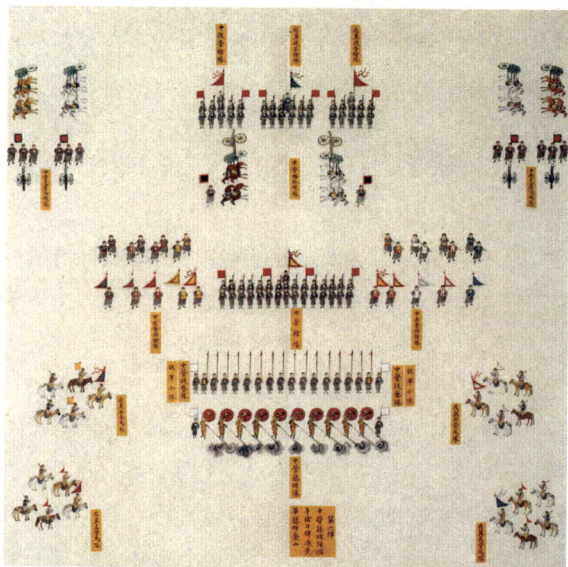

神机营合操阵式图之六

神机营只注重形式上的训练，而不重视实战的效果，以至于到光绪后期，神机营已腐朽不堪，形同虚设。此为"中营藤牌队演手枪刀牌进步毕藤牌叠山"阵图。

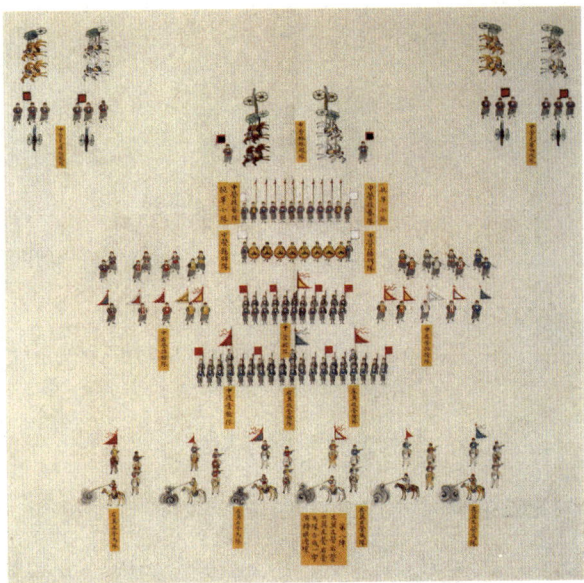

神机营合操阵式图之八
清末的旗人对神机营赋予极大希望，被寄予步武祖宗神勇、重振八旗雄风的重任，光绪皇帝生父醇亲王曾亲自掌管。此为"左翼左营右营右翼左营右营马队合成一字演转旗连环"阵图。

馆中的中国古代文物，至少有一百多万件。大量的圆明园文物分散在欧洲的各大博物馆中，尤其是大英博物馆和法国国家图书馆，收藏数目巨大。另外还有很多散布文物在世界各地的收藏者手中。

但圆明园的悲剧远未结束。光绪二十六年（1900年）八国联军入侵北京，再次火烧圆明园，使这里残存的十三处皇家宫殿建筑彻底遭到掠夺焚劫。

在中国人的集体记忆中，圆明园被视为自己历史遗产的一部分，它承载着极为丰富的文化信息。圆明园被烧毁，伤害了中华民族的情感，给中国人带来了集体的创伤，成为中华民族永不能忘记的屈辱一页。

屡战屡败的根源

清王朝丧权辱国的根本原因是什么？为什么只能用赔款割地来求得一时安宁？

就武器准备而言，差距虽大却并不等于没有获胜的机会，从"雅克萨之战"到"甲午战争"，清朝的军备实力一直是对方不敢小看的。八国联军入侵时，保卫京津的清军部队装备其实也是相当精良的，而且人数众多。

兵船悬彩

光绪二十年（1894 年），北洋大臣李鸿章赴渤海湾校阅北洋海军。舰队先后演练了布阵、打靶、演放水雷、操使风帆等内容，十分壮观。

　　1900 年时，清军通过洋务运动，已进口和仿制了大量先进的洋枪洋炮，设立了一批军事学堂，并且派遣了数以百计的军事留学生。为了避免重蹈鸦片战争的覆辙，洋务运动中还编练了新式的陆军。这些行动应该说还是起到了不小的积极作用，使清军在鸦片战争之后不长的时间内，就从冷兵器、半火药兵器时代，迅速进入到火药兵器、半机械化的时代。当时守卫京津的武卫军，为六万人的精锐部队，均分别受过德、俄式训练，装备有毛瑟枪、快速机枪和各种大炮。但武卫军加上其他清军达十几万之众，却败在了临时拼凑起来的八国联军之下，着实是件令人匪夷所思的事情。

　　封建社会素有"重道轻器"的传统，这也导致了"重文轻武"的现象，严重阻碍了近代军事教育的发展。在军官的晋升上，科举取仕仍然占据着绝对的优势，文官的官位比武官往往更受人尊敬。通过近代化练兵崛起的乡勇将领左宗棠、李鸿章、曾国荃、刘铭传、郭嵩焘等，为了提高自身的社会地位，也都寻求转任文官，以示朝廷的奖赏。身为封疆大吏的张之洞在设立广东水陆师学堂时，也只好规定"在堂者一律仍准应文武试，以开其上进之程"。1874 年，李鸿章在《筹议海防折》中呼吁"考试功令稍加变通，另开洋务进取一格"，使近代人才升迁。但是直到 1901 年，清廷才宣布废除武科举，但其时已晚。甲午战争后，近代军事教育地位仍然很低，除了凤毛麟角的新军军官以外，大多数军官的选拔、任命，仍是裙带式的推举，或是武科举考试。在总理海军衙门存在的十年时间之中，先后有十位总理大臣、会办大臣、帮办大臣任职，但是执掌这一部门的却没有一个人出身于海军或受过海军的专业训练。至于衙门的总办、帮办和章京们，则几乎都出自八旗子弟，他们既没有专门的海军知识，也不以国务为重，而是千方百计地利用职位为自己谋取私利。

　　与此紧密相关的是，新军受封建思想的影响严重。新军虽然着重于现代特征，但受时代的影响，封建陋习在人们的思想中早已根深蒂固，比如地方主义、任用私人、徇私舞弊、忠于个人的观念、党派主义和军人干政等。洋务派将领既然自行招兵、发饷和训练军队，这种对于军队极大的控制权则免不了仍是半私人性质。为了发展各自的势力，军官的任命普遍存在着裙带风，以及靠恩师、门生、故旧等封建关系。比如"新建陆军"出身的袁世凯在人事上就大肆收罗亲信，建立从属于自己的班底，笼络淮军旧部北洋武备学堂的毕业生和留日学生，使这些人效忠自己。由于存在着严重的"兵为将有"的问题，以至于国家需要新式军队抵抗外敌入侵时，居然会发生部分新军拒绝履行义务的事情。八国联军入侵之时，袁世凯正驻山东，一万多人的武卫右军装备先进，都备有德制毛瑟枪、机关枪、大炮，但他仅仅是装模作样地派出了新募的三千多人的地方部队，而绝不肯牺牲自己的精锐部队。另外张之洞的"自强军"有受过德式训练的七千七百五十人的精锐部队，在"编队操演和武器运用上，可与最好的德国军队相比"。但在八国联军进逼京津，清政府对外宣战的情况下，张之洞在地方拥兵自重，并在英国策动下，与两江总督刘坤一、两广总督李鸿章联络东南各省督抚，同外国驻上海领事订立《东南互保章程》九条，规定上海租界由各国共同"保护"，长江及苏杭内地治安秩序由各省督抚负责。袁、张二人的行为，对于八国联军来说，不能不说是一种幸运。

　　受当时社会科技、经济、教育等的影响，清政府虽然进口了许多洋枪洋炮，也试图培养自己的军事人才，但军事教育整体理念仍处于冷兵器战争时代的水平，未能有效地解决各级军官指挥能力弱、号令不统一、武器不划一、后勤缺乏效率等问题。最严重的是军官们不会协同使用各兵种，更不能解决久已存在的贪污腐败、徇私、吃空额和饷银过薄的问题，这不仅使其落后于世界先进水平，更可怕的是无法满足近代岌岌可危的国防需要。由于对近代军事教育认识不足，新军缺少陆军内部各兵种的协同训练，更缺少必要的陆海军的协同训练。其恶果在甲午战争中显现无疑，海军与陆军的协同行动严重脱节，日军在辽东半岛登陆时，海军只顾"避战保船"，等日军已经围攻威海卫时，陆军的援军还迟迟没有到来。到抗击八国联军入侵时，情况仍然没有好转。以至于连西方研究者都说："中国军队在1900年，像在1894年至1895年时一样，最大的弱点是缺乏够格的军官。军官队伍的主要缺点，是对基本的战略战术缺乏知识。再者即使个别人具有某些理论知识，他们也缺乏指挥大军配合使用各兵种的经验。其结果当然是士卒对他们的领导人极少信仰。"

新军战法的落后，除了封建传统思想作怪以外，也与当时的洋教习不尽心尽力有关。虽然德国教习受高薪聘请，日本的教习有着胜利者的自信，但德、日等国的军事教官同样担心中国军队有"师夷长技以制夷"的想法，所以教学内容多是在西方世界已经过时和落伍的东西。据《东方杂志》记载，德皇曾密戒其陆军中人，不许以适宜之战术授之于中国。教给清军的不过是普法战争前的旧战术，而且仅限于士兵的战术，士官以上的知识都秘而不宣。而部队也很少进行野外演习，士卒训练仍然有用弓箭与火绳枪来打靶的。更有甚者，居然有人把他们的新式武器储存起来，让部队使用老旧的器械。由于缺乏保养，有的军官竟任凭这些现代武器朽烂。

此外在军事的近代化过程中，清军的一大致命伤就是严重的形式主义。清末的新式陆军，依然像八旗军那样喜欢以旗帜鲜明、衣着耀眼、刀枪夺目和锣鼓喧天造成一种军威雄壮的景象。他们醉心于队列操练，因为那样使他们看起来声势浩大。衣着光鲜的士兵，走着德式步操，看上去确实好不威风。袁世凯的部队，其队列演练和器械操作的良好程度，使来访的美国海军陆战队的专家看了也为之神往，称"有些部队的体育锻炼简直能与马戏团和杂技团相比"。过度的队列练习和体能训练损害了士兵的健康，野战演习或射击练习的缺乏又使得他们在实战中吃尽了苦头，最终在甲午战争和八国联军侵华战争中惨败。这种只重外表而不重实效的现象，部分原因在于有的新军领导人错误地将西式战术理解为队列训练，但更深层次也许是他们企图以雄壮的军容来打动大员们，以期让他们产生好的印象。所以新军训练的结果就是徒有其表，实际上却与真正的军人作风相差甚远。在抗击八国联军入侵的战争中，董福祥的甘军和聂士成的武卫军，装备和训练虽都较差，却让八国联军在初战中大栽跟头，伤亡达三百多人。这证明清军如果有足够的勇气的话，也完全有乘胜进攻和勇敢袭击的能力。但守卫京津的清军部队，却往往"有钢无气"，遇到敌人的时候，不管对方实力如何，动不动就一触即溃。在军事素养落后的情况下，如果连战斗意志都极为薄弱、丝毫没有主动精神的话，清军的失败是注定的。

　　晚清的军事变革说明，单靠买来的洋枪洋炮，是不能完成近代化军事变革的，也挡不住外敌的入侵。只有踏实搞好包括军事教育在内的军事变革，使人员和武器达成有机的结合，保持高昂的战斗意志和蓬勃的朝气，才能真正实现质的转变。

清政府所签订的丧权辱国条约一览表

签订国家	条约名称	签订大臣	时 间
中英	《广州和约》	余保纯	1841年
中英	《南京条约》	耆英	1842年
中英	《南京条约补充条款》	耆英	1843年
中英	《虎门条约》	耆英	1843年
中美	《望厦条约》	耆英	1844年
中法	《黄埔条约》	耆英	1844年
中俄	《瑷珲条约》	奕山	1858年
中俄	《天津条约》	桂良	1858年
中美	《天津条约》	桂良	1858年
中英	《天津条约》	桂良	1858年
中法	《天津条约》	桂良	1858年
中英	《天津条约补充》	桂良	1858年
中英	《北京条约》	奕䜣	1860年
中法	《北京条约》	奕䜣	1860年
中俄	《北京条约》	奕䜣	1860年
中俄	《勘分西北界约记》	明谊	1864年
中美	《增续条约》	蒲安臣	1868年
中日	《修好条约》	李鸿章	1871年
中日	《北京条约》	奕䜣	1874年
中英	《烟台条约》	李鸿章	1876年
中俄	《里瓦几亚条约》	崇厚	1879年
中俄	《伊犁条约》	曾纪泽	1881年
中法	《会议简明条款》	李鸿章	1884年
中日	《天津条约》	李鸿章	1885年
中法	《新约》	李鸿章	1885年
中葡	《北京条约》	奕劻	1887年
中英	《藏印条约》	升泰	1890年
中美	《华工条约》	杨儒	1894年
中日	《马关条约》	李鸿章	1895年
中日	《辽南条约》	李鸿章	1895年
中俄	《密约》	李鸿章	1896年
中德	《胶澳租借条约》	李鸿章	1898年
中英	《展拓香港界址条约》	李鸿章	1898年
中国与八国联军	《辛丑条约》	李鸿章	1901年
中日	《满州善后协约》	奕劻	1905年
中英	《续定藏印条约》	唐绍仪	1906年

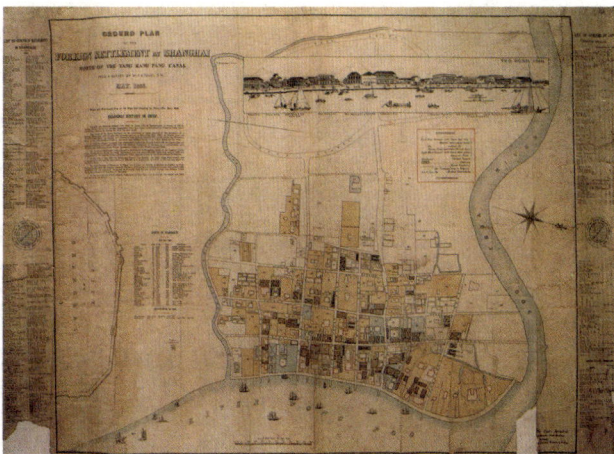

上海租界图

1845 年 11 月 29 日，清政府苏松太兵备道宫慕久与英国领事巴富尔共同公布《上海土地章程》，设立上海英租界。此后美租界、法租界相继设立。这是上海开埠后的第一份租界地图。

清政府卖国条约的主要内容

从 1840 年鸦片战争开始，此后六十年间，清政府一共签订了一千一百多个不平等的卖国条约。其中影响深远的有二十多个。

这些条约对中国的主权造成了严重的损害，逐渐使中国沦为了半封建半殖民地社会。巨额的赔款也给整个国家和人民带上了沉重的经济枷锁。

其中损失最大、掠夺最残酷的主要条约具体内容包括：

1. 中英《南京条约》

强占香港。中国赔偿英国军费等，共 2100 万元，分 4 年付清。

五口通商。《南京条约》规定，开放广州、福州、厦门、宁波、上海为通商口岸。英国在五口有权驻领事等官员，商人可以自由通商，不受只准清政府指定的"行商"贸易的限制。

控制关税。

领事裁判权。《五口通商章程》规定，凡是英国人与中国人发生"交涉词讼"，或在中国领土上犯罪，其如何定罪，"由英国议定章程、法律，发给管事官（即领事官）照办"，中国官员无权依据中国法律进行判处。

片面最惠国待遇。最惠国待遇应该是缔约国双方的对等权利。但在中英不平等条约里，却只规定了缔约中外国能够片面享受最惠国待遇。《虎门条约》规定，中国将来如"有新恩施及各国，亦应准英人一体均沾"。

2. 中美《望厦条约》

美国人可以到广州、福州、厦门、宁波、上海五个港口贸易或居住，并且准许美国兵舰进入中国海港。

美国货进出口，中国海关收税必须和美国领事商议。

历史细读

　　晚清时期因与各国往来无国旗，便将作战时的三角黄龙旗定为国旗。光绪七年（1881 年），清政府确认水师旗为长方形，宽四尺，高三尺，黄底、蓝龙、红球。光绪十五年（1889 年）定此旗为国旗。

美国人在华犯法，"中国官员不得过问"。

容许美国人在五口"自行建楼，并设立医院、礼拜堂及殡葬之处"。

3. 中英法美俄《天津条约》

外国公使常驻北京。

开牛庄（后改营口）、登州（后改烟台）、台南、淡水、潮州（后改汕头）、琼州、汉口、九江、江宁（南京）、镇江为通商口岸。

中国海关聘用外人。

外国人可在中国传教、游历、通商。

外国商船可在长江各口来往。

扩大片面最惠国待遇，清政府给其他国特权，美国"一体均沾"。

中国给英国赔款银 400 万两，法国 200 万两。

《中英通商章程善后条约》又称《中英通商章程》，是《中英天津条约》的补充条款。主要内容有：海关聘用英人；海关对进出口货一律按时价值百抽五征税；洋货运销内地，只纳子口税百分之二点五，不再纳厘金税；允许鸦片进口，每百斤纳进口税三十两。

4. 中英法《北京条约》

开天津为商埠。

准许华工出国，割让九龙司地方给英国。

发还天主教资产。

对英、法赔款增加到 800 万两。

5. 中俄《瑷珲条约》

中、俄两国以黑龙江及额尔古纳河为界，以北属俄国，以南属中国。

黑龙江下游以南、乌苏里江以东直至鄂霍次克海沿岸之地，由原属中国所有改为中、俄两国共管。

俄国船只在黑龙江及乌苏里江上拥有通航权。

6. 中俄《伊犁条约》

中国要"偿还"俄国占领伊犁的"费用"五百多万两白银。

中国要将霍尔果斯河以西地区和斋桑淖尔以东地区"割"让给俄国。

沙俄在嘉峪关、吐鲁番增设领事，俄商在天山南北、蒙古免税贸易。

伊犁居民可自愿迁入俄国。

7.《中法新约》

中国放弃对越南之宗主国地位，承认越南为法国"保护国"。

中国在中越边界附近择二地为对法"通市"的商埠。

法国在中国西南各省拥有兴建铁路的特权。

8. 中日《马关条约》

中国完全放弃对朝鲜的宗主权。

中国割让辽东半岛、台湾、澎湖列岛给日本。

中国开放江南的苏州、杭州，以至长江中上游的重庆、沙市，对日通商，日本并享有通至此等口岸的内河航行权。

中国允许日本在各通商口岸有设厂权，并享有最惠国待遇。

中国赔偿日本军费白银 2 亿两。

9. 中德《胶澳租界条约》

租借山东半岛南部的胶州湾及其铁路权给德国。

10. 中俄《旅大租地条约》

旅顺"租借"给俄国作为军港，大连"租借"给俄国作为商港，均以 25 年为期，但"可以延长"。

在"租借期"内，中国军队不得驻在旅大地区。

俄国再取得由旅大至哈尔滨之铁路修筑权（包括后来之所谓"南满铁路"），以及铁路沿线之利益独占权。

11.《展拓香港界址专条》

租借"新界"予英国，共 99 年。

12.《辛丑条约》

惩办端郡王载漪等排外大臣。

两年内禁止军火输华。

中国向 11 国"赔款"4.5 亿两（分 39 年偿付，连本息共近 10 亿两）。

时局图

《时局图》中，熊代表沙皇俄国，虎代表英国，肠（蛇）代表德国，青蛙代表法国，鹰代表美国，太阳代表日本，把 19 世纪末中国面临的被帝国主义列强瓜分的严重危机，深刻地展现在了人们面前。

作为偿付赔款的抵押，中国海关所收之关税、盐税，均为外国控制。

各国自管北京使馆区。

大沽口至北京之间的所有炮台，全部拆毁。

清廷改"总理各国事务衙门"为"外务部"，班列六部之前。

13.《满洲善后协约》

日、俄分别从中国东北撤军后，清廷开东北三省之16处城镇作为商埠对外开放（盛京省之凤凰城、辽阳、新民屯、铁岭、通江子、法库门，吉林省之长春、吉林、哈尔滨、宁古塔、珲春、三姓，黑龙江省之齐齐哈尔、海拉尔、瑷珲、满洲里）。

日本取得东北南部之安奉铁路之管理经营权。

在东北的奉天（今沈阳）、营口、安东（今丹东）等城市，划定日本"租界"等等。

14. 中法《黄埔条约》

法国取得与英国《南京条约》、美国《望厦条约》相同之利益。

15. 中英《烟台条约》

英国人得到进入中国西南边境"游历、探路"的权力。

英国人如果由中国内陆经西藏前往印度，清政府需通知驻藏大臣协助通行。

16. 中英《烟台条约续增专条》

鸦片入口，每箱（百斤）向海关一并缴纳税厘110两（正税30两、厘金80两）后，由华商持凭单运往内地销售，中途不再征收任何捐税。

17. 中俄《勘分西北界约记》

划定中俄西段边界，自沙宾达巴哈山口至浩罕为止的边界。

加上《中俄北京条约》，沙俄共侵占中国44万多平方公里的领土。

18. 中英《广州和约》

7日之内缴广州"赎城费"600万元，赔偿英商馆损失30万元。清军退驻广州城外60英里，赎金交清后，英军退出虎门。

19. 中俄《满州里界约》

中俄两国重定由塔尔巴干达呼第58界点起，至阿巴该图第63界点，并沿额尔古纳河，至该河与黑龙江会流处止的国界。

中国丧失数百平方公里土地，同时右岸应属中国的许多洲渚，划归俄国。

《满洲里界约》成为清王朝签订的最后一个丧权的边界条约。

20. 中英《藏印条约》

承认英国对哲孟雄（锡金）的保护权。又据此条于1893年签订《藏印续约》。

开放亚东为通商口岸。

五年之内藏印贸易不收税，为英国侵入西藏打开了通道。

晚清的变革

洋务运动

经过两次鸦片战争后，清政府的统治阶级在对待如何解决一系列内忧外患的问题上分为了两派，分别是"洋务派"与"顽固派"。其中以奕䜣为首的洋务派主张利用西方先进的生产技术富国强兵，通过发展近代工商业来维护清朝的封建统治。19世纪60年代至90年代，洋务派在全国各地掀起了"师夷长技以自强"的改良运动，被称为"洋务运动"。这场运动发轫于1861年初，当时留守北京负责议和的钦差大臣恭亲王奕䜣，领衔上奏了《统筹全局折》，经过王公大臣会商同意和咸丰帝批准，正式设立总理各国事务衙门，也标志着洋务运动在中华大地上的正式登场。直到1894年9月，洋务派苦心经营十余载的新式陆军和北洋舰队在中日甲午战争中一败涂地，清政府被迫于次年4月签订了丧权辱国的《马关条约》为止，开展了三十余年的洋务运动从此而宣告破产。

所谓洋务，指的是牵连到外国的一切事情。林则徐、魏源等人提出"师夷长技以制夷"的口号，向西方学习以自强。但在当时，这样的远见卓识受到了顽固守旧派占主导地位的清廷的敌视。直到鸦片战争后，随着太平天国、捻军、外国侵略势力的纷至沓来，穷于应付的清政府第一次感到了生存危机。面对这种局面，以总理衙门大臣奕䜣、两江总督曾国藩、闽浙总督左宗棠、直隶总督李鸿章等为代表的洋务派提出，应当抛弃陈腐的"祖宗之法"，转而引进西洋的先进技术，以"中学为体，西学为用"，抵御外侮，维护清廷的统治地位。所以当洋务派的活动没有威胁到自己的利益时，慈禧太后对曾国藩、李鸿章等人的活动至少是采取了默许的态度。于是一场影响了近代中国命运的洋务运动在举国上下"办洋务"的热潮中开始了，史称"同光新政"。

当时洋务派的主要代表在中央是以奕䜣、文祥为代表的满族官员，在地方是以曾国藩、李鸿章、左宗棠、张之洞为代表的汉族官员。开始时洋务运动的目标是巩固国防，创办"自强新政"以"求强"，所以主要是开办近代军事工业、创建新式军队、购买国外新式武器。同治元年（1862年），清廷下令都司以下军官一律开始学习西洋武操，各省防军开始更换新式武器。同年

左宗棠像

左宗棠年少时曾屡试不第，后遍读群书，钻研舆地、兵法之学，成了清朝后期著名的大臣。一生经历了湘军平定太平天国运动、洋务运动、镇压陕甘回变和收复新疆等重要历史事件。

江南机器制造局制造的后膛钢炮

江南机器制造局是同治年间东亚最大的兵工厂，对清朝的军事力量以及重工业生产都有提升作用。从1865年开始，在李鸿章、曾国藩的主持下，江南机器制造局开始了对西方国家武器的仿制。图为1898年江南机器制造局制造的后膛钢炮。

曾国藩在安庆设立军械所，李鸿章在上海设立制炮所，中国近代军事工业的建设由此拉开了序幕。1864年李鸿章在苏州设立西洋炮局，1866年左宗棠在福建设立福州船政，1887年丁葆祯在成都设立四川机器局……短短几年时间，中国就基本建成了近代军事工业体系，火枪、大炮、弹药、蒸汽战舰都已能够在国内制造，这是近代中国历史的一次大飞跃，从此中国大地上有了自己的资本主义工业。

为了满足洋务运动对于巨额资金的需求，洋务派在兴建军事工业的同时，"百方罗掘"但是仍然"不足用"。于是洋务派开始将工业范围扩大到兴办民用工业，以达到"兴商务、竣饷源、图自强"的目的。1872年，李鸿章在上海开办轮船招商局，尝试"求富"之路。此后十多年间，煤矿、铁厂、缫丝厂、电厂、自来水厂、织布厂、电报、铁路相继建设，这些民用工业的创办打破了西方资本在中国的垄断，为国家回收了大量的白银，同时也为中国近代民族工业的发展打下了坚实的基础。

但是在洋务运动进行的过程中，那些地方大员们都是各自为政、互不隶属的，彼此之间甚至存在着竞争而互相掣肘的现象。而且洋务派经营的这些近代企业，是以不改变封建生产关系为前提的，具有很强的对外依赖性、封建性和一定程度的垄断性，在工业技术、资本乃至管理上都受到西方国家的左右和牵制。

洋务运动在甲午海战之后失败，这种命运是不可避免的。其原因第一，在不触动腐朽的封建制度的前提下，洋务派试图利用西方资本主义的某些长处来维护封建专制统治，这种手段和基础的矛盾注定了洋务运动是不可能成

光绪元宝 大清银币
光绪年间，中国货币流通仍以银两为主，无孔的铜元逐渐取代方孔钱成为主要的货币形式。左图为清末的货币"光绪元宝"和"大清银币"。

功的。同时顽固派的势力依然强大，加之"防汉"的心理根深蒂固，往往横加阻挠和破坏，从而加大了洋务运动开展的阻力；第二，洋务派本身的阶级局限性，决定了他们既是近代工业的创办者和经营者，也是其摧残者和破坏者，其封建衙门和官僚式的体制，必定导致洋务企业的失败；第三，洋务运动的目的之一是抵御外侮，但在外交活动中，洋务派又坚持"外须和戎"，以妥协投降、息事宁人为最基本的处理方式，他们所创办的近代企业有抵御外侮和"稍分洋人之利"的作用，但却不能改变中国半殖民地半封建的社会地位。中日甲午战争，使得洋务派标榜的"求强""求富"的目标未能实现，洋务运动基本失败。

洋务运动从第二次鸦片战争结束后开始，历经三十余年。在洋务派的努力下，这三十年使中国社会和中国人发生了巨大的变化，为后来中华民国时期中国的经济发展奠定了基础。而且洋务派资助了一些留学生到西方国家学习先进技术和理论，为我国培养了人才。但随着甲午战争的硝烟散去，清廷面对来自朝野内外的责问，不得不找出一个替罪羊。于是洋务派和洋务运动被当成了甲午战败的罪魁祸首，刚刚打开的国门又再次关上。

中国第一批留学生

洋务运动期间，在曾国藩、李鸿章、容闳等洋务派的主持下，清政府曾经先后派出四批共一百二十名幼童赴美国留学，中国铁路工程的开拓者詹天佑就是其中一员。这原本是清政府设立的一个长达十五年的留学计划，但是进行到第十年的时候，因为遭到一些人的强烈反对，不得不将"留美幼童"

张百熙

京师大学堂管学大臣张百熙积极主张变法自强，
直言进谏。鉴于教习人才的缺乏，选派四十余
人赴欧美日本留学，各省派官费留学生由此开
始。他一生主要从事教育管理工作，注重培养
人才，对京师大学堂的创办具有开创性的贡献。

提前召回。后来他们当中有的在中法海战、中日海战中为国捐躯，有的成为
中国铁路、电报、矿山事业的开创者，有的则成为清朝大臣，中华民国的第
一任国务总理唐绍仪也出自他们中间。

　　派遣幼童到美国留学是"中华创始之举，古今未有之事"，这两句话是
曾国藩和李鸿章在给朝廷的奏折里说的。在奏折当中，曾国藩和李鸿章对外
国的科学技术有很深刻的认识，他们认为西洋军事实力的背后，有地理、数
学、天文、制造等多种知识。他们重视引入外国的先进技术，把学有所成的
"游学"者请到学校，教授各门科学。他们把陆军和海军的建设看作"身心性
命"。而中国要仿效西方的成功之道，最紧迫的是应当选拔聪颖子弟到海外留
学，努力钻研，以实现皇上逐步自强的夙愿。奏折批准后，曾国藩和李鸿章
让翰林陈兰彬担任留学事务局正委员，计划的积极倡议者容闳为副委员。

　　最终中国第一批"留美幼童"在 1872 年 8 月 11 日奔赴美国。前后四批
共一百二十名"留美幼童"，他们乘坐轮船跨越三万二千里，横渡太平洋到达
美国。大洋彼岸的这个新大陆的方方面面都让幼童睁大了双眼。最让他们感
兴趣的莫过于火车。"火车时代"无疑是对 19 世纪 70 年代美国的最好概括，
中国孩子们乘坐火车到达了他们的终点站，康涅狄格河畔的 Spring field，中
国人给这座城市起了一个清新的名字叫"春田"。

　　赴美的"留美幼童"之中，最后有多少考入美国大学又曾进入哪些大学，
至今仍有空白和疑点。但目前所知，至少有五十名幼童后来进入大学，其中
二十二人就读于容闳的母校耶鲁大学，他们是詹天佑、欧阳庚、容揆、黄开甲、
梁敦彦、张康仁、钟文耀、蔡绍基、唐国安、谭耀勋、李恩富、容星桥、曾溥、
陈佩瑚、刘家照、陈巨溶、陆永泉、祁祖彝、卢祖华、徐振鹏、钟俊成、钱文

历史细读

　　同治四年（1865 年），英商杜阑德在北京宣武门外修了一条长约半公里的铁路，示意清朝廷让外国人在中国修筑铁路，但被步军统领衙门拆毁。光绪二年（1876 年），英商怡和商行修建了淞沪铁路，清朝廷购得修筑权后，将之拆毁并抛弃到海底。中国人自己修建的铁路是台湾基隆矿区到滨海的运煤铁路，另一条是唐山至胥各庄的铁路。

魁。十年以后，清政府强行召回这些孩子时，容揆和谭耀勋抗拒"召回"，在大部分人回国后依然留在美国完成了耶鲁大学的学业。李恩富、陆永泉则是被召回后，后来又重新回到美国修完了学业。在另外一所著名大学麻省理工学院就读的"留美幼童"有邝咏钟、方伯梁、邝贤俦、薛有福、邝景扬、邓士聪、杨兆楠等人。李鸿章原计划把留学幼童送入军事学院和海军学院，但一部分人从美国的高中毕业后准备到大学读书时，美国政府却没有接受中国政府的请求。同时在美国西海岸出现了"排华"浪潮，这给中美关系蒙上阴影。

　　后来开放的容闳与保守的陈兰彬及其继任者吴子登之间产生矛盾，导致留学生计划夭折。当时容闳和陈兰彬、吴子登为留学生的洋化问题发生争执，光绪帝在一份奏折上批示，要求对留洋事务局严加整顿。在这种形势下，李鸿章感觉到出洋留学事务局大势已去。1881 年 2 月，他在给陈兰彬的电报中说："如真无功效，弗如及早撤局省费。"而主持留学事务的另一主要人物容闳，深感留学事务局的生存受到威胁，他立刻向密友、当地教堂牧师推切尔求助。推切尔首先联络美国若干所著名大学的校长，联名致信清廷的总理衙门。但是总理衙门却正好借题发挥，称李鸿章有"不撤而撤之意"，向皇帝呈递了"奏请将出洋学生一律调回"的奏折。所以仅半年后，清政府就再次下令强迫大部分留学生返回中国。

　　1901 年 11 月，李鸿章在弥留之际力保袁世凯。袁世凯接过李鸿章的衣钵后，也就顺理成章地起用了李鸿章生前栽培的这一批留洋人才。一时间"留美幼童"聚集天津。1901 年底直到 1904 年，唐绍仪出任天津海关道。他参与了从八国联军手中接收被占的天津、处理涉外事务以及督察税务、清理金融等工作，还创办了电报学堂，招收十五岁左右的孩子来学习。

　　唐绍仪的继任者是梁敦彦。袁世凯担任直隶总督后，曾就读于美国斯蒂

兴办铁路图

修建铁路的技术传到中国以后，中国也掀起了兴修铁路的高潮。中国的第一条铁路建于上海，由英国人兴建，后被清朝地方官员买回并拆毁。

芬工学院的梁如浩担任北宁铁路总办和牛庄海关道，后来又接替梁敦彦任天津海关道。他的继任者是"留美幼童"蔡绍基。维新时期，蔡绍基参加了天津中西学堂的创办。1903 年 4 月，天津中西学堂改为北洋大学，蔡绍基先为帮办，后为总办。他是"留美幼童"中出现的第一位大学校长。另外曾担任"镇远"舰枪炮大副的曹嘉祥，被袁世凯任命为天津巡警道，成为中国新式警察的创办人之一。"新政"时期闻名全国的"北洋警政"是与他的努力分不开的。

袁世凯权倾一时，就任直隶总督后不久，他就被清廷又任命为督办铁路大臣、督办商务大臣和督办电政大臣，所以铁路、电信等要害部门都在他的管辖之下。一批学习铁路、电报的"留美幼童"得以学以致用，成为当时袁世凯麾下的骨干力量。其中最为著名的就是詹天佑。

中国铁路之父

詹天佑是中国首位铁路工程师，负责修建了"京张铁路"等工程，被称为"中国铁路之父"。咸丰十一年（1861 年），詹天佑出生在一个普通茶商家庭。同治十一年（1872 年），年仅十二岁的詹天佑到香港投考幼童出洋预备班，很快就被录取了。父亲在一张写明"倘有疾病生死，各安天命"的出洋证明书上画了押。

光绪四年（1878 年），在老师诺索卜夫人和容闳的支持下，詹天佑考取

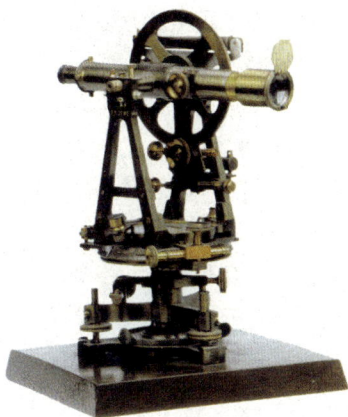

铁路测量仪器

詹天佑创造了许多独特的方法，使
得京张铁路既提前完成，又节省了
不少费用。詹天佑当年为京张铁路
做测量工作的时候，就是用的这种
简单仪器。

了耶鲁大学，进入土木工程系学习，就读铁路工程一科，三年后获得学士学位。回国之后，詹天佑满腔热忱地准备把所学本领贡献给祖国的铁路事业。但是洋务派官员们十分迷信外国的技术，在修筑铁路时一味依靠洋人，并不重用詹天佑。1888 年，几经辗转的詹天佑终于进入中国铁路公司担任工程师，开始发挥自己的专业特长，这也成为他献身中国铁路事业的开始。

刚上任不久，詹天佑就面临一次重大的考验。当时正在修建从天津到山海关的津榆铁路，修到滦河时要造一座横跨滦河的铁路桥。因为滦河河床泥沙很深，又遇到水涨流急。开始由号称世界第一流的英国工程师担任设计，没能成功；后来请日本工程师，再次失败；最后让德国工程师出马，也以失败告终。詹天佑提出由中国人自己来设计。负责工程的英国人在走投无路的情况下，只得同意让詹天佑来试一试。詹天佑分析总结了三个外国工程师设计方案的失败原因，然后又同工人一起实地调查、测量。经过反复分析比较后，詹天佑确定了桥墩的位置，并且大胆决定采用新方法——"压气沉箱法"来进行桥墩的施工，滦河大桥果然成功建成。这件事震惊了世界，一个中国工程师居然解决了三个外国工程师无法解决的大难题。

初战告捷之后，詹天佑赢得了一直迷信洋人的清政府的信任，但也遇到了更严峻的挑战。

1905 年，清政府决定兴建京张铁路，连接北京丰台，经八达岭、居庸关、沙城、宣化到河北张家口，全长约二百公里。此路"中隔高山峻岭，石工最多，又有七千余尺桥梁，路险工艰为他处所未有"，特别是"居庸关、八达岭，层峦叠嶂，石峭弯多。遍考各省已修之路，以此为最难，即泰西诸书，亦视此等工程至为艰巨","由南口至八达岭，高低相距一百八十丈，每四十尺即须垫高一尺"。可以说工程的难度相当大。这条铁路的修建，英国和俄国都想插手其中，由于中国人民的强烈反对，他们的企图没能得逞。英俄使臣以威胁的口吻说："如果京张铁路由中国工程师自己建造，那么与英俄两国无关。"他们以为，中国根本没有自己修建铁路的能力。

詹天佑毫不犹豫地接下了这个艰巨的任务，成为京张铁路的负责人。此前中国还没有一条铁路是自主修建的，京张铁路虽意义重大，却也困难重重。詹天佑坚持不用一个外国工程师，并表示："中国人要用自己的工程师和自己的钱来建筑铁路。"1905 年 8 月，京张铁路正式开工，紧张的勘探、选线工作也随之开始。詹天佑亲自带着学生和工人，背着标杆、经纬仪，日夜奔波在崎岖的山岭上。他身为总工程师，却和工人们同甘共苦，一起挖石、挑水，常常是一身污泥一脸汗。火车要穿越八达岭，为了克服陡坡行车的困难，詹天佑创造性地运用"折返线"原理，在山多坡陡的青龙桥地段设计了一段"人"字形线路，从而减少了隧道的开挖，降低了坡度。

作为总工程师，詹天佑对全线工程曾提出"花钱少，质量好，完工快"三项要求。京张铁路经过工人们的几载奋斗，终于在 1909 年 9 月全线通车，比原先计划的六年时间提前了两年，而在工程费用方面也只用了外国人估价的五分之一左右。

辛亥革命爆发后，清政府被推翻。詹天佑为了振兴铁路事业，和同行一起成立了中华工程学会，并被推选为会长。詹天佑从业三十多年，当时我国的每一条铁路几乎和他都有不同程度的关系。为中国铁路事业奉献了自己全部精力和智慧的詹天佑终于因积劳成疾，于 1919 年病逝，尚不足六十岁。

詹天佑是我国近代科学与工程技术史上的先驱，也是我国近代史上杰出的爱国知识分子，为中国的铁路事业做出了巨大的贡献。此外詹天佑十分注重铁路人才的培养，制定了工程师升转章程，对工程人员的考核和要求作出明文规定，并且定明工程师薪酬与考核成绩挂钩，所以在京张铁路修建期间培养了不少中国的工程技术人员。他在西方列强面前不畏强暴，威武不屈，提出"各出所学，各尽所知，使国家不受外侮，以自立于地球之上"的口号，代表了炎黄子孙百折不挠、永不屈服的高尚民族气节，永为后世楷模。

京师同文馆

京师同文馆是中国在洋务运动中创办的第一所国家级学府，它首先把近代自然科学引进了中国的正规学堂，对近代自然科学在中国的传播做了杰出的贡献。

京师同文馆简称同文馆，是清末洋务派创办的用以培养"译员""通事"

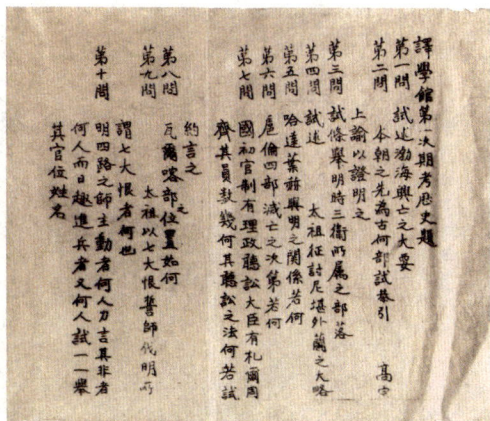

京师大学堂译学馆历史类试题

京师大学堂译学馆是培养翻译人才的机构，科目
分为英文、法文、德文、俄文、日文等。此外这
里的学生还要学习历史、地理等基础学科的知识。
右图为当时京师大学堂译学馆的历史类试题。

的外国语学校。1862 年成立时，附设于总理各国事务衙门，初设英文馆。当
时的学生只有十个人，都是些十三四岁的八旗子弟。同文馆聘请英国的传教
士包尔腾担任英文教习，候补八旗官学教习徐树琳任汉文教习。第二年又添
设了法文馆和俄文馆，学生也各为十名，仍然是从八旗子弟中挑选的。这时
的同文馆，还是各馆分立、分馆教习。

　　1866 年 12 月，恭亲王奕䜣等奏请增设天文算学馆，招取三十岁以下的
满汉举人，恩、拔、岁、副、优贡生，以及五品以下的京外官员，聘请洋人
任教习。第二年天文算学馆开始招生。天文算学馆的出现，说明京师同文馆
不再是初级的外国语学校，而是具有中学或中等专科学校的性质了。随着分
馆的扩大，课程也是逐年增加，开设了不少自然科学、实用技术的学科，有
些课程也已分化得相当细、相当专。例如算学就分成数理启蒙、代数、几何
原本、平三角、弧三角、微积分等。1868 年，李善兰被聘为算学总教习。

　　一年之后，同文馆聘请了美教士丁韪良为总教习，正式有了总管校务的
人员。1871 年，京师同文馆添设德文馆。至此同文馆学生增加到一百二十人
左右。继而设立了医学、生理学馆。1872 年，总教习会同各馆教习，拟订了
"八年课程计划"。这样各馆各自为政的情况得到了改变，同文馆开始有了统
一的课程设置和章程。甲午战争失败以后，御史陈其璋奏请整顿同文馆，对
八年课程计划进行了修订，前五年的课程近似中学程度，后三年的课程相当
于大专程度。前三年侧重外语学习，后五年则偏重科学技术知识。这份崭新
的八年课程计划，可以说反映了正在萌芽中的资本主义生产发展的要求，它
强调科学技术的学习，而没有将"四书五经""章句帖括"一类的传统科目列
入其中。1896 年，又增设了日文馆。1902 年，同文馆并入京师大学堂，前后
存在了四十年之久。

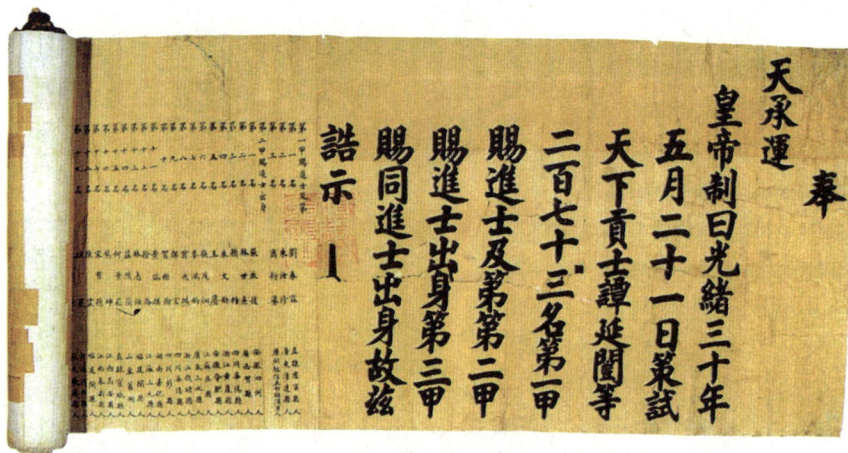

光绪三十年大金榜

科举制度是我国古代选拔官吏的重要方式，始于隋代。清末随着西方资本主义国家的入侵，中国传统的教育方式被打破，科举制度的废除已成必然。此图为光绪三十年（1904年）的金榜。1905年以后，科举取士成为了历史。

进入同文馆学习的学生，起初每月的补贴是三两银子，以后陆续增加，最高的时候达到每月十二两，这比起当时一个每年收入不超过四十五两银子的七品翰林来，可以说是相当富裕了。学生们不仅补贴可观，而且在同文馆中学习，吃、住、用都不用发愁。据进过馆里读书的著名戏剧理论家齐如山回忆，馆里的学生每六人一桌，每顿饭是四大盘、六大碗，有鱼有肉，还有海鲜，伙食非常好。

同文馆刚刚开设的时候设立了前馆和后馆，后馆是低年级学生，比照西方的中学，前馆是高年级学生，比照西方的专科，学制共八年。在同文馆中，执掌外文教习的一律是外国人（后来教西学的大部分也是外国人），他们一句中国话都不会说，上课就成了"情景教学"，所以外文学习的效果不尽如人意。这个官办的洋学堂初设之时，同治帝刚刚登基，还是个小孩子，一口气办了二十年，转眼就到了光绪年间。那时俄国人总是借勘界的机会蚕食中国的领土，但是中方跟俄国办交涉却是个大问题。总理衙门就想起了同文馆，于是到馆里找人才。同文馆的总办一下子找来了七八个学生，其中一个已经学习俄文达十三年之久，其余的也学了七年。结果却没有一个人懂俄文，成绩最好的一个刚刚能把俄文字母念上来，其余的连字母最多也不过认识一半。

这暴露了同文馆这所西式的国立高等外语专科学校，在师资方面有重大的问题。学校虽然设施好，待遇优，但师资水平不高。当时的情况下，有学问的西方人又有谁会乐意来中国教书呢？即使有乐意来的，中国的官僚机构

历史细读

　　从 19 世纪 70 年代开始，洋务派开始筹办交通运输、采矿等民用工业。1872 年，李鸿章为了挽回沿江沿海的航运业，抵制外轮的侵夺，奏请试办轮船招商局。朱其昂、朱其绍兄弟被委派在上海洋泾滨永安街设局招集商股，定名为"轮船招商公司"。这是洋务运动由官办转向官督商办的第一个企业。成立时有轮船 6 艘，从事客运、漕运等运输业务，是中国第一家近代轮船航运公司。

也请不到。结果给了那些粗通文墨，甚至没有受过什么教育的洋人以可乘之机。此外同文馆的管理十分差劲。从开办的时候起，它就具有浓厚的政府色彩，管理大臣们外加提调、帮提调以及一群办事人员，除了公文往来，就是表面上的安排，只要学校开张，课堂有人，其他的什么也不管。

　　但在同文馆的毕业生中，也有一些才学之士。如有名的戏曲理论家齐如山，他后来就曾帮助梅兰芳策划了京剧的改革，并几次陪同梅兰芳出国演出，使梅兰芳和京剧走向了世界。

　　应该说同文馆是洋务教育的主要标本，也是洋务运动的重要组成部分。京师同文馆在中国最早采用了班级授课制，所以被视为中国近代新式学校的发端。馆内还附设印刷所，译印西方近代科技、世界历史和外国法典等书籍。但是它的目的是为了维护封建地主阶级的统治，依靠的是洋人办学，所以从本质上说，同文馆依然属于封建学校。

　　懂得一门语言就打开了了解世界的一个窗口。京师同文馆培养的一批外国语人才有机会接触了很多国外变法革命的书刊和进步思想，对黑暗腐朽的清朝社会有了比较清醒的认识。客观地讲，京师同文馆最后产生的结果跟清政府的初衷恰恰相反。

新式民族产业的发展

　　19 世纪资本主义列强兴起，开始用武力掠夺别国财富，抢占殖民地。清朝后期，中国也被卷入了这个历史潮流之中。列强凭借不平等条约，获得种种政治经济特权，用赔款、设厂、开矿、筑铁路、办航运和进行不平等贸易等手段，大肆掠夺，导致中国民穷财尽，沦为半殖民地社会。同时中国的经

公和祥码头装卸大炮图
码头是指海边、江河边专供乘客上下、货物装卸的建筑物。清末的上海浦东公和祥码头曾包揽了大量的军火装卸与储存业务。此为装卸大炮图。

济领域也开始出现了划时代意义的深刻变化。

从 19 世纪 60 年代洋务运动开始，曾国藩、李鸿章等人相继创办了江南制造总局、金陵制造局等军工企业，开启了中国新式民族产业发展的历程。新式产业在创办初期是由官营体制占据统治地位，30 多年后又出现了民营化趋势。洋务派所创办的军工企业在性质上都是官办，所以在管理上依旧沿袭了封建衙门的制度，机构臃肿、因循推诿、营私舞弊、贪污中饱等腐败现象如同清末官场。到了 70 年代，洋务派接着创办了轮船招商局、上海机器织布局等民用企业，采取"官督商办"的形式，像唐廷枢、郑观应这样拥有较多资金又有近代商务知识的商人开始介入，通过官商结合以促进企业的发展。

同治十一年（1872 年），李鸿章奏呈清廷批准"设局招商"，试办中国现代航运业。以求实现"自强求富，振兴工商，堵塞漏卮，挽回利权"，招商局因此而诞生，成为洋务运动转型后创办的第一家工商企业，也是中国近代创立的第一家民族工商企业，引起了极大的社会反响。当时人评论说，"中国制造船炮，彼人毫无猜忌，惟招商局之设，则群怀隐忧。此实中外大局一关键"，"创立此局，谋深虑远，实为经国宏谋，固为收江海之利，与洋商争衡。转贫为富、转弱为强之机尽在此举"。其时德国驻华公使巴兰德甚至说："中国办理海疆十余年，惟招商局深中肯綮。若办成有效，洋人之气不待战而慑矣。"招商局创办之初，迅速购置轮船，组建起了中国第一支近代商船队，以上海为中心相继开辟了中国商轮第一条近海商业航线和第一条长江商业航线，

历史细读

鸦片战争以后，英国首先在香港设置邮政。咸丰十一年（1861年），英法在上海开展邮政。光绪四年（1878年），天津海关税务司开辟邮路并发行邮票。光绪二十二年（1896后），总理衙门成立大清邮政总局。邮政总局开办后，在各处邮局门口设立绿色邮筒。宣统三年（1911年），邮政局划归邮传部管理。

在外强横行的中国水域第一次出现了挂着双鱼龙旗的中国商轮，之后又相继开辟了日本、东南亚、英国、美国等航线。特别是远洋航线的开辟，极大地鼓舞了国人的精神，"西人所取于中国者，亦可取之于西人"。沿江、沿海主要港口，招商局都设立分局并且建有自用码头，彻底改变了当时中国江海航运业的面貌，民族利权也得到一定程度的挽回。从招商局历年账目的统计来看，从1873年开业到1884年十余年间，累计核收轮船运费白银一千七百多万两，加上跌价竞争，使外商收入大大减少，中国少溢白银当在数千万两之巨。对比当时清政府每年不过八千万两的收入，可以知道招商局在当时社会经济中举足轻重的作用。据当时学者和主事人估计，招商局成立近十年间，将中国航运利权收回了五分之三。到1881年，"长江生意，华商已占十分之六，南北洋亦各居其半"。

但是统观官督商办的企业，在管理体制中仍然存在着很大的弊病，绝大多数依旧沿袭了封建衙门的一套办法，企业的督办也不是由股东选举产生，而是由官府任命的，导致官商矛盾日益严重，民间投资新式产业的积极性被大大地挫伤。

甲午海战惨败之后，清政府的投降政策刺激了列强瓜分中国的野心，掀起了瓜分中国的狂潮。列强们纷纷争做中国的债主，抢夺修筑铁路、开采矿山和建立工厂的权利，中国社会的自然经济在这个过程中遭到进一步的破坏，在客观上促进了中国城乡商品经济的发展，为中国民族工业的发展提供了条件。而在中国内部，甲午战败标志着洋务运动的破产，清政府的腐败无能也暴露无遗。为了扩大财源，支付巨额赔款，解决财政危机，清政府不得不放宽对民间办厂的限制。于是中国出现了一个兴办工业的热潮。而《马关条约》签订以后，外国资本商人设厂制造权在社会上引起了极大的反响，"设厂自

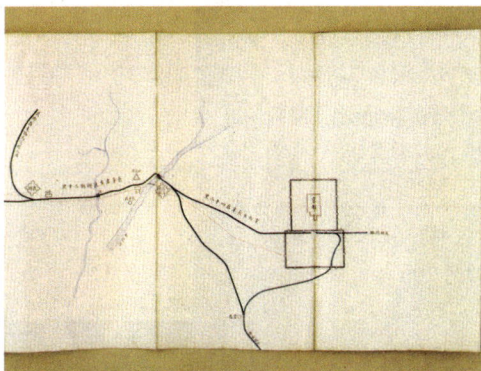

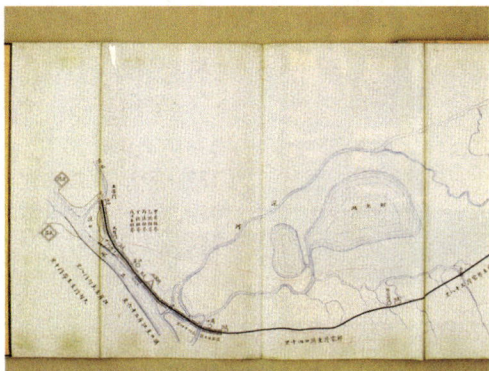

卢汉铁路全图之起始点图

卢汉铁路是甲午中日战争后，清政府准备自己修筑的第一条铁路。1898 年，盛宣怀向西方国家筹款开始修建，1906 年全线通车，并改名为京汉铁路。这是中国近代史上运行线路最长的铁路。

救"的呼声越来越强烈，民间投资创办工矿交通企业的活动在此环境下出现了一个高潮。

民族工商业之所以获得迅速发展，还与清末经济法规的制定颁行密切相关。到了 20 世纪初，垂死挣扎的清政府试图通过"新政"来挽救自己的统治，相继颁布了《商律》等保障商人权益的综合性法规，针对商会、社团的《商会简明章程》，以及其他有关奖励工商实业的章程。清末一系列经济法规的颁布，一方面表明清政府从传统的重农抑商转为保护、奖励工商，经济政策发生了重大改变。另一方面工商业从业者的实业活动也确实获得了相应的法律保障和权利，社会地位也有所提高，工商业者的投资热情受到了很大的鼓励，信心更为增强。当时的报纸也指出："我国比年鉴于世界大势，渐知实业为富强之本，朝野上下，汲汲以此为务。于是政府立农工商专部，编纂商律，立奖励实业宠以爵衔之制，而人民亦群起而应之……不可谓非一时之盛也。"

光绪三十年（1904 年），收回利权运动兴起。之前软弱无能的清政府与美国合办公司签订了出卖粤汉铁路的合同，湖北、湖南、广东三省人民要求清政府废除合同，接着在山东、河北、江苏、浙江、山西、奉天、四川、安徽等省都掀起了收回利权运动。收回利权运动的广泛开展，是推动 20 世纪初中国民族资本主义迅速发展的另一个重要因素。同治三十年（1904 年），清政府公布了《重订铁路章程》，这个章程鼓励民间参与建设铁路，并且规定地方官对于华商集股创办铁路公司活动"均应一体保护"，同时要保持公司的独立性，"不得干预公司办事之权"，凡"查明路工实有成效者"，由商部"专折

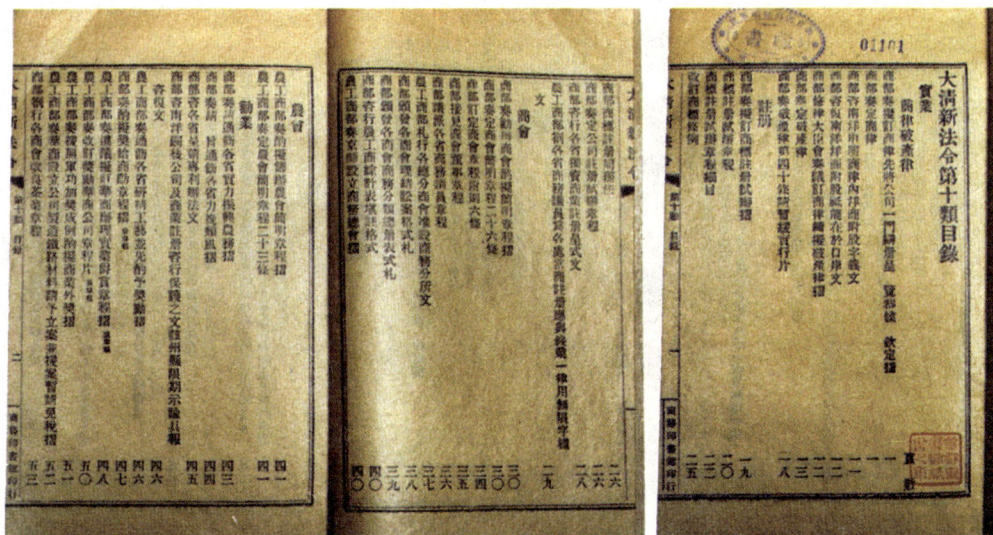

《大清光绪新法令》

清朝末年，朝廷为了保护工商业，曾先后颁布了一系列鼓励兴办实业、规范商务运作的新法令。上图为法令的一部分。

请旨给予奖励"。在章程的鼓舞下，在 1904 年至 1907 年短短的几年之内，各省就先后成立了十八个铁路公司。许多省份的商人根据这一章程，提出集股自建铁路的要求，绝大部分在起初都受到所在督抚和商部的支持，各省京官也无不主动联络，内外呼应。从保存下来的记载可以看出，各省工商业者筹建铁路的要求，大多是通过督抚奏请由朝廷批准的，而各省的商办铁路公司，也是经商部大力协助上奏朝廷谕允成立的。至于粤汉、广澳、津镇、京汉等铁路修筑权的赎回，同样是官商共同努力所取得的成果。当时有评论说："乙巳，张之洞、岑春煊已首从鄂湘粤三省民意，以美金六百七十万元赎回粤汉铁路，归三省自办。我国收回利权之举，以此为嚆矢。"

这些对于民营工商企业的发展都起到了极大的促进作用。不过无论洋务运动还是新政，当权者的目的只有一个，就是维护封建专制王朝的统治，所以在政府的权利一直没有放松过。譬如张之洞的原则是，"国家所宜与商民公之者利，所不能听商民专之者权"，"招商"的目的是"助官"。而当时的商人势力代表向他提出的却是"官商相维，而商为尤重"，"官"只是"助招商"，双方的观点显然是对立的。此外在具体的实施过程中，清政府依然还是表现出严重的抑商的一面。例如江苏幕府山一位本地的商绅勘探到了煤矿，禀明地方政府后，开始集资试办矿厂。开工后见矿苗颇旺，两江总督端方居然生生地将这个矿厂收归官办。而民间的厂矿企业向商部提出修建铁路的申请时，

上海四明银行十元纸币
四明银行是近代中国的主要商业银行之一，于1908年成立于上海，经营一般商业银行及储蓄、信托、仓库等业务，房地产投资较多，曾从清政府取得银行券发行权。右图为四明银行发行的十元纸币。

被批驳回来的情况也占多数。

同时清政府为了增加收入，坚持对民族工业实行被称为"恶税"的厘金制度，这对民族工商业来说是极大的剥削和伤害。各地方政府往往借口"稽查偷漏"，从交通要冲的市镇直至偏僻地方，遍设征收厘金的局、卡。这些局、卡常常向过往货商"任意讹索"厘金。在《重订铁路章程》颁布四年之后，清政府又开始信奉"造路不如赎路"，即先由外国出钱修路后再由政府借钱赎路，然后再进一步把铁路的民有改成国有。到了1911年辛亥革命的前夕，在列强的压力下，清政府居然进一步宣布铁路、干路国有和"统一路政"等政策，"夺商办铁路供之外人"，"假国有之名，行卖路之实"。此举对民间铁路事业来说不啻为"摧折性的一击"，民族工矿交通企业的进一步发展因此受到极大的限制。

但是从辛亥革命之前的一些数据来看，这一时期民族资本主义在整个社会经济中已经占有了一席之地。这一时期资本额在一万元以上的民营机器缫丝企业已有近二百家。清末民初工矿业，官营资本有八千四百多万元，民营资本二万零五百多万元，民营已大大超过官营。交通运输业，到1911年全国有大小近六百个轮船企业，资本约两千一百万元，各种轮船一千一百艘，总吨位十四点七万吨，而新设的民营企业已在数量上占据了主要地位。尤其涌现出了张謇、周学熙这样的优秀的实业家。

除了"南张北周"之外，著名的民族实业家还有祝大椿、严信厚、宋炜成、庞元济、朱志尧、朱畴等。民族实业的初步发展使民族资产阶级作为新的政治力量开始登上历史舞台，代表民族资产阶级上层的维新派掀起了旨在救亡图存的维新变法运动。而中下层的革命派又发动了旨在推翻清王朝，建立资产阶级共和国的辛亥革命。民族资本主义的发展不仅为中国

德川家康

德川家康是日本战国末期杰出的政治家、军事家。1603 年，被朝廷任命为"征夷大将军"，在江户开幕府。1605 年，宣布家天下。1616 年，被皇帝册封为"日本国王"。

民主革命的发展奠定了新的阶级基础，而且也为 19 世纪末 20 世纪初资产阶级改良和革命提供了重要的经济前提和内在动力，加速了封建生产关系和政治制度的瓦解。

看看我们的邻居

在瓜分中国的狂潮中，除了西方资本主义国家以外，还有一个就是与中国一衣带水、刚刚发展起来不久的日本。

19 世纪后半期，继欧洲和美洲的资产阶级革命之后，日本也出现了一次在政治、经济、思想文化等领域的全面革新运动。这场运动以推行资本主义新政为目的，因为始于 1868 年明治天皇建立的新政府，所以史称"明治维新"。

过去日本也是一个闭关自守、封建落后的国家。这个号称"神国"的国家，是所谓"诸神保护的国家"。天皇就是神的化身，他对自己的臣民拥有至高无上的权力。"忠君报国""效忠天皇"的思想一直是日本封建社会的最高道德准则。1603 年，德川家康消灭了各地的割据势力后，取得了"征夷大将军"的称号。他在江户设置了幕府，建立了德川家族的一统天下，成了最大的封建领主，把持了全国最高土地所有权，直辖土地约占全国耕地总面积的四分之一。同时他还掌握着全国的商业城市和矿山，垄断对外贸易，控制了整个国家的经济命脉。德川名义上是"大将军"，实际上自称"大君"，对外代表国家，对内主持政府，大权独揽，根本不把天皇放在眼里。欲望是无止境的，为了进一步加强自己的统治，德川幕府任意掠夺土地，还建立了由职业军人组成的效忠于自己的军队，这些武士拥有佩刀的特权，杀死平民却可以免受惩罚，是幕府将军统治人民的主要工具。除此之外，幕府将军又按照"士、农、工、商"的顺序把农民等划在武士之下。另外还有 30 多万被称做"非人"和"秽多"的贱民，他们被排斥在士、农、工、商之外，生活十分悲惨。可见当时的等级身份制度是十分严格的。

幕府一方面拼命鼓吹迂腐的儒家思想，尤其把宋朝理学家朱熹的学说定为国学，以此来禁锢人民的思想，压制他们的反抗情绪；另一方面推行闭关自守的"锁国"政策，把整个日本严密地封闭起来，使其处在自己的掌握与控制之中。

德川幕府以为这样一来就可以长治久安了。但历史的发展是不以个人意志为转移的。到了 18 世后期，随着商品经济的发展，出现了新兴的地主阶级和商业资本家。他们为了争得政治上的地位，摆脱封建统治，对幕府制度产生了强烈的不满。而广大的人民群众长久以来生活在苦难之中，反抗的情绪也日趋高涨，接连爆发了多次农民起义和市民暴动。这些反抗斗争，严重动摇了幕府的统治。

正当幕府惶惶不可终日之时，西方列强抓住机会开始大举入侵当时落后的日本。这与中国清政府面临的情况十分相似。1853 年，美国海军将领柏利率领舰队两次闯进江户湾，迫使日本开港通商。幕府屈服于列强的炮火，连续签订了很多不平等条约和关税协定，出卖国家主权和民族利益。外货的倾入，使大批农民和手工业者纷纷破产，人民受到双重的压迫和剥削，处境更加悲苦，民族矛盾和阶级矛盾被迅速激化，一场推翻封建幕府、争取民族独立的战争迫在眉睫。

1865 年 12 月，长州藩讨幕派首领高杉晋作，率领以农民为主体的"奇兵队"击败了保守派，夺取藩政权。随后萨摩藩讨幕派西乡隆盛、大久保利通等人也控制了藩权。这两股倒幕力量随后结成讨幕联盟，成为全国讨幕运动的核心。为了调动农民、商人和中下级武士的积极性，他们一方面实行政治、经济改革。另一方面，还在军事上武装自己，购置了大量的西方先进武器，与幕府军队相抗衡。不久压制讨幕派的孝明天皇去世，明治天皇即位。虽然新天皇只有 15 岁，但宫廷形势已经开始向有利于讨幕派的方向发展。1867 年的 10 月，萨摩、长州、安艺三藩讨幕派在京都召开秘密会议，决定利用年幼的明治天皇的名义武装倒幕。会议之后，三藩一方面扩充兵力，另一方面秘密同天皇取得联系，准备发动宫廷政变，把德川将军赶下台去。

明治天皇虽然年纪轻轻，却很有主见。对于幕府多年以来把持朝政，他早已十分不满，当即答应与讨幕派联合起来，推翻幕府统治。于是就写了一份"讨幕密诏"，交到大久保利通他们手里。大久保利通等人接到密诏后欣喜若狂，这样武装倒幕就名正言顺、师出有名了，还可以争取到更多的支持。1867 年 10 月上旬的一天，讨幕派的主要人物在京都天皇宫中的一间书房里，

明治天皇
年轻的明治天皇支持倒幕派推翻德川幕府，
并开展了大刀阔斧的维新运动。

开始商量武装倒幕的具体对策。

此时德川庆喜早已听到风声，于是决定先发制人，主动提出辞职，以免与改革派正面冲突。西南各诸侯显然不会相信德川庆喜会轻易将把持了百年的权柄交出，一眼就识破这是对方的缓兵之计。大家讨论一番，一致同意以武力解决问题，要给德川庆喜一个措手不及。

1868 年 1 月 3 日，西南各诸侯率兵包围皇宫，解除了德川幕府驻后宫警卫队的武装。他们簇拥着年少的明治天皇，召开御前会议，宣布"王政复古"，大权全部由天皇掌握。明治天皇随即颁布诏书，决定建立由他领导的新的中央政府，并委派西乡隆盛和大久保利通这些改革派主管政事。而德川庆喜连夜逃出京都后，退居到了大阪。他岂能善罢甘休，于是集中了全部兵力，打着"解救天皇，清除奸臣"的旗号向京都杀来，兵分两路，以钳形夹击京都。

大久保利通、西乡隆盛、木户孝允寿等人以萨摩，长州、安艺诸藩的武装，在京都附近的鸟羽、优见两地迎击幕府军，年轻的明治天皇甚至亲自到阵前督战。此时大村益次郎早已率领 5000 名装备精良的政府军占据了有利地形，架起了巨炮，静等幕府军的到来。夜半时分，两军相遇，双方展开了大厮杀。幕府军虽然人数众多，但军心涣散，士气很低，不堪一击，双方刚一交火就已经溃不成军了。而政府军方面却斗志旺盛，以一当十，越战越勇。

与此同时，改革派还提出"减免租税""四民平等"的口号，把农民和商人都争取到自己这边，壮大了声势。由三井等富商资助的各种军用物资源源不断地

日本明治天皇召开御前会议旧照
明治天皇通过倒幕运动击垮了德
川幕府，收回了自己的权力。

由市民群众送到前线，许多市民甚至找出土枪、土炮直接参战。眼见幕府军气数已尽，不可能扭转颓势，德川庆喜仓皇撤退，逃到江户。政府军不给对方以喘息之机，乘胜追击幕府残军，迅速包围了江户。德川庆喜看到自己的军队已经瓦解，江户的居民又不拥护自己，再战只有死路一条，于是选择了放下武器，向天皇投降。随后政府军便开进江户，统治日本长达200多年之久的德川幕府就这样垮台了。

1868年的三四月间，明治政府先后颁布了《五条誓文》和《政体书》，提出了推行资本主义新政的基本方针，并且在当年开始到1873年的五年时间里，展开了大刀阔斧的维新运动。

维新运动的主要内容是，收回封建地主领地，取消封建身份级制，扶植资本主义工商业，破除封建主义旧文化。这些改革措施都从根本上促进了资本主义的发展，使日本走上了资本主义道路，摆脱了沦为殖民地的危机，由一个落后的封建社会，逐步转变为独立的资本主义强国。

我们还可以看一下，西方列强此时都在干什么。

英国是世界资本主义的发祥地。继17世纪40年代最早爆发资产阶级革命之后，18世纪又率先实现了"工业革命"。工业革命是一场从手工工场到大机器工厂的质变飞跃，从而使英国一下子成了当时世界上最强大的资本主义国家。鸦片战争前后的时间，英国每年的煤产量达到3000多万吨，中国到了1949年才3200万吨；生铁产量达到140万吨，而中国的生铁产量到1949年仅仅是可怜的25万吨，1952年才达到了145万吨；机械纺纱业所用的棉花量达到5亿二千多万磅，约合24万吨，而中国1949年的棉花总产为44万吨。英国筑成铁路数千公里。相比中国落后的农业社会而言，当时英国已经有三分之二的人口从事工业生产，在许多巨大的工业城市中，首都伦敦的人口发展到二百几十万。从对外作战所必需的海军力量看，到 1836 年时，英国已拥有大小船舰 500 余艘。

而法国当时是仅次于英国的第二号资本主义强国。法国在 18 世纪末爆发的资产阶级革命是世界近代史上最大、最彻底的一次革命，它一扫法国先前的封建秩序，建立起了资产阶级政权，使其有了政治上的保障，工业生产也得以比较迅速地发展。

美国与这些老牌资本主义国家相比，是个"新秀"。它在法国大革命爆发的前夕，即 1775 年至 1783 年取得了反对英国殖民主义革命战争的胜利，建立了美利坚合众国。从建国到鸦片战争爆发，短短的五六十年就获得了巨大的发展。特别是到了 19 世纪初叶，美国利用欧洲混战的机会，迅速发展商业，获取了巨额利润。在 1805 年，美国商人就曾经掌握了国际贸易的三分之一，由此可见美国是十分善于把握时机进行竞争的，其咄咄逼人的气势比起老牌国家一点不差。

沙皇俄国和中国有着较早的接触。这是一个长期在封建农奴制统治下的国家，所以其开始工业革命的时间要晚于其他国家，而且封建农奴制严重阻碍了新兴生产关系的发展。直到 19 世纪前半期，封建经济仍在这个国家中占统治地位。其经济上虽然比其他欧洲列强落后，但却一直是当时国际反动势力的主要堡垒，有"世界宪兵"之称。它不但疯狂破坏欧洲的革命运动，而且是最早侵略中国的国家之一。早在 17 世纪中叶，沙皇俄国就把侵略活动推进到中国的黑龙江流域，发生了著名的雅克萨战役，并且一直没有停止对中国进行侵略。

从上可以看出，鸦片战争前夕，世界资本主义已经有了较大的发展。资本主义的发展，一方面大大提高了生产力，另一方面也大大加剧了殖民掠夺。列强国家均不甘落后，竞相进行殖民掠夺，在亚洲掀起了瓜分中国的狂潮。

王朝的覆灭

中日甲午战争后，民族危机空前严重，民族资本主义获得了初步的发展。以康有为等人为代表的维新派主张对中国传统的政治进行资产阶级性质的改良。戊戌变法失败后，孙中山更提出了资产阶级的民族纲领"三民主义"，并最终领导辛亥革命取得胜利，建立了中华民国。在中国统治了 295 年的清王朝退出了历史舞台。

京都紫禁城
这幅年画表现的是正月初一，文武百官在宫门外等候朝见光绪帝的场景，具有很强的写实性。

垂死的挣扎

一百天的考验

中日甲午战争的惨败和帝国主义瓜分中国的狂潮，使中华民族进一步觉醒，掀起了一个波澜壮阔的爱国主义救亡高潮。以康有为为代表的资产阶级改良派（又称维新派），在关涉民族危亡的时刻，发动了具有爱国救亡意义的变法维新运动。他们幻想在不触动封建主义的经济基础和不推翻封建统治制度的前提下，实行变法维新，通过改良主义道路来达到参与政权和进行一些社会改革的目的，取得像日本明治维新那样的效果，使中国社会走上资本主义道路。

康有为，又名祖诒，字广厦，广东南海人，人称"康南海"。他出身于士宦家庭，康家乃是广东的望族，世代为儒，以理学传家。光绪十四年（1888年），康有为到北京参加顺天乡试，没有考取。这一年他上书光绪帝，痛陈祖国的危亡，批判因循守旧，要求变法维新，提出了"变成法，通下情，慎左右"三条纲领性的主张。光绪二十一年（1895年）春，正在北京参加会试的各省举人，听说清政府要与日本签订丧权辱国的《马关条约》，群情激愤。康

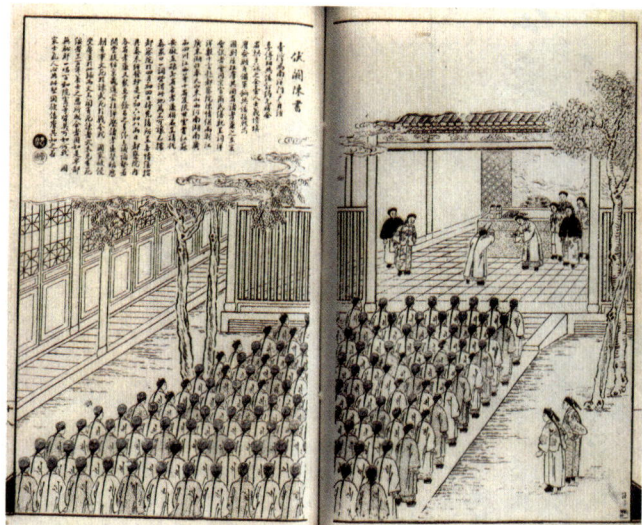

公车上书图

公车上书在当时虽然被拒绝，但它是中国群众政治运动的开端，标志着酝酿多年的资产阶级变法维新思潮的形成，对社会的影响和震动极大。康有为也因此取得了维新运动的领袖地位。

有为于是连夜起草了一份一万四千多字的上皇帝书，各省举人一千三百多人集会，通过了这个万言书，并将万言书送交都察院。这就是有名的"公车上书"。在上书中，康有为从爱国主义的立场出发，强烈主张"拒和、迁都、变法"，建议皇帝"下诏鼓天下之气，迁都定天下之本，练兵强天下之势，变法成天下之治"。上书中写道："窃见方今，外夷交迫，自琉球灭、安南失、缅甸亡，羽翼尽翦，将及腹心。比者日谋高丽，而伺吉林于东；英启卫藏，而窥川、滇于西；俄筑铁路于北，而迫盛京；法煽乱民于南，以取滇、粤。"他特别强调指出，大清已经处"在危机存亡之间，未有若今日之可忧也！"不过因光绪帝已准约，万言书并未被都察院上呈，光绪帝也没能看到万言书。在这次会试中，康有为中了进士，被任命为工部主事。以后康有为又连续给皇帝上了几次书。在《上清帝第三书》中，他写到："窃以为今之为治，当以开创之势治天下，不当以守成之势治天下；当以列国并立之势治天下，不当以一统垂裳之势治天下。盖开创则更新百度，守成则率由旧章。列国并立，则争雄角智；一统垂裳，则拱手无为。……不变法而割祖宗之疆土，驯至于危，与变法而光宗庙之威灵，可以强大。孰轻孰重，必能辨之者。不揣狂愚，窃为皇上筹自强之策，计万世之安。非变通旧法，无以为治。"

光绪皇帝看到康有为提出的问题后，很受震动。因为作为一个皇帝，他显然不想当亡国之君，希望通过变法图强以挽救自己的统治。因此他说："自来求治之道，必当因时制宜。况当国势艰难，尤应上下一心，图自强而弭祸患。朕宵旰忧勤，惩前毖后，惟以蠲除痼习，力行实政为先。叠据中外臣工，条陈时务，如

名家评史

中国的变法，来源是很远的。原来从秦朝统一以后，直到西力东渐以前，二千多年，中国社会的状况，没什么根本的变更。而从中古以来，屡次受外族的征服。到清朝入关，这种现象，已经反复到第五次了。而治化的不进，民生的憔悴，还是一言难尽。物穷则变，到这时候，中国思想界，便要起一个根本上的变动了。

——吕思勉

修铁路、铸钞币、造机器、开矿产、折南漕、减兵额、创邮政、练陆军、整海军、立学堂，大抵以筹饷、练兵为急务，以恤商惠工为本源，皆应及时举办。"

康有为不仅指出国难当头，革新的紧急性，而且系统地阐述了自己的变法思想，从政治、经济、文化教育几个方面系统地提出了自己的见解。在政治方面，他提出了变君主专制为君主立宪的要求，指出："东西国之强，皆以立宪法、开国会之故。国会者，君与国民共议一国之政法也"；在经济方面，康有为提出了发展工业，振兴商业，保护民族资产阶级利益的主张；在文化教育方面，康有为提出了"开民智""兴学校""废八股"的主张。这几个方面构成了康有为变法维新的基本纲领。光绪帝对康有为的政见十分认可，并下决心准备推行维新变法。但是当时帝党和后党争夺政权的斗争日趋激烈。光绪皇帝曾说："太后若仍不给我事权，我愿退让此位，不甘做亡国之君。"又让总理各国事务衙门的大臣奕劻将这话转告给慈禧太后，慈禧听了以后勃然大怒说："他不愿坐此位，我早已不愿他坐之。"奕劻极力劝说，慈禧太后才慢慢平息了愤怒，放话说："由他去办，俟办不出模样再说。"奕劻就回复光绪皇帝说："太后不禁皇上办事。"

光绪二十四年（1898年）四月二十三，光绪皇帝颁布了《明定国是》诏书。

《明定国是》诏的颁布标志着政府推行新政的开始。其后载湉又陆续发出数十道改革谕令。变法期间，载湉曾多次赴颐和园向慈禧皇太后问安，并窥其意旨。据说一次慈禧严询变法的事情，光绪皇帝居然长跪两个小时，但这个并不能动摇载湉变法的决心。

四月二十八日，载湉在仁寿殿召见康有为，命其总理各国事务衙门章京，

士农工商

晚清时期注重发展工商业，这幅年画题额为"学战日烈，惟士所宗。竞争增剧，通商劝工。况在中国，首先重农。惟有缺点，义务充兵"。这是当时维新思潮在民间年画上的反映。

许其专折奏事。

五月十五日，光绪帝下诏赐梁启超六品衔，负责办理译书局事务。随后封谭嗣同、刘光第、杨锐、林旭四人四品职衔，在军机章京上行走，参预新政事宜，被时人称为"军机四卿"。在新政推行期间，光绪帝陆续颁布的诏谕有：废八股取士，自下科始，改试策论；裁汰冗员，中央裁撤了詹事府、通政司、光禄寺、鸿胪寺、太常寺、太仆寺、大理寺等衙门，外省裁撤湖北、广东、云南三省巡抚，并且命令一月之内，务必裁汰净尽；开学堂，练新军，改各地书院、祠庙为兼习中学西学之学堂，筹办京师大学堂，命孙家鼐管理京师大学堂；提倡西学，设立译书局，编译书籍；裁汰营勇；允许旗人各习四民之业，以资生计。此外还发展工商业，在京师设立矿务铁路总局、农工商总局；提倡各种实业，诏谕各省鼓励绅商设厂，甚至允许私人办兵工厂；奖赏新著作、科学发明，准其专利售卖；官绅士民可以开设报馆；京师及各通商口岸设立邮政局；编制预算及决算，公布岁出岁入；许官民上书言事，严禁官吏阻抑；令各地绅富之有田业者开农会、刊农报、购农器，并举办农工商学各事宜等。

光绪帝也想利用维新变法、推行新政来达到亲政掌握实权的目的，对此慈禧太后心里一清二楚。所以从变法伊始，慈禧就密切注视着光绪帝的一举一动，步步设防。《明定国是》诏发布的第四天，也就是四月二十七日，慈禧

《变法通议》封面及内页

《变法通议》是维新派领袖梁启超在戊戌变法前夕撰写的一组政论文章，是维新变法时期宣传改良思想的最高旗帜。《变法通议》把兴学校、育人才作为变法的根本，把教育作为开民智、兴民权的基础，具有重要的时代意义。

太后就采取了相应的措施：第一，迫使载湉下谕免去翁同龢协办大学士和户部尚书的官职，"开缺回籍"。翁同龢是载湉的老师，也是维新变法最大的支持者。从载湉启蒙识字到因支持维新变法削籍归里，师生相处达二十四年。在学习上，翁同龢是载湉的师傅，在生活上是监护人，在政治上，他又是载湉最宠信的大臣。可以说罢免翁同龢是去除了载湉的左膀右臂；第二，凡朝廷新任命二品以上的大员，都必须到皇太后前谢恩；第三，强迫光绪皇帝任命自己的亲信荣禄为直隶总督。四月二十八日，又命崇礼为步兵统领。到了五月初，荣禄又被授予文渊阁大学士，正式担任直隶总督兼北洋大臣，统率着董福祥的甘军、聂士成的武毅军和袁世凯的新建陆军，驻扎在京津地区。如此一来，原本就没有多少实权的光绪帝势力又大为削弱，而慈禧太后的后党手握重兵，仍然在事实上将光绪帝架空。罢黜翁同龢对帝党犹如釜底抽薪，不仅孤立了光绪皇帝，而且将这一维新派与皇帝之间架起的桥梁拆除了，可以说沉重打击了维新派。翁同龢被罢黜以后，慈禧的亲信、原直隶总督王文韶填补了他的空缺，这更是增加了后党在朝廷中的实力。要新任命的二品以上大臣到太后前谢恩，这是慈禧太后掌握人事大权的重要手段。如此一来，那些被任命的人可以明白任免他们的权力不属于皇帝，而是牢牢掌握在太后手中。而命荣禄直接统率北洋三军，可以说后党在军事上就直接控制了京畿地区。另外出于对自身安全的考虑，慈禧加强了颐和园周围的警卫力量。慈禧太后采取这些军事部署，一方面是防备光绪皇帝利用维新变法的机会，把各省实力派拉到帝党一边；另一方面也防止北洋三军，特别是袁世凯的新建陆军倒向帝党一边。

七月二十一日，慈禧的亲信怀塔布、杨崇伊赴天津与荣禄密谋，准备在慈禧太后、光绪皇帝同时到天津阅兵的时候发动政变，废黜光绪帝。载湉对此有所警觉，但因为慈禧的势力已经渗透得很深，载湉唯一有可能指望的就是拥有新军的袁世凯。为此，康有为派弟子徐仁禄专程到天津小站游说袁世凯。袁世凯当时表示拥护皇帝，康有为、谭嗣同信以为真。二十六日，光绪帝看到礼部右侍郎徐致靖的《保荐袁世凯折》，谕荣禄传知袁世凯即行来京观见。二十九日，载湉乘轿到西直门倚虹堂，转登龙舟到颐和园。这是他颁谕变法以来，第九次到颐和园向皇太后问安请旨。同时他还带有一份奏折，是保荐康有为、康广仁、梁启超、杨深秀等维新派人士作为懋勤殿顾问人选的。慈禧勃然大怒，指责光绪帝要把祖宗的家业葬送于康有为等人之手。于是光绪帝赐康有为、杨锐密诏，谕以"朕位且不能保，妥速筹商，密缮封奏。"

八月初一，光绪帝在颐和园召见袁世凯，命他以侍郎候补的身份专办练兵事务。后谭嗣同等人又访袁世凯，策动他率兵"勤王"，包围颐和园，然后杀掉荣禄。袁世凯假装同意，结果在关键时刻却向荣禄告密。初四傍晚，载湉正在养心殿筹划保存新政的策略时，传来皇太后回宫的消息。不久光绪帝就被慈禧皇太后幽禁于西苑瀛台涵元殿。因为这一年是旧历"戊戌"年，所以历史上称这次变法为"戊戌变法"，称这起事件为"戊戌政变"。

从四月二十三日颁诏变法到八月初六慈禧太后发动政变，变法仅仅历时一百零三天，史称"百日维新"。

初八日慈禧皇太后御殿训政，荣禄立刻派兵三千人搜捕维新派和帝党人士。"戊戌政变"之后，维新派曾经请求英使、日使和美使设法营救光绪帝。而康有为本人得到了英国的保护，逃到了香港，梁启超在日本的保护下逃到横滨。十五日谭嗣同、林旭、刘光第、杨锐、杨深秀、康广仁六人被杀于北京菜市口，史称"戊戌六君子"。康有为、梁启超被通缉，地方上的维新官员陈宝箴、江标、黄遵宪等数十人被罢免。接下来在慈禧临朝"训政"的一个月时间内，她不断地下令禁止新政，除京师大学堂外，新政全被废除。"戊戌变法"以光绪帝被幽禁为结局，向人们宣告了其彻底的失败。

在维新变法的百余天日子里，光绪帝颁布的诏书和谕旨前前后后多达二百多道，内容包括政治、经济、文化、军事、教育各个方面。与此前洋务派所推行的"新政"相比，维新派的"新政"是希望从更深的层次上去解决问题，即制度层面的改革。对比二者，洋务派的"自强"新政，目标是为了中国能够"自强"，根本方针是以西方的科学和技术为学习对象，弥补中国传统封建统治制度的不足。而维新变法虽然也是为了达到富国强兵的目的，但更为彻底，向西方学习的范围已经不再局限于物质和技术层面，而是扩大到许多领域。其核心就是进行政治体制改革，把君主专制的封建体制变为有资本主义色彩的君主立宪体制。尤其是在甲午海战以后，洋务派正式宣告破产。

为了救亡图存，维新志士们不再局限于洋枪洋炮的学习，而是要全面地向西方学习，走改革政体的路线。所以"戊戌变法"爱国和进步的性质决定了它在近代中国历史上具有极其重要的意义。但是在强大而保守的封建传统下，"弃旧图新"被许多人视为对祖宗的背叛。慈禧太后为首的顽固派正是利用这一点以施其破坏和扼杀之谋的。

西逃

"戊戌政变"以后，后党企图谋害光绪帝，于是宣称"帝病重"。但此举因受到了驻京各国公使的警告，没有得逞。接着又称"帝久病不能君天下"，打算废掉载湉，并密电南方各督抚争取各地方势力的同意，但没有获得支持。其中两江总督刘坤一回复的电文语气尤其激烈，流传下"君臣之分已定，中外之口宜防"等名句，被当时人称为"江督十二字电奏，是皇帝延命金丹"。此时逃到海外的康有为还继续号召保皇党华侨纷纷发电"请皇帝圣安"，要求慈禧归政。远在日本的梁启超主办《清议报》，歌颂载湉"圣德"，揭发后党丑恶，也利用舆论号召保皇。所以慈禧太后废黜光绪帝的企图没能得逞。光绪二十五年（1899 年），荣禄又向慈禧献计，请"立大阿哥为同治帝载淳子嗣，徐篡大统"。

于是在光绪二十五年（1899 年）上演了一场"己亥建储"的闹剧。这一年的十二月二十四日，慈禧把王公大臣、满汉尚书召集到仪鸾殿，宣布了一个以载湉名义的圣谕，"以多罗郡王载漪之子溥儁，继承穆宗毅皇帝为子"，并"封载漪之子溥儁为皇子"，是为"大阿哥"（皇储）。这一年为己亥年，所以被称为"己亥建储"。并且预计在庚子年即光绪二十六年（1900 年）的元旦，举行光绪帝让位的典礼，改元"保庆"。但是当时对于慈禧并无好感的各列强公使拒绝届期入贺。同月上海绅商经元善等联名一千多人上书进谏立储之事。维新派的蔡元培以及海外的保皇党华侨号称数十万人，也都纷纷致电反对。慈禧于是被迫将这一计划取消。在洋人的眼里，保守落后、极力排外的慈禧太后本来就不受欢迎，此次后党的这些举动更是遭到了英、法等列强的抵制与反对，从而使慈禧当权势力与列强诸国的矛盾更趋尖锐。于是，慈禧、荣禄等人企图利用义和

慈禧太后观音装像

慈禧太后身着佛装，头戴莲花帽，端坐在桃花树下，借此宣扬自己号称"老佛爷"的"慈悲"之心。然而她的思想十分守旧，完全置国家与民族的利益于不顾，只知一味追求享受。

哄抢当铺

1900年，八国联军攻占北京后，慈禧太后携光绪帝西逃，京城局势一片混乱。此图描绘的即是当时人们哄抢当铺的情形。

团运动达到其巩固权力与打击洋人的双重目的。结果八国联军入侵，清军一败涂地，慈禧携载漪以"暂行西幸"的名义出逃。光绪二十六年（1900年）七月二十六日，慈禧命载漪下《罪己诏》："今见国家阽危若此，其将何以为心乎？知人不明，皆朕一人之罪，小民何辜！遭此涂炭，朕尚何所弛其责备耶！朕为天下之主，不能为民捍患，即身殉社稷，亦复何所顾惜。敬念圣母春秋已高，岂敢有亏孝养。是以恭奉銮舆，暂行巡幸太原。"《罪己诏》实际上是在向外国人回答，到底应该由谁来承担中外开战的责任这一问题。

光绪二十七年（1901年）七月二十五日，慈禧皇太后派全权代表庆亲王奕劻、李鸿章与英、美、俄、德、日、奥、法、意、西、荷、比等十一国公使，在北京签订了《辛丑条约》。条约十二款，附件十九件。直到这一年的十一月二十八日，慈禧和光绪皇帝一行才从西安回到紫禁城。回到北京后，慈禧第一次召见了外国驻中国使节，吓破胆的慈禧给各国代表们以前所未有的礼遇。在接见外交团的夫人们的时候，不仅问候那些曾被义和团围困的人，还流着泪表示同情。慈禧对她们的要求"曲意徇之，各国公使夫人，得不时入宫欢会，间或与闻内政"。通过这些外事活动，慈禧充分表明她才是大清帝国权力的象征，而光绪皇帝不过是她的一个政治傀儡罢了。

西逃前夕，还发生了一件大事，那就是"珍妃之死"。珍妃是侍郎长叙的女儿，光绪十四年（1888年）被选入宫，同时入宫的还有她的姐姐。姐妹二人一个被封为瑾嫔，一个被封为珍嫔，而慈禧的侄女则被选为皇后。光绪

李鉴帅勤王路遇西兵图
李鉴帅即李秉衡。1900年，八国联军
进攻大沽后，长江巡阅水师大臣李秉衡
由江苏率兵北上保卫北京，在杨村败绩
后退至通州自杀殉国，谥号忠节。

董军门杨村设计敌西兵图
八国联军侵占北京时，董福祥率军护
卫慈禧太后和光绪帝西逃。在清政府
与八国联军议和的过程中，外国侵略
者要求处死董福祥，清廷不允，将董
福祥解职后禁锢在家中。此图为董福
祥率军痛击八国联军。

二十六年（1900年），慈禧仓皇西逃之前，下令将载湉宠爱的珍妃溺死在宁
寿宫外的井中，当时入宫已经十二年的珍妃刚刚二十五岁。八国联军入城的
第二天，珍妃的尸体被留守的宫内太监从井中捞出，草草浅葬于京西田村。
慈禧太后回到京城后，宣称珍妃因随扈不及殉难宫中，追封其为恪顺皇贵妃，
以此来掩饰自己害死珍妃的真相。

光绪帝之死

光绪三十四年十月二十一日（公历1908年11月14日）的傍晚，被幽禁
在瀛台涵元殿的光绪皇帝，满含悲愤地离开了人世，终年三十八岁。临终时
身边没有一名亲属及大臣，等到被人发现时早已死去多时，可谓生前死后，
备受冷落，孤苦凄凉至极。就在载湉死去的第二天下午，他的政敌、操纵晚
清政权达半个世纪之久的慈禧太后也死在中南海仪鸾殿内，终年七十四岁。

光绪皇帝和慈禧太后先后去世的消息传出，中外同感震惊。慈禧与载湉
之间的"帝后"之争确实朝野皆知，而他们之间复杂的恩怨矛盾关系正是载
湉之死的焦点所在。人们普遍认为，年纪轻轻的载湉反而死在七十四岁的慈
禧前面，而且只差一天，这不是巧合，而是处心积虑的谋害。于是载湉被人

光绪之宝及"光绪之宝"玺文

光绪帝载湉是醇亲王的儿子，慈禧太后的外甥，也是她的内侄。光绪帝载湉是醇亲王的儿子，慈禧太后的外甥，也是她的内侄，登基时只有四岁。光绪之宝为檀香木质，柱钮方形玺，印面的篆书为"光绪之宝"四字。

谋害致死的种种说法便由此而产生。

当初同治帝死后，慈禧太后为了可以继续垂帘听政，力排众议把自己妹妹的儿子载湉立为皇帝，即光绪帝。而自己仍旧可以以皇太后的身份独揽大权。载湉四岁就被接进皇宫，到他十八岁成年大婚，及至亲政，在十多年的岁月之中，可以说慈禧在载湉身上倾注了大量心血和精力。

但是二人这种良好的关系到了载湉十七岁以后就发生了改变，两人之间的隔阂逐渐明显。慈禧表面上宣布退休，从此不问政事，还政于皇帝。但实际上，她仍然把持着军权和官员的任免权。而没有这两项关键的权力，光绪帝就是傀儡一个。所以"戊戌变法"很快就遭到失败，光绪皇帝失去了活动的自由，在精神上也承受着巨大的压抑和折磨。

幽禁载湉的南海瀛台是一个人工岛屿，四面环水，一面设有板桥，以通出入。如果板桥撤了，就里外不通，断绝来往，可谓与世隔绝，天外孤岛。太监每天进送御膳时，架起跳板，走向瀛台，等到皇帝进膳完毕后，跳板就被拿走，所以载湉就只能被囚在瀛台之中无法离开。他曾经忧闷地写下了"欲飞无羽翼，欲渡无舟楫"的诗句。到了冬季，不需要跳板，也有可能离开四面环水的瀛台。那时水面冻结，冰深数尺，可以踏冰而过。据说有一次载湉曾经带着小太监踏冰离开瀛台，被人发觉之后，总管太监李莲英立刻命令凿冰，防止光绪帝逃离那里。幽禁中的瀛台生活自然孤独寂寞，苦不堪言。但载湉却从未因此而完全绝望，未来总是有希望的。毕竟当时慈禧太后长于载湉三十余岁，载湉步入中年的时候，慈禧也已是七十开外的古稀老人。据曾与慈禧朝夕相处的德龄回忆说，从光绪三十年（1904年）开始，也就是慈禧太后七十岁以后，她的身体健康和精神状况明显下降，已没有什么精神来监视载湉了。除了还能进些饭食之外，对于政事基本上不过问了，只是每天在宫里服药。

载湉虽然身在禁宫，但他相信，一旦慈禧太后归西，自己仍要出来亲掌朝柄。因此他时刻没有忘记自己作为一国之君的职责，对于国家大事和世界上主要国家发生的事情，都非常关注。他在慈禧太后面前往往面容肃默，甚至如一呆子。但等太后离开之后，就向身边的人了解西方各国风土人情、政治制度、国家间相互关系等问题。

当时西方的强大和清朝与西方频繁的外交活动，促使载湉下决心学习外语。裕德曾担任清政府驻外公使，其女儿德龄曾跟随父亲寄居欧洲多年，精

历史细读

慈禧太后规定，凡呈送给光绪皇帝的奏折绝对不准单提皇帝。她决意废除光绪帝后，便对外谎称皇帝病危。两江总督刘坤一借口伏读药方单书"恭请皇帝陛下圣安"，表示自己对皇帝的忠心，此后各大臣纷纷效仿。慈禧太后只得将光绪帝幽禁起。

通英语，对国外的风土人情也比较了解。慈禧很喜欢她，让其服侍在她身边，以在接见各国公使夫人时充当翻译。德龄也担当了光绪帝的英语老师，每天教习载湉一小时英语。载湉上课非常积极，有时因故误课，也要抽时间补上所学内容。载湉的英语水平进步很快，过了不久，就能阅读简单的英文，默写英文句子。不过这样的日子并没有持续多久，慈禧太后以德龄女大当嫁为由，不再让德龄留在宫中，载湉又回到了过去的生活。

在努力学习英语的同时，载湉经常读书写字，作为消遣。他看到三国的历史，往往掩卷长叹道："我还不如汉献帝啊！"在庆云殿东室的正面，挂有一幅《宋司马光谕人君用人之道》的立轴，跋文是："光绪丙午十月上浣录，臣全忠敬书。"还有一些匾额斗方之类，下面的落款都写着"臣全忠敬书"。其实这都是光绪帝本人的御笔。按照习惯，皇帝写的字，都标明御笔，为什么却署为"全忠"而自称为"臣"呢？这是为了表明他当时内心不敢以皇帝自居的复杂心情。

载湉受到慈禧的虐待却无人倾诉，他不能同臣下交谈，因为即便是近支的王公大臣们也没有人敢忤逆慈禧而私自谒见皇帝。极度寂寞中的载湉只得秘密置办了一个小箱子，私下与他的弟弟醇亲王通信，通过这种书面交谈来释放自己的抑郁心情。小箱子的钥匙一人一把，外人不能打开。其实书信的内容均是些外面的琐碎消息，但慈禧得知此事之后也立刻禁止了。从此之后，载湉连"笔谈"的自由也被剥夺了，情况变得更糟。

太监寇连材的被杀，也从另一个侧面揭示了载湉当时的困境。寇连材入宫时是梳头房的太监，很受慈禧太后的宠爱，后来发展到凡是宫内有关的会计等事都让他掌握，调为奏事处太监。一年之后，又调为慈禧太后会计房太监。但寇连材虽受慈禧的宠爱，却并非是个利欲熏心之人，他看到太后重新专权后杖责两位贵妃，放逐朝中大臣，蓄谋废除光绪帝等劣行，心中也不免

立德践行当四科之首蒸文硕学焉百氏之宗忠谠謩于臣節
贞規存乎士範述職中外服勞社稷靜專由其直方動用謂之
懸解山公啓事清彼品流卅孫制禮光我王度惟是一有實貞
萬國力乃稽古則思其人
臨顔真卿自書告

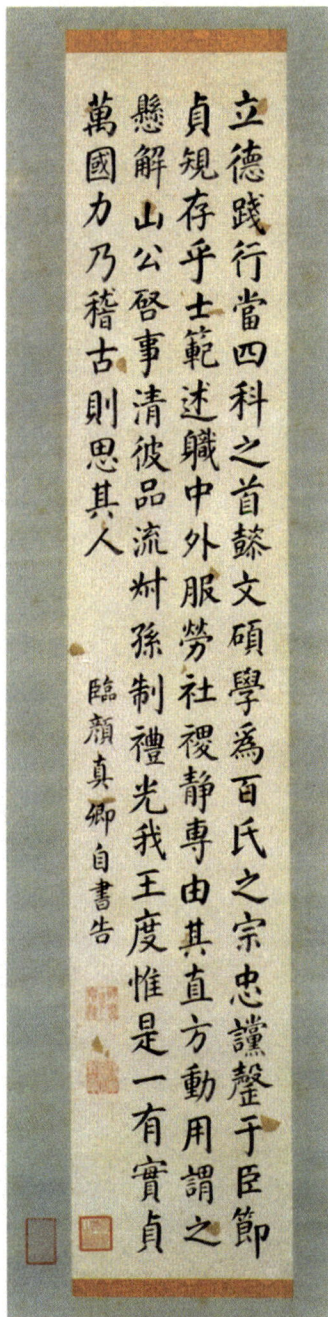

光绪帝《临颜真卿自告书》

颜真卿刚正不阿，勇于抨击权贵，其书法雍容华贵，刚柔并济。光绪帝在闲暇之余，时常临摹颜真卿的"自告书"，以勉励自己锐意进取。

忧虑。一次他请了五天假回家去向父母兄弟诀别，把他在宫内所写的一本《内廷纪事》拿出来交给自己的弟弟。这本《纪事》中记载的最主要内容是说，太后骄奢淫逸，一点不为光绪帝考虑，又因为二妃的缘故，与皇帝之间关系不睦，所以皇帝的处境可谓孤苦伶仃。皇帝每天所进用的御膳虽然看上去罗列数十种，但是离皇帝座位稍远的菜都已经腐臭一半，事实上身为皇帝却经常吃不饱饭，有时偶尔想要吃一种菜，太后就责备他要节俭。而除此之外，每天的呵斥之声更是不绝于耳，只要太后稍不如意，就对皇帝加以鞭打或者罚他长跪。长久如此，皇帝对太后就像老鼠见了猫一样，天天战战兢兢，以至于一听到锣鼓声和吆喝声，脸色就变。皇帝每次在太后面前长跪请安，不让起来就不敢起来。甲午中日战争爆发以后，光绪帝曾经请求太后停止修建颐和园工程，以便充实兵费，惹得慈禧大怒。从那天直至第二年的九月，十几个月不和皇帝说一句话。皇帝每天晚上都必须跪两个小时之久，才让起来，等等。从家中回到紫禁城之后，早就做好准备的寇连材递上一份奏折，请太后不要再揽权。慈禧看了以后大怒，召见寇连材并斥责他说："本朝早有成例，内监有干预政事者斩，你知道吗？"寇连材回答说："知道。但奴才如果怕死，就不上折子了。"于是慈禧命令立即将其囚禁到内务府慎刑司，然后移交刑部，命令斩首。临刑之时，寇连材整理衣帽，朝着宫中方向拜了九拜，从容就义了。

在这样一位紫禁城统治者的为所欲为之下，载湉的死几乎是必然的。不论是因为长期精神和肉体折磨导致自然死亡，还是被谋害（通过现代高科技揭示，光绪帝死于急性砒霜中毒），背后的元凶都指向了慈禧。《崇陵传信录》和《清稗类钞》这两部书都记载说载湉是被慈禧害死的，但这类记载和说法没有史料根据，只是推论。因为慈禧年老，考虑到如果她先死去，载湉病好重新执政后，就要翻局，所以慈禧在死之前先把载湉害死。《慈禧外传》和《瀛台泣血记》都认为载湉是被李莲英害死的。作者的根据是，李莲英一直跟着慈禧，深受慈禧的宠爱，怕慈禧死后，载湉执政，对自己不利，所以他下

明黄纱平金彩纳金龙单朝袍

这件龙袍是光绪帝夏用的朝袍，身长 138 厘米，两袖通长 186 厘米，袖口宽 16 厘米，下摆宽 148 厘米。

了毒，让载湉死在慈禧之前。还有说法认为主谋是袁世凯。溥仪在《我的前半生》中说，在戊戌变法期间，袁世凯出卖了光绪皇帝，一旦慈禧死后，光绪皇帝重新执政，就要清算袁世凯忘恩负义的这笔账，所以袁世凯在慈禧死之前，先把载湉害死。

载湉去世以后，有人看到过他病室中极其简陋的陈设，只有一张大床，室内安放着一只北京常见的泥火炉，板壁上裱糊的墙纸已经破碎霉烂。泱泱"天朝"的一国之君，竟然同北京下等老百姓的居室没有什么两样。

预备立宪与"皇族内阁"

百日维新后，资产阶级改良派为了抵制革命，展开了要求实行君主立宪制的立宪运动，并取得了清廷中央和地方一些汉族官僚的支持。面对一系列困境，清政府不得不采取一些姿态来应付立宪运动，并乘此加强皇权，以挽救清朝统治的灭亡。

光绪三十一年（1905 年），清政府派载泽、端方、戴鸿慈、李盛铎、尚其亨五大臣出洋考察宪政，又命政务处大臣等筹定立宪大纲，设立了"考察宪政馆"。第二年五大臣经由欧、美各国及日本考察后归国，拟出了立宪方案。慈禧太后立即召见出洋大臣，并于七月颁布"预备仿行宪政"的懿旨。懿旨宣布了立宪的原则是"大权统于朝廷，庶政公诸舆论"。预备实行的时间是"俟数年后规模粗具，查看情形，参用各国成法，妥议立宪实行期限，再行宣布天下，视进步之迟速，定期限之远近"；预备立宪的内容则是"将各项法律详慎厘订，而又广兴教育，清理财务、整饬武备、普设巡警，使绅民悉明国政，以预备立宪基础"。这些措施实际还是清末"新政"的内容。而清政

"大清国宝"玺面
光绪末年，清政府推出预备立宪，这是清政府为预备立宪而制作的大清国宝玺，玺面刻"大清国宝"四字。

府同时还要求百姓必须"各明忠君爱国之义"，"尊崇秩序，保持平和，以预储养成立宪国民之资格"，并强调先从"厘定官制"入手。立宪运动随即由宣传推动阶段进入了发展阶段，各地纷纷建立立宪团体，海外的立宪派也积极响应。光绪三十四年（1908年），清政府颁布了《钦定宪法大纲》二十三条，其中关于"君上大权"的共有十四条，规定皇帝有权颁行法律、黜陟百司、设官制禄、宣战议和、解散议院、统帅海陆军、总揽司法权等。皇帝的权力并没有什么本质的变化。

《钦定宪法大纲》颁布不久，载湉和慈禧就相继死去，载湉的侄子溥仪继位，次年改元宣统。宣统元年（1909年），下诏重申"预备立宪"，命各省当年内成立咨议局。立宪派在各省咨议局中占据了领导地位。

预备立宪后，给中国的立宪派以很大的鼓舞。宣统二年（1910年）九月，资政院会议也应各省咨议局代表及各省督抚提出的颁布宪法、组织内阁、开设议院的要求，在皇室同意并批准的前提下，提前至宣统五年（1913年）召开议院。但接下来，奉天代表请愿，要求把召开国会提前到第二年。与此同时，资政院又提出军机大臣们责任不明和设责任内阁的问题。这时以庆亲王奕劻为首的军机大臣们感到，军机大臣之差已不能久踞，于是在十一月中旬向清廷上奏要求开去军机大臣要差，原因是"才力竭蹶，无补时艰"，但没有获得朝廷的批准。当月下旬奕劻又请开去他个人的军机大臣及总理外务部事务要差，这次清廷不但没有准许，反而对他大加赞扬，实际是准备给他换一个头衔，靠他来支撑清室的残局。

宣统三年（1911年）四月，由宪政编查馆、会议政务处拟制的内阁官制十九条、内阁办事章程十四条，经过钦定后颁布。于是按照内阁官制宣布新内阁成立，奕劻仍管理外务部，而内阁总理、协理大臣均兼任宪政编查馆大臣。从人员上可以看出，新内阁仍然是旧内阁、军机处、会议政务处及各部的原班人马。这个内阁全体阁员十三人中，满族占九人，汉族占四人，而满族九人中又有七人属于皇族，所以被人们痛诋为"皇族内阁"。皇族内阁的成立，暴露了预备立宪的本质。立宪派连篇累牍地上奏折，发通电，指责皇族内阁不合乎立宪国的通例，强烈要求另外选派贤能官员组织责任内阁。摄政王载沣在全国汹汹不已的形势下，依然蛮横地宣称："任免百官是君上大权，议员不得干预。"彻底打破了立宪派以及众多要求宪政的国民的希望。

宣统三年（1911年）八月十九日，革命党领导的武昌起义爆发，迅速形

历史细读

摄政即代国君处理政事。古代国君年幼不能亲自处理政事时，由其亲族暂代执政，如周成王时周公代行政事，春秋时鲁隐公代太子轨，清初睿亲王多尔衮代清世祖福临，清末醇亲王载沣代溥仪等，这些均是长亲代幼主摄政。辛亥革命后，总统因故缺位时，由内阁代行职务，亦称摄政。

成燎原之势。摄政王载沣鉴于内阁总理大臣奕劻屡次辞职，皇族其他亲信再没有一个能支持局面的人，在惊慌失措的情况下，起用了袁世凯。

袁世凯是清末民初著名的军事和政治人物。1895 年，袁世凯在天津小站开始督练新军，在此期间他培植了一批亲信，加强了对全军的控制。小站练兵奠定了袁世凯日后政治道路的基础。1898 年 6 月，袁世凯升任工部右侍郎。12 月署理山东巡抚，镇压了当时山东境内义和团运动，一下子成为瞩目的实力人物。1901 年李鸿章去世后，袁世凯接任直隶总督、北洋大臣，权势更加显赫。

1902 年，袁世凯在保定编练北洋军，创办了各种武备学堂。至 1905 年北洋六镇编练成军，他控制了其中的五镇，重要将领都是自己的亲信。袁世凯还兼任督办电政大臣、督办铁路大臣及会议商约大臣。在此期间，他还发展北洋工矿企业、修筑铁路。通过办理新政，他结交亲贵，树立党援，权势不断扩张，在他手下很快形成了一个庞大的北洋军事政治集团。1908 年溥仪继位，醇亲王载沣摄政。载沣因为反对袁世凯的很多新政措施，解除了袁世凯的职务。袁世凯在此期间韬光养晦，暗地里仍然关心政事，等待时机复出。而且此时他的许多部属依然位居要津，实权在握，袁世凯时刻准备东山再起。

袁世凯当上内阁总理大臣后，来京组织完全内阁。焦头烂额的载沣失去了主要权力，这意味着宣统皇帝和摄政王从此不能专制一切了。

之后资政院会议提出，内阁应是责任内阁，国务大臣不能任用皇亲国戚，要开党禁。清廷一一应允，并且公布了《宪法重要信条十九条》。至此皇帝既然已被束之高阁，监国摄政王也就无事可做了。载沣在不得已的情况下决定引退，提出辞去监国摄政王之位。这时的皇太后是光绪皇帝的皇后隆裕，她并没有自己姑姑那样的野心，发懿旨说："予深处宫闱，未闻大计。惟自武汉

赵尔丰下令镇压保路运动
清政府下令停止修筑已经动工的铁路，筑路工人和商人立即聚集起来与之抗争。清政府调兵前来镇压，数千筑路工人抡起铁锤，挥动棍棒，同前来镇压的清军展开了激烈的搏斗。

事起，各省响应，兵连祸结，满目疮痍，友邦商业并受影响。每一念及，寝食难安。亟宜察内外之情形，定安邦之至计。监国摄政王性情宽厚，谨慎小心。虽求治慕股，而济变乏术，以至受人蒙蔽，贻害群生。自应俯如所请，准退监国摄政王之位。"之后命载沣仍以醇亲王的身份退归藩邸，不再预政，每年赏给俸银五万两，由皇室经费开支。并明确："今后用人行政，均责成内阁总理大臣、各国务大臣，担承责任。今后所有颁布诏旨应请盖用御宝，并觐见典礼，予率同皇帝将事……。"至此袁世凯从监国摄政王手中接过了一切权力。

穷途末路

武昌起义的一声枪响

1840 年鸦片战争以后，帝国主义各国的侵略进一步扩大，中国逐步沦为了半封建半殖民地的社会。为了支付列强的赔款又满足自己的骄奢淫逸，清朝统治者对外妥协投降，对内横征暴敛。国内的阶级矛盾、帝国主义与中华民族的矛盾都空前激化。被压迫的各地群众奋起反抗，斗争风起云涌。

位居长江腹地的湖北武汉，素有"九省通衢"之称，是水路交通枢纽。列强各国早在这里辟租界，开商埠，办工厂，掠夺原料，倾销商品，严重阻碍了民族工商业的发展，导致农村经济破产，人民被迫走上革命的道路，革

《敬告我粤路各股东》

帝国主义为了进一步奴役中国人民和掠夺中国财富，从 19 世纪末以来就开始对中国进行铁路投资，争夺铁路的修筑权。粤汉铁路修筑时，帝国主义利用清政府的财政困难进行要挟，迫使清政府订立了铁路借款合同。根据合同，英、美、法、德等帝国主义掌握了铁路权。清政府公然出卖路权的行径，引发了群众的愤怒，从而爆发了轰轰烈烈的保路运动。

命团体和革命思想的宣传也异常活跃。1904 年 7 月，武昌出现了第一个革命团体"科学补习所"，随后日知会、文学社、共进会等秘密革命组织陆续成立。湖北革命党人更是深入新军，宣传革命，在士兵中发展革命组织，开展了长期艰苦的工作。到武昌起义的前夕，新军中已有三分之一的人众参加了革命组织，成为起义的主力军。1911 年，四川成都爆发保路风潮，清政府武力镇压，造成成都血案。当时卖国求荣的清政府为取得外国的支持以维护其统治，把广东、四川、湖北、湖南等地的商办铁路全部收归国有，然后再卖给外国。粤汉、川汉铁路是沟通南北和深入内地的两条重要干线，因而成为帝国主义争夺的目标。但此前四川修筑铁路的股金，不仅来自绅士、商人、地主，还有农民，而且农民购买的股份占很大比例。清政府颁布"铁路国有"政策以后，又拒不归还四川的股金，因此招致了四川各阶层，尤其是广大城乡劳动人民的反对，从而掀起了轰轰烈烈的保路运动。为了扑灭保路风潮，清廷派出了渝汉铁路督办、钦差大臣端方率领部分湖北新军入川，协助四川清军镇压。

湖广地区的革命党人趁此机会，开始策划在武昌和长沙伺机起事。9 月 14 日，文学社与共进会在武昌举行联席会议，推蒋翊武为临时总司令，孙武为参谋长。9 月 24 日，他们再次开会，制定了起义计划，决定 10 月 6 日

（农历八月十五日）湘鄂两省同时发难，发动起义。但是革命党人的活动被湖北当局察觉，开始加强警戒，并宣布八月十五不放假。另外9月28日，湖南共进会领导人焦达峰函告武昌起义指挥部，湖南准备未足，请展期十天。起义日期不得不推迟到10月16日。10月9日，孙武在汉口俄租界宝善里革命总机关赶制炸弹时不慎爆炸，文件全被俄国巡捕搜走，机关暴露。蒋翊武得知此消息后，立即召集紧急会议，决定当晚起义。但因命令未能及时送到，起义也没有实现。10月10日上午，湖广总督瑞澂下令按册搜捕党人，武昌革命党人的机关遭到破坏，形势十分危急。

紧急关头，新军中的革命党人自动联络。当天晚上7点以后，工程第八营革命党的总代表、后队正目（相当班长）熊秉坤领导该营首先发难。他率领十多名革命士兵直奔楚望台军械库，守库的本营左队士兵鸣枪配合，顺利占领了楚望台。工程营左队队官（相当连长）吴兆麟则被推为临时总指挥。夜里11点左右，革命军以工程营为主力，分三路向督署发起猛攻，遭到了千余守军强大火力的阻击。午夜时分，又发动了第二次进攻，总督瑞澂闻听炮声早就吓得从督署后墙凿洞逃走了。次日凌晨革命军发动第三次进攻时，终于攻下了督署。武昌起义取得了胜利。

11日晚及12日凌晨，革命军又先后占领了汉阳、汉口，武汉三镇完全光复。消息传出，全国和全世界为之震动。

武装起义胜利后，湖北军政府随即于11日在武昌宣告成立。但是由于原来的起义领袖被捕、被杀、受伤或逃匿，群龙无首，加上革命党人没有认识到掌握领导权的重要性。因此他们犯了一个致命的错误，即认为只有社会上有"名望"的人才能号召组织政府，于是拥戴新军第二十一混成协统领黎元洪为军政府都督，而湖北咨议局议长、立宪派首领汤化龙为总参议。谁想黎元洪就职后，军政府立即被改组，立宪派分子和反动官绅们纷纷挤进了革命政府中担任要职。革命党人虽然赢得了武昌起义的胜利，但却未能扭转以黎元洪为首的旧官僚和立宪党人控制湖北军政府的局面。

湖北军政府成立后，立即宣布废除清朝宣统年号，改国号为中华民国。紧接着又公布了《中华民国鄂州约法》，规定主权属于人民。资产阶级共和国的理想，第一次在中国用法律的形式固定下来。此外军政府发布各种文告，号召各省起义，促进了革命的继续发展。而在外交方面，军政府则宣布所有清政府以往与各国缔结的条约继续有效，并且在华既得利益"一体保护"，表示革命"并无丝毫排外性质"。这充分暴露了资产阶级的软弱性和妥协性。

武昌起义胜利以后，引起了帝国主义和清王朝的极大震恐。迫于中国当时的革命形势，列强们一方面宣布"严守中立"，一方面又派军舰集结武汉江

历史细读

黄兴，中国资产阶级民主革命家。二十二岁中秀才，1898 年入武昌两湖书院学习，是中华民国的开国元勋。辛亥革命时期，时人多称其为黄克强。黄兴与孙中山常被时人以"孙黄"并称，1916 年 10 月 31 日在上海去世。

面，做好武装干涉的准备。清廷则于 10 月 12 日派陆军大臣荫昌率北洋新军两镇南下进攻革命军。14 日决定再度起用北洋军阀头子袁世凯，委任他为湖广总督，督办"剿抚"事宜。袁世凯想趁机攫取更大更高的权位，以"足疾未瘥"为由假意拒绝出任。直到清廷委他为钦差大臣，给他统率水陆各军的大权，他才出山。革命军维持住了与清军隔江对峙的局面。

虽然武汉地区革命党人的军事在清廷军的打击下屡屡遭到挫折，但武昌起义造成的革命形势是反动力量无法扭转的。武昌起义之后，短短一个多月的时间，全国就有十四个省先后宣告"光复"和独立，革命风暴席卷神州大地，最后推倒了清王朝的腐朽统治。可以说武昌起义结束了中国两千年的封建帝制，使中国进入了一个新时代。

国父孙中山

孙中山，幼名帝象，学名文，字德明，号日新，后改号逸仙，旅居日本时曾化名中山樵，因以"中山"为名。孙中山使用过不少名字，多数都是为了宣扬革命或摆脱通缉而取的，有的则在于表达人生期望，比如陈文、山月、杜嘉偌、公武、帝朱、高达生、吴仲等化名，以及杞忧公子、中原逐鹿士、南洋小学生、南洋一学生等笔名。1912 年民国成立之后，他于所有公私档案均以"孙文"署名。

同治五年十月初六（1866 年 11 月 12 日），孙中山出生在广东省香山县（今中山）翠亨村的一个农民家庭。七岁的时候，进入私塾读书。1879 年，十四岁的孙中山受长兄孙眉接济，跟随母亲乘着轮船远赴夏威夷，始见"沧海之阔，轮舟之奇"。在夏威夷，孙中山在英国国教会开办的意奥兰尼书院中修读了英语、英国历史、数学、化学、物理、圣经等科目。1881 年毕业时，孙中山获得了夏威夷王亲自颁发的英文文法优胜奖。之后他又进入当地最高

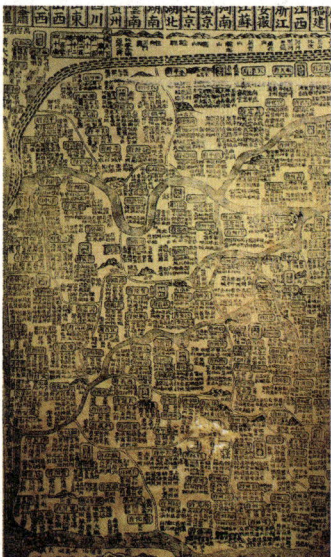

清末二十省地图
此图为清代末年所绘的地图，地图上标明了清末的二十个省、一百八十一个府、二百六十二个州和一千三百四十个县。

学府、美国教会学校"奥阿胡学院"（相当于中学程度）继续学业。1883 年冬天，孙中山来到了香港，与陆皓东一同于公理会受洗入基督教，并就读于拔萃书屋（今拔萃男书院）。第二年进入中央书院（今皇仁书院）。接着又进入香港西医书院，这正是香港大学的前身。在西医书院，孙中山以首届毕业生中第二名的成绩毕业，并获得了当时的香港总督威廉·罗便臣亲自颁发的奖状。之后他在澳门、广州等地行医。

最开始的时候，孙中山并没有想到革命。他在 1894 年给李鸿章上万言书，提出多项改革建议，但被李鸿章断然拒绝。失望之余，孙中山于 11 月 24 日赴檀香山募款组织兴中会，提出了"驱逐鞑虏，恢复中华，创立合众政府"的口号，企图以排满思想为其革命事业铺路。1895 年，孙中山到达香港，会见了旧友陆皓东、郑士良、陈少白、杨鹤龄等人，并于该年 2 月在中环士丹顿街 13 号正式成立了"香港兴中会总会"，终于将理想付诸实施。其时杨衢云、谢缵泰等人已先以"开通民智，改造中国"为宗旨，创立了"辅仁文社"，孙中山因为两个社团志业相近，于是与辅仁会社接洽，杨衢云等欣然同意举全社并入兴中会，并租定总会所一处，托名"干亨行"。自此以后，香港便成为革命党人的重要活动基地。

1895 年 3 月 16 日，兴中会首次干部会议决定先攻取广州作为根据地，并采用陆皓东所设的青天白日旗作为起义军旗，即分工展开各种活动，孙中山主持前方发难任务，杨衢云主持后方支援工作。孙中山进入广州之后，就积极创办了农学会作为起义的领导机关，广征同志，定于重阳节（10 月 26 日）为起义之日。但是由于事先泄密，起义以失败告终，陆皓东等多数成员被捕牺牲，孙中山则被清廷通缉，同时被香港当局驱逐出境，不得不流亡海外。这一年的 11 月，孙中山来到日本，剪掉了辫子，改穿上了西服。

1896 年初，孙中山与妻儿抵达夏威夷，再转往美国，希望在旅美华侨中发展兴中会事业。但是到了秋天，在孙中山身上发生了一件令国际关注的事件。就在他转往英国伦敦的时候，当地清廷特务将其缉捕入中国使馆。英国政府慑于舆论压力，迫使清使馆释放了孙中山，这件事后来被称为"伦敦蒙难记"。

第二年孙中山经由加拿大，又辗转来到了日本，并先后结识了宫崎寅藏、平山周。这二人后来都变成了孙中山的长期支持者。此后他一直在中国与日本之间辗转，目睹了八国联军入侵的屈辱和广东起义的失败。

前几次起义虽然没有成功，但是为孙中山后米的革命事业积累了宝贵的经验。1903 年夏，孙中山在日本青山开办革命军事学校，改革命誓词为"驱除鞑虏，恢复中华，建立民国，平均地权"。同年 9 月，孙中山再次回到檀香山，希望能够在华侨中发展革命。其后的两年之间，为了能够得到资金和人员上的支持，并宣传自己的革命思想，孙中山在欧美各国以及日本之间不断地奔走。

1905 年 8 月，在日本人内田良平的牵线下，结合孙中山的兴中会、黄兴与宋教仁等人的华兴会、蔡元培与吴敬恒等人的爱国学社、张继的青年会等组织，在日本东京成立了中国同盟会，孙中山被推为同盟会总理，确定了"驱除鞑虏，恢复中华，建立民国，平均地权"的革命政纲，并将华兴会机关刊物《二十世纪之支那》改组成为《民报》。在《民报》的发刊词上，明确提出了"三民主义学说"。

在孙中山的论述中，三民主义即民族主义、民权主义、民生主义。民族主义要求推翻清政府；民权主义要求建立民主立宪的共和制度，建立中华民国；民生主义要求实现近代化，同时平均地权，节制资本。这种鲜明的革命政治立场，在国内外引起了强烈的反响，也激起保皇派以及改良派的激烈反对。双方围绕是否要用革命手段推翻清王朝、是否要建立民主共和国、是否要实行平均地权的社会革命等方面进行了激烈的争论。革命派主要是以同盟会的机关报《民报》为基地，改良派、保皇派主要是以梁启超的《新民丛报》为基地。

清政府对孙中山在日本的活动十分仇视，为此不断向日本政府提出交涉。1907 年，日本政府因迫于清廷的压力，逼迫孙中山离开日本。之后孙中山在各国华侨、留学生中大力宣传革命，并筹划革命经费。在他的努力下，革命思想得到了广泛的传播，同盟会及其周边组织获得了快速的发展。1910 年同盟会美洲地区总会成立，更多的华侨参与到革命之中。

在宣传革命的同时，孙中山仍然不忘发动武装起义。就在武昌起义的同年，他还组织发动了黄花岗起义。孙中山没有参与武昌起义，因为当时他还在美国，是在报纸上看到武昌起义的消息。他说："武昌之功，乃成于意外。"1911 年 12 月 25 日，孙中山回到了上海，并在 29 日被推选为中华民国

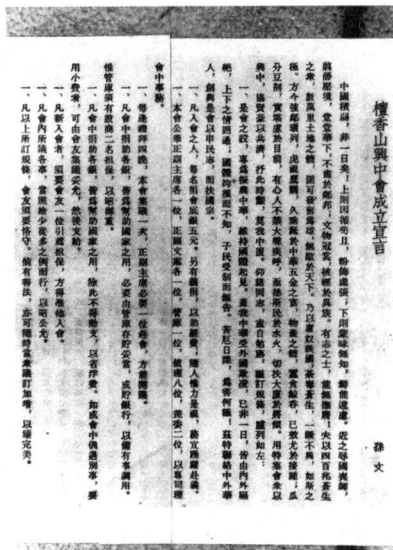

《兴中会宣言》
兴中会是清末由孙中山及赞同其主张的进步华侨创立的中国最早的资产阶级革命团体。宗旨是"驱除鞑虏，恢复中华，创立合众政府"。兴中会不同于反清的旧式会党，是一个以在中国开展资产阶级民主革命为目标的政治集团。

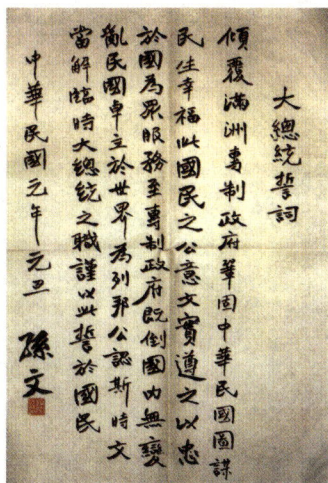

《大总统誓词》
1912 年 1 月 1 日，孙中山宣誓就职，定国号为"中华民国"，改用公历。此图是孙中山就职中华民国临时大总统时宣读的誓词。

临时大总统，于 1912 年 1 月 1 日（辛亥年十一月十三日）在南京宣誓就任。

孙中山虽然就任临时大总统，但是领导的临时政府实力有限。虽然大部分省份已经脱离了清政府的控制，可是临时政府的军队无论在装备与士兵素质上，都与清朝的北洋军有着较大的差距。而在此时，外国的军舰驶进长江，耀武扬威，并在边境上部署了大量的兵力。同时帝国主义加紧对南京政府实行经济封锁，海关税收分文不给，致使南京临时政府财政十分困难。而当时很多革命党人对袁世凯也抱有一定的幻想。孙中山在各方压力下，也为了早日实现共和，被迫做出了一个重要决定，那就是与北洋军的统帅袁世凯和谈，希望通过给予袁世凯临时大总统的职位，用袁世凯的力量结束清政府的统治。最终双方达成协议，孙中山的临时大总统由袁世凯接任，袁世凯须以实际行动迫使清朝皇帝退位。

1912 年 2 月 12 日，早已没有权力的清朝皇帝接受袁世凯的条件，下旨逊位。在中国延续了两千多年的封建帝制结束了。2 月 13 日，孙中山辞去临时大总统职位，袁世凯接任。

大清王朝退出历史舞台

戊戌变法虽然以失败而告终，但是六君子以性命换变法却也敲响了大清王朝的丧钟。

从 1897 年，也就是光绪二十三年爆发义和团运动开始，全国就拉开了反帝反封建的爱国运动序幕。1911 年的辛亥革命，极大地鼓舞了全国各地人民的革命斗志，湖南、陕西、江西、山西、云南、贵州、浙江、江苏、广西、安徽、四川，以及福建、广东等各省相继宣布脱离清政府独立。大清王朝终于走向了末日，一去不返。

随着孙中山从海外回到上海，众望所归地被各省代表一致推举为民国临时大总统，清朝皇帝何时退位也被提上了日程。1912 年元旦，孙中山在南京宣誓就职，中华民国正式成立了。两天以后，中华民国临时政府也宣告成立了。

在孙中山就任大总统之前，清政府所依赖的袁世凯的北洋军和南方的革命军在英国驻华公使朱尔典的调停下进行了和议。当时南方的代表是伍廷芳，北方代表为唐绍仪，双方从 1911 年的 12 月 18 日到 31 日在上海共举行了五次会谈，主要议题是在中国实行君主立宪还是民主共和。南京临时政府成立

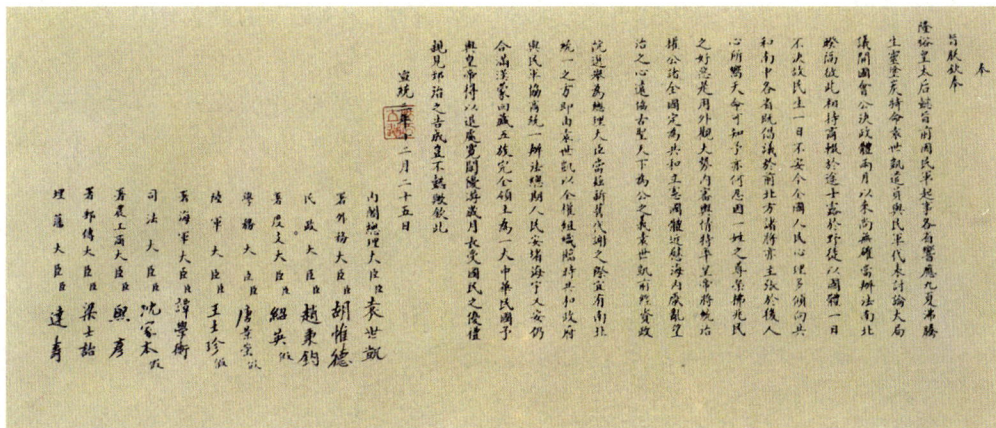

清帝退位诏书

清帝退位诏书的颁布，标志着清王朝的灭亡，从此在中国延续了两千多年的封建专制制度宣告结束。

之后，帝国主义列强开始对革命党人施加压力，孙中山因为无法顶住中外反动势力的压迫，同时也无力冲破革命阵营内部妥协势力的包围，被迫于 1912 年 1 月 15 日致电和谈代表伍廷芳，要他转告袁世凯，"如清帝实行退位，宣布共和，则临时政府决不食言，文即可正式宣布解职"。也就是说，如果袁世凯可以令清帝退位，孙中山会自行将大总统的位置让给袁世凯。

野心勃勃的袁世凯见大总统的宝座可以抢到手，就马上利用革命的威势向清廷逼宫。1912 年 1 月 16 日，袁世凯率全体阁员上奏，要求皇太后和皇上召集皇族成员秘密召开会议，统筹全局，速定方针。赵秉钧秉承袁世凯的意旨，提出一个方案，主张同时取消南京临时政府和北京君主政府，在天津另组一个统一政府。袁世凯的真实目的是想通过用这种方法既逼迫清帝退位，又能推倒南京临时政府，最后大权由他独掌，结果却遭到了各位大臣的反对。南京临时政府也反对袁世凯一伙提出的在天津组阁的方案，立即打电报给袁世凯，提出了四项条件：第一是清帝退位并放弃一切主权；第二是清帝不得干预临时政府组织事宜；第三就是临时政府地点须在南京；第四是孙总统须俟列国承认临时政府，国内改革成功，和平确立，方行辞职。而袁世凯在就职以前，则不允许干预临时政府的一切事务。

阴险狡诈的袁世凯为了摆脱自己的窘境，立即在暗中加紧逼宫。在他的授意之下，不少省督和驻外官员都纷纷电奏，要求清廷实行共和。1 月 26 日，实权派人物良弼在回家途中被革命党人彭家珍炸伤后，被袁世凯害死，更使王公贵族惶惶不安。2 月 5 日，南京参议院通过优待条例和张謇起草的《清帝退位诏书》。经过南北双方的多次磋商，于 2 月 9 日确定了"八项"优待条件：一、清帝退位后，其尊号仍存不废，中华民国以待各外国君主之礼相待；二、退位后的清帝费用每年四百万元，由中华民国拨给；三、清帝暂住紫禁城，日后移居颐和园；四、宫内侍卫人员照常留用，以后不得再招阉人；五、其宗庙陵寝，由中华民国酌设卫兵妥慎保护；六、其奉安典礼，仍如旧制，所有实用经费则由中华民国支付；七、原来清帝的私有财产，由中华民国负责保护；八、原禁卫军归民国陆军部编制，数额、俸饷仍如其旧。隆裕太后接受了这些条件，1912 年 2 月 12 日（清宣统三年十二月二十五日）颁发了《清帝退位诏书》，宣统皇帝正式退位，在中国延续了两千多年的封建帝制正式宣告结束，大清王朝退出了历史舞台。

时代影响下的清朝文化艺术

　　1644 年至 1911 年，是我国封建社会的最后一个王朝满清王朝的统治时期，中华文化艺术也在这两百多年间开花结果，取得了丰硕的成果，并且随着这个封建帝国的兴盛与衰落被打上深刻的时代烙印。

康熙帝南巡图卷·江南贡院

康熙帝在统治时期，推行科举考试的政策，期望能将那些富有学识之士收为己用。他的这项政策收效显著。图中所示即是大量前往贡院求取功名的儒生。

尊崇汉文化

《康熙字典》

清朝入关之后，中原民众进行了激烈反抗，久久没有平息。当初同样作为少数民族入主中原的蒙古族，虽然拥有强大的武力，但因其吸收汉文化不多而很快灭亡。清朝为巩固其统治，不得不提倡汉文化。从康熙帝撰修《康熙字典》到乾隆帝时编纂《四库全书》，蔚为历代著述的总汇。汉学的兴起，以训诂名物为依归，带动了当时历史学、地理学、金石学、语言文字学及目录学等学科的发展。至乾、嘉年间，学者著述如林，成为宋代以后又一个学术繁荣时期。

康熙帝是一个喜爱读书、著书、编书、印书的皇帝，本身的汉文化修养就很高。他在位期间主持编纂了《康熙字典》《古今图书集成》《律历渊源》《全唐诗》《清文鉴》《广群芳谱》《子史精华》《皇舆全览图》等，总计六十余种，二万余卷，可见他对于文化的重视。所以康熙时代是一个文化发展的时代。

《康熙字典》是由张玉书、陈廷敬等三十多位著名学者奉康熙帝圣旨编撰

历史细读

清代的翰林院因袭明制，设置掌院学士两人，满、汉各一人，从二品，是侍读学士以下诸官之长，其他翰林官设置多因明制。而自康熙时起，掌院学士历由殿阁大学士兼领，地位更加突出。按照清制，翰林官不仅升迁较他官为易，而且南书房行走及上书房行走例由翰林官为之，因而与皇帝、皇子及近支王公有较多的接近机会，故多有优待厚遇。科举考试也均由翰林官主持，因此形成座师制度，使翰林影响延伸至各个领域。翰林在知识界享有崇高的声望。清代翰林制度最为完备，是集历代之大成的产物。

的一部具有深远影响的汉字辞书。该书的编撰始于康熙四十九年（1710 年），成书于康熙五十五年（1716 年），历经六载始成。

《康熙字典》主要依据明朝的《字汇》《正字通》两书，然后加以增订。《字典》采用部首分类法，按笔画排列单字。《字典》分为十二集，以十二地支标识，每集又分为上、中、下三卷，并按韵母、声调以及音节分类排列韵母表及其对应汉字。共收录汉字四万七千零三十五个，为汉字研究的主要参考文献之一。比起《字汇》与《正字通》，《康熙字典》做了一番"辨疑订讹"的功夫，可以看做是历代字书的集大成之作，具有很高的学术水准，在很长一个时期内是我国收字最多的一部字典（直到 1915 年《中华大字典》出版，收字达四万八千余字，才超过了它）。它举实例以方便理解，除了僻字僻义以外，它又差不多在每字每义之下，都举了例子。这些例子又几乎全都是引用的古书，所以可以满足读者阅读和研究古典文献的需要。康熙年以前的字典，有汉朝的《说文解字》、唐朝的《广韵》、宋朝的《集韵》、元朝的《韵会》、明朝《字汇》和《正字通》等，虽然各具特色，却各有不足。因此《康熙字典》可以说是一部博采众家之长，反映当时大一统时代经济文化繁荣的新字典。

康熙三十七年（1698 年），陈梦雷主持编修《古今图书集成》。因涉及耿精忠案而贬戍辽东的陈梦雷，被赦还京后侍皇三子允祉，为王府词臣。他奉命类纂古今图书，到康熙四十五年（1706 年）编成了三千六百卷的名为《古今图书集成》的浩瀚巨著。雍正帝嗣位后，复命户部尚书蒋廷锡主持重编，至雍正四年（1726 年）告成，全书共有一万卷。武英殿修书处以铜活字印刷

《康熙字典》书影

《康熙字典》共十二集，是中国古代收字最多的字典。原名《字典》，康熙五十五年（1716年）改名为《康熙字典》。

纪昀画像

纪昀，乾隆十九年（1754年）中进士，官至翰林院侍读学士。纪昀博览群书，以学问文章名重朝野，先后参与了《热河志》《历代职官表》《河源纪略》《八旗通志》及《四库全书》等书的编纂。

六十四部，每部五千零二十册。全书从古代文献选辑资料，分类编录，共分六编、三十二典、六千一百零九部。每部所录资料，依文献时间顺序，逐条著录，注明出处。起自上古，止于康熙朝。本书以类相从，较之《永乐大典》的依字韵编排，更便于检索。时至今日，仍是现存最大的类书，也可说是中国古代的一部大型百科全书。

同样对文化极为热爱的乾隆皇帝继位以后，认为《古今图书集成》式的类书，限于体裁，不能将书籍原文全部收入，难免割裂。因此主张将所有图书，分别收入经、史、子、集四库，编纂成大型的丛书，定名为《四库全书》。

乾隆三十八年（1773年），正式开设《四库全书》馆，由郡王永瑢、大学士刘统勋、于敏中任总裁，兵部侍郎纪昀、大理寺卿陆锡熊为总纂官，主持编务。《四库全书》的编纂吸纳了不少当时的著名学者，如陆费墀、戴震、邵晋涵、王念孙、姚鼐、翁方纲、周永年、朱筠、任大椿、金简、程晋芳等都曾入馆，分任编务。而先后参加编校工作的人员更是达到了将近四千人，可谓工程浩大。直到乾隆五十二年（1787年），编辑缮写才告完成。

收入全书的图书来自不同的途径。各地征集者称"采进本"，私家送呈者为"进献本"，宫中所藏称"内府本"，清帝敕令编纂者称"敕撰本"，从《永乐大典》辑出者为"永乐大典本"。先后共收入从先秦至乾隆年间的典籍三千四百六十一种，七万九千三百零九卷，分装三万六千三百零四册。编纂完成之后抄成七部，分藏于皇宫文渊阁、圆明园文源阁、盛京（今沈阳）故宫文溯阁、承德避暑山庄文津阁、镇江金山寺文宗阁、扬州大观堂文汇阁和杭州圣因寺文澜阁。南方三阁的藏书可供士人阅读。现今仍有四部流存，分别藏于北京、兰州、杭州和台北。

《四库全书》的编纂，使全国许多图书遭到了禁毁。由于《四库全书》由乾隆帝敕纂，为了维护清王朝统治的需要，名为"稽古右文"，实则"寓禁于征"，大量搜罗、查禁、删改、销毁书籍。根据流传至今的几种禁毁书目和有关档案记载，全毁书有二千四百多种，抽毁书四百多种，铲毁、烧毁书版七八万块。同时编纂期间还大兴文字狱，十年内竟有四十八起。但收入全书的大量图书都因而得以保存和流传，仍是对学术文化的一大贡献。

《四库全书》的主要编纂官员包括：

纪昀，字晓岚，河北献县人，当时的著名学者。他朝夕筹划，校勘鉴别，进退百家，钩沉摘隐，与陆锡熊等人一起完成了《四库全书总目提要》的撰写，成为我国学术考证、典籍评论及版本考核、文献钩稽的集大成之作。纪昀本人就是个著名的藏书家，藏书之处称"阅微草堂"。其藏书呈献《四库全书》馆后，收入者达一百零五种，一千八百六十八卷，入存目四十一种。

戴震，字东原，安徽休宁人。戴震学问渊博，识断精审，思想邃密，是乾隆朝最著名的思想家和汉学的代表人物。他因博闻广识而破例被允许以举人身份供职于《四库》馆，担任《四库全书》的辑校工作。

陆锡熊，字健男，上海人。《四库全书》的总纂官。因为他的工作卓有成效，受恩赏尤多。乾隆五十二年（1787年），有官员指责《四库全书》中有诋毁朝廷字句的书籍，乾隆帝大怒，命陆锡熊和纪昀负责重新修正，并由他两人分摊

永瑢像

此图为宫廷画家华冠创作的永瑢肖像，作此肖像时，永瑢三十二岁，担任《四库全书》馆的总裁两年有余。

名家评史

　　乾隆朝的纂修《四库全书》，是许多人颂为一代之盛业的，但他们却不但搅乱了古书的格式，还修改了古人的文章。不但藏之内廷，还颁之文风较盛之处，使天下士子阅读，永不会觉得我们中国的作者里面，也曾经有过很有些骨气的人。

——鲁迅《病后杂谈之余》

费用。当时正是隆冬时节，陆锡熊因为身患重病，终因心力交瘁而死在重校《四库全书》的任上。

　　永瑢，乾隆帝第六子，号九思主人。乾隆末年被封为质亲王。他工诗文，能书善画，书法得徐浩笔意，山水学王时敏，花木师陆治，并上窥宋元诸大家，其花卉画古淡苍逸，著有《九思堂诗钞》。《四库全书》馆正式成立后，乾隆特别命永瑢与大学士兼军机大臣刘统勋等为最高执行官，负责馆内的一切事宜。他的任命一方面是为了表示对该项文化工程的重视，另一方面也为了加强对编纂工作的监督。

　　经过一大批学者的努力，《四库全书》取得了很大的成功。就丛书本身而言，虽然由数千人抄写，但字体风格端庄规范，笔笔不苟，如出一人。所以无论从内容上还是从形式上看，《四库全书》都具有十分难得的研究、收藏和欣赏价值。后几经战乱，所抄写的七部损毁过半，更使这套丛书成为举世无双的无价之宝。

文学

巅峰之作《红楼梦》

　　我国古典小说有四大名著之说，其中《红楼梦》更被视为是巅峰之作，对后世影响极为深远。

　　《红楼梦》成书于乾隆年间，又名《石头记》《风月宝鉴》《金陵十二钗》，流传于世的有多种版本。一般认为，前八十回为曹雪芹所作，后面部分为高鹗所补。

史湘云醉卧芍药花
《红楼梦》描写了贾宝玉与林黛玉之间的爱情悲剧，是我国古典小说的巅峰之作，代表了清代文学的最高成就。此图出自清代费丹旭的《金陵十二钗图》，表现的是史湘云醉卧芍药花的场景。

曹雪芹，名霑，字梦阮，号雪芹，又号芹圃、芹溪。其先祖本为汉人，后来做了满洲正白旗包衣（家奴）。曹雪芹的曾祖父曹玺曾任内廷二等侍卫。按照清朝的制度，皇子、皇女出生后会在内务府三旗即镶黄、正黄、正白三旗包衣妇人当中挑选奶妈和保姆，于是康熙帝玄烨出生后，曹玺的夫人孙氏被选为保姆，从此曹家与皇室建立起了极为密切的关系。

曹玺的儿子曹寅，十七岁时就当上康熙帝的侍卫。康熙二十九年（1690年），曹寅出任苏州织造，两年后又调任江宁织造。从此曹寅和他的儿子曹颙、继子曹頫连任江宁织造近四十年，曹雪芹幼年时可以说生于荣华，长于富贵。但是到了雍正初年，由于封建统治阶级内部斗争的牵连，曹家遭受多次打击，曹頫被革职入狱，家产抄没，举家迁回北京，家道从此日渐衰微。这样巨大的转变让曹雪芹深感世态炎凉，更清醒地认识了当时的社会。能诗会画的他，披阅十载，增删五次，在贫困与郁郁不得志中写出了把中国古典小说创作推向巅峰的文学巨著《红楼梦》。据说乾隆二十七年（1762年），曹雪芹幼子夭亡，他过度忧伤和悲痛，于除夕之夜在贫病交加中逝世，连入葬的费用都是由好友资助的。

虽然曹雪芹一生坎坷不平，但他的《红楼梦》却是中国文学史上的不朽作品。《红楼梦》以贾宝玉、林黛玉、薛宝钗之间的爱情婚姻悲剧为中心，详细描述了贾府这个封建大家族由盛而衰的全过程。他真实地描写了生活在现实社会关系中的贾宝玉的爱情婚姻悲剧。林黛玉和贾宝玉相爱，但林黛玉羸弱的身体、孤傲的性情以及衰落的家境，是贾母不能接受的。虽然贾宝玉不肯"留意孔孟之间，委身于经济之道"，这与薛宝钗理想中的丈夫是功名富贵中人形成了鲜明的对比。但贾家经济日益困顿，家庭矛盾又错综复杂，不仅

黛玉葬花

林黛玉寄居在贾府中，自怜之心常在，见落花而联想到自己，于是把花比喻成自己。她葬花的行为实际上是把贾府乃至封建社会比喻为污淖，表现了她不甘沉灭，又无力摆脱封建礼教的凄苦境遇。

渴望薛家金钱的支持，而且急需能干的薛宝钗来治理家庭。林黛玉在贾宝玉与薛宝钗成婚之日悲恸而逝，而贾宝玉最终也遁入空门。

曹雪芹把这一切最后归结为人生的悲凉与无奈，神瑛侍者和绛珠仙子的神话、主宰人间风情月债的太虚幻境、似有若无的甄宝玉和来去无踪的茫茫大士、渺渺真人，皆是例证。他敏锐地感受到了旧社会已经无法维持，却没有提出解决的办法。曹雪芹的思想也因此有着深刻的苦闷，他的孤独也成为伟大的孤独。

《红楼梦》在艺术上取得了很大的成功，当时就有人这样评论："开谈不说《红楼梦》，读尽诗书也枉然。"不过对于其主旨，向来是众说纷纭，莫衷一是。曹雪芹曾有诗云："满纸荒唐言，一把辛酸泪！都云作者痴，谁解其中味？"而鲁迅先生也曾经这样说道："经学家看见《易》，道学家看见淫，才子看见缠绵，革命家看见排满，流言家看见宫闱秘事。"这也是《红楼梦》有着长久艺术魅力的重要原因。

另外由于对当时的政治礼教乃至服饰穿戴、饮食药膳、建筑亭阁、舟车行轿，还有上至皇妃下至奴仆的众多人物的生动描写，《红楼梦》也被誉为中国古代社会的百科全书。

小说和戏曲

文学发展到清代，可以说集封建文学发展之大成，是三千年古代文学的一个光辉总结。综合了以往各朝各代，各种样式、各种体裁的文学形式，最为完备，异常繁富，甚至可谓驳杂。一方面元明以来新兴的小说、戏曲，进入清朝之后依然蓬勃发，另一方面元明时期本来已经呈现弱势的诗歌、古文，甚至沦为陪衬的词与骈文，到了清代后却都又重新振兴起来，并获得发展。以往各代曾经盛行过、辉煌过的文学样式，到了清代全都可以在文坛上找到自己的一席之地，小说、戏曲、诗歌、散文、词等，都有值得称道的作品。

清代的小说创作成果丰硕，曹雪芹的《红楼梦》、吴敬梓的《儒林外史》和蒲松龄的《聊斋志异》是其中的杰出代表。而它们的出现，也代表着中国古代白话小说和文言小说艺术的最高成就。清代小说的特点在于所反映的生活层面更加广阔，高超的语言艺术和深刻的社会认识，在艺术成就上达到了中国小说的顶峰。在这些小说中，我们可以看到上至封建统治集团人物，下及社会底层的劳动群众，故事情节也常常在日常生活的场景中展开。比如《红楼梦》，可以说是中国封建社会生活的百科全书。《儒林外史》则独特地选择了知识分子这个社会阶层作为描写对象，通过对他们的生活遭遇和精神境界的描绘，入木三分地揭露了科举制度的弊端和罪恶。

《聊斋志异》是中国古典短篇小说之巅峰，它题材广泛，内容丰富，以谈狐说鬼的手法来批判现实社会的腐败和黑暗。其艺术成就高超，所塑造的众多的艺术典型，形象鲜明，至今已家喻户晓。故事情节曲折离奇，结构布局严谨巧妙，文笔简练，描写细腻。作者蒲松龄，字留仙，出身于一个家道中落的地主家庭，虽然是书香世家，但功名不显。蒲松龄十九岁的时候以县、府、道三个第一考取秀才，以后却屡试不中。三十一岁时他离乡南游，欣赏了南方的自然山水、风俗民情，同时见识了官场的腐败、人民的痛苦，还结交了一些南方下层歌女，对他后来的创作影响巨大。蒲松龄一生热衷科举，却终身郁郁不得志，七十二岁时才补了一个岁贡生。他大半生都在广泛搜集精怪鬼魅的奇闻异事，然后将其融入到自己的生活体验之中，创作出了文言短篇小说集《聊斋志异》。小说以幻想的故事反映现实，寄托了作者的理想。

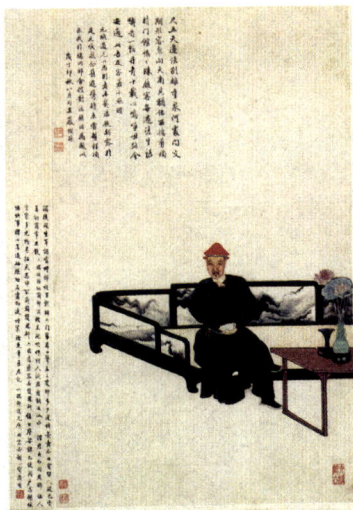

纳兰性德像

纳兰性德是清代享有盛名的大词人之一，与阳羡派代表陈维崧、浙西派掌门朱彝尊并称"清词三大家"。纳兰性德的词作内容涉及爱情友谊、边塞江南、咏物咏史及杂感等方面，清新隽秀、哀感顽艳，缘情而绮旎，备受好评。

清明上河图卷·观戏场景

此图为清代陈枚、孙祜、金昆等所绘。南方戏曲北移后,逐渐改进,适应了京城观众的审美趣味,受到人们的普遍欢迎。上图表现的就是观众驻足欣赏戏剧表演的场景。

《儒林外史》是清代另一部杰出的长篇小说,主要描写封建社会后期知识分子及官绅的活动和精神面貌,开创了讽刺小说的高峰。这部小说虽然在故事情节上没有一个主干,但是反对科举制度和封建礼教毒害的主题却贯穿其中。书中讽刺了清朝社会因为热衷功名富贵而造成的极端虚伪、恶劣的社会风习。整部小说语言准确、生动、洗练,人物形象丰满、栩栩如生,讽刺手法出色,获得了巨大的成功。它的作者吴敬梓,字敏轩,安徽全椒人,生于康熙四十年(1701年),卒于乾隆十九年(1754年),年五十四岁。他幼年的时候聪颖异常,但二十二岁时由于父亲的去世改变了他的人生态度,家族内部因为财产和权力而展开了激烈的争斗,这场变故使得吴敬梓既无心做官,同时对虚伪的人际关系又深感厌恶,无意进取功名。由于他生性豪迈,不善持家,所以很快就将家产挥霍一空。雍正十三年(1735年)的时候,安徽巡抚赵国麟举荐他应"博学鸿词"科,但吴敬梓以生病为由推脱不去,从此移家金陵,成为了一代文坛盟主。

除此之外,清末的谴责小说是清代小说的代表。戊戌变法失败之后,出

现了大量以揭露社会黑暗、指摘政治腐败为主要
内容的小说。这类小说大都反映的是资产阶级改
良主义的政治要求。"四大谴责小说"为其代表，
包括李伯元的《官场现形记》、吴趼人的《二十年
目睹之怪现状》、刘鹗的《老残游记》和曾朴的
《孽海花》。

　　戏曲方面，明代的苏州曾经是戏剧创作与演
出的中心之一，到了清代以后仍有许多作家在这
里活动，出现了李玉、朱佐朝、毕魏、叶时章、
张大复等戏剧家。因他们大都是苏州人，所以称
之为苏州派，其中最有代表性的是李玉。李玉，
字玄玉，号苏门啸侣，又称一笠庵主人，他生于
明朝万历末年，卒于清朝康熙十年（1671年）以
后。他的父亲曾经是明朝大学士申时行府中的奴
仆，低贱的出身使他备受压抑，不得应科举，直

《桃花扇》插图

桃花扇是清初作家孔尚任的传奇剧本，共四十
出，舞台上常演的有《访翠》《寄扇》《沉江》
等几折。此剧通过男女主人公侯方域和李香君
的爱情故事，反映了南明灭亡的历史。

到明末始中副贡。入清后他无意仕进，于是毕生致力于戏曲创作和研究。他
在明亡前创作的戏剧，以"一笠庵四种曲"最为重要，四种曲即《一捧雪》
《人兽关》《永团圆》《占花魁》，合称为"一人永占"。《清忠谱》是李玉的代
表作。这部作品写明末东林党人周顺昌在苏州同阉党魏忠贤斗争，被逮下狱
后颜佩韦等人率众大闹府衙，要求释放周顺昌。周顺昌被押解往北京后仍大
骂魏忠贤，死于狱中。而曾经想营救他的颜佩韦等人也被杀害，最后以周顺
昌及颜佩韦等五人被平反雪冤而结束。《清忠谱》反映了明代天启年间阉党魏
忠贤迫害东林党人的历史事件，对于一些细节，李玉本人也都十分熟悉，并
且还收集了不少民间传说。他编写这个剧本，收集的材料极为完备。无名氏
《曲海总目提要》卷十九评价《清忠谱》"所写俱实事，犹足补史传之阙"。吴
伟业在《清忠谱序》中也说："逆案既布，以公事填传奇者数家，李子玄玉所
作《清忠谱》最晚出。独以文肃与公相映发，而事俱按实，其言亦雅驯。虽
云慎词，目之信史可也。"（公事指周顺昌事，文肃指另一东林党人文震孟）

　　清代戏曲的重要代表作还有《长生殿》和《桃花扇》。《长生殿》的作者是
洪昇（1645年—1704年），故事取材于唐代白居易的长诗《长恨歌》和元代剧
作家白朴的《梧桐雨》，讲述的是唐玄宗和贵妃杨玉环之间的爱情故事。但洪
昇的创作主题更为深刻，一是大量增加了当时的社会和政治方面的内容，描写
了唐朝天宝年间皇帝昏庸、政治腐败给国家带来的巨大灾难，导致王朝几乎覆
灭。二是改造和充实了爱情故事，表达了对唐玄宗和杨玉环的同情，也间接表
达了对统治者的同情，与对美好爱情理想的向往。《长生殿》不仅仅是一部爱情

剧作，而且也影射和探索了明代灭亡的教训。他的另一部作品《桃花扇》，也是通过爱情故事来反映南明的历史。

除了剧作之外，戏曲理论也有发展，出现了李渔的《闲情偶寄》这样影响深远的优秀杂著。书中"词曲部""演习部""声容部"都是李渔关于戏曲理论的论述，系统全面地讨论了戏曲创作中的各种问题，从结构、词采、音律、宾白、科诨、格局六个方面论述戏剧创作。

京剧，1840年前后形成于北京，也称"皮黄"，由"西皮"和"二黄"两种基本腔调组成，也兼有一些地方小曲调和昆曲曲牌。它行当全面、表演成熟，是近代中国戏曲的代表，被称为国粹。

"京剧"之名始见于光绪二年（1876年）的《申报》，但其渊源可追溯到清乾隆五十五年（1790年）安徽四大徽班进京。四大徽班除演唱徽调外，昆腔、吹腔、四平调、梆子腔亦用，可谓诸腔并奏。在表演艺术上广征博采，颇受京城观众欢迎。而秦腔艺人为了生计，也纷纷搭入徽班，形成了徽、秦两腔融合的局面，为徽戏艺术的进一步发展创造了有利条件。道光初年，先后又有著名汉剧老生李六、王洪贵、余三胜，小生龙德云等入京，分别搭入徽班春台和春班演唱。汉剧演员搭入徽班后，将声腔曲调、表演技能和演出剧目融于徽戏之中，使徽戏的唱腔板式日趋丰富完善。徽、秦、汉的合流，为京剧诞生奠定了基础。京剧是中国最大的戏曲剧种，其剧目之丰富、影响之深均为全国之冠。京剧讲究唱、念、做、打，角色可分为生、旦、净、丑四大行当，现今已经入选人类非物质文化遗产名录。

诗歌

诗歌在清代也达到了前所未有的繁盛，诗人数量之多，超过以往各朝，创作之富，也是历代诗人无法相比的。清政权入主中原，激化了民族矛盾与斗争，唤起了民族意识，反映到文学创作中就是激起了文人的创作才情，给文学注入了新的生命。富有民族精神和忠君思想的遗民诗人的沉痛作品，是清朝初年诗词的主旋律。即使一度仕清的文坛名流，也在诗歌里抒发家国之痛。所以在艺术形式上，有别于元代的纤弱、明代的肤廓和狭隘，发扬了唐、宋遗风，不断追求创新，改变了元明以来的颓势，使诗歌出现了新的繁荣。

清朝入关后的一段时间，诗坛最富有时代精神的诗歌是遗民诗人的作品，以顾炎武、黄宗羲、王夫之、吴嘉纪、屈大均、杜濬、钱澄之、归庄等人为代表。他们在民族矛盾异常尖锐的时期，心怀救世济民的思想，关注国家、民族的前途和命运，为复兴家国而奔走呼号，唤醒人心。遗民诗人的作品具有抒发家国之悲和同情民生疾苦的共同主题，恢复了诗歌的风骚传统和斗争精神。

由明入清的著名诗人则有钱谦益、吴伟业和龚鼎孳，被称为"江左三大家"。其中尤以钱谦益和吴伟业最为著名，居于诗坛领袖的地位，钱宗宋诗，吴尊唐调，二人各立门户，都是清代首开风气的诗人。钱谦益早年官至礼部侍郎，后来因为和温体仁争权失败而被革职。明末作为东林党人的领袖，极具影响力。他的诗歌把唐诗华美的修辞、严整的格律与宋诗的重理智相结合。代表作品《初学集》中的诗歌，愤慨党争阉祸，痛心内忧外患，也表达了失意之士的郁塞苦闷。而他在与一代风流才女柳如是的浪漫感情中所写的恋慕诗、唱和诗以及游黄山的一组诗歌，也都清新动人，山水诗则是不可多得的佳作。受他的影响，常熟产生了虞山诗派。清兵攻陷南京之后，钱谦益率南明小朝廷的文官降清，为礼部侍郎。但很快便告病辞官，并且与反清势力保持联系，支持和参与反清活动。但终究因为他在降清的问题上大节有亏，一直为人所诟病。

吴伟业像
吴伟业的诗歌多为哀时伤事的题材，富有时代感。钱谦益曾极口赞誉吴伟业的诗才，用"以锦绣为肝肠，以珠玉为咳唾"来形容吴伟业诗歌的风华绮丽。

吴伟业（1609年—1672年），字骏公，号梅村。他少年时"笃好《史》《汉》，为文不趋俗"，很受张溥的赏识，被收为学生。崇祯四年（1631年）中进士后授翰林编修，后任东宫讲读官、南京国子监司业等职。南明福王政权时拜少詹事，因为和马士英、阮大铖不合，任职仅仅两个月就辞官归里了。清人入关后，顺治十年（1653年），吴伟业为了保全家族，被迫赴京出仕。三年后奔母丧南归，从此隐居故里直至去世。吴伟业与钱谦益有很大的不同，他仇视农民起义军，对清统治者也一直没有好感，因此屈节仕清的事情一直自认为是"误尽平生"的憾事，在诗文中也有很多流露，所以感慨兴亡和悲叹失节是他诗歌的两大主题，反映山河易主、物是人非的社会变故，志在以诗存史。最为人们熟知的就是《圆圆曲》，此外还有《鸳湖曲》《琵琶行》《临淮老妓行》《永和宫词》等，关注人物在历史中的命运，风格上形成了"梅村体"。吴伟业在死前遗命以僧装入殓，要求在墓碑上只题"诗人吴梅村之墓"，表现了个人在历史变迁中难以自主的悲哀和对仕清的悔恨。

到了康熙中期，清廷笼络汉族文人的政策产生了明显的效果，社会也趋于稳定，诗坛出现了新一代的领袖，有被称为"南朱北王"的王士禛（后因避讳改为王士祯）和朱彝尊，以及"南施北宋"的施闰章和宋琬。王士禛博学好古，能鉴别书、画、鼎彝之属，精金石篆刻，在诗歌造诣上堪称一代宗匠，获得了"清代第一诗人"的称号，做了五十年之久的诗坛盟主。他的诗作清新蕴藉、刻画工整，散文和词也很出色。在诗歌理论方面他提出神韵说，以"不著一字，尽得风流"为作诗要诀。他曾为同是济南人的蒲松龄评点《聊斋志异》，并题诗共勉。朱彝尊的成就主要在词，被尊为浙西派开山祖师，在诗作方面也卓然成家。朱彝尊论诗偏重才藻，追求典雅，学者气浓厚，鲜明反映了清初诗坛演变和过渡的趋势。

到了清代中期，对诗坛影响巨大的有袁枚、沈德潜、厉鹗、翁方纲等人。袁枚（1716年—1797年），字子才，号简斋，晚年自号仓山居士、随园主人、随园老人，浙江钱塘（今杭州）人，与赵翼、蒋士铨合称为"乾隆三大家"。乾隆四年（1739年）进士，授翰林院庶吉士，后来到外地做知县很有声誉。他三十三岁时父亲亡故，于是辞官养母，在江宁（今南京）购置了隋氏废园，改名"随园"，筑室定居，袁枚就以"随园先生"为世人熟知。在随园中，他度过了近五十年的闲适生活，从事诗文著述，编撰诗话，发现人才，奖掖后进，成为当时诗坛的领袖。在诗歌理论上，他崇尚"性灵说"，表达自己的性情、个性和诗才，认为"凡诗之传者，都是性灵，不关堆垛"。提倡诗歌应该是直抒怀抱，抒写个人的"性情遭际"，讲求自我个性。在题材范围的选择上，也相当广泛，大都不拘于传统思想和正宗格调的限制，可以说是信手拈来，感情奔放，在当时很有创新性。而他所提倡的"性灵说"在当时诗坛上也引起了很大的反响。

清后期道光朝以后，尊崇宋诗的风格越来越成为诗坛的主流。从道光、咸丰年间的宋诗运动发展到同治以后的同光体，诗歌向保守方向发展。同时鸦片战争前后涌现出了以龚自珍、魏源为代表的启蒙诗人。戊戌变法前后更是出现了以梁启超、黄遵宪为代表的新派诗人。可以说诗坛的发展和变化受到时代的直接影响。道光年间，宋诗派发展成为"宋诗运动"，倡导者相继为程恩泽、祁寯藻及曾国藩等，参加者有何绍基、郑珍、莫友芝等。宋诗运动以构筑宋诗诗艺体系来寻求古典诗歌的创作出路，是对元明两代与清代乾嘉时期拟唐诗风的反拨，也是有清以来古典诗学宗宋倾向发展的最终结果。创作风格上以杜甫、韩愈、苏轼、黄庭坚等人为典范，吸收查慎行、厉鹗、钱载等宗宋诗家的经验，使诗歌创作获得一种别样的美学意味和诗艺成就。宋诗运动至光绪年间衍变为"同光体"，主要代表人物有陈三立、沈曾植、陈衍、郑孝胥等人。"同光"指同治、道光两个年号，"同、光以来诗人不墨守盛唐者"，影响一直延续到"五四"前后。特点是以学习宋人为主，兼学唐人，更注重师法中唐的韩愈、孟郊、柳宗元，而不是盛唐的李白、杜甫，其活动年代主要在光绪中期以后。同光体又分为陈三立的赣派、陈衍的闽派和沈曾植的浙派三派。这些诗人身处洋务运动和维新变法时期，对洋务运动和变法大多持支持的态度，创作了不少反对外国侵略、悲愤国事的作品，具有进步的倾向。

龚自珍（1792年—1841年），清末思想家和文学家，近代改良主义的先驱，浙江仁和（今杭州）人。他是首开近代新诗风的杰出诗人，深刻地认识到了整个社会潜伏着的严重危机，所以在诗歌内容上紧紧围绕着现实政治，为有清一代所罕见，开创了诗坛的新面貌。他的诗歌最大的特色，就在于构思奇特，想象丰富，同时文辞瑰丽，形式多样。他受庄子、屈原的影响较大，同时又有中晚唐诗风的特点。

鸦片战争爆发以后，西方列强的入侵使中华民族到了生死存亡的边缘，龚自珍之后又有魏源、林则徐、张维屏、张际亮等诗人，都表现出激烈的反对外来侵略的情绪，掀起了爱国诗潮，诗歌的内容真实地反映了时代面貌。其中魏源、林则徐与龚自珍一起成为这一时期进步文学潮流的核心力量。

不过清代后期真正在思想上和艺术上对传统诗坛发起冲击的是以黄遵宪、夏曾佑、谭嗣同和梁启超等人倡导的"诗界革命"和"新体诗"。

黄遵宪是维新运动的重要人物，他关心现实，主张通今达变以"救世弊"。他曾在驻外使馆任职近二十年，亲身感受到了资产阶级文明，这影响了他的诗歌创作，发出"我手写我口，古岂能拘牵"的宣言。戊戌变法前，他又借诗歌来反映革新的理想。黄遵宪关心民族与国家命运，在诗歌上继承了龚自珍、魏源等人反映现实斗争的传统，用诗歌描写了晚清历史上一系列重大事件。黄遵宪的诗歌中还描写了海外世界以及伴随近代科学而涌现的新事物。

但是黄遵宪的主张在当时并没有发生广泛的影响，直到夏曾佑、谭嗣同、梁启超三人倡导"诗界革命"。光绪二十二年至二十三年之间（1896年—1897年），三人开始试作"新诗"。作为资产阶级改良派的代表，他们当时正企图融合佛教、儒学、基督教的思想，创立一种为维新运动服务的新学，在诗歌上"非经典语不用"。这些诗歌与古体诗的不同在于"捃扯新名词以自表异"，当时称为"新学之诗"或"新诗"。新诗的

王翚《虞山枫林图》

王翚自幼嗜画，很早便表现出非凡的绘画才能，他所画山水不拘一家，广采博揽，融南北画派于一体，创造出了一种华滋浑厚、气势勃发的山水画风格。所画江南小景往往生趣盎然，清幽灵动。《虞山枫林图》仿照黄公望画法，运用圆润的中锋笔法勾、皴、点、染，并施以轻淡而鲜丽的色彩，生动地刻画了虞山的胜景。

倡导者力图开辟诗歌语言的新源泉，表现资产阶级的新思想，是当时政治诉求在文化领域的产物。但是这些"新诗"实际上使诗歌的语言源泉更为狭窄，写出来的作品又完全不顾诗歌的艺术要求，既脱离传统，又脱离群众，一度陷入低潮。

戊戌变法失败后，梁启超逃亡日本，花了很大一部分精力从事文化宣传，推进文学改良，"诗界革命"掀起了高潮。"诗界革命"在新旧交替的历史时期意义重大，它冲击了长期统治诗坛的拟古主义、形式主义倾向，要求作家努力反映新的时代和新的思想，一些新体诗的语言开始走向通俗。但是发起诗界革命的改良派，随后在政治上趋于保守，梁启超本人的诗歌到了后期也向古典的传统回归，向同光体靠拢，于是诗界革命逐渐走向结束。

绘画艺术及思想学术

绘画

在当时的政治和经济影响下，清代的绘画也呈现出特定的时代风貌。卷轴画延续元、明以来的趋势，文人画风靡，山水画勃兴，水墨写意画法盛行。其中文人画呈现出崇古和创新两种趋向，它们在题材内容、思想情趣和笔墨技巧方面都有不同的旨趣，共同构成了清代画坛纷繁的风格和流派。康乾盛世时期，经济繁荣，社会稳定，加之康熙帝、乾隆帝本人都对文化艺术十分爱好，所以宫廷绘画在康熙、乾隆时期也获得了较大的发展，并呈现出迥异于前代院体的新风貌。另外民间绘画也呈现出一派繁荣的景象，尤其以年画和版画的成就最为突出。

清代绘画发展的历史进程，与整个社会的发展变迁相联系，亦可分为早、中、晚三个时期。早期绘画从顺治年至康熙初年。这一时期，文人山水画兴盛。其中四王画派继承明末董其昌的崇古传统，以摹古为宗旨，十分受皇室的青睐，因而在画坛居于正统地位。而活动于江南地区的一批明代遗民画家则寄情于山水，所以在艺术上具有开拓、创新精神，这一派画家以金陵八家、"四僧"和新安派为代表。

王翚、王鉴、王时敏和王原祁当时被人称作"四王"。其中王时敏、王鉴、王原祁都是江苏太仓人，王翚则是江苏常熟人，他们之间既是老乡、朋友，还是师生的关系。在绘画风格与艺术思想上，四人都承袭董其昌，绘画特点是笔墨深厚。但他们忽视自然，缺乏具体感受，所以作品大多单调、空洞，对古画的研究上升到了敬畏的高度，导致自己的作品缺少生气和新意。

在"四王"当中，王原祁的年龄最小，他是王时敏的孙子，但是艺术成就最高。康熙九年（1670年），王原祁中进士，官至户部侍郎，所以人称王司农。康熙四十四年（1705年），他担任了书画谱馆总裁，与孙岳颁、宋骏业、王铨等人共同编写大型书画典籍《佩文斋书画谱》一百卷，用三年完成。这本浩瀚画谱可以说是中国绘画史上的第一部宝典，为后人提供了珍贵而全面的资料。王原祁因为很受康熙皇帝赏识，学生很多，后来逐渐形成一支独立的画派。因为王原祁是江苏太仓人，太仓又叫娄东，所以这支画派被称为"娄东画派"。娄东画派声势十分浩大，几乎左右了当时的艺术画坛。他们在学习借鉴古人立意、布局、色彩等方面达到了非常高的艺术水平，但是不免失之于僵化。不过这与封建统治阶级的观念倾向相合，所以在当时很受朝廷的推崇。"四王"又与吴历、恽寿平有"清初六大家"之称。恽寿平的没骨花卉画，以极似求不似，风格清新淡雅，影响广泛，被称为常州派或南田派。

　　而颇具创新精神的"四僧"则是指朱耷、石涛、石溪、弘仁四人。朱耷与石涛本就是明朝皇室后裔，石溪、弘仁也坚称自己是明朝子民，所以他们在思想上都抱有强烈的民族意识，因之借画抒写身世之感和抑郁之气，寄托对故国的眷恋之情。"四僧"在艺术上反对陈陈相因，主张"借古开今"，他们强调自然和生活感受，所以能够寻求自己的独特风格而冲破当时画坛摹古的樊篱，创造出奇肆豪放、磊落昂扬、独具风采的绘画风格。尤其以朱耷、石涛成就最大，对后世的影响也最深远。

　　朱耷是明朝江宁献王朱权的九世孙。明亡之后，他心情悲愤，落发为僧，法名传綮，字刃庵。后来为了传宗接代，续香火，又改为道士。因为他本就是明朝的宗室后裔，所以一生对明都是忠心耿耿，始终不肯与清政府合作，这在他的作品中表现得十分明显。朱耷擅花鸟、山水，画中的鱼、鸭、鸟等，都是以白眼向天，充满倔强之气。画山水，则多取荒寒萧疏的景色，落在纸上就是剩山残水，这些都是朱耷自我心态的写照。他的花鸟画在陈淳、徐渭

恽寿平《蓼汀鱼藻图》
恽寿平是清朝初期最享盛名的花鸟画家，其画很少勾勒，以水墨着色渲染，用笔含蓄，画法工整，明丽简洁，天趣盎然。恽寿平独辟蹊径、别开生面，对后世影响很大。《蓼汀鱼藻图》是其代表作之一，为触景生情的写生之作，构图简洁，上题"青山园池蓼花汀上得此景，白云溪外史寿平剪烛戏图"，钤"寿平之印""正叔"两方印。

朱耷《荷花水鸟图》

朱耷是清初画坛"四僧"之一,在创作上他取法自然,笔墨简练,大气磅礴,独具新意,创造了高旷纵横的风格。他以大笔水墨写意画著称,并善于泼墨,尤以花鸟画称美于世。他往往以象征手法抒写心意,对所画的花鸟、鱼虫进行夸张,以其奇特的形象和简练的造型突出画中的形象。

写意花鸟传统的基础上发展为阔笔大写意画法,绘画特点是形象奇特、造型简练,以此来表现自己孤傲不群、愤世嫉俗的性格。所以他的画无论大小都放任恣纵、苍劲圆秀,透着浑朴酣畅又明朗秀健的风神,章法结构不落俗套。

石涛本姓朱,名若极,小字阿长,本为明宗室靖江王赞仪之十世孙。落发为僧后,更名元济、超济、原济、道济,自称苦瓜和尚。明亡之际,石涛仅为三岁的孩童,被太监带走,送去出家,法名原济,字石涛。他为皇室后裔,便要承担国破家亡的心理包袱,但又两次跪迎康熙皇帝,并与清王朝上层人物多有往来,内心充满矛盾。他身处佛门,却心向红尘。这种矛盾反映到他的画作之中,便呈现出了纵横排闼、闪转腾挪的动感与张力。石涛从大自然中吸取创作源泉,并完善表现技法,画风新颖奇异、苍劲恣肆、纵横排奡、生意盎然,其绘画在当时即名重于世。

乾隆、嘉庆年间,是清代绘画发展的中期。这一时期宫廷绘画极为活跃,这与乾隆皇帝对文化艺术的喜爱有极大关系,所以宫廷绘画得到很大的发展,内容和形式都十分丰富多样。而其对于绘画的收藏也超过任何朝代,被收入内务府的藏品经过鉴定、品评后还会被编纂成全面完备的著录书。与此同时,私人收藏也比较活跃。明亡以后,大批明廷内府散出的书画,为梁清标、高士奇、安岐等著名鉴藏家购进(但至乾隆朝又大部分被收入内府)。这时的收藏不仅繁荣,而且在收藏的基础上,书画著录书也甚多,体例完备,还出现了集大成的丛书,如卞永誉的《式古堂书画汇考》,即采录了历代的著录书,汇编成一部巨著。

北京和扬州是这一时期的两大绘画中心。京城的宫廷绘画活跃一时,内容、形式都比较丰富多采。而在商业经济发达的扬州地区则崛起了以罗聘、李方膺、李鱓、金农、黄慎、郑燮、高翔和汪士慎为代表的"扬州八怪",形成了一股新的艺术潮流。

清廷为了拉拢文人,招揽了很多著名画家进入宫廷画院。这些画家经常画些奉旨或进献之作,记录当时的重大历史事件的历史纪实画,以供装饰、

历史细读

"扬州八怪"并不限于八人，而是代表了艺术个性鲜明、风格怪异的一批画家。他们接过石涛、朱耷的旗帜，强调生活感受和个性的抒发，作品多写梅、兰、竹、石，善用泼墨写意，具有较深刻的思想和炽热的感情。在绘画形式上也没有定式，独树一帜。主要画家有金农、黄慎、汪士慎、郑燮、李方膺、高翔、罗聘、高凤翰、边寿民、闵贞、陈撰等人。其中金农的水墨梅、竹、人物、山水，郑燮的兰、竹以及汪士慎、李方膺的墨梅都对后世产生了较为深远的影响。

观赏用的山水、花鸟画等，风格面貌比较多样，以焦秉贞、冷枚、金廷标、丁观鹏、姚文瀚、唐岱、徐扬、张宗苍、方琮等为代表。更有一批供奉内廷的外国画家如郎世宁、王致诚、艾启蒙等人，将西洋画的明暗、透视法带入中国，创造了中西合璧的新画风。

扬州是当时东南沿海的大都会和全国的重要贸易中心，富商大贾云集于此，尤其以盐业兴盛，富甲东南。于是这里也吸引了各地文人名流的汇集，经常举办诗文酒会，文化艺术十分发达。除了俊杰名士之外，有些富有的盐商或出于爱好或出于本身附庸风雅的原因，多延揽接待并支持当时的文人墨客，所以当时的扬州不仅成为东南的经济中心，也成了清朝的一个文化艺术中心。以"扬州八怪"为代表的扬州画派的作品，无论是取材立意，还是构图用笔，都有鲜明的个性。

嘉庆、道光开始，清朝逐渐走向衰亡，而中国的社会性质也在鸦片战争之后发生了根本的改变，逐步沦为半殖民地半封建的社会。因此在绘画领域也随着时代改变而发生了新的变化，那就是文人画流派和皇室扶植的宫廷画日渐衰微，而辟为通商口岸的上海和广州成为了新的绘画要地，出现了海派和岭南画派。

上海自清末以来逐渐成为中国重要的工商业城市，经济的发达吸引了文人、画家纷纷聚集到那里。为了适应新兴市民阶层需要，这个时候的绘画在题材内容、风格技巧方面都形成了新的风尚，被称为"海派"。代表人物是赵之谦、虚谷、任熊、任颐、吴昌硕，其中又以赵之谦和吴昌硕的影响最大。赵之谦是会稽人，他从青年时代开始就刻苦致力于经学、文字训诂和金石考据之学，取得了相当的成就，而又以在书画、篆刻方面最有造诣。赵之谦善于向前人和同时代各派名家学习，同时又能勇于创新自己的风格。通过多年的艺术实践和探索，他巧妙地将书法、篆刻和绘画艺术融会贯通，善用书法入画，又通书画之法于篆刻，自成一派，所以其书法、篆刻和绘画在意境、笔墨、取材和结构方面都形成了自己独特的艺术风格。

另一位代表人物吴昌硕（1844年—1927年），浙江安吉人。他是清末杰出的艺术家，也是当时公认的上海画坛、印坛的领袖，可谓盛名满天下。吴昌硕在书法、绘画、篆刻、诗词方面都很精通，绘画以篆书笔法入画，线条凝练遒劲，气度恢宏古朴、浑厚苍莽。书法着力于《石鼓文》，深研数十年，自出新意，比起前人的成法来独具风骨。吴昌硕以任伯年为师，自称是"三十学诗，五十学画"，绘画以花卉为主，晚年尤其喜爱牡丹，颜色鲜艳，富含水分，十分有生气。他的画中还常常看到荷花、水仙、松柏，以及竹笋、青菜、葫芦、南瓜、桃子、枇杷、石榴等寻常物品，生活气息十分浓郁。他虽然学画晚，但是成就却很高，对于近世花鸟画影响极大。

广东岭南画派的形成时间则较晚，晚清时候的居巢、居廉兄弟开其先声，一直到民国初年的高剑父、高奇峰、陈树人创立新派。岭南画派的成就和影响在于将素描、水彩画法结合进中国传统绘画中，形成中西结合的画风，为中国画的新发展作出了有益尝试。

思想学术

清朝刚建立政权之时，社会处于激烈动荡、革故鼎新的时期，于是在思想学术上掀起了强劲的经世致用思潮。以顾炎武、黄宗羲、王夫之为代表，他们批判八股取士，强调经学要与社会现实和解决实际问题联系起来。顾炎武在批评晚明学风时说："近世号为通经者，大都皆口耳之学，无得于心。既无心得，尚安望其致用哉？"

顾炎武（1613年—1682年）出身于江东望族，明末家道中落。他少年时就开始关心现实民生，注重经世之学。十四岁取得诸生资格后，便与归庄共入复社，与复社的名士纵论天下大事，反对宦官擅权。科举落第后，

刘彦冲《山水图》
刘彦冲善山水、人物和花卉，为晚清画坛的杰出画家之一。《山水图》描绘幽静的池畔，水波轻泛，池边茅屋中高士静穆沉思，楼台殿阁隐没于青峰白云之间，秀美悠远。该画构图严谨，描绘细腻，生动地再现了画家心目中的理想生活。

他"感四国之多虑，耻经生之寡术"，毅然弃绝了科举之道，开始发愤钻研经世之学。为此他遍览了历代史乘、郡县志书，以及文集、章奏之类，从中辑录有关全国各地的山川、地理、农田、水利、交通等资料，准备撰述《天下郡国利病书》和《肇域志》。他以经世致用为旨趣，认为"君子为学，以明道也，以救世也。徒以诗文而已，所谓雕虫篆刻，亦何益哉？"并以其朴实归纳的考据方法，宣告了晚明空疏学风的终结，开启了清代朴学的先路。他在学术思想上对吴、皖考据派有着极为深远的影响，被誉为"明清学问有根柢第一人"，成为清初继往开来的一代思想家。

黄宗羲（1610年—1695年），字太冲，号梨洲。他主张"穷经""通史""经世致用"，对浙东学派产生了重要的影响。在政治论著《明夷待访录》里，黄宗羲提出了具有近代民主色彩的改革要求，对君主专制提出了猛烈的抨击。

王夫之与顾炎武、黄宗羲同为明末清初三大思想家，晚年居衡阳之石船山，学者称"船山先生"。明朝崇祯年间，王夫之求学于岳麓书院，师从吴道行，形成了湖湘学统中济世救民的基本脉络。明亡后，清顺治五年（1648年），王夫之曾经在衡阳举兵抗清，阻击清军南下，战败退肇庆。后来辗转于湘西，以及郴、永、涟、邵之间，最后回到家乡衡阳潜心治学，在石船山下筑草堂而居，人称"湘西草堂"。他在这里撰写了许多重要的学术著作。他学术成就斐然，尤以哲学、史学、文学最为卓著，总结和发展了中国传统的唯物主义思想，是中国启蒙主

吴昌硕《天竺图》

吴昌硕最擅长写意花卉，所作花卉木石，笔力老辣，力透纸背，纵横恣肆，气势雄强，布局新颖。他酷爱梅花，常以梅花入画，兰花和菊花也是他经常入画的题材。晚年较多画牡丹，花开烂漫，以鲜艳的胭脂红设色，含有较多水分，再以茂密的枝叶相衬，显得生气蓬勃。他的作品色墨并用，对近世花鸟画有很大影响。此《天竺图》（天竺是南天竹的别称）即是他的代表作之一。

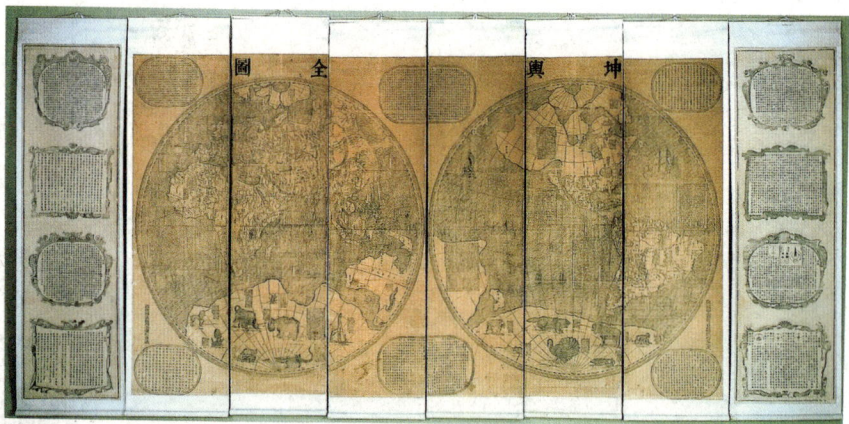

坤舆全图

《坤舆全图》是南怀仁于康熙十三年（1674年）绘制的，全图布局合理，恢宏大气，图文并茂，是国内保存最为完好的一幅早期清朝地图。《坤舆全图》为圆形图，八幅柱屏式拼接，表现了五大洲、四大洋的地理风貌，并标注地名。图居中央，四周为释文和图说。另外两幅辅图，分别附于主图两侧，各由四块文字图版组成。《坤舆全图》在地图学史上有着里程碑的意义，为"西学东渐经典之作"。

义思想的先驱。王夫之的治学领域极为广泛，经、史、子、集、天文、历法无不精研，意在探寻"上下古今兴亡得失之故，制作轻重之原"，以便经世致用。

清代经世致用思想流派的代表人物除了顾炎武、黄宗羲、王夫之三大家以外，还有李颙、颜元、李塨、王源等，因其学人籍贯及活动范围多在浙江东部的宁绍（今宁波、绍兴）地区，故名浙东学派。他们受三大家的影响，在总结明亡经验教训的基础上，深刻地认识到明末学风的空疏不实，对国家、民族造成了极大的灾难，"书生徒讲义理，不揣时势，未有不误人国家者"。所以在学术主张方面，他们要求反虚就实，提倡经世致用的真学问和"以实为宗"的新学风。其特点就是反对脱离社会实际，勇于任事，不务空谈。提倡致力于创新，绝不蹈袭古人。做事要实事求是，注重调查研究。所涉及领域几乎关系到一切社会问题，包括政治、经济、军事、国家、民族、法律、边疆、地理、人情、风俗、自然科学等等，以实际的社会问题为中心，将救世济时的思想发扬光大。他们在政治上猛烈地批判封建专制制度，揭露封建专制君主的罪恶，并提出了一些带有初步民主启蒙因素的主张。在经济上则针对封建的土地兼并，提出了各种解决土地问题的办法。浙东学派极其反对束缚思想的八股取士制度，注重学校教育，要求培养出真正有学问有实际能力的人才。在这其中，思想家、教育家颜元将经世致用的思想在教育中进行贯彻发挥。他批判程朱理学脱离实际的书本教育，竭力提倡"实学"和"实

历史文献

> 天之所生上首，地之所生下首。上首之谓圆，下首之谓方。如诚天圆而地方，则是四角之不掩也。且来，吾语汝。参尝闻夫子曰："天道曰圆，地道曰方。方曰幽而圆曰明。明者，吐气者也，是故外景；幽者，含气者也，是故内景。故火日外景，而金水内景。吐气者施，而含气者化，是以阳施而阴化也。阳之精气曰神，阴之精气曰灵。神灵者，品物之本也，而礼乐仁义之祖也，而善否治乱所兴作也。
>
> ——《大戴礼记·曾子天圆第十八》

用"的教育。他的教育思想对中国近代教育的发展起了革新的作用，在中国教育史上具有重要的地位。

鸦片战争以后，早已显示出衰落迹象的清王朝开始走上了灭亡的道路。由于清政府的腐败无能，帝国主义的侵略日益加深，在这种情况下，经世致用之学再度兴起，以魏源、龚自珍及后来的康有为为代表。他们以今文经学为主干，继承和发展了明末清初的经世致用精神，借经书的所谓"微言大义"，发挥自己社会改革的主张。鸦片战争虽然以中国人战败而告终，但战争的失败也给了中国人正确认识自己在地球上"本有位置"提供了一个机会。《瀛寰志略》和《海国图志》使中国人得以睁眼看世界，一些具有经世精神的朝臣们也开始加入到向西方学习的运动中。西学于是大举渗入，与中国传统文化展开了激烈的碰撞。早在利玛窦的《万国舆图》、艾儒略的《职方外记》、南怀仁的《坤舆全图》等传入中国时，就将西方探险家地理大发现的成果介绍给了中国人，但当时只有很少人接触了这些西方学说。而鸦片战争之后，人们深刻体会到了科技文化落后的切肤之痛，上至士大夫，下至乡间童叟。所以《瀛寰志略》和《海国图志》的出现确实引起了国人地理观念的"革命"，使自以为"居天之中央"的中国人认识到自己的位置，乃仅仅是地球五大洲之一的亚洲的一部分而已，这在国人中产生了极大的震动。于是经世派的政治家们直接发动了学习西方的洋务运动。

洋务运动始于曾国藩，而至李鸿章则成声势。李鸿章曾上书说："臣窃维欧洲诸国，百十年来由印度而南洋，由南洋而东北，闯入中国边界腹地。凡前史所未载，亘古之所未通，无不款关而求互市。我皇上如天之度，概与立约通商以牢笼之，合地球东西南朔九万里之遥，胥聚于中国，此三千年一大变局也。"面对外国列强专恃其枪炮、轮船之精制，横行于中国的现状，他认为这些技术也不过创制于百数十年间，"若我果深通其法，愈学愈精，愈推愈广，安见百数十年后不能攘夷而自立耶？"李鸿章的幕僚薛福成在《筹洋刍议》中又进而阐述，天道数百年小变，数千年大变。从鸿荒至唐虞数千年，一变为文明之天下。再至秦始皇帝数千年，由封建之天下一变为郡县之天下。"而今之去秦、汉也，亦二千年，于是华夷隔绝之天下，一变为中外联属之天下。"进一步阐释了中国近代有关中学与西学关系的命题。其精神与林则徐、魏源等人是一脉相承的，即他们都注意到了西学的优越之处，但基本上仍不把西学看作是与中学对等的学术文化。在魏源时期，人们看重的是"师夷长技以制夷"，西学还停留在"夷学"的阶段，虽有可取之处，但其地位当然不能够与中国学术思想相提并论。但随着洋务运动的深入开展，这种思想得到了改变，"西学"逐渐取代了"夷学"的说法，许多官员及知识分子也能够开始正视西学，将它们看作是与中学对等的学术思想。更重要的是，其进步在于开始探讨应当如何融合二者的优点来帮助中国富强，于是张之洞提出了"中学为体，西学为用"的口号，可以说是晚清新式知识分子们最典型的西学观点。这一观点认为西学在器物、制度上胜过中学，但在基本的思想道德人心等方面不如中国，一个为体、一个为用就能够将二者结合。

西学是随着西方先进的坚船利炮进入中国的，西方文化向中国的传播有一定的强迫性。鸦片战争后，中国面临着西方列强的严峻挑战，如何认识和对待西方文化，成为当时的中国人回避不开的问题。

洋务运动的指导思想是"中体西用"。洋务思想家冯桂芬是林则徐的得意门生，能接受资本主义的影响。在 1861 年写成的《校邠庐抗议》政论中，冯桂芬主张"采西学"，"制洋器"。他提出："以中国之伦常名教为原本，辅以西国富强之术。"他的主张对洋务派有很大的影响。其他洋务思想家如王韬说："形而上者中国也，以道胜；形而下者西人也，以器胜。……器则取诸西国，道则备当自躬。"他有朴素的辩证法思想，根据《易经》中"穷则变，变则通"的道理，断定"天下事未有久而不变者"，主张以欧洲强国为榜样，向西方学习。在中国历史上，王韬最早提倡废除封建专制，建立"与众民共政事，并治天下"的君主立宪制度。王韬主张革新兵器，把传统兵器换成新式火器，将帆船换为轮船，"师其所能，夺其所持"。他还认为富强为强国之本，主张在中国发展资本主义工商业，提出"恃商为国本""商富即国富"的思想。

另外，洋务思想家郑观应主张："中学其本也，西学其末也。主以中学，辅以西学。"他在反映改良思想的《易言》一书中提出了一系列以国富为中心的内政改革措施，主张向西方学习。在体现他完整维新思想体系的《盛世危言》中贯穿着"富强救国"的主题，对政治、经济、军事、外交等方面的改

严复像

严复是清末很有影响的资产阶级启蒙思想家，是中国近代史上向西方国家寻找真理的"先进的中国人"之一。他积极倡导西学的启蒙教育，完成了著名的《天演论》的翻译工作。他的著名译著还有亚当·斯密的《原富》、孟德斯鸠的《法意》等。他第一次把西方的古典经济学、政治学理论以及自然科学和哲学理论引入中国，启蒙与教育了一代国人。

革提出了切实可行的方案，张之洞读了《盛世危言》以后评点道："论时务之书虽多，究不及此书之统筹全局择精语详。"

在甲午战争中，中国被日本打败。中国人认识到只学习西方的坚船利炮是不够的，重要的是学习西方的政治制度，于是戊戌维新运动兴起。维新派的代表人物康有为、梁启超主张抑君权、兴民权，建立君主立宪制，君主专制制度受到威胁。康有为提出，"中国人才衰弱之由，皆缘中西两学不能会通之故"，"今世之学者，非偏于此即偏于彼，徒相水火，难成通才"，为了培养通才，应该"泯中西之界限，化新旧之门户"。康有为在《孔子改制考》中认为孔子是改制先驱，六经为孔子改制所假托。在今文经学和孔子改制的基础上宣传其民权和君主立宪的政治思想，这种"会通"是十分牵强的，实践上也是失败的。

继康有为之后，严复突破了"中体西用"框架，提出"中西会通"，强调"中西并重，观其会通，无得偏废"，将中学、西学融为一体。他将中西文化的差异和优劣做了系统的对比，认为中学、西学各有所长，二者应该也可以相互融会贯通。

严复认为："中国最重三纲，而西人首言平等；中国亲亲，而西人尚贤；中国以孝治天下，而西人以公治天下；中国尊主，而西人隆民……其于为学也，中国夸多识，而西人恃人力。"总之，西学"于学术则黜伪而崇真"。他还指出"中国之人好古而忽今，西之人力今以胜古"，"古之必敝"。他认为古代圣贤即使是尧、舜、孔子，他们如果在当下，也会向西方学习。中国人必须学西方的"格致"："益非西学，洋文无以为耳目，而舍格之事，则仅得其皮毛。"他认为要从政治制度上进行改革，提出"以自由为体，以民主为和"

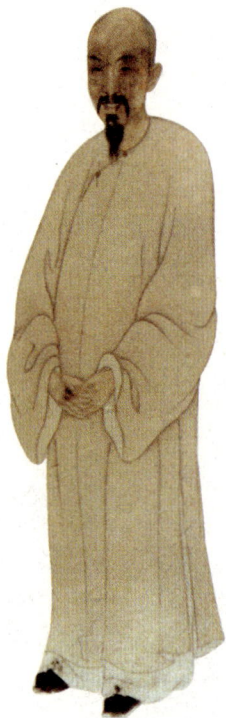

姚鼐像

姚鼐提倡文章"义理""考证""辞章"三者相互为用，充实了散文的写作内容。同时提出"神、理、气、味、格、律、声、色"为文章八要的主张。桐城派古文到姚鼐时形成了完整的理论体系，扩大了影响。《登泰山记》是姚鼐的代表作，描绘了泰山风雪初霁的壮丽景色。桐城派主张的"雅洁"和反对"冗辞"，从此文可见一斑。

的资产阶级教育方针。

严复翻译赫胥黎的《天演论》并引介到中国，其不仅在生物学上具有重大意义，更对当时许多人的社会、哲学、历史思想产生了重大的影响。他的译著既区别于赫胥黎的原著，又不同于斯宾塞的普遍进化观。在《天演论》中，严复以"物竞天择""适者生存"的生物进化理论阐发其救亡图存的观点，提倡鼓民力、开民智、新民德，自强自立，号召救亡图存。他的著名译著还有亚当·斯密的《原富》、斯宾塞的《群学肄言》、孟德斯鸠的《法意》等。他第一次把西方的古典经济学、政治学理论以及自然科学和哲学理论较为系统地引入中国，启蒙与教育了一代国人。中国传统的经济思想是"求义不求利"，随着西方经济学思想的引入，严复及梁启超等人开始主张求富生利对于国家民生的重要性，对中国近代经济的发展及大量实业家的兴起产生了十分重要的影响。

张之洞是在政界和学界都相当重要的人物，是洋务运动最重要的实践者之一。他在《劝学篇·设学》中提出这一命题，他说："旧学为体，新学为用，不使偏废。"所谓旧学即中学，指中国传统文化，尤其是指几千年来根深蒂固的儒家的纲常名教。所谓新学即西学，指西方文化，主要指近代科学技术。"中学为体"，强调必须以中国的纲常名教作为决定国家社会命运的根本。同时积极吸纳西方先进技术"西学为用"，采用西方资本主义国家的近代科学技术，效仿西方国家在教育、赋税、武备、律例等方面的一些具体措施，举办洋务新政，以挽救清王朝江河日下的颓势。但"西学"遭到顽固守旧派的强烈反对，所以到了19世纪末，发生了尖锐激烈的旧学与新学、中学与西学之争。守旧的封建顽固派坚决反对西学，对西方资本主义国家的一切事物都采取仇视和排斥态度。而资产阶级维新派比起洋务派更加从根本上代表新兴资产阶级的立场，积极提倡西学，认为中国不但应当学习西方国家的科学技术，更要效仿它们的议院制，改革封建君主专制制度。这样对西学的认识，就从技术层面上升到了制度层面。张之洞描述当时的局面是："图救时者言新学，虑害道者守旧学，莫衷于一。"但张之洞认为，顽固守旧者拒绝西方科学技术是不知"通"，而维新派提倡改革封建专制制度是不知"本"。但主要危险在后者，所以在提倡"西学为用"的同时，他又强调"中学为内学，西学为外学。中学治身心，西学应世事"，所以张之洞从根本上来说还是站在旧学、中学一边，反对接受西方资产阶级的政治理论学说。所以严复对此评价说，体用是就一物而说的，"有牛之体，则有负重之用；有马之体，则有致远之用。未闻以牛为体，以马为用者也"。不过在风雨飘摇的晚清最后时刻，在"中学为体，西学为用"思潮的指导下，还是进行了一系列卓有成效的实践。

以张之洞为例，他以武汉为中心，先后创办了汉阳铁厂、湖北枪炮厂、大冶铁矿、汉阳机器厂、钢轨厂、湖北织布局、缫丝局、纺纱局、制麻局、制革厂等一批近代工业化企业。汉阳铁厂甚至成为当时亚洲最大的钢铁联合企业，武汉也一跃而成为全国的重工业基地。一些国内有影响的民营企业也相继产生。湖北的近代工业体系已初步奠定，湖北经济亦由此跨入快速发展的新阶段。张之洞同时创办新军，办新式学堂，大力引进人才，特别是留学生。张之洞一直热心向日本学习，经他派往日本留学的学生达数百人。但有趣的是，张之洞"湖北新政"所孵化出的社会生产力、民族资产阶级、新式知识分子、倾向革命的士兵，最终成了清王朝的掘墓人。

在学术领域，纵观清朝，有两个大的学术流派影响最为深远。一是桐城派，即桐城古文派；二是乾嘉学派。桐城派又称桐城古文派、桐城散文派，因为其主要代表人物方苞、刘大櫆、姚鼐均系安徽省桐城市人，故名。桐城文派是清代文坛最大的散文流派，其作家之多、播布地域之广、绵延时间之久，为文学史上所罕见。一千二百余位桐城派作家，在二百余年间创造出来两千多种著作、数以亿字的资料。桐城派可以上溯到明末清初，当时的桐城人方以智、钱澄之、戴名世，在古文理论和创作实践上，初步体现出了桐城派日后的某些艺术特征，是桐城派的前驱。而方苞、刘大櫆、姚鼐被尊为"桐城三祖"，此后是梅曾亮、管同、方东树、姚莹这几位"姚门四杰"。桐城派虽然是文学流派，但是文章内容多是宣传儒家思想，尤其是程朱理学，所以在语言上力求简练和条理清晰。他们在思想上多为"阐道翼教"而作。文风上则选取素材，运用语言只求简明达意、条例清晰。内容宏富但却不重罗列材料、堆砌辞藻，不用诗词与骈句，力求做到"清真雅正"。代表作如方苞的《狱中杂记》《左忠毅公逸事》，姚鼐的《登泰山记》等。所谓"文以载道"。桐城派的"载道"思想在当时适应了清朝统治者提倡程朱理学的需要。其提出的"义法"理论，更是为"制举之文"所利用，故得到朝廷的支持，得以长盛不衰。在文学方面，桐城派矫正了明末清初"辞繁而芜，句佻且稚"的文风，在促进散文的发展方面也起了一定的作用。姚鼐编选《古文辞类纂》流传尤广。

乾嘉学派又被称为汉学、朴学、考据学派，但因为其在乾隆、嘉庆两朝达于极盛，因之名为"乾嘉学派"。其代表人物有惠栋、戴震、钱大昕、段玉裁、王念孙、王引之等等，他们又被分为吴、皖二派：吴派创自惠周惕，成于惠栋；皖派创自江永，成于戴震。

乾嘉汉学家最显著的成就，是将古代经学家考据训诂的方法发展到了极致，并加以条理发展。治学以经学为主，以汉儒经注为宗，学风平实、严谨，不尚空谈。以古音学为主要研究对象，通过古字古音以明古训，明古训然后明经，为其共同的学术主张。而长于考据更是清代汉学家朴实力学的传统。这一学派首重音韵、文字、训诂之学，扩及史籍、诸子的校勘、辑佚、辨伪，留意金石、地理、天文、历法、数学、典章制度的考究。因此在诸经的校订疏解中，取得了超越前代的成就。清初的汉学虽然为儒家经典作注，但却具有浓厚的反理学内容及反民族压迫的思想，考据只是他们借以通经致用的手段。

随着清朝统治者在思想领域控制的加强，以及大量文字狱的兴起，自顾炎武以后，这种经世致用的精神就渐趋蜕变。段玉裁、王念孙、王引之以下，更是开始远离社会现实，一味埋头于训诂考据。所以从这个意义上来说，乾嘉学派是清初封建专制的政治统治和酷烈的文化专制政策之下的一种倒退。在当时的情况下，学者忌惮文字狱，无不噤若寒蝉，因此埋头考据就成了他们唯一能够安身立命的立锥之地。但另一方面，由于乾嘉学者对于学术的极端深入，使得其在各个领域都取得了一定的学术成就，这也是清初考据之学发展的结果。这一学派的形成，是清初学者对宋明理学进行批判和总结的必然结果，所以乾嘉学派诸学者在涉足的各个领域，包括经学、史学、音韵、文字、训诂，以及金石、地理、天文、历法、数学等方面都取得了很高的成就。乾嘉学者平实、严谨的学风以及精湛的业绩，更是为后世史学家们所推崇。他们的学风是，立意必凭证据，援据以古为尚，孤证不为定说，文体贵朴实简洁，词旨务笃实温厚。

到了清代晚期，西方列强进入中国，封建士大夫再也坐不住了，他们不得不关心社会的现实问题。于是学术风气在当时历史环境的逼迫下又发生了一个较大的变化，沉沦千余年的今文经学得以复兴。学者们纷纷舍弃文字训诂，而投身于"经邦济世"之学。到了清朝末年同治、光绪帝的时候，只有俞樾、孙诒让等人还在坚守壁垒，他们凭借个人在国学方面的深厚造诣，在古籍整理上同样做出了值得称道的成就。一时间顾炎武的主张和学术追求又再次受到推崇，俞樾的学生章太炎也开始重倡顾炎武"博学于文，行己有耻"的精神，以伸张其政治主张，也为汉学画上了一个完美的句号。